羅馬、巴黎、衛城、洛陽、北京……
無論仙山瓊閣或街巷阡陌，一探中西歷史文化名城的崇高與優美

陳定家——著

# 城市美學

## URBAN AESTHETICS

每座擁有歷史名勝的城市，都是天然的藝術博物館。

大多數歷史名城本身都擁有不可抗拒的美，借用維克多・雨果的話來說，這些歷史名城中的每一幢
不朽的古代建築，都可以說是用石頭書寫的交響樂與讚美詩，它們是人類審美精神最為輝煌、壯麗的藝術化呈現。

# 目 錄

■ 上編　城市文化與審美觀念

第一章　城市文化及其美學內涵 …………………………… 005

第二章　建構城市美學的方法與路徑 ……………………… 025

第三章　「史記」與「史詩」的美學啟示 ………………… 051

■ 中編　西方文化名城的審美理想之維

第四章　雅典衛城：「希臘精神」與「審美理想」………… 079

第五章　羅馬：傳奇帝國的「永恆之都」………………… 103

第六章　巴黎：一席流動的審美盛宴 …………………… 141

■ 下編　中國歷史古都的審美文化之旅

第七章　西安與洛陽：千古悲欣《兩都賦》……………… 177

第八章　開封到杭州：「輝煌如過眼雲煙」……………… 201

第九章　悲情南京：因水而美的十朝都會 ……………… 251

第十章　壯美北京：城市美學的百科全書 ……………… 281

■ 參考文獻

■ 後記

# 上編
# 城市文化與審美觀念

# 第一章
# 城市文化及其美學內涵

讓我看看你們的城市，我就可能說出這個城市居民在文化上追求的是什麼。

——〔美〕伊利爾·沙里寧《城市：它的發展衰敗與未來》

我們只要想想雅典和羅馬這些城市的輝煌歷史，以及它們之於西方審美意識和文化形態的奠基性意義，想想佛羅倫斯在催生文藝復興的過程中扮演過什麼樣的角色，想想巴黎和紐約對於現代、後現代藝術及其審美觀念的形成與演變的意義；看看西安與洛陽在中國審美文化發生與發展過程中的定調與定位作用，看看歷史上的開封與杭州對兩宋時期的詩詞、繪畫、說唱藝術等的引領與示範作用，看看六朝時期南京的「南朝繁華」和明清時期北京的「京華風物」……我們可以肯定地說，城市，尤其是歷史文化名城，它們不僅僅是呈現民族文明的視窗，也是展現國家文化形象的舞臺。每一座城市本身就是一部打開的美學百科全書。

事實上，每座歷史名城本身都是包羅萬象的美學寶庫，它們無不擁有無數有形與無形的藝術珍品，有數不清的物質與非物質的文化遺存。那些稚拙簡樸的陶片線條，那些紅斑綠鏽的青銅紋飾，那些造型古雅的金人玉佛，凡此種種，無不蘊含著民族審美心理結構之謎的謎底。更不用說那些銘刻著刀光劍影的頹垣斷壁，有如石頭寫就的崇高信史；那些保留著歷史年輪的雕梁畫棟，都隱含著熱血煉就的壯美基因。我們放眼中外名城，無論是遊人如織的仙山瓊閣，還是縱橫交錯的街巷阡陌，每座歷史文化名城的每一片崇高與優美的景觀，都是令人心曠神怡的美麗風景。

# 一 作為審美對象的城市

從審美文化的意義上講，每座歷史悠久的文化名城，都是人神同悅的「大美化身」。如雅典、羅馬、巴黎，這些世界名城，哪座城池不是一闋譜寫歷史風雲和藝術盛典的「英雄交響詩」？又如西安、洛陽、南京、北京，這些中華古都，每一座城市都自有其天地相參、古今交融的「東京夢華錄」。

人類按照審美精神建造的城市，是形形色色的藝術品的生成之地和存身之所，是各種美好事物交流彙聚的超級港口。文化名城則堪稱日常生活美學鮮活成果的「匯展中心」，尤其是歷史悠久的現代城市，它們不僅是可遊可居的審美家園，也是日日夜夜永不謝幕的「全息化」美學現狀的「實況直播」。事實上，現代意義上的每一座城市，都可以說是一幅全面鋪開且不斷拓展著的時代文化風尚的美學畫卷，它們無疑是城市美學關注的主要對象。

即使是那些早已消失於歷史長河中的古代城市，只要它們憑藉神話傳說或文藝作品仍然在人類的記憶中保留著美好的形象，它們便也是城市美學的重要關注對象。譬如《荷馬史詩》所描述的特洛伊，這座傳說中頗負盛名的古代城市，據說是由「美神」阿芙蘿黛蒂守護的東方之城。儘管這座夢幻之城早已灰飛煙滅，但它仍然寄存著人類最寶貴的藝術精神和審美意識。類似於特洛伊的眾多古代城市，如哈圖沙、尼尼微、巴比倫、佩特拉、龐貝、迦太基、統萬、樓蘭、吳哥窟、塔尼斯……這些曾經顯赫一時的歷史名城，都為我們討論古代城市審美文化提供了考古證據和想像空間。考古學家在上述諸多古城中發掘出了眾多無與倫比的古代藝術品，這些藝術珍品，無疑也為城市美學的建構提供了極為豐富的學術資源和文物見證。

當然，浩如煙海的古代歷史文獻，也為我們提供了大量表現城市之美的詩歌、戲劇、雕塑和繪畫等作品。從《詩經》、《楚辭》、漢賦以及唐詩宋詞和明清小說中，我們能清晰地看到城市在社會生活中一直閃耀著令人迷醉的審美光彩。在漫長的歷史發展過程中，城市的審美價值取向和主流文化格調，始終是決定時代文化走向的關鍵因素。從《兩京賦》、《洛陽伽藍記》、《東京夢華錄》、《日下舊聞考》等一系列關涉城市生活的文獻中，我們都能看到城市在人們的物質生活和精神生活中占有多麼重要的地位。

　　如前所述，每座擁有歷史名勝的城市，都是天然的藝術博物館。大多數歷史名城本身都擁有不可抗拒的美，借用維克多‧雨果的話來說，這些歷史名城中的每一幢不朽的古代建築，都可以說是用石頭書寫的交響樂與讚美詩，它們是人類審美精神最為輝煌、壯麗的藝術化呈現。關於這一點，我們只要看看那些城市名勝中觀光客的快樂表情，就不難明白其中的奧妙了。譬如說，四面八方的遊客來到雅典衛城並不是為探親訪友，他們中的大多數人，或許只想一睹巴特農神廟的絕世風姿；虔誠進入梵蒂岡教堂的遊人，未必只是為祈求神靈保佑，他們中的更多人，或許是因為被頂尖的巴洛克藝術珍品所吸引；好奇地穿行於巴黎大街小巷的男男女女，未必只為香水與時裝所驅使，他們並不拒絕塞納河兩岸如詩如夢的都市氛圍；那些迷戀在佛羅倫斯古老市區的遊人們，排著長隊，耐心等候著進入烏菲茲藝術館，大多是想親眼看看波提且利的〈維納斯的誕生〉等驚世名作……是的，文化名城的審美韻味總是令人神往，現代都市的人文氛圍更是叫人沉醉。從審美文化的視角看，城市不僅是人類精神世界的鮮活面孔，而且也是最富有生活氣息的美的化身。

　　西方美學家說，每一座城市都是一部展開的豐富、鮮活的藝術大百科。誠哉斯言！就筆者身之所歷、目之所見的每一座文化名城而言，無論其內在精神還是外在面貌，不管是「頂尖」的巴洛克還是「尖頂」的哥

德式，不管是威震海內的秦宮漢闕還是氣吞山河的唐風宋韻，每一座曾經引領世界文化潮流的中外古都，都是我們心目中「城市美學」的範例與模本。

　　誠然，任何一座富有魅力的文化名城，都是一個極為複雜的審美系統，它不僅有美的建築、美的雕塑、美的街道、美的公園……而且還會有美的風尚、美的歷史、美的文化、美的生活……譬如說，中國的西安與洛陽、開封與杭州、南京與北京，它們都是古老而又年輕的城市，它們既富有深厚的歷史文化底蘊，又充滿鮮活的現代藝術氣息。從一定意義上說，這些美麗的歷史文化名城，都是不可抗拒的藝術之城，都是不可抗拒的美學之城！總之，任何一座文化名城都是美麗的，而美麗的城市，在一定意義上就可以說是我們所理解的「美學之城」。

　　當然，「美的城市」（或「美學之城」）並不等於「城市美學」，二者畢竟在內涵和外延上都有本質的不同。或許我們應該開門見山地討論「城市美學及其基本內涵」問題。也就是說，我們首先要討論的其實應該是「什麼是城市美學」，以及「如何撰寫城市美學」等問題。但在討論這些問題之前，我們覺得有必要先簡要考察一下組成「城市美學」的兩個關鍵字，即「城市」和「美學」的含義。

　　在這裡，我們先來談談「城市」，「美學」的概念且留待後面的章節再仔細討論。一般認為，「城市」是相對於「鄉村」而言的人居地區。從詞源學的意義上講，「城」和「市」是意義明顯不同的兩個概念。「城」是由牆圍起來的軍事要地，「市」則為做買賣的場所。隨著歷史的發展，二者漸漸融合成了一個整體，於是，「城」與「市」也就順理成章地被合稱為「城市」。

　　必須指出的是，對城市的感知與認識，往往會因人因地有別，因時因勢不同。職是之故，人們對城市的理解必然千差萬別。但基於人們對事物認知的相對一致性而言，人們對城市的某些性質與特點的認識，總會有大

體相同或相近的一面。有學者認為，城市就其本義而言具有兩重含義：一是政治含義，即一國的「都城」之意（相當於英文的 Capital city）；所謂「都」，據《說文解字》解釋：「有先君之舊宗廟者」。二是經濟含義，即經濟發達、交通便利的商埠，這也是「市」的進一步發展（相當於西方的 Metropolis，即商業重鎮）。日本的「都市美學」中的「都市」二字，實際上也包括上述兩層含義。日本學者高橋富雄說：「都市」一詞的含義，「可在漢字『都』的內容裡得到理解，它的本意為人口集中的『鄉邑』」。日本出版的《國語字典》中說，「都市為人口輻輳，房屋密集，工商業發達，並集中有各種居民的大邑」，「後來，都市這一個詞演化為『天子守護宗廟』的鄉邑的形式」，再往後，「由於尊重天子的神聖性，把天子居住的大邑叫作『都』」。由此可見，日本的「都市」同我們理解的城市，基本含義並無二致。[001]

中國學者通常是怎樣理解「城市」的呢？中國社會科學院語言研究所詞典編輯室編撰的《現代漢語詞典》（第7版）是這樣定義城市的：「【城市】chéng shì 名人口集中、工商業發達、居民以非農業人口為主的地區，通常是周圍地區的政治、經濟、文化中心。」這是我們現代人對現代城市的一種比較直觀的看法。

如果從歷史發展的視角看，問題就要複雜得多。我們仍以詞典的解釋為例。先看看「城市」的「城」字在《漢語大詞典》中如何解釋。在「城」字的7種釋義中，有如下3義與我們理解的城市關係密切：（1）城郭，都邑四周的牆垣。（2）城池，即城市。（3）猶國。古代王朝領地，諸侯封地，卿大夫采邑，都以有城垣的都邑為中心，皆可稱城。這裡的「城郭」從行政級別上看，大約相當於都城；「城池」即一般意義上的城市；「國」可以理解為包括城鎮作為都邑的「特區」。《吳越春秋》有「築城以衛君，造郭

---

[001]　《美學研究》編委會編：《美學研究》，社會科學文獻出版社 1988 年版，第 253 頁。

以守民」的說法。這與「城」、「猶國」的說法頗為一致，這種觀點得到當代部分學者的高度認同，已成為影響深遠的一家之說。

那麼，城市的「市」字如何解釋？在多數辭書上，「市」的第一義是「貿易活動」，其次是商業地段或臨街商鋪，然後才是集鎮、行政區劃單位等。顏師古曾對《世本·作篇》中的顓頊時「祝融作市」的說法進行過注解：「古未有市，若朝聚井汲，便將貨物於井邊貨賣，曰市井」（這裡「市井」的說法，與媒介理論家從交往視角討論人類發展史的說法頗為相似）。「市井」後演化為街市，通常解釋為「城邑中集中買賣貨物的場所」。在這一類說法中，城與市的界限往往是甚為含混的。

簡而言之，「城市」作為「城」與「市」的組合詞，本質上是城與市的有機統一體。一般認為，「城」是主要以防衛為目的而用高牆等圍起來的地域。《管子·度地》所謂「內為之城，城外為之郭」是比較清楚地論及「城」的文字。「市」則是指進行交易的場所。《易經》所謂「日中為市」比較明確地談到了市的貿易特性。我們認為，古代的「城」與「市」都是城市最原始的形態，但嚴格地說，這兩種形態實際上還都不是真正現代意義上的城市。

有關城市起源的研究是一門極為專深的學問，在此我們「不作專深的探討」，僅就一些與美學相近的基本觀念做些必要的評介。按照著名城市史學家芒福德的說法：「遠在活人形成城市之前，死人就先有城市了……一個旅行者，當他來到一座古希臘或古羅馬城市時，他首先見到的便是一排排的陵墓，和通往城市的大道兩旁的許多墓碑。至於古埃及，它雖有過偉大的文明，社會生活的各個方面都曾有過極繁榮、歡快的景象，但留存至今的也多是些廟宇和陵墓。即使在擁擠的現代城市中，首先大規模遷往鄉間的更理想地點居住的，便是死人向郊外墳場的移民……」[002] 可見城

---

[002]　[美] 路易士·芒福德：《城市發展史》，宋俊嶺、倪文彥譯，中國建築工業出版社 1989 年版，第 5 頁。

市的起源，實際上是一個與人類學、社會學和考古學等多門學科密切相關的學術難題。

不僅如此，城市的起源還與宗教活動息息相關：「從岩洞禮儀中我們就更能看出古代社會的社會性和宗教性推動力；正是在這兩種推動力的協同作用之下，人類才最終形成了城市；形成城市以後，恐懼、崇敬、驕傲、喜悅等所有這些原始的感情形式，便被藝術活動進一步渲染，並由許多感情豐富的參加者所豐富。」[003] 芒福德進一步指出，像人類最早的墳丘、墓葬一樣，從舊石器時代這些古老的聖地中，可以說，我們也看到人類城市文明生活方式在那時即已萌動。亞里斯多德曾描述過人類城市理想生活的成胚時期，他將其稱為社會烏托邦的第一次閃現。人類在極為艱難的生存條件下，一旦基本物質需求暫時得到滿足，精神需求便隨之增長，被壓抑的審美天性和藝術才能也漸漸獲得了釋放的空間。物質欲望與精神需求的相互促進，激發起人類對美好生活的嚮往與追求。正是人類的這種物質欲望與審美追求，使城市的建造獲得了合理性與原動力。

## 二　城市起源與城市文化

司馬遷《史記·五帝本紀》說：「一年而所居成聚，二年成邑，三年成都。」「聚」、「邑」、「都」，大約相當於我們今天所理解的「村」、「鎮」、「市」。當然，這裡的「一」、「二」、「三」並非實數，而是虛指，我們將其理解為 10 年、20 年、30 年似也未嘗不可。司馬遷所描述的這種由「聚」而「邑」，再由「邑」而「都」的發展過程，對我們理解城市的發生與發展規律，無疑具有重要的借鑑和啟示意義。

城市不僅是人類文化發展到一定階段的必然結果，也是人類日益走向成熟的里程碑。城市，作為人類群居生活的高級形式，是社會文明發展到

---

[003]　同上。

一定程度的尺規和見證。英語中「文明（civilization）」一詞，就源於拉丁文的「市民（civis）」，即「城市中的居民」，由此不難看出，至少在英語世界中，城市與文明的關係是極為密切的。

關於城市的起源，有各種各樣的說法，其中有一種意見頗有代表性，即將「城」與「市」分作兩種構成因素來考察，結果發現，城市的形成，有「因城而市」和「因市而城」兩種類型。所謂「因城而市」，就是先有「城」後有「市」，「市」在「城」的基礎上形成。這種類型的城市多見於戰略要地或邊境地區，如天津起源於天津衛。所謂「因市而城」就是由於「市」的發展而形成的「城」，即是先有「市場」後有「城市」。如上海，無論「因酒而來」還是「源於漁村」，都在「因市而城」之屬。

縱觀中外城建史，「因市而城」的城市相對多一些，畢竟城市是人類經濟發展到一定階段的產物，本質上是人類的交易中心和聚集場所。如運河兩岸的城市，通常是先有商船停靠在某個便於休息的地方，同時尋找些補給，於是就有了買與賣，日子長了，買賣雙方就漸漸把交易地變成了「碼頭」。

我們注意到，在長江沿岸的某些城市，直到今天，「碼頭」往往就是「集市」的代名詞，隨著「碼頭」生意圈的拓展，集市越來越大，吃喝住行的相關配套設施包括旅館、飯店、商鋪等建築物很快就一應俱全。先是幾爿小店，小店漸漸多了，也就變成了小鎮；小鎮發展到一定規模之後，現代意義上的「城市」也就誕生了。當然，古代天子王侯「環顧四野，圈地築城」的例子也不勝枚舉，如法國國王路易十四敕建的凡爾賽鎮、康熙皇帝謀劃的承德避暑山莊，就都是「一紙詔書，萬間宮闕」的實例。

由「碼頭」悄悄演變成的濱河小鎮，最後逐漸發展為城市。這類「因市而城」的城市，通常都會經歷一個如同種子破土發芽然後逐年長大的漸變過程。但是，「因城而市」的城市往往是突擊建成的。如帝王建造都城

的情況，則往往如同大樹移植一樣，有一種「高樓萬丈平地起」的氣勢。當然，每個城市的發生與發展過程都是千差萬別，任何一般性概述都會有與之抵牾的特例。

粗略說來，除了「先城後市」與「先市後城」之二分說外，還有人將城市的起源分為三種：一是防禦說，即建城郭的目的是為了不受外敵侵犯。二是集市說，認為隨著社會的生產發展，人們手裡有了多餘的農產品、畜產品，需要有個集市進行交換，於是有了市，後來就建起了城。三是社會分工說，認為隨著社會生產力不斷發展，一個民族內部出現了一部分人專門從事手工業、商業，一部分專門從事農業。從事手工業、商業的人需要有個地方集中起來，進行生產、交換，於是有了城市的產生和發展。不難看出，第一種說法近似於「先有城」，後兩種說法近似於「先有市」。

究竟是先有城還是先有市，這個問題若要深究其裡，必將陷入「先有雞還是先有蛋」的因果困境和邏輯悖論之中。不過，若對各種說法的立場與目的稍加考察便不難發現問題的實質。譬如說，許小年在接受共識網採訪時，就旗幟鮮明地捍衛了「必先有市，後乃有城」的觀點。關於「城」與「市」的關係，他有一個形象的說法：「城」是硬體，通常是看得見的；「市」是軟體，常常是看不見的。就中國的情況看，通常是先有城而後有市。從世界發展史的視角看，歐洲、中東、兩河流域、古希臘時期的情況則基本都是先有市，後有城。城市是從貿易通道上的樞紐發展起來的，首先是作為商品的集散地，先有交易，有市場，商人賺了錢，就有人要來搶，於是就建一道城牆把這些商人保護起來，所以是先有市後有城，沒有市就沒有城。

中國的城市不太一樣。「中國的城市最早是作為軍事要地和政治統治中心發展起來的，周武王滅商以後分封諸侯，每封一個國家，諸侯都要建都，都城當時是軍事要塞，是政治中心、統治中心。所以中國的城市發展

和世界其他文明有些區別。歷史上看城市的發展，我想強調的是先有市後有城，先有市場後有城牆。」[004]

　　誠如所言，中外城市在其形成、興起與發展方面，的確有很多相似的地方，譬如單從建築而言，都有一個從「穴居而野處」到「易之以宮室」的過程。但所有城市的形成、興起與發展，也必然有其不同於「他者」的特異性，單就「先城後市」與「先市後城」的爭論來說，就存在著許多變數。如前所述，漢語中的「城市」是古代「城」與「市」兩個概念的結合。「城」是指在一定地域上用作防衛而建立起來的牆垣。《墨子·七患》極為明確地確定了城市的守衛功能：「城者，所以自守也。」不難看出，「城」的「自守」功能主要與築城者的政治需求和軍事守備相關。「市」在古代是進行交易的場所。《孟子·公孫丑下》說：「古之為市也，以其所有易其所無，有司者治之耳。」《易經·繫辭下》則言說：「日中為市，致天下之民，聚天下之貨，交易而退，各得其所。」《吳越春秋》說得更明白：「築城以為君，造郭以守民。」不難推之，「市」是在城產生以後因日常生活的需要才慢慢形成的。顯然，在中國古代的城市裡，「市」的功能大多數時候是附屬於城的。

　　這種「市」附屬於「城」的情況一直持續至晚清。更確切地說，鴉片戰爭之前，中國的城市基本上都是國都以及各郡、州、縣的府衙所在地。政治功能和軍事功能明顯遠在經濟功能之上。但鴉片戰爭之後，這種情形發生了改變。不過，一般說來，戰爭年代往往是「先城後市」，和平年代則更多的是「先市後城」。

　　作為商品交換場所的「市」，由於人口比較密集，所以它的選址也就不能不考慮到水和其他自然條件。水作為維持生命的必需品，是人們選擇聚居點的最重要的條件之一。所以，古人有「因井為市」、「處商必就市

---

[004]　許小年：《必先有市，後乃有城》，「共識線上」第 26 期，2013 年 05 月 13 日。

井」等說法。《管子·乘馬》說：「凡立國都，非於大山之下，必於廣川之上。高毋近旱，而水用足；下毋近水，而溝防省。因天材，就地利。」《管子·度地》進一步指出：「故聖人之處國者，必於不傾之地，而擇地形之肥饒者，鄉山左右，經水若澤，內為落渠之寫，因大川而注焉。」[005] 事實上，即便遊牧民族臨時駐紮一地，也必然首先考慮飲水問題，因此，他們「逐水草而居」。有經驗的將軍率兵出征，途中安營紮寨，也常常會挑一個「背山面水」的地方。臨時行為尚且如此慎重，作為百年大計的城池建造，自然不可有絲毫馬虎。

　　因此，古代的城市建造者，不能不考慮所謂的「風水」問題，而「風水之法，得水為上」。「風水」（「堪輿」）是中國的說法，其核心內容無非是對建築選地（尤其是陵墓、城池的選址）的考究。從這個意義上講，並非只有中國古代城市重視「風水」，世界上其他國家在建城造市過程中沒有不講究「風水」的，尤其是「水」。譬如說，雅典城靠近愛琴海的聖羅尼克灣，基菲索斯河和伊利索斯河穿城而過；羅馬城靠近第勒尼安海，台伯河穿城而過；耶路撒冷位於山地高原，這類乾旱少雨之地，「有水」必然是首選因素之一。耶路撒冷主城臨近汲淪谷、欣嫩子谷和泰羅普河谷的交匯處，其選址與該地「處處能見到泉水」有關。不言而喻，沒有水，人類無法生存。絕水之城，無論曾經有過多麼輝煌的歷史，人們也會毫不猶豫地棄城而走。歷史上有大量被廢棄的城市，大多是因其缺水而被封存於歲月的塵埃之中。

　　上述有關城與市的討論，大多是從城市起源的視角關注古代城市的。而我們現代人所關注的「現代城市」，已與古代城市不可同日而語。大多數人認為，真正意義上的城市是工商業發展的產物。如 13 世紀的地中海

---

[005]　2015 年 12 月 20 日至 21 日在北京召開的中央城市工作會議上，習近平講話時引用過管子的這句名言。此次會議明確提出了以「創新、協調、綠色、開放、共用」為內容的當代城市發展的五大理念。

沿岸城市以及米蘭、威尼斯、巴黎等，都是重要的商業和貿易中心；其中威尼斯在繁盛時期，人口超過 20 萬。工業革命之後，城市化進程大大加快了，由於農民不斷湧向新的工業中心，城市獲得了前所未有的發展。到第一次世界大戰前夕，英、美、德、法等國絕大多數人口都已生活在城市。這不僅是富足的標誌，也是文明的象徵。

　　馬克思說：「城市本身的單純存在與僅僅是眾多的獨立家庭不同，在這裡，整體並不是由它的各個部分組成，它是一種獨立的有機體。」[006] 現代城市正是這樣一個「有機體」，作為經濟、政治、文化的中心樞紐，現代城市尤其是大都市，不僅是工業生產的基地、交通樞紐、資訊中心、貿易中心、金融中心，而且是宗教、藝術、科學、教育的中心。現代城市一般包括住宅區、工業區和商業區並且具備行政管轄功能。城市的行政管轄功能可能涉及較其本身更廣泛的區域，其中有居民區、街道、醫院、學校、公共綠地、寫字樓、商業賣場、廣場、公園等公共設施。

　　行文至此，筆者意識到在「城市文化」的「陷阱」裡陷得太深太久了，這難免有「下筆千言，離題萬里」的嫌疑。但有道是「磨刀不誤砍柴工」，說到底，城市美學無非是一種城市文化，二者之間所存在的這種天然的種屬關係，使我們在討論城市美學的過程中，無論如何大談城市文化都不會與城市美學毫無關聯。

# 三　「城市文化」與「城市美學」

　　究竟應該如何認識城市文化與城市美學的關係呢？從邏輯結構關係看，有人認為城市美學探究的是城市文化的深層哲理問題，城市文化則是城市美學的土壤。當我們將城市美學理解為一種「城市文化哲學」時，二者的複雜關係就立刻顯得簡單明瞭得多。有學者指出：「城市美學淺顯的

---

[006]　《馬克思恩格斯全集》第 46 卷（上），人民出版社 1979 年版，第 480 頁。

解釋就是城市的美的學問。什麼是城市的美？不外兩個方面：一是城市的形式美（要比建築美的物件物範圍更寬廣）；二是城市的內涵美（主要是合理性）。我們這裡要說的多指前者。城市的形式美，一般來說多出自視覺（形象）。但視覺不可能統包全城形象來感受，一般總是一個局部，即某個視角下的形象。這種形象，近年來也就是指景觀。」[007] 從這個定義看，城市美學與景觀美學具有鮮明的家族相似性。關於這一點，在下文討論城市美學與建築美學的關係時還會提及，此處不再贅述。

必須指出的是，迄今為止，中外學術界對「究竟何為城市美學」的問題，尚無定於一尊的權威定義。有一種觀點認為，當我們研究城市文化時，如果著重在城市的形式，就可以說「進入城市的審美領域」了。也有人認為，城市美學是旨在以審美式的情感調節來恢復城市發展中的人性價值的人文學科，還有人認為，城市美學是研究城市美化和居民審美心理的學科，是介於城市科學與美學之間的邊緣學科。城市作為眾多居民生活和工作的聚居地，必須滿足居民的基本審美要求。隨著時代的進步和社會的發展，在城市的現代化建設中，城市物質文化和城市精神文化的美學特徵是不容忽視的基本方面。打造清新優雅、賞心悅目的城市景觀，培養高尚美好、奮發向上的市民精神境界，有助於調動城市居民的工作積極性，發揮城市在經濟建設中的核心作用。城市美學正是在這個背景下成為一門「有待於發展」的「新興學科」的。[008]

正如黑格爾所說的：「像一切其他非哲學性的科學一樣，上述理論都是按照普泛方式來建立的。它們所研究的內容是從現成的流行觀念吸收來的。於是進一步就要追問這些觀念的性質，就有必要把它們弄得更加明確，替它們下一些定義。但是要這樣做，我們就處在一種不穩實的爭辯多端的境地。乍看起來，美好像是一個很簡單的觀念。但是不久我們就會發

---

[007]　沈福煦：《城市論》，中國建築工業出版社 2009 年版，第 85 頁。
[008]　劉國光主編：《中外城市知識辭典》，中國城市出版社 1991 年版，第 829 頁。

現：美可以有許多方面，這個人抓住的是這一方面，那個人抓住的是那一方面；縱然都是從一個觀點去看，究竟哪一方面是本質的，也還是一個引起爭論的問題。」[009]

在眾說紛紜、爭論不休的語境下，我們比較贊成這樣的看法，按照馬克思主義「本質力量物件化」的概念，把城市美學定義為人的本質力量在城市中的物件化或外化，即將其視為人類按照美的規律自由創造的必然產物。就具體研究對象而言，城市美學直接面對的是建築、城鎮、大地景觀等城市構造的主要物質因素，以及與此相關的歷史精神、宗教信仰、市民心理、娛樂取向等文化層面的審美因素。城市美學作為美學大家族中的一員，與其關係密切的姊妹學科主要包括鄉村美學、景觀美學、生活美學、藝術美學、環境美學、技術美學、廣告美學、建築美學等。其中建築美學、景觀美學與城市美學的關係相對密切一些，就其研究領域的寬廣度而言，似乎景觀美學包括城市美學，而城市美學包括建築美學，但實際上三種美學多有重疊相似之處。

單就城市美學與建築美學的關係而言，不少學者把建築美學視為城市美學的核心，尤其是地標性的高層建築，它們往往是城市審美文化的「成名作」與「代表作」，是一個城市的象徵與名片。畢竟，「人們總是透過城市外部形態的感受形成的感性形象來把握城市美學的具體形態，進而進行更深層次的城市美學本質的思考。高層建築作為一個城市經濟和文化的集中反映，是建構城市空間和城市形象的重要元素，高聳而富有個性的高層建築是城市中一道美麗的風景，決定著城市美學內涵和城市精神」[010]。

但城市與建築之間畢竟不能畫等號，同樣，城市之美也不可能完全等同於建築之美，建築之美固然占有重要地位，但體現城市景觀的場所美和整體美才更接近我們所理解的城市美。我們所理解的城市美應包含城市建

---

[009]　[德] 黑格爾：《美學》第一卷，朱光潛譯，商務印書館 1979 年版，第 21 頁。

[010]　冒亞龍：《高層建築的美學價值與藝術表現》，東南大學出版社 2008 年版，第 47 頁。

築、環境、場所和城市整體所表現出來的文化之美，即城市的氣質與風度之美，它是城市文化認同觀念和審美價值取向等的綜合表現。「人們對城市美的感知，主要有三個特點：(1) 豐富性。源於城市的複雜性和人們各不相同的感知經驗。(2) 直接性。人們對身外城市環境的感知是一種直觀的、暫態的體驗，是人的身心暫態生理反應和心理變化，直覺就是這類體驗的一種。(3) 當下性。人在感知過程中，心理變化的暫態性和不可逆性與城市環境景觀時空變化的暫態性和不可逆性，構成了城市美體驗的當下性。」[011] 隨著當代城市美學的發展，研究者們越來越關注城市的歷史維度、社會需求、文化風尚和可持續發展態勢，並越來越多地涉及技術美學、生態美學、景觀美學和建築美學所關注的內容，但城市美學在景觀美學和建築美學之間，無疑具有更廣闊的思維空間和更靈活的闡釋方式。

如果我們比照黑格爾的思想體系，把美學看作藝術哲學，那麼也不妨將城市美學視為城市藝術哲學。也就是說，「如果我們把城市當作一個藝術物件，對它進行深層哲理的研究，對它的形成、發展、消亡進行研究，以及對它與人及社會的相互關係進行深層次研究，就是從城市文化深入到城市哲學了。都會城市美學與城市文化在結構上的關係，如果比較簡要地說，可以認為城市美學是城市文化的深層哲理。美學，在這裡也意味著『文化的哲學』。城市美學，淺顯的解釋就是城市的美的學問」[012]。簡言之，「城市的美」即城市的外在形象與內在氣質的美，才是城市美學研究的主要對象。

僅就城市美學的表現形式而言，城市美學所涉及的諸多先決條件和影響因素可謂不勝枚舉。正如黑格爾所言，任何事物的形式與內容總是相互依存且互為表裡的，「著重於形式」的城市美學必然要反映到城市的實體之上，並最終反映到人們的視覺和心理行為上。說到底，還是要落實到城

[011] 段漢明編：《城市美學與景觀設計概論》，高等教育出版社 2008 年版，第 114 頁。
[012] 沈福煦：《城市文化論綱》，上海錦繡文章出版社 2012 年版，第 197 頁。

市的具體形式和具體內容上。譬如說，一本討論城市美學的著作，就離不開城市空間、城市形象、城市意象、城市精神等城市美學的具體表現形式。其中「城市空間」和「城市形象」就是透過視覺感官對城市空間基本特徵的反映，它最容易在視覺上給人們留下深刻的審美感受。人們對城市景觀的拍攝、寫生，都是對城市形象的最直觀的反映。城市空間局部或者片段的美，是構成城市美學的一個方面，但局部或者片段的美不等於城市美，城市之美重在整體，重在關聯。[013]

　　城市美學作為一門正在快速發展的交叉學科，不同研究者對其基本內涵必然有不同理解。例如，建築學家吳良鏞認為，城市美學應從城市社會、城市文化等多角度進行複合研究；城建規劃專家馬定武認為，城市美學是一門內容涵蓋十分廣泛的學科，它涉及研究城市、建築、大地景觀等領域的美學規律。美學家林同華則認為，城市美學應研究超藝術的技術審美行為。文藝理論專家於賢德則認為，城市美學應以人與城市的審美關係為中心，研究人們對於城市的心理感受與精神狀態。這些說法，看似大相徑庭，實則殊途同歸。有道是「條條大路通羅馬」，每一種研究方法，無論基於經驗還是基於理念，只要本著求真務實的態度，其結果都將有助於城市美學的建構與發展。正如每個城市都有其獨具特色的審美品格一樣，不同學者對城市美學的理解當然不盡相同，借用文論家劉勰的話來說，這叫作「各師成心，其異如面」。文藝理論如此，城市美學亦然。

　　透過對既有研究成果的考察，我們注意到，學者們在談論城市美學問題時，有的重視「城市空間」，有的偏重「城市形象」，有的則注重「城市精神」，有的圍繞「城市環境」做文章，有的從「城市意象」尋找突破口……但無論如何，作為美學著作，它們都離不開與美學研究相關的一些基本立場、觀點與方法。例如，從「城市意象」尋找突破口就是行之有效

---

[013]　冒亞龍：《高層建築的美學價值與藝術表現》，東南大學出版社 2008 年版，第 46 頁。

的方法之一。當然,「城市意象說」是個頗受關注的重要概念,一般說來,「城市意象」是城市整體形象的一種反映。眾所周知,凱文·林奇的《城市意象》一書,歸納出了構成城市印象的 5 個基本要素,即「路徑」「邊界」「區域」「節點」和「地標」。這些要素反映出一個城市的「總體特徵」「場所感」和「定向意義」。城市意象所表現出來的一種城市形態,反映出的是城市「物化形式」所蘊含的「文化品格」與「藝術特徵」,這些觀點,在學術界得到了比較廣泛的認可,「城市意象」也因此成了我們理解城市審美文化與城市美學內涵的一個不可回避的重要概念。

　　當然,單憑上述 5 個要素還不能構成人們對城市的完整印象。因為城市印象並不是一幅幅單個城市景象在人們頭腦中的回憶,嚴格地說,城市印象應該是作為整體以知覺的形式在人腦中所呈現出來的「完整印象」。在這裡,「人腦所形成的並不是城市物質個別屬性孤立的印象,而是由各種感覺結合而成的聯覺的完整印象。在人們對城市的印象中,由感官所感知的城市的各個部分、各種物質要素,形成了複合刺激物,大腦皮層對這些複合刺激物的各個組成部分及其相互關係進行分析綜合,並同過去的知識經驗相連繫,從而反映了城市各種屬性的關係,形成對城市的完整印象」[014]。這種「完整印象」是城市美學關聯藝術與哲學的心理學前提,同時也是城市美學不可或缺的重要組成因素。

　　必須指出的是,無論人們對城市美學的理解如何不同,其作為美學分支的學科屬性始終是一個無法動搖的基本前提。換言之,城市美學理論千頭萬緒,歸根結底無非一句話,研究城市的美學問題,其核心概念,終歸還是美學問題。

　　關於美學,德國哲學家黑格爾在其著名的《美學》一書中開門見山地指出:「它的物件就是廣大的美的領域。」[015] 如我們所知,黑格爾的《美

[014]　馬定武:《城市美學》,中國建築工業出版社 2005 年版,第 11～12 頁。

[015]　[德]黑格爾:《美學》,第三卷(上),朱光潛譯,商務印書館 1979 年版,第 1 頁。

學》是一部分成 3 大卷近百萬字的巨著，在第一卷中，他研究了「自然美」和「藝術美」的普遍概念和實際情況，即所謂「真正的美」和「真正的藝術」。但尚未涉及其「具體內容」和「各種表現方式」。在第二卷中，黑格爾討論了藝術美本身尚未分化的「混整的統一體」如何展現為幾種藝術類型的整體，確定了這些藝術類型的「定性」，即「內容的定性」。也就是說，卷一討論了審美理想，卷二討論了藝術類型。「但是美這個概念本身就要求把美表現於藝術作品，對於直覺觀照成為外在的，對於感覺和感性想像成為客觀的東西。所以美只有憑這種對它適合的客觀存在，才真正成為美和理想。」[016] 因此，黑格爾從該著第三卷開始，研究用「感性因素」創造出作品所形成的「各門藝術體系」，因為只有憑這「最後的」形象塑造，藝術作品才成為「具體的」「實在的」「獨立自主的」個體。該著的基本原理和有關建築、園林等門類藝術的研究，對當代城市美學建構仍然具有重要的啟示意義和指導意義。

黑格爾指出：「按照概念，藝術的這種新的實際存在本身固然全部都應屬於某一個整體，但是因為這個整體只有在當前感性領域裡才變成實在的，所以理想現在就要消融在它的組成部分裡，使這些組成部分各有獨立自主的地位，儘管也可以互相交錯、互相連繫或互相補充。這種實際存在的藝術世界就是各門藝術的體系。」[017] 按照黑格爾《美學》中關於藝術體系的理念，我們是否也可以將「城市美學」理解為一個「互相交錯、互相連繫或互相補充」的建築藝術體系？而建築藝術是否也可以被理解為「各有獨立自主的地位」的雕塑藝術體系？

從一定意義上說，城市美學還是一門尚未定型的新興學科，唯其如此，其涉及面之廣非同成熟定型的學科可比，譬如歷史、地理、哲學、文學、藝術、建築、經濟、社會、心理、民族等多門自然科學和社會科學，

---

[016] ［德］黑格爾：《美學》，第三卷（上），朱光潛譯，商務印書館 1979 年版，第 3 頁。
[017] ［德］黑格爾：《美學》，第三卷（上），朱光潛譯，商務印書館 1979 年版，第 4 頁。

都與城市美學有著深入而普遍的連繫。有研究者認為，城市美學就是從哲學視角對城市藝術、城市生活、城市發展等命題進行深層次地探究。從藝術哲學的視角看，它主要研究城市從總體布局藝術、環境藝術到建築藝術、雕塑小品等眾多類別和層次所具有的內在的、普遍的藝術規律，以及人們對城市藝術的認知規律。從生活哲學的視角看，它主要研究在城市特定的物質景觀條件下，人們的生活場所以及不斷變化的生活場景與周圍景觀的內在連繫和共生關係等。從「城市發展哲學」的視角看，它「主要研究以城市景觀為表現形式的城市歷史文化傳承、當代審美意識與城市景觀設計，以及符合城市發展規律性、目的性和審美需求的普遍規律與發展趨勢」[018]。

我們注意到，當前眾多城市美學研究者，主要遵循的仍然是藝術哲學的傳統研究理路，將黑格爾美學思想應用到城市審美文化研究之中。如前所述，當前城市美學研究的成果可謂蔚為大觀，但就知識結構、資料儲備和學術興趣而言，我們既無力也無意於評價和反思這些成果，而只期望從文學與歷史視角對城市審美文化發表一些隨筆式的觀感與心得。至於「城市美學」云云，只可看作行文敘事的一個若即若離的航標而已。因為代表出版方的圖書策劃者堅持的「非學術定位」和「非市場取向」，賦予了作者閒庭信步的逍遙和如道家常的灑脫，因此，就其文化精神而言，未必「美在其中」；就其思想深度而言，或許「離學遠矣」，但我們也因此放下了學術寫作的包袱，得以澄懷味象，直抒胸臆，豈不美哉！作者在信筆塗鴉式的快意書寫過程中享受自由言說的歡暢，讀者在隨手翻翻的輕鬆閱讀中體驗暢遊名城的審美愉悅，人人各以其情而自得，不亦快哉！

---

[018]　段漢明編：《城市美學與景觀設計概論》，高等教育出版社 2008 年版，第 115 頁。

# 第二章
# 建構城市美學的方法與路徑

我們在這裡所要匆匆邁步走過的，便是這樣一個美的歷程。

—— 李澤厚《美的歷程》

何為城市美學？究竟應該如何研究城市美學？學術界有許多不同的說法。僅就中國學術界而言，迄今為止，有關城市美學的著述至少出版了近百種，可謂碩果累累，實績斐然。如黃孝春的《人‧都市‧美》（1987）、蓋湘濤的《城市景觀美學》（1988）、張承安的《城市設計美學》（1990）、吳良鏞的《城市環境美學》（1993）、於賢德的《城市美學》（1998）、周嵐的《城市空間美學》（2001）、周膺的《現代城市美學》（2001）《後現代城市美學》（2009）和《生態城市美學》（2009）、譚元亨的《南方城市美學意象》（2003）和《城市建築美學》（2005）、馬武定的《城市美學》（2005）、陳李波的《城市美學四題》（2009）、周小兵的《城市美學漫談》（2012）、徐國源的《文化詩學與城市審美》（2015）、劉士林的《都市美學》（2016）等，這些著作，從不同視角、不同層次對城市美學進行了多方位、多層面、多學科的深入探究，儘管與國際同領域的學術研究水準還有一定的差距，但從當下中國學者所投入的熱情和實力看，某種「後發趕超」的態勢似乎已有端倪可察。

但令人困惑的是，究竟何為城市美學？相關著述各異其趣，各見其是，始終未達成一致意見。就研究方法而言，城市文化專家和美學大咖們更是八仙過海，各顯神通。眾多特色鮮明的著作各美其美，各是其是。當然，和所有學科一樣，城市美學的研究方法，原本就沒有定於一尊的規律

與法則。方法問題和定義問題一樣，見解紛紜，莫衷一是，常態而已。但細加梳理總結仍不難發現，當下流行的著述，在其研究過程中所使用的方式方法，其實也有許多相近相通之處。在此，我們僅就城市美學的研究方式問題談點粗淺看法，並借此梳理一下本書寫作的基本思路，以就教於讀者與方家。

# 一　城市美學的研究方式

我們研究城市美學首先要回答這樣一個問題：什麼是城市美學？這個看似簡單的問題，實際上有如一道「清純然而無解的代數」。因此，大多數著書立說者，通常會回避論題中主要概念的「定義」問題。這種八股式的「破題法」似乎早已被廢棄了。換句話說，城市美學是什麼固然重要，但我們更應該關心的似乎還是如何研究城市美學的問題。

眾所周知，給學科下定義一向很難，給新興學科下定義則更是難上加難。要給城市美學下一個確切的定義，若無庖丁解牛那種「條分縷析」的絕技，就得有「海格力斯」勇鬥「海德拉」[019] 的智慧與神力。譬如說，當我們說「城市美學」就是「關於城市的美學問題」時，我們就不得不接著解釋「什麼是城市」、「什麼是美學」。於是，「新問題」就猶如「海德拉」的「龍首／蛇頭」一樣，越斬越多。

姑且不管什麼是城市，單就「什麼是美學」來說，我們就會遇到一個「千古無解的難題」——「美是什麼？」柏拉圖《大希庇阿斯》中有關「美本質」的追問，在過去的兩千多年間出現過無數求解，但至今也沒有令人信服的完滿答案。

---

[019] 海德拉 (Hydra) 是希臘神話中的九頭怪，如果有人砍下一顆頭顱，其傷口裡馬上會長出兩顆來。關於其頭的個數，說法不一。有說一頭的，也有說五頭、七頭的，甚至百頭的。但中譯者通常稱之為「九頭怪」。當然，大力士擊殺九頭怪，最終還是靠智取。鐵不能治之者，以火治之。

當代美學家周憲為了回答「美學是什麼」，專門寫了一本 20 多萬字的著作。即便如此，他也不敢說自己就徹底講清楚了這個問題。他在該書的最後一頁寫道：

我們關於「何為美學」的閒聊可以暫告一段落了。也許，我的任務就是打開那一扇朝向美學的窗戶，在你眼前展開一個豐富多彩的世界……最後，我想說，對美學思考來說，永遠不會有終結。因為美學精神總是在創新中開始新的征程！[020]

周憲在「帶風景的房間」臨窗而坐，與一群莘莘學子「茗茶」、「賞景」，在一種輕鬆愉快的氛圍中「閒聊」美學。透過對一系列美學「風景」的觀賞，作者對古今中外許多美學理論與觀念進行了或深刻或風趣的評說，這種「散步」式的「美學歷程」，親切自然，令人神往，它或許正是我們漫步「城市美學」所期望的一種風采和氣度。

當然，周憲的這種「散步」與「閒聊」並不缺少美學所特有的詩學智慧與思辨魅力。例如他在解釋「美學精神」時，以「遊戲」、「超越」、「和諧」、「寬容」、「獨立」等概念加以闡發，貌似老生常談，實則新見迭出。尤其令人印象深刻的是，作者以其簡潔曉暢的語言，在鮮活多姿的審美現象與肅穆嚴謹的美學思想之間，風兮舞雩，靈活自在地大幅跳轉。談詩說藝之間，史論相參，情理兼具，細細品讀，頗能給人以美的享受。恰如所料的是，雖然書名為《美學是什麼》，但除了引述鮑姆加登的美學是「感性認識的科學」之「原始定義」外，作者並沒有一本正經地給「美學」下過任何定義。

與之形成對照的是，哲學家李澤厚在《美的歷程》中反復地給美及其相關概念下定義。例如：「重複一遍，人性……是感性中有理性，個體中有社會，知覺情感中有想像和理解，也可以說，它是積澱了理性的感性，

---

[020]　周憲：《美學是什麼》，北京大學出版社 2015 年版，第 374 頁。

積澱了想像、理解的感情和知覺，也就是積澱了內容的形式……這也就是積澱的自由形式，美的形式。」又如：「美作為感性與理性，形式與內容，真與善，合規律性與合目的性的統一，與人性一樣，是人類歷史的偉大成果……」他認為「美的歷程」，「對於領會和把握這個巨大而重要的成果，該不只是一件閒情逸致或毫無意義的事情吧？」但《美的歷程》最後一句話意味深長：「俱往矣。然而，美的歷程卻是指向未來的。」[021] 這與周憲「美學精神總是在創新中開始新的征程」是否有異曲同工之妙？

　　必須指出的是，我們提及《美學是什麼》和《美的歷程》這一新一舊兩部著作，並非為「城市美學」的定義問題尋找靈感，而是因為在閱讀這些著作時，獲得了一些重要啟示。如《美的歷程》開篇指出：

　　中國還很少有專門的藝術博物館。你去過天安門前的中國歷史博物館嗎？……那人面含魚的彩陶盆，那古色斑爛的青銅器，那琳琅滿目的漢代工藝品，那秀骨清像的北朝雕塑，那筆走龍蛇的晉唐書法，那道不盡說不完的宋元山水畫，還有那些著名的詩人作家們：屈原、陶潛、李白、杜甫、曹雪芹……我們在這裡所要匆匆邁步走過的，便是這樣一個美的歷程。

　　匆匆邁步走過，便是「美的歷程」！

　　是的，美是無處不在的，只要我們願意且能夠去感受，去體悟，去欣賞。美的感知、體悟和欣賞，需要真情真心的投入，需要一種有如情侶般相知相悅的深情愛戀，需要一種如膠似漆、耳鬢廝磨式的真心陪伴。如果一個人具有畫家的眼睛、詩人的情感、戀人的心態，那麼，他走在城市的每個角落，都能感受到美的存在。而一切與城市有關的美好事物，都應該是城市美學關注的對象。

　　周小兵在《城市美學漫談》序言中指出：「城市美學可以講跟城市相關

---

[021]　李澤厚：《美的歷程》，文物出版社 1981 年版，第 213 頁。

的所有東西，但不一定講城市的美或『城市之美』。這裡要講的是如何看城市的美，重在觀看，以及觀看美的方式；如何感悟城市的美，重在感悟以及感悟美的心理；如何用自然的造化成就城市的美，重在造化以及造化美的產生；如何培育城市的美，重在培育以及培育美的心靈……美學不是名詞，而是動詞，作為動詞形態的美學，要講『觀、感、化、育』四個字，也就是，決定城市美學研究方法的動態性。」[022] 於是，他就以上述「觀、感、化、育」4 個字為 4 根支柱，建構起他的城市美學大廈。他的「漫談」有如「漫步」，輕鬆舒緩，行止自如，在眾多討論城市美學的著作中別具一格。這種類似於宗白華「美學散步」的方式，不禁讓人聯想到朱光潛著名的談美文章《「慢慢走，欣賞啊！」── 人生的藝術化》。

1932 年夏天，中國美學家朱光潛流寓在萊茵河畔，那時他正在埋頭撰寫藝術創造與欣賞的系列文章。有一天，他突然想起了風光旖旎的阿爾卑斯山，想起了那山谷標語牌上的一句話：「慢慢走，欣賞啊！」他不禁感慨萬千：「許多人在這車如流水馬如龍的世界過活，恰如在阿爾卑斯山山谷中乘汽車兜風，匆匆忙忙地急馳而過，無暇一回首流連風景，於是這豐富華麗的世界便成為一個了無生趣的囚牢。這是一件多麼可惋惜的事啊！」[023] 於是便有了著名的美學文章《「慢慢走，欣賞啊！」── 人生的藝術化》。

在這篇探討「藝術與人生」的文章中，朱光潛直接將「善」納入了美的範疇。他說：「柏拉圖和亞里斯多德本來是一走理想主義的極端，一走經驗主義的極端，但是對於這個問題，意見卻一致。他們都以為『至高的善』在『無所為而為的玩索』。這種見解在西方哲學思潮上影響極大，斯賓諾莎、黑格爾、叔本華的學說都可以參證。從此可知西方哲人心目中的

[022]　周小兵：《城市美學漫談》，天津大學出版社 2012 年版，第Ⅲ頁。

[023]　《朱光潛全集》（第三卷），安徽教育出版社 1987 年版，第 96 頁。

『至高的善』還是一種美，最高的倫理的活動還是一種藝術的活動了。」[024]
從人生藝術化的視角看，美與善確乎如影隨形，如孔子讚美「韶樂」、
「盡善盡美」，茅盾形容世界「至善至美」，或許都可以看作「至善」即美的
注腳。

　　更令人驚奇的是，在這同一篇短文中，朱光潛同樣將「真」也納入了
美的範疇。他說：「真理在離開實用而成為情趣中心時就已經是美感的對
象了。『地球繞日運行』，『勾方加股方等於弦方』一類的科學事實和《米
羅愛神》或《第九交響曲》一樣可以攝魂震魄。科學家去尋求這一類的事
實，窮到究竟，也正因為它們可以攝魂震魄。所以科學的活動也還是一種
藝術的活動，不但善與美是一體，真與美也並沒有隔閡。」[025]

　　在朱光潛看來，藝術是情趣的活動，藝術的生活也就是情趣豐富的生
活。情趣豐富的人，所到之處皆能發現美、享受美；情趣乾枯的人，終日
在蝸角功名、蠅頭小利中苦苦掙扎。有無情趣，是藝術家與俗人的分野之
所在。朱光潛所謂的「人生的藝術化」其實就是「人生的情趣化」。「覺得
有趣味」就是發現了美，就是欣賞美。欣賞就是「無所為而為的玩索」。他
甚至宣稱，人在欣賞時，有如神仙，自由、幸福。

　　但是，朱光潛的「欣賞」也是有「門檻」的，這個門檻就是「有情
趣」，一個「有情趣」的人自然會有一雙欣賞美的眼睛。羅丹說過：「生活
中並不是缺少美，而是缺少發現美的眼睛。」對於城市之美而言，尤為如
此。我們的城市並不缺少魚龍夜舞式的醉美場面，也不缺少黃鐘大呂般的
壯美之聲，從不缺乏月白風清的良辰美景，也不缺乏桃李芬芳的美的氣
息，更不缺乏濃茶釀酒的美的味道，我們缺少的是能欣賞城市景觀美的眼
睛，缺少能聆聽城市聲音美的耳朵，缺少能捕捉城市氣息美的鼻子，缺少
能品嘗城市滋味美的舌尖，缺少能感悟城市文化美的心靈。

---

[024]　《朱光潛全集》（第三卷），安徽教育出版社 1987 年版，第 95 頁。
[025]　《朱光潛全集》（第三卷），安徽教育出版社 1987 年版，第 96 頁。

一個情趣豐富的人，擁有一雙善於發現美的眼睛，他所到之處都能感受到美的存在：匆匆邁步走過，便是「美的歷程」。我們不知道「美的歷程」所遵循的是不是黑格爾「美學」所謂「從經驗出發」的研究方法[026]，但可以肯定的是，「美的歷程」順著歷史的線索追根溯源，探尋美的發生發展規律，然後將其歷史嬗變一一道來，這正是周憲《美學是什麼》中「觀美三法」之「美學史觀法」，周憲所謂的「三法」，除「史觀法」外，還有「邏輯的」、「經驗的」方法。

　　在美學史上，上述三種方法都曾被廣泛使用過。在蘇格拉底之前，畢達哥拉斯從數之和諧接近過美學問題，赫拉克利特從對立統一規律探討過美，蘇格拉底的弟子柏拉圖在研究「美的事物」與「美本身」的過程中，提出了「美在理念」的著名論斷，「百科全書式的」亞里斯多德建立起了一個相對完備的「前美學時代」的「美學體系」。車爾尼雪夫斯基甚至認為亞里斯多德是「第一個以獨立體系闡明美學概念的人，他的概念竟雄霸了二千餘年」。譬如說他的「美本體」與「美現象」統一於客觀世界的理論，美的形式在於「秩序、勻稱與明確」等論斷，直到今天，仍然對美學理論具有重要的啟示意義。

　　即便在中世紀所謂的「黑暗時代」，人們追求美與藝術哲學的腳步也沒有停歇下來。例如普洛丁的「美在太一」、奧古斯丁的「美在整一與和諧」、湯瑪斯·阿奎拉的「美在完整、適當、色彩鮮明」等，都是中世紀西方頗負盛名的美學觀念。文藝復興和啟蒙運動時期，美學理論也得到了與時俱進的發展。經驗主義、理性主義與啟蒙主義美學都取得了無愧於時代的創新性進展，培根、博克、笛卡爾、狄德羅等美學巨人的名字，分別成為各自美學時代的金字招牌。

---

[026] 黑格爾將美學研究的主要方式分為三類：一是「經驗作為出發點」的方式；二是「理念作為出發點」的方式；三是「經驗觀點」和「理念觀點」統一的方式。參見[德]黑格爾《美學》第一卷，朱光潛譯，商務印書館 1979 年版，第 18 ～ 28 頁。

　　德國古典美學可謂馬克思主義美學之外，迄今無人超越的美學高峰。代表人物有康得、費希特、謝林、歌德、席勒和黑格爾。其中黑格爾作為德國古典美學的集大成者，在世界美學史上仍然占據著極為崇高的地位。朱光潛在《西方美學史》中指出，黑格爾「處在德國古典哲學發展的高峰，曾自命是過去一切哲學流派的集大成者。在馬克思主義哲學出現以前，黑格爾在哲學中確實達到超過此前一切哲學家的成就。在美學方面也是如此」[027]。

　　眾所周知，黑格爾的邏輯學被公認是黑格爾哲學的靈魂和核心，邏輯學不僅是其哲學觀點及其思維方式的最後倚仗，而且也是其龐大思想體系的基礎和支柱。但也有學者抱怨說，黑格爾的《美學》明顯缺乏嚴謹的邏輯性，不僅章節編排邏輯混亂，具體觀點的論述之自相矛盾也隨處可見。這類抱怨合理與否姑且不論，但就其美學的客觀唯心主義特徵而論，黑格爾美學思想的局限與不足幾乎是不言而喻的。譬如說，其客觀唯心主義哲學體系與辯證法之間就存在著嚴重的矛盾，其辯證法本身也還存在著無法調和的矛盾。但必須承認的是，儘管黑格爾有關美的理念的抽象演繹存在著這樣或那樣的缺失，其結論卻往往可以應用到自然和社會現象上去。關於這一點，朱光潛先生發出過這樣的感嘆：「甚至黑格爾的有些錯誤的言論，如果從另一個角度去看，可以包含很深的真理。」[028] 馬克思和恩格斯也說過：「黑格爾常常在思辨的敘述中作出把握住事物本身的、真實的敘述。」[029]

　　黑格爾在《美學》的開篇就對「美學」學科創始人鮑姆加登提出的「伊斯特惕克」這個概念發出了挑戰，指責作為感性學的「美學」實在名不副實。因為「伊斯特惕克」的精確意義是研究感覺和情感的科學。但在當時

---

[027]　朱光潛：《西方美學史》下卷，人民文學出版社 1979 年版，第 460 頁。
[028]　朱光潛：《西方美學史》下卷，人民文學出版社 1979 年版，第 466 頁。
[029]　《馬克思恩格斯全集》第一卷，人民文學出版社 1979 年版，第 76 頁。

的德國，人們通常從藝術作品所應當引起的「愉快」、「驚讚」、「恐懼」、「哀憐」之類的情感去看藝術作品。於是，有些人想找出另外的名稱如「卡力斯惕克」（意即「美」）這個詞來代替「伊斯特惕克」。但「卡力斯惕克」的含義並非傳統美學意義上的「一般的美」，而只是「藝術的美」。就這樣繞來繞去，黑格爾還是選擇了「伊斯特惕克」這個術語。在這裡，偉大的哲學家不無自嘲地寬慰自己說，名稱本身「無關宏旨」，既然如此，那就「無妨保留」著吧。

但是，黑格爾對勉強使用「伊斯特惕克」一詞畢竟心有不甘，於是，他鄭重其事地宣稱「我們的這門科學的正常名稱卻是『藝術哲學』，或者更確切一點，『美的藝術哲學』」[030]。在朱光潛的譯本中，譯者對「美的藝術」這個核心概念加了一個意味深長的注釋：「美的藝術」舊譯為「美術」；值得注意的是，「美術」一般不包括詩歌文學，甚至不包括建築，自然也就無法包括主要以建築藝術、自然景觀和人文景觀以及大地藝術組成的城市藝術，但「美的藝術」卻可以名正言順地將與城市美有關的諸多因素悉數囊括其中。

針對鮑姆加登以來的諸多反美學的流行觀念，黑格爾在《美學》序言中進行了逐一駁斥，然後他莊嚴地宣稱：「美的藝術並非不配作哲學研究的物件，而且這種哲學研究也並非不能認識到美的藝術的本質。」[031] 於是，他在《美學》全書緒論中鄭重其事地設置專門章節討論「美和藝術的科學研究方式」問題。他開門見山地說：「談到科學研究的方式，我們就遇到兩個相反的方式，每一個方式好像都要排除另一個方式，都不能讓我們得到圓滿的結果。一方面，我們看到藝術的科學只圍繞著實際藝術作品的外表進行活動，把它們造成目錄，擺在藝術史裡，或是對現存作品提出一些見解或理論，為藝術批評和藝術創作提供一些普泛的觀點。另一方面，

[030]　［德］黑格爾：《美學》第一卷，朱光潛譯，商務印書館 1979 年版，第 1 頁。
[031]　［德］黑格爾：《美學》第一卷，朱光潛譯，商務印書館 1979 年版，第 18 頁。

我們看到藝術的科學單就美進行思考，只談些一般原則而不涉及藝術作品的特質，這樣就產生出一種抽象的美的哲學。」[032]

　　如前所述，黑格爾在《美學》中將美學研究的主要方式分為三類：一是「經驗作為出發點」的方式；二是「理念作為出發點」的方式；三是「經驗觀點」和「理念觀點」統一的方式。從一定意義上說，應該是兩種方式，所謂第三種方式，實際上是兩種方式的融合或綜合運用而已。當然，從黑格爾講究「正」、「反」、「合」的辯證法思維習慣來說，「正」、「反」之後的「合」當然是一種具有新質的方式了，事實上，「經驗觀點」和「理念觀點」的統一，也正是黑格爾所推崇的最重要、最合理的方式。

　　對第一種研究方式，黑格爾指出，一個人要想成為「藝術學者」，他就必須從「經驗」出發。一個有文化教養的人多少需要有一些藝術的知識，如果這種知識真正足夠使一個人配稱為學者，首先的要求就是對範圍無限的古今藝術作品有足夠的認識，特別是藝術方面的博學，這不僅需要有很好的記憶力，而且還需要有銳敏的想像力，只有具備諸如此類的各種條件，才能緊緊掌握住藝術形象的一切特色，才能拿它和其他藝術作品比較。在這裡，藝術作品的比較尤其重要。

　　黑格爾還專門討論了藝術鑑賞家希爾特和著名詩人歌德為美下的定義。希爾特說：「美就是『完善』，可以作為，或是實在作為眼、耳或想像力的一個對象。」所謂「完善」，希爾特解釋說：「完善就是符合目的，符合自然或藝術在按照一個事物的種類去造成那個事物時所懸的目的。」歌德說：「古人的最高原則是意蘊，而成功的藝術處理的最高成就就是美。」黑格爾說藝術作品應該具有的意蘊也是如此，它不只是用了某種線條、曲線、面、齒紋、石頭浮雕、顏色、音調、文字乃至其他媒介，就算盡了它的能事，而是要顯現出一種內在的生氣、情感、靈魂、風骨和精神，這就

---

[032]　[德] 黑格爾：《美學》第一卷，朱光潛譯，商務印書館 1979 年版，第 18 頁。

是我們所說的藝術作品的意蘊。所以這種要求藝術作品要有意蘊的看法是和希爾特的特性原則沒有多大分別的。對於黑格爾沉悶冗長的論述，朱光潛評介說，黑格爾用希爾特的特性說和歌德的意蘊說來印證他自己的「美是理念的感性顯現」說。理念就是內容；感性顯現就是直接呈現於感覺的外在形狀，就是表現的方式。這兩方面 —— 理性的和感性的統一，才能見出美。關於藝術研究的第一個方式，黑格爾一言以蔽之：「它是從現存的個別作品出發的。」[033]

關於「理念作為研究的出發點」，這種完全運用理論思考的方式，黑格爾只是輕描淡寫地談了一下自己的否定性意見。他認為像柏拉圖那樣從概念到概念追求美的「普遍性」或「類性」，以及「自在自為的本體」並不可取。因為柏拉圖的這種從「美的理念」或「美本身」出發的研究方式很容易變成一種「抽象的形而上學」，而這種抽象的方法已不復能滿足我們，因此，我們不應該固執於柏拉圖式理念的抽象性。

不難看出，黑格爾真正提倡的是「經驗觀點」和「理念觀點」的統一。在他看來，「美的哲學」概念是「形而上學的普遍性」與「現實事物的特定性」的辯證統一，它本身是「豐產的」，因為「按照它的概念，它須發展為一些定性的整體，而它的概念本身及其在生發中所得到的定性，都含有一種必然性，它必然要有它的特殊個體以及這些特殊個體的發展和互相轉化……只有這裡所說的完整的概念才能導向實體性的必然的和統攝整體的原則」[034]。

我們如此不厭其煩地引述和評介黑格爾的「美學」概念，看上去與我們所要討論的城市美學似乎沒有多大的關係。事實上，黑格爾也確乎沒有提及城市美學，但他所提出的使美學獲得學科合法性的理論框架，具有重要的典範意義，從某種意義上說，沒有黑格爾，就沒有馬克思，僅就

[033]　［德］黑格爾：《美學》第一卷，朱光潛譯，商務印書館 1979 年版，第 18 ～ 25 頁。
[034]　［德］黑格爾：《美學》第一卷，朱光潛譯，商務印書館 1979 年版，第 28 頁。

其「經驗觀點」和「理念觀點」相統一的研究方式而言，就具有方法論的意義。我們前面說過，古希臘神話中的海格力斯找到了對付海德拉的方法之後，這位大力神才得以成功擊殺「九頭怪」。我們討論黑格爾的美學研究方式，希望「磨刀不誤砍柴工」，但願黑格爾的這套理論能夠在接下來的城市文化和城市美學的研討過程中，多多少少為我們提供一些靈感或啟示。

## 二　城市：「按照美的規律來建造」

凡是讀過黑格爾《美學》的人，或許記得黑格爾全書緒論的第一句話，即美學的「研究對象就是廣大的美的領域，說得更精確一點，它的範圍就是藝術」[035]。然後，他隆重地確立了「美學的範圍」，並旗幟鮮明地把「自然美」從作為「藝術哲學」的美學王國中「驅逐出境」。僅就這一點而言，在對待人與自然的關係上，繼而在對待藝術美與自然美的關係上，黑格爾的美學觀念就明顯存在著「自然美」的缺失。當然，這只是表面現象。我們注意到，在《美學》的「序論」和「總論」之後，黑格爾正式討論美學的第一個話題就是「自然美」。「自然美」和與之對應／對立的「藝術美」是《美學》第一章的主體內容。

根據筆者膚淺的理解，美的城市理所當然是自然美與藝術美的有機結合體，城市美學也理所當然要以自然美與藝術美二者水乳交融的審美形態為主要對象和基本內容。按照我們對城市美學的理解，美的城市，即藝術化的或理想化的城市，理所當然是天人關係回歸和諧的「人化自然」之途，同時也是人類在改造自然過程中獲得審美情感和審美體驗的「自然人化」之境。

馬克思指出：「透過實踐創造物件世界，即改造無機界，人證明自己是有意識的類存在物，也就是這樣一種存在物，它把類看作自己的本質，

---

[035]　［德］黑格爾：《美學》第一卷，朱光潛譯，商務印書館 1979 年版，第 3 頁。

或者說把自身看作類存在物。」[036] 與黑格爾割裂人與自然關係形成鮮明對比的是，馬克思充分利用辯證法思想的合理因素，使黑格爾天人之際的混雜錯亂復歸澄明之境。

在馬克思看來，人是自然界的一部分，自然是人的「無機的身體」：「自然界，就它本身不是人的身體而言，是人的無機的身體。人靠自然界生活……所謂人的肉體生活和精神生活同自然界連繫，也就等於說自然界同自身相連繫，因為人是自然界的一部分。」[037]

所謂「無機的身體」，這是馬克思「巴黎手稿」中的一個有關人與自然之關係的創新性概念。如前所述，馬克思認為，無論是在人那裡，還是在動物那裡，「類生活」從肉體方面說來，人和動物一樣都得依靠無機界生活，但與動物相較而言，人賴以生活的無機界卻要廣闊得多。正是從這個意義上講，自然可謂是人的「無機的身體」。馬克思分別從理論和實踐兩個方面對這一思想進行了深刻的辨析。從理論上講，植物、動物、石頭、空氣、光等，一方面作為「自然科學的對象」，一方面作為「藝術的物件」，都是人的「意識」的一部分，是人的「精神的無機界」，是人必須事先進行加工以便享用和消化的「精神食糧」。就實踐領域說來，這些東西也是人的生活和人的活動的一部分。人在肉體上只有靠這些自然產品才能生活，不管這些產品是以食物、燃料、衣著的形式還是以住房等的形式表現出來。在實踐上，人的普遍性正表現在把整個自然界 —— 首先作為人的直接的生活資料，其次作為人的生命活動的材料，物件和工具 —— 變成人的無機的身體。從這個意義上理解人與自然的關係，也為我們理解人與城市的關係、城市與自然的關係提供了啟示性的思路。從一定意義上說，城市無疑是人與自然之間的一個重要紐帶或中間地帶。我們不妨把城市視為「自然人化」過程的「先期成果」，而「按照美的規律創造」的人，其建造城市的過程，

[036]　[德] 馬克思：《1844 年經濟學 —— 哲學手稿》，劉丕坤譯，人民出版社 1979 年版，第 51 頁。
[037]　[德] 馬克思：《1844 年經濟學 —— 哲學手稿》，劉丕坤譯，人民出版社 1979 年版，第 49 頁。

因之也可以理解為給「無機的身體」創造「美麗的心靈」。

如前所述，城市美學的人文使命就是要研究如何從藝術的角度建造城市，即對造城藝術作出哲理性解答。以城市建築為例，眾所周知，城市建築，如同雕刻、園林設計一樣，都是屬於三元的立體藝術，屬於造型藝術的範疇。但城市建造又顯然與雕刻這種純藝術不同，後者不考慮功利，不考慮實用，而建築或城市建築，就其功用而言，首屈一指的就是實用價值，更準確地說，城市建築應追求的實用價值與審美價值的統一。正如黑格爾在他的《美學》中所闡明的，建築不僅具有「使人生活舒適」的功能，同時，又具有類似自然風景那樣的被人們觀照、欣賞的「繪畫的庭院」的作用。黑格爾說：「花園並不是一種正式的建築，不是運用自由的自然事物而建造成的作品，而是一種繪畫，讓自然事物保持自然形狀，力圖模仿自由的大自然。它把凡是自然風景中能令人心曠神怡的東西集中在一起，形成一個整體，例如岩石和它的粗糙自然的體積，山谷、樹林、草坪，蜿蜒的小溪，堤岸上氣氛活躍的大河流，平靜的湖邊長著花木，一瀉直下的瀑布之類。中國的園林藝術早就這樣把整片自然風景包括湖、島、河、假山、遠景等都納到園子裡。」[038]

黑格爾反對那種沒有靈魂空有形式的園林。把中國的廟宇、土耳其的清真寺、瑞士的木棚以及橋梁、隱士的茅廬之類外來的貨色雜湊在一起的時候，它單憑它本身就有要求遊覽的權利，它要成為一種獨立的自有意義的東西。但是這種引誘力一旦使人滿足之後，便立即會消逝，看過一遍的人就不想看第二遍；因為這種雜燴不能令人看到無限，它本身是沒有靈魂的。

在黑格爾看來，「一座單純的園子應該只是一種爽朗愉快的環境，而且是一種本身並無獨立意義，不致使人脫離人的生活和分散心思的單純環

---

[038]　[德] 黑格爾：《美學》第三卷（上），朱光潛譯，商務印書館 1979 年版，第 104 頁。

境。在這種園子裡，建築藝術和它的可訴諸知解力的線索，秩序安排，整齊一律和平衡對稱，用建築的方式來安排自然事物就可以發揮作用。萬里長城外的蒙古人的園林藝術、西藏人的園林藝術以及波斯人的極樂園都早已更多地採用這種類型。它們不是英國人所了解的公園，而是栽滿花木的裝置著噴泉、小溪、院落、宮殿的展覽館，供人在自然中遊憩；它們富麗堂皇，不惜浪費地建造出來，以滿足人的需要和提供人的方便。但是最徹底地運用建築原則於園林藝術的是法國的園子，它們照例接近高大的宮殿，樹木是栽成有規律的行列，形成林蔭大道，修剪得很整齊，圍牆也是用修剪整齊的籬笆來造成的，這樣就把大自然改造成為一座『露天的廣廈』」[039]。譬如說凡爾賽宮的花園就是這樣。對於上述高論，朱光潛在該書中譯本的一個注釋中說，黑格爾的審美趣味還是 18 世紀的。

黑格爾所謂建築中的這種「繪畫的庭院」的立體造型藝術，不但園林藝術有這種作用，其他像中國與日本的插花、盆景，也是這種小的造型藝術。這啟示我們，造園，即園林設計，或藝術地造園如果是藝術和美學研究的一門學科的話，那麼，同樣，城市設計（城市布局和規劃），也就是「藝術地造城」，自然也是藝術和美學的一門學科。從美學角度宏觀地考察城市的布局、規劃、設計，研究城市建築、城市繪畫、城市雕塑、城市園林總體藝術，以指導城市的美化，這是否可以看作對城市美學的簡短的定義？

不言而喻，黑格爾「美學」中的一些重要理念和思想，尤其是他談論雕刻和建築的一些美學觀念，對我們認識城市美學的本質，都有極為重要的啟示作用，儘管如朱光潛所說，黑格爾的建築美學思想，特別是園林趣味還主要停留在 18 世紀（那正是「美學」作為學科誕生的時代）。有研究者指出，城市美學研究的主要對象固然是城市建築，但不可僅僅將城市建築

---

[039]　［德］黑格爾：《美學》第三卷（上），朱光潛譯，商務印書館 1979 年版，第 104 ～ 105 頁。

看作是局限性實體，而應該將其置於全域性城市建設的布局和規劃之中。無論是古代還是現代，對於城市美加以考察時，都應以找到許多這樣藝術地造城的例證為第一要務。譬如說，在古希臘柏拉圖的《理想國》、《法律篇》和亞里斯多德的《政治學》等著作中，我們可以讀到他們從美學角度考察希臘城邦的城市布局、規劃的論述。同樣，在司馬遷《史記·秦始皇本紀》中我們可以看到秦奠都於咸陽的描寫，在張衡的《兩京賦》、左思的《三都賦》中，我們不難發現作者對長安、洛陽、大梁等京城建築布局和藝術風格的由衷讚美。既然黑格爾把美學視為藝術哲學，我們是否可以將這一思路略加延伸，把古人討論城市藝術的思想與言論視為城市美學的萌芽呢？

對一個城市在建設前的布局、規劃的籌畫，必然在這一城市的統治者的頭腦中反復地進行過考慮。因此，從歷史上看，許多民族的統治者在興建城市時特別是奠都之際，都異常重視選址、布局等城建規劃。因為他們知道，這是關係到一個城市、一個國家前途和命運的百年大計。古希臘哲學家柏拉圖沒有忘記在他的《理想國》中對都城進行全面的、合乎美學的規劃……近年來，國外學術界普遍地承認，城市規劃，還有園林規劃，也都屬於一般美學或比較美學研究的範圍。「美學研究所有的藝術，其中包括音樂……以及繪畫、雕塑、建築、風景設計和市鎮規劃……美學既涉及『美的（或純）』藝術，也涉及『實用』藝術。」[040] 這裡的「繪畫、雕塑、建築、風景設計和市鎮規劃」，樣樣都直接和城市密切相關，城市離開了這些東西也就不成其為城市了。

有一種意見認為，城市美學至少應該包含以下內容：

（1）從一般美學角度宏觀地對城市建設中的規劃、布局進行辨究，這是城市美學的主要內容；（2）範圍可縮小一些，僅以特定的一個城市或一

---

[040]　參見《大不列顛百科全書》，1973年版A卷「美學」條，中譯本見《美學譯文》第2輯，中國社會科學出版社1982年版，第350頁。

國的首都為物件的規劃和布局從一般美學角度宏觀地進行研究；(3) 專門研究城市布局和規劃中某一有機部分，如城市建築、城市雕塑、城市繪畫、城市園林以及城市街道形式等；(4) 從未來著眼，對作為現代文明的承擔者的大城市來選擇當代城市美的課題；(5) 對歷史上有關某一城市（如首都）或某一類城市的著述、繪畫進行研究，這屬於城市美學史的課題。職是之故，城市美學的結構也相應具有如下特徵：(1) 以城市布局和規劃的研究為主體；(2) 以城市建築美化為基礎；(3) 以城市雕塑、繪畫（壁畫）、園林設計的創作研究作為有機的組成部分；(4) 以歷史上有關城市美學史的資料、著述為借鑑；(5) 以上述內容和城市美學理論作為推進城市建設和美化以及向城市居民進行城市美育為目的。[041] 不難看出，城市美學預設了這樣一個基本前提，那就是無論就其物件還是就其結構而言，研究者都要把城市作為藝術實體或審美物件來看待。簡而言之，城市美學就是要以審美眼光來對待城市的一街一巷、一磚一瓦、一草一木，尤其是要重視作為城市主體的人，無論是詩禮簪纓之族，還是引車賣漿者流，他們的歷史文化，他們的宗教信仰，他們的生活習俗，他們的審美理念等，總之，有關城市和城市文化的一切，都是城市美學的題中應有之義。

## 三　「城市漫步」與「美學散步」

德國美學家海因茲·佩茨沃德 [042] 在《城市漫步的美學》一文中指出：「毫無疑問，城市漫步是現代都市文化最為顯著的特徵之一，其起源於 19 世紀的巴黎，從 1830 年革命，至 50 和 60 年代百貨大樓紛紛拔地而起，

---

[041]　《美學研究》1988 年第 2 期，社會科學文獻出版社 1988 年版，第 257 頁。

[042]　海因茲·佩茨沃德，前國際美學協會會長，德國卡塞爾大學教授，2012 年 5 月，他在江蘇徐州「美學與藝術：傳統與當代」國際學術研討會上作了題為《論城市漫步美學》的發言，筆者有幸聆聽這位德國教授「最後的一課」。會議期間這位德國教授不幸因病去世。《外國美學》第 21 期在「頭版頭條」的位置上隆重推出佩茨沃德的《城市漫步的美學》，以示紀念。

以及奧斯曼大興土木修建林蔭大道而達到了最早的巔峰，在它的首個鼎盛時期，城市漫步與拱廊街的興建有著密切的關係……城市漫步是現代性的大城市之迷宮中一種漫無目的的、隨波漂流的遊蕩，通常情況下，城市漫步始於城市中簡單的逗留或閒逛……」[043] 在海因茲看來，城市漫步與健身時的慢跑不同，與商場購物時的閒逛也不一樣，那些風風火火趕路，急急匆匆搭車的人，注定與城市漫步無緣。真正的城市漫步者（flaneur）往往行不知所往，居不知所為。悠遊街巷非有意，信步由心無定蹤。他們是心無掛礙的浪蕩子。

　　城市漫步之所以與美學有關，在於這種行為具有「詩化」特點。按照海因茲的說法，人們對所見所聞，展開想像力，嘗試為周圍瞬息萬變的現象賦予意義，即所謂「詩化」，這個過程本身就具有審美意味。一個人在城市的濱水地段，觀賞潮起潮落的美景，在人行道欣賞商店的櫥窗，或者瞅瞅那些與我們擦肩而過的行人。他賦予這些尋常之舉以藝術的意義。於是，行走在街上的人就如朱自清讚美巴黎街頭的漫步者一樣「有一身雅骨」，美麗的街道上，來來往往的都是「藝術家」。海因茲舉例說，美國都市學家簡·雅各斯曾把人行道的人群中所發生的種種出其不意的動作和變化理解為「城市的藝術形式」，並將其稱為「精妙的芭蕾舞」。

　　在海因茲看來，城市漫步與禪宗的散步截然不同，禪宗的散步關注於內心世界的凝神，城市漫步關注的是周圍的世界。「當然，周圍的世界與作為漫步者的我，處於一種互動的關係。毋庸置疑，街道和廣場上交通燈的變換節奏影響城市漫步的模式，每一個城市都有其節奏，在調控人們的日常生活，紐約的節奏不同於巴黎、新加坡、上海、北京、東京或羅馬。羅馬城裡，忙亂一片，而紐約川流不息的人群，宛如熔岩翻滾向前。在新加坡，城市漫步是輕鬆愜意、悠然自得和舒緩有度的。在東京和北京，城

---

[043]　[德] 海因茲·佩茨沃德：《漫步城市的美學》，鄧新華譯，《外國美學》第 21 期。

市漫步頗似紐約城裡滔滔人群奔流向前，但較之後者，其特殊性尤甚，這是因為，在這兩個城市中，存在一些具有特殊內涵的城區，比如與上野大相徑庭的銀座，與天安門周邊決然異樣的後海，一般情況下，雖然城市的節奏隨不同城區而改變，整個城市的總低音卻沒有因此而消逝。」[044]

　城市漫步者總是被場景轉換和建築景觀所吸引。海因茲認為，無論是弗蘭茨・黑塞爾所謂的「人海弄潮」，或班雅明所謂的「本能驅動」，抑或維吉尼亞・伍爾夫所謂的「身份隱匿」，對於海因茲來說，這些都是城市漫步的重要美學特徵。當然，捕捉街頭的「瞬間之變」也是漫步者的一大快事，用波德賴爾的話來說就是對「瞬間」的關注，在波德賴爾看來，「瞬間」是現代都市之美的組成部分。一旦漫步，就要滿足我們對於怪異、新奇、時尚和神祕事物的好奇心，於是，我們的好奇心一再迸發，按捺不住。波德賴爾對現代性的理解就包含在「過渡、短暫、偶然」的「瞬間」之中。這種「瞬間」就是藝術的一半，它的另一半是永恆與不變。

　城市漫步的文化是現代都市文化的顯著特徵之一，都市生活美學必須包含這一文化，將其作為一個重要的組成部分。進而言之，這種美學必須將注意力集中在現代城市的結構布局之上，住房、百貨商店、寫字樓和博物館的建築風格，以及街道和廣場、地鐵線路和公園、購物中心和劇院之間的關係，都是舉足輕重的。海因茲所描述西方城市的「漫步美學」觀，對今天的中國城市來說一樣恰如其分。

　李澤厚講「邁步走過」，朱光潛提倡「慢慢走，欣賞啊」，宗白華宣導「散步的美學」，周憲審視「美學風景」，周小兵呼籲「觀、感、化、育」的城市美學，所有這些，在一定程度上都與海因茲的「城市漫步的美學」神氣相通。海因茲提倡透過漫步體驗都市環境，並以此形成某種特殊的審美經驗。這些城市場景與城市各個特定場所和位置密切相關，如廣場、街

---

[044]　［德］海因茲・佩茨沃德：《漫步城市的美學》，鄧新華譯，《外國美學》第 21 期。

道、火車站、地鐵站、市場、購物中心、江濱、湖畔或運河等。都市場景體驗是瞬間生成的，這一過程並非視聽的專利，因為此時所有感官都融為一體了。有時，氣味被深深銘刻於記憶當中，例如，前東德火車站及其相關建築的氣味就令人難忘，正是在這個意義上，海因茲將城市氛圍視為「聯覺」的結果。

城市漫步從使用／挪用都市設施和都市形態的視角展現了城市勝地。有關這方面的描述，波德賴爾的一些詩歌堪稱拓荒之作。他的《惡之花》作為一部藝術作品，既無關乎自然，也無關乎愛情，甚至也無關乎上帝，他真正關注的是都市生活本身。海因茲說：「自現代性發端以降，都市生活一直都是電影、攝影、音樂、小說等的主題……就審美而言，城市漫步具有雙面性，一方面，城市漫步加強了主體性的感覺力和審美敏感力，從而把藝術作品所暗含的諾言轉換成日常生活，並賦予其某種結構和風格，但另一方面，城市漫步是藝術作品的感知力自由發展這一可能性的條件，城市漫步不是博物館裡與世隔絕，被置於神龕之中的作品，但城市漫步在理解和生產藝術作品中發現自身的目的，誠如列斐伏爾所言，生產和作品，二者不謀而合。」[045]

不難看出，海因茲的「漫步城市的美學」所表達的是一種以藝術眼光打量城市的觀念與理想。在一定意義上講，這不僅是城市發展的客觀需求，同時也是人類的天性使然。

高爾基說過：「照天性來說，人人都是藝術家。他無論在什麼地方，總是希望把『美』帶到他的生活中去。」[046] 生活在城市中的人自然也不例外。美對於每個城市人來說，與其說是一種可有可無的裝飾品，毋寧說是一種生存的需要，一種精神生活的必需品。因此，有美學家斷言，環境的

---

[045]　［德］海因茲·佩茨沃德：《漫步城市的美學》，鄧新華譯，《外國美學》第21期。譯文稍有改動。

[046]　［蘇聯］高爾基：《論「渺小的人」及其偉大的工作》，《高爾基選集·文學論文選》，人民文學出版社1958年版，第71頁。

秩序和美，猶如新鮮的空氣對人的健康一樣必不可少。基於這樣一種理解，人們對城市美學會有一種更為深刻的認識：「單純從藝術的立場看城市時其根基是不穩的，城市必須具有現實性。正如 J·B·Jackson 在《風景》一書中指出的：『城市只存在於搏動的街道、廣場的生活美之中，藝術只能對精神的創造作某些裝飾。』而城市藝術存在於我們的思想中，並透過長期的艱苦努力才能獲得。我們只能首先從城市特性的了解中看到城市的形式美。在從前經常感動藝術家的那些風景優美的地方，現在更經常的是流動著汽車。城市設計的目的之一既要使人感到美，又要解決人的活動問題，使所有的巨大的新建築物都處於一個令人愉快的關係之中。城市設計恰與風景繪畫相反，風景繪畫是萃取大自然的精華，而城市設計是把美的精華重新嵌入到大自然中去。」[047] 正是從這個意義上講，我們將城市審美生產視為人類給「無機的身體」創造「美麗的心靈」，這種審美創造就如同彌爾頓創造《失樂園》，有如蠶吐絲和蜂釀蜜是出於天性一樣，人類施加於城市的審美創造也是一種天性的表現。

　　如前所述，城市具有悠久的歷史，研究城市和城市文化的著作汗牛充棟。坦率地說，與城市文化研究相關的知識，一直是筆者感到陌生的領域。但多年以來，「城市文化」這一片「迷人的星空」，一直對我具有無窮的魔力。但要撰寫一本有關城市的著作，卻是筆者從未有過的奢望。尤其是近年來，筆者漸漸意識到，儘管城市文化研究風生水起，相關成果幾乎無所不包，但總體看來仍有許多薄弱環節，例如美學維度的缺失就是城市文化研究的一大缺憾。於是，筆者萌生了從美學視角研究城市和城市文化的想法。當然，對我而言，在此想法與其現實之間，顯然存在著難以企及的距離。在漫漫長路的眾多艱難險阻中，手段與方法問題似乎最為迫切，究竟以什麼樣的形式呈現對城市美學的理解？是以理論的方式？敘事的

---

[047]　〔英〕F·吉伯德等：《市鎮設計》，程里堯譯，中國建築工業出版社 1983 年版，第 22 頁。

方式？還是夾敘夾議的方式？「旬月躑躅」之後，我想起了宗白華先生的
《美學散步》，一種不拘於方式的方式。

　　宗白華說：「散步是自由自在、無拘無束的行動，它的弱點是沒有計
劃，沒有系統。看重邏輯統一性的人會輕視它，討厭它，但是西方建立邏
輯學的大師亞里斯多德的學派卻喚作『散步學派』，可見散步和邏輯並不
是絕對不相容的。中國古代一位影響不小的哲學家 —— 莊子，他好像整
天是在山野裡散步，觀看著鵬鳥、小蟲、蝴蝶、游魚，又在人世間世裡
凝視一些奇形怪狀的人：駝背、跛腳、四肢不全、心靈不正常的人，很
像義大利文藝復興時大天才達文西在米蘭街頭散步時速寫下來的一些『戲
畫』，現在竟成為『畫院的奇葩』。莊子文章裡所寫的那些奇特人物大概就
是後來唐、宋畫家畫羅漢時心目中的範本。散步的時候可以偶爾在路旁
折到一枝鮮花，也可以在路上拾起別人棄之不顧而自己感興趣的燕石。
無論鮮花或燕石，不必珍視，也不必丟掉，放在桌上可以做散步後的回
念。」[048]

　　在《美從何處尋》一文中，宗白華引用宋人羅大經《鶴林玉露》中所記
載的一位尼姑的悟道詩：「盡日尋春不見春，芒鞋踏遍隴頭雲，歸來笑拈
梅花嗅，春在枝頭已十分。」他評論說：「詩和春都是美的化身，一是藝術
的美，一是自然的美。我們都是從目觀耳聽的世界裡尋得她的蹤跡。」他
稱讚尼姑悟道詩大有禪意，好像是說「道不遠人」，不應該「道在邇而求諸
遠」。又好像是說：「如果你在自己的心中找不到美，那麼，你就沒有地方
可以發現美的蹤跡。」但他也進一步指出：

　　宋朝某尼雖然似乎悟道，然而她的覺悟不夠深、不夠高，她不能發現
整個宇宙已經盎然有春意，即使梅花枝上已經春滿十分了。她在踏遍隴頭
雲時是苦悶的、失望的。她把自己關在狹窄的心的圈子裡了。只在自己

---

[048]　宗白華：《散步美學》，《新建設》1959 年第 7 期。

的心裡去找尋美的蹤跡是不夠的，是大有問題的。王義之在《蘭亭序》裡說：「仰觀宇宙之大，俯察品類之盛，所以遊目騁懷，足以極視聽之娛，信可樂也。」這是東晉大書法家在尋找美的蹤跡。他的書法傳達了自然的美和精神的美。不僅是大宇宙，小小的事物也不可忽視。詩人華滋沃斯曾經說過：「一朵微小的花對於我可以喚起不能用眼淚表達出的那樣深的思想。」[049]

宗先生作為詩人解詩興味盎然，令人嘆服。但他作為美學家對宋尼的批評則未必公允。因為宋尼的「拈花微笑」之妙處或許正在其不期而遇的禪意之中。梅枝春意畢竟離「盎然」尚遠，批評她覺悟不夠深遠似乎與其「悟道詩」原意相悖。宗白華先生將王義之的「仰觀」「俯察」中獲得的審美感受，找到美的蹤跡歸結為「移情」，並認為它們是審美心理方面的積極條件，而美學家所說的「心理距離」「靜觀」，則構成審美的消極條件。這種積極與消極的區分，也有可商榷之處。正如王國維之「有我之境」和「無我之境」一樣，將原本渾然一體的詩情畫意截然分開，顯然與《美學散步》追捧的「物我兩忘」之境相違背。當然，無論是積極條件還是消極條件，對城市漫步的美學而言，都應該是必不可少的條件。「城市漫步」也好，「美學散步」也罷，它們都注重「身之所歷，眼之所見」，都強調「腳踏實地」的親身感知與感悟。城市美學研究固然離不開「仰望星空」的哲學思維，但「漫步／散步」的審美實踐也一樣重要。從這個意義上講，當下許多有關城市美學的著作，都具有「腳踏實地」的求真務實精神。例如，周小兵的《城市美學漫談》是一本富有「漫步／散步」之審美精神的著作，而且不乏詩意與哲理。

在《城市美學漫談》中，周小兵指出，中國美學在「觀」的方面很有講究，「觀」的概念在先秦時期已屢見於各種文化典籍。《易經》有觀卦，後

---

[049]　宗白華：《藝境》，商務印書館 2015 年版，第 268 頁。

有「觀天下」、「天下大觀」之謂。從觀的層面上講，有「觀天」、「觀象」、「觀生」、「觀景」四大層次，從觀的步驟上分析，「觀」包含「目視」（觀看）、「神遇」（觀照）、「細看」（觀察）、「入神」（觀賞）4 個階段，可以說，美就是在這 4 個階段中逐漸形成的。按照中國人對審美過程的描述，觀賞美的方法，主要有「旁觀」、「直觀」、「遊觀」、「靜觀」，這些方法，歸根結底是對事物採取審美靜觀的態度，其思想基礎，在於審美距離說、審美移情說、審美疲勞說和審美接受說。城市美的發現，需要城市人具有一種「看樓是山，看路是水」的山水情懷。山水城市本質上不依賴真實的園林景觀的營造，而在於以樓層映襯的天際線為山，以夾雜其間的道路車流為水，在城市的平面與立面上形成錯落有致的建築環境與景觀環境。

　　頗為有趣的是，周小兵對城市的外觀美概括出了四大要素：一是大街，它們是城市的「粗線條」。二是小巷，它們是城市的「細線條」。三是廣場，它們體現城市的「疏鬆結構」。四是鄰裡，它們組成城市的「緻密結構」。就欣賞城市的美的方法而言，作者指出，要了解一座城市的外觀，最緊要的是找到一條具有代表性的大街，一條具有生活氣息的小巷。同時，這條大街要連著一個廣場，在小巷裡，能看到鄰裡的日常生活，這樣，大街的美，胡同的美，廣場的美，以及生活的美，都作為城市的美，一五一十地展現出來，只不過美得以展現的方式，或者人在不同的場合中欣賞的方法也是有所區別的，大街需「旁觀」，小巷須「直觀」，廣場要「遊觀」，鄰裡要「靜觀」。[050] 儘管作者的劃分多少有些雕琢的痕跡，但其結構的合理性及其文本對形式美的追尋卻達到了較高的藝術化境界。「桃花一簇開無主，可愛深紅愛淺紅。」「江深竹靜兩三家，多事紅花映白花。」獨步尋花的杜甫該在「四觀」中如何選擇？這恐怕是《城市美學漫談》的作者無法回答的問題。

---

[050]　周小兵：《城市美學漫談》，天津大學出版社 2012 年版，第 41 ～ 71 頁。

但有一點是可以肯定的，那就是無論「旁觀」、「直觀」、「遊觀」還是「靜觀」，都離不開「腳踏實地」的城市「漫步／散步」。在如何對待城市美學之「星空」與「大地」的關係方面，宗白華先生的一首小詩《世界的花》頗為耐人尋味：

> 世界的花，
> 我怎忍採擷你？
> 世界的花，
> 我又忍不住要採得你！
> 想想我怎能捨得你，
> 我不如一片靈魂化作你！[051]

---

[051]　宗白華：《藝境》，商務印書館 2015 年版，第 473 頁。

# 第三章
# 「史記」與「史詩」的美學啟示

城市 —— 不管它可能是別的什麼東西 —— 首先是一個美學環境。

—— 〔美〕阿諾德・伯利恩特《培養一種城市美學》

面對廣博浩瀚的城市文化研究文獻，總不免油然而生敬畏，但同時也不禁望洋興嘆。古人說，生也有涯，而知也無涯！生活在知識爆炸時代的我輩，面對知識的海洋，其「拾貝」心態理應比前人表現得更為真切、更為普遍。《史記・太史公自序》：「子曰：『我欲載之空言，不如見之於行事之深切著明也。』」與其追尋「以一馭萬」的思辨之「空言」，還不如腳踏實地地做一個美學瀚海之濱的「拾貝者」。我們相信，只要有一雙審美的眼睛，有一種審美的心態，則處處都有美學在。有道是「一花一世界，一樹一菩提」，只要我們自由自在地徜徉在城市的門牆街巷之間，即便絕口不談美學，美亦自在其中矣。

筆者作為一個城市審美文化研究的業餘愛好者，每當我想起曾經遊歷過的歷史文化名城時，心中總會湧起一股類似於「海闊憑魚躍，天高任鳥飛」的喜悅。那種閒庭信步式的自由與快適，或許遠不能與古賢「含道映物」「澄懷味象」之境媲美，但只要心曠神怡，自美其美，得其所樂，吾心足矣，又何必一定要與「何為美」本身死磕呢？

匆匆邁步走過，即是美的歷程。即便美不在茲，相信亦必不遠。

# 一　司馬遷：「載之空言，不如見之於行事」

司馬遷的《太史公書》，即我們熟知的《史記》。作者以其「究天人之際，通古今之變，成一家之言」的胸襟與史識，使《史記》成為中國第一部，也是最出名的一部紀傳體通史。《史記》對後世史學和詩學的發展都產生了深遠影響。世間萬事萬物，無不在天人與古今所編織的「時空」之中發生與發展。城市美學自然也不能例外。

司馬遷在《太史公自序》[052] 中說：「先人有言：『自周公卒五百歲而有孔子。孔子卒後至於今五百歲，有能紹明世，正《易傳》，繼《春秋》，本《詩》、《書》、《禮》、《樂》之際？』意在斯乎！意在斯乎！小子何敢讓焉。」司馬遷當仁不讓地要「紹正繼本」的文化遺產，或許根本就沒有涉及城市美學的內容。但從審美文化發生與發展的視角看，這裡的「詩書禮樂易春秋」卻有如中華美學的「土壤」和「武庫」，因為它們不僅是中華美學最根本、最重要的思想資源，同時也為美學研究提供了方法論層面的啟示與引導。

或許有人問，作為煌煌大漢的太史公撰寫帝國歷史，為何要以「繼《春秋》」為己任呢？《春秋》所記述的魯國與武帝時期的大漢帝國相比，無疑只是一個微不足道的蕞爾小國。但值得注意的是，在漢武帝宣導「罷黜百家、獨尊儒術」的政治文化背景下，《春秋》的意義遠遠超出了歷史文獻的範圍。

用司馬遷的話來說，《春秋》是一部弘揚王道的著作：「夫《春秋》，上明三王之道，下辨人事之紀，別嫌疑，明是非，定猶豫，善善惡惡，賢賢賤不肖，存亡國，繼絕世，補敝起廢，王道之大者也。」這裡的「明」「辨」「別」「明」「定」「善」「賢」「存」「繼」「補」10個字，可謂字字千

---

[052]　本小節凡引述《史記》言論未加注釋者，均出自《太史公自序》。

鈞，莊嚴神聖，具有一種令人肅然起敬的崇高之美。正因為如此，司馬遷稱《春秋》為「王道之大者」！由此不難想見，「春秋之義」和「春秋筆法」在司馬遷心目中具有多麼崇高的地位，因此，他撰述《史記》以孔子為遵循，以《春秋》為典範，這也可以說是情之所必至，理之所必然。

眾所周知，《春秋》是周朝時期魯國的國史，相傳由孔子修訂而成。關於孔子為何要修訂《春秋》，《史記》對此有一段極為深刻的論述：「余聞董生曰：『周道衰廢，孔子為魯司寇，諸侯害之，大夫壅之。孔子知言之不用，道之不行也，是非二百四十二年之中，以為天下儀錶，貶天子，退諸侯，討大夫，以達王事而已矣。』子曰：『我欲載之空言，不如見之於行事之深切著明也。』」孔子不僅處境艱危，而且「言」「道」不通，自知「離事言理」沒有任何意義，因此得出了「載之空言，不如見之於行事」的論斷。

值得一提的是，這裡的「貶天子」3個字足以令後世史官瞠目結舌並肅然起敬，在緊隨其後的《漢書》中，這3個字就被班固悄悄抹去了。司馬遷的這種大無畏的「實錄精神」既是對前代史官「直書」原則的發揚光大，也為後世士族留存了一股糞土王侯的豪氣，這種豪氣，無疑也為中華美學思想注入了一種狂放不羈的陽剛之氣。

資料表明，《太史公自序》中提到的「詩、書、禮、易、樂、春秋」，在漢代以前就已被尊為「六經」。據考，《莊子·天運》就出現了「六經」的說法，但作為道家宗師的老莊對儒家六經頗為不屑，認為：「夫六經，先王之陳跡也。」《禮記·經解》論述「六經」借用孔子之名：「入其國，其教可知也。其為人也，溫柔敦厚，《詩》教也。疏通知遠，《書》教也。廣博易良，《樂》教也。潔靜精微，《易》教也。恭儉莊敬，《禮》教也。屬辭比事，《春秋》教也。」其中被司馬遷奉為「王道之大者」的《春秋》，在《禮記》中也只不過具有「屬辭比事」的功能而已。

　　在罷黜百家、獨尊儒術的時代，太史公對「六經」的解釋值得玩味：「《易》著天地陰陽四時五行，故長於變；《禮》經紀人倫，故長於行；《書》記先王之事，故長於政；《詩》記山川溪谷禽獸草木牝牡雌雄，故長於風；《樂》樂所以立，故長於和；《春秋》辯是非，故長於治人。是故《禮》以節人，《樂》以發和，《書》以道事，《詩》以達意，《易》以道化，《春秋》以道義。撥亂世反之正，莫近於《春秋》。」

　　司馬遷效法《春秋》，試圖以「春秋筆法」，實現其「紹正繼本」「善善惡惡」的目的。就其歷史影響而言，他較好地實現了這一目的。班固《漢書·司馬遷傳贊》評論《史記》說：「自劉向、揚雄博極群書，皆稱遷有良史之材，服其善序事理，辨而不華，質而不俚，其文直，其事核，不虛美，不隱惡，故謂之實錄。」[053] 僅從這一評價看，司馬遷對《春秋》不止有效法，而且也有超越。

　　明人王陽明《傳習錄》載，有人說：「先儒論六經，以《春秋》為史，史專記事，恐與五經事體終或稍異。」陽明先生的觀點是：「以事言謂之史，以道言謂之經。事即道，道即事。《春秋》亦經，五經亦史。《易》是包犧氏之史，《書》是堯、舜以下史，《禮》、《樂》是三代史。其事同，其道同。安有所謂異？」這種「五經亦史」（王守仁語）或「六經皆史」（章學誠語）的說法大有人在。如隋王通斷言「《書》、《詩》、《春秋》」，「同出於史」。宋陳傅良、元郝經，明宋濂、王世貞、李贄諸家皆有「經史相為表裡」之類的說法，清袁枚《隨園隨筆》「六經有史」與章學誠《文史通義》「六經皆史」等更是廣為人知。章學誠認為六經乃三代典章政教的歷史記錄，並非聖人「空言垂教」之書。他提出「六經皆史」和「六經皆器」等命題，反對「離器言道」。近代龔自珍等人對「六經皆史」有進一步的發揮。龔自珍「滅人之國，必先去其史」的著名論斷，突出了史之於國的重要地

---

[053]　《漢書》卷六二，中華書局 1962 年版，第 2738 頁。

位。若「史去國滅」,「經」的意義又在哪裡呢?

當然,經與史的關係絕非看上去那麼簡單。先秦時期,經史並無彼疆此界,但隨著儒學地位的提升,重經輕史成為必然趨向。自漢迄清,儘管經學家有漢、宋之分,而宋學又有朱、陸之別,但諸家對「經外無道」的崇經之論都稍有異議。從一定意義上講,六經皆史之說,糾正了這種將經學絕對化的偏頗。其實「諸經」本身也非塊然一體。「六經」之間也存在著縱橫交互、錯綜複雜的矛盾與歧出。單就《春秋》而言,「文成數萬,其指數千」,不同時代的人也不可避免地做出不同的理解與闡釋。

今天的學者在選編中華美學文獻時,《禮》、《樂》、《詩》、《書》皆在審美之屬。《易》中的「立象以盡意」「不測之謂神」等高妙言論,更是相關研究者津津樂道的話題。但唯有《春秋》鮮有與美學相關的著述問世,只有屈指可數的幾篇文章,且大多是從音樂美學的角度論及《春秋》的。儘管如此,《春秋》無論是其善「辨是非」(《史記》),還是能「屬辭比事」(《禮記》),它對司馬遷創造性地建構史學體系所具有的啟示和借鑑意義卻是不容低估的。尤其是「載之空言,不如見之於行事之深切著明」的論斷,為《史記》以人物傳記為中心敘述史實的「紀傳體」提供了主要的理論依據。

眾所周知,同樣是歷史著作,《尚書》專注於「事」,《春秋》依仗於「時」,相比之下,《史記》最大的特點是突出「人物」。在《史記》之前,史家依時記事,多不臧否人物,但司馬遷認為《春秋》不僅具有「存亡國,繼絕世,補敝起廢」的作用,且同樣具有「辨是非」載「道義」的功能:「《春秋》之中,弒君三十六,亡國五十二,諸侯奔走不得保其社稷者不可勝數。察其所以,皆失其本已。故《易》曰『失之毫釐,差以千里』。故曰『臣弒君,子弒父,非一旦一夕之故也,其漸久矣』。」短短幾句話,多麼驚心動魄!多麼寓意深長!無怪乎司馬遷斷言:「萬物之散聚,皆在《春秋》!」

　　《中庸》有言：「萬物並育而不相害，道並行而不相悖。」關於這一點，如果從方法論的視角考察《春秋》，它的屬辭比事、善辨是非的重要意義就會立時被凸顯出來。司馬遷所強調的「毫釐」與「千里」的關係，固然隱含著聖君賢臣宜為鏡鑑的「春秋大義」，從詩學和美學的視角看，這種見微知著的「春秋筆法」，實際上與藝術創作「一葉知秋」的典型化策略有異曲同工之妙。讀一部《春秋》，知「萬物之散聚」。

　　值得一提的是，《春秋》中最為驚世駭俗的說法或許是「弒君」「亡國」的言論，無論是在當時還是在後世，這對執掌政柄者而言，都應該是刻骨銘心的痛史與殷鑑。中華民族一向就有「以史為鑑」的歷史反思意識。事實上「弒君」「亡國」的歷史故事，在世界各民族的各種藝術作品中，通常是最為人津津樂道的題材。我們只要看看古希臘的神話與史詩、希伯來的《聖經》、莎士比亞戲劇，甚至 BBC 眾多的歷史人文節目，就不難看到，世界大多數歷史名城，往往正是在上演「弒君」「亡國」的歷史大戲之後才變得聞名遐邇或「譽滿天下」的。西安、洛陽、開封、杭州、南京、北京、特洛伊、耶路撒冷、羅馬、巴黎、倫敦……哪一座歷史文化名城會少得了「弒君」「亡國」這一類改天換地的傳奇故事？其實，歷史上出現「弒君」「亡國」的時候，常常也是城市人文思潮和審美觀念發生大變革的時期。

　　任何一個王朝的終結或任何一個帝都的陷落，無疑都是震撼人心的歷史悲劇。這些真實的悲劇總會以各種藝術形式代代相傳，並在大多數藝術形式中激發起一種崇高與壯美的意識，並最終凝結為民族審美文化精神的重要組成部分。司馬遷的《史記》無疑為民族精神的嬗變起到了推波助瀾的作用。每一座歷史文化名城，都是因為其形形色色的富有衝擊力的歷史事件，一次次鍛造著城市文化的精神與魂魄，才逐漸形成其獨具魅力的「美的歷史之維」。

必須指出的是，作為歷史著作，《史記》畢竟不是文藝作品，儘管其表現形式和語言風格具有鮮明的藝術特色，但它更重要的文化意義卻在於其對史實思考之深刻，對後世啟悟之深遠，並為「論從史出」「以事見義」的敘述方式樹立了不朽的榜樣。

從討論城市美學的意義上說，司馬遷研究《春秋》所得到的最寶貴的啟示，或許可以說是他對禮法關係的深刻認識：「故春秋者，禮義之大宗也。夫禮禁未然之前，法施已然之後；法之所為用者易見，而禮之所為禁者難知。」這種「未然」與「已然」的辯證關係，即便在大力宣導「法治」的今天，仍然具有不可估量的意義。當代不少學者乞靈於現代性與後現代美學家的審美拯救理論，以期為當代形形色色的城市病開出藥方，但無論是現代性還是後現代的藥方，都不能真正解除中國城市的病痛與疾苦。反觀中國傳統禮樂文化，其中隱含著極為豐富的生態理念、和諧意識和審美精神，若以此作為當代城市建設的文化資源，在「不忘本來」的同時，注意「吸收外來」，則可以預見當下如火如荼的「城市化」，能夠信心滿滿地「面向未來」。

魯迅在《漢文學史綱要》中指出，司馬遷「恨為弄臣，寄心楮墨，感身世之戮辱，傳畸人於千秋，雖背《春秋》之義，固不失為史家之絕唱，無韻之《離騷》矣。惟不拘於史法，不囿於字句，發於情，肆於心而為文」。這裡的「史家之絕唱」和「無韻之《離騷》」的說法，是現當代人最為熟知的有關《史記》的著名評價。這一妙評其實也是我們理解《史記》的史學特徵和審美氣質的一把鑰匙。

「史家之絕唱」似乎不言而喻，但「無韻之《離騷》」卻不易理解。關於這句話的確切含義，學術界有各種各樣的說法。有一種意見認為，以《離騷》為喻，是針對《史記》無與倫比的文學成就而言的。因為司馬遷著史絕非局限於文獻的收集、整理、考證，也不是以一種所謂「客觀」的甚

至有如今人宣導的「零度寫作」態度從外部客觀地觀察歷史。作者的詩性智慧和使命意識在精金美玉般的「史詩」著作中得到了充分展現。《史記》文字之生動，筆力之洗練，感情之充沛，古今文章罕有出其右者，字裡行間風雷滾滾，人物形象躍然紙上。無論是作為散文還是作為傳奇故事，都是足傳千秋的藝術珍品。

　　還有一種意見認為，司馬遷是帶著深切的痛苦去理解筆下人物的奮鬥和成敗，同時也是所謂借歷史人物的酒杯，澆自己心中的塊壘，所以筆端常飽含悲憤。尤其對布衣閭巷之人、岩穴幽隱之士和才高被抑無可申訴者，更是寫得一往情深。司馬遷人生遭際之悲慘實有過於屈原，因為對於真正的忠貞愛國之士而言，忍辱負重往往要比慷慨赴死更為艱難。此外，屈原、司馬遷多是以「肆於心而為文」著稱於世，只不過《離騷》是直抒胸臆，而《史記》則主要是寄情於人物。

　　不管怎麼說，《史記》作為一部具有史詩氣質的史著，獨具特色的詩性品格令人印象深刻。在司馬遷的傳神彩筆之下，有一組組大氣磅礡的歷史故事和氣象萬千的人物畫廊。在這個碩大無朋的人物畫廊裡，從橫掃六合稱霸天下的秦始皇帝，到力拔山兮氣蓋世的西楚霸王，從能忍胯下之辱、帶兵多多益善的韓信，到運籌帷幄、決勝千里的張良……數不清的王侯將相，任憑提起一個，個個血肉豐滿。當然還有藺相如一樣妙計藏身的食客與軍師，三杯然諾、五嶽為輕的季布，人雖已沒、千載餘情的荊軻，家財萬貫、富可敵國的呂不韋……在十二本紀、三十世家、七十列傳中，風流人物不可勝數，他們無不給人以「美的享受」和「思想啟迪」。司馬遷的成就與其廣泛遊歷有關。《史記‧太史公自序》記載他曾「南遊江、淮，上會稽。探禹穴，窺九疑，浮於沅、湘；北涉汶、泗，講業齊、魯之都……戹困鄱、薛、彭城，過梁、楚以歸。於是遷仕為郎中，奉使西征巴、蜀以南，南略邛、昆明，還報命。」太史公文有奇氣，得益於四海壯

遊。遍歷都市，閱盡繁華，成就了《史記》的崇高美。

從藝術和美學的視角看，《史記》在總體結構上獨創了「五體會通」的體例，靈活地使用了「互見法」手法，在人物塑造方面體現了「名實兼顧」的原則，在歷史文獻的基礎上，加入了合理性的想像，達到了「寫人鬚眉畢現，述事栩栩如生」的歷史藝術化的理想境界。

必須強調的是，司馬遷「不載空言」「見諸行事」的經驗，更是給我們多方面的啟示，空洞的理論往往流於說教，說教與美無涉，也很難讓人從中獲得教益，只有形象生動、真實可感的故事才是傳之久遠的「歷史」。歌德曾經感嘆說，生命之樹常青，而理論是灰色的。其中的奧妙大抵也是如此。書籍裝幀設計大師張守義曾經戲稱自己是一個「不要臉的畫家」，因為他的圖書插畫，往往只取人物的大體輪廓，人物面部因其畫面小而省略了五官，因此，他的畫通常「不畫臉」。張守義的畫自成一家，具有極強的審美衝擊力，這種獨闢蹊徑的畫法，不求「鬚眉畢現」，不求「面面俱到」，無論人物風景，寥寥幾筆，只取輪廓，畫其大要便足以傳神，這種以簡馭繁的筆法，看似與《史記》「敘事理念」逆向而行，但其精神實質卻是款曲相通的。

司馬遷的「因人見事」和「以事載史」的敘事策略，為我們講好城市美學故事提供了方法論意義上的依據。我們沒能力也不願意把這本「城市美學」變成「不要臉的藝術」，我們只需盡力講好「有鼻子有眼的」城市故事，而不必追求「面相模糊的美學理論」。芒福德說過，城市是實實在在的存在物，「就像一個山洞、一條活魚，或一堆螞蟻一樣」。「城市也是有意識的藝術品，在城市的一般結構內，城市保留著許多比較簡單的、比較具有個人價值觀念的藝術形式。」[054] 我們相信，只要如實畫好「城市素描」，城市之美就在其中矣。

---

[054] [美] 維托爾德·雷布琴斯基：《嬗變的大都市：關於城市的一些觀念》引言。葉齊茂、倪曉暉譯，商務印書館 2016 年版，扉頁。

　　既然「載之空言」不如「見諸行事」，既然「匆匆邁步走過，便是『美的歷程』」，那麼，我們的城市審美之旅，只需邁步即可。但是，我們究竟應該從何開始呢？讓我們將亦真亦幻的「特洛伊」作為一個序幕，像許多相關著述一樣從古希臘的荷馬史詩開始吧！

## 二　《荷馬史詩》與美神鍾愛的「特洛伊」

　　眾所周知，特洛伊是一座「美神」鍾愛的城市。單就這個經典傳說而言，還有哪一座城市比特洛伊更適合作為城市美學的開篇話題呢？好吧，讓我們就從美神阿芙蘿黛蒂鍾愛的特洛伊開始。從光榮的希臘到偉大的羅馬，一直到美得不可方物的佛羅倫斯，再到天堂般的現代都市巴黎，美神與特洛伊的傳說，始終都是裝點西方諸城的最迷人的虹霓與雲霞。從荷馬到維吉爾，從普拉克西特列斯到波提且利，城市的種種歷史傳奇與美神的眾多詩意傳說，既為城市美學的誕生提供了藝術與人文的土壤，也為城市文化的發展提供了審美批判的武器。

　　但凡涉及西方文化的事情，一旦追根究底，似乎就都得從古希臘說起，所謂「言必稱希臘」，大約也包含著這層意思。據說西方學校不少課堂的開場白裡會有這樣一句話：「讓我們從希臘開始吧。」中國學者言及西方，大多也會遵循從希臘開始的套路。譬如說朱光潛先生的《西方美學史》、楊周翰先生的《歐洲文學史》等無不如此。我們討論「城市美學」無疑不能忽視西方。即便是中國當代城市，無論就其市政規劃、建築風格、交通體系，還是就其文化理念、消費模式、審美風尚，我們都能從中看到從古希臘、古羅馬到現當代歐美文化的深刻影響，有鑑於此，在談論「城市美學」的時候，「從希臘開始」，這似乎也是一種順理成章的選擇。

　　我們之所以從古希臘《荷馬史詩》中的特洛伊城開始，除了「美神」對它的鍾愛之外，還有一個重要的理由，那就是在所有的「審美之城」中，

我們還找不出一個比其更古老且更有傳奇色彩的城市。必須指出的是，「特洛伊」並非只是一個想像中的「神話之城」，它實際上也是古希臘的一座真實存在的殖民城市。考古資料證實，特洛伊於西元前 16 世紀前後由古希臘人所建，位於小亞細亞半島西端赫勒斯滂海峽（即達達尼爾海峽）東南。在這裡的確發生過著名的特洛伊戰爭，特洛伊木馬的故事也正是這場戰爭中的不朽傳奇。

有趣的是，謝里曼發掘出的特洛伊古城遺跡，位於今天的土耳其境內，因此，人們理所當然地認為特洛伊是一座東方古城，於是，這一片東方世界的風水寶地又與西方文化之源的古希臘疊合在一起。儘管在《荷馬史詩》中，特洛伊是作為希臘聯軍的東方敵國出現的，但它作為東西方經濟、文化交匯之樞紐，其所具有的重要歷史地位不容否認，即便在 3000 年之後的今天，作為東西方文化交流碰撞的舞臺，特洛伊城作為重要審美文化符號的意義仍然不可低估。雖然真實的特洛伊早已輝煌不再，但它憑藉希臘史詩的影響獲得了與世長存的力量，其海納百川的流風餘韻，雖歷千年而不朽。特洛伊陷落時的熊熊大火，至今仍然在各類文藝作品中一再閃現。

按照希臘史詩的說法，特洛伊是一個沒落了 3000 年的古城，但歷史上是否真實存在過這樣一個古城，長期以來，學術界對此深表懷疑。研究資料表明，至少在古羅馬時代，人們對特洛伊的存在是深信不疑的，據說羅馬皇帝奧古斯都曾在特洛伊古城的遺址旁邊興建了著名的伊利昂城，這也是著名的《荷馬史詩·伊利亞特》有時也譯作《伊利昂紀》的原因。但到了席勒的老師施瓦布編撰《希臘神話故事》的時候，特洛伊城就顯然被普遍看作神話傳說了。施瓦布講述的《特洛伊城的建立》大意如下：

相傳，特洛伊人的祖先伊阿西翁和達耳達諾斯曾經統治愛琴海的撒摩特剌島，他們都是宙斯與海洋女神普勒阿得斯所生的兒子。伊阿西翁自以為是神祇的兒子，竟敢於窺視奧林匹斯聖山上的一位女子，並以狂熱的感

情追逐女神得墨忒耳。為懲罰他的膽大妄為，宙斯用雷電把他擊死。受驚嚇的達耳達諾斯便含悲忍痛流浪到了小亞細亞。多年之後，他的後代特洛斯成了這片土地的統治者，於是這裡被稱為特羅阿斯，其都城被稱為特洛伊。據說特洛伊是海神波塞冬和太陽神阿波羅幫助國王拉俄墨冬建造的。城牆造得又高又寬，十分堅固。有趣的是，當波塞冬和阿波羅向國王索要報酬時，國王不僅賴帳，而且還下逐客令，並威脅說要割下他們的耳朵。就這樣，特洛伊人與兩位神祇結下了梁子。後來還因為帕里斯將金蘋果判給阿芙蘿黛蒂的原因，雅典娜和赫拉也遺棄了這座城市。不久之後，受諸神庇佑的希臘人便「替天行道」，奉眾神旨意毀滅了這座光輝燦爛的「神造之城」。

這種「海客談瀛洲」式的言論，誰會信以為真呢？但有個叫海因裡希・謝里曼（1822-1890）的德國人卻不這麼想。他從《荷馬史詩》中找尋線索，根據史詩的描述推測出它大概靠近達達尼爾海峽，也就是小亞細亞西北部沿岸一帶。為了更好地理解希臘史詩的確切含義，他甚至專程去希臘尋找了一位熟悉《荷馬史詩》的年輕女子索菲亞，作為其神奇而浪漫的考古的旅伴和新娘。據說，謝里曼夫婦尋找失落的特洛伊的考察，是從土耳其西北部的布納爾巴希村和希沙立克山開始的。[055]

謝里曼發掘的「特洛伊寶藏」原本是想奉獻給希臘，但這批珍寶的歸屬問題引起了土耳其政府的強烈不滿，要求謝里曼歸還給特洛伊的所在地。軟弱的希臘政府迫於土耳其人的壓力，拒絕了謝里曼的美意。謝里曼當然不願這些無價之寶落入土耳其人之手，那時的土耳其政府並沒有給謝里曼留下什麼好印象。作為一個德國人的考古成果，特洛伊寶藏最終被存放到柏林博物館中，這應該說是一個謝里曼認為比較理想的歸宿。

不幸的是，謝里曼去世半個世紀後，德國法西斯發動了世界大戰，結果，遠比特洛伊堅固的柏林城重複了特洛伊的故事，這座美麗的城市在戰

---

[055]　李婧主編：《輝煌的歷史遺產》，武漢大學出版社 2013 年版，第 59 頁。

火中幾乎被夷為平地。1945 年，蘇聯紅軍占領柏林後，曾經收藏於柏林博物館的特洛伊珍寶不翼而飛。寶藏消失半個世紀之後，在普希金博物館 1994 年的一次展覽會上，失蹤了整整 50 年的「特洛伊寶藏」又一次重見天日。至此，人們的猜測終於有了答案，美麗的特洛伊珍寶果然被俄國人祕密運到了莫斯科。

為人津津樂道的是，千年特洛伊古城的珍寶，直至今日仍然在延續著難以有最終結局的故事：德國、土耳其、希臘、俄羅斯都聲稱這筆財富應歸自己所有，相關爭議仍然在繼續。但對於寶藏的發現者謝里曼而言，最重要的意義在於，他的傳奇發現向世界展示了一段失落的文明。對於我們而言，這批珍寶的意義在於，它們證明瞭這樣一個事實——神話中美神阿芙蘿黛蒂所庇佑的城市特洛伊，並非只是一個純屬子虛烏有的城市。

特洛伊之戰借助《荷馬史詩》為西方美學制定了一整套語法、修辭和詞彙，也為城市美學提供了最早的範本。一般認為，特洛伊建於西元前 16 世紀前後。1998 年，特洛伊遺址被列入《世界文化遺產名錄》。資料表明，特洛伊是一個古希臘時代小亞細亞（今土耳其位置）西北部的城邦。如前所述，1871 年考古學家謝里曼依據《荷馬史詩》的記載成功地發現了古城遺址，在此之前，它長期被認為是一座神話傳說虛構的城池。荷馬史詩中驚天地泣鬼神的十年戰爭，正是以特洛伊城為中心的。據說羅馬帝國時期在特洛伊廢墟上興建的「伊利昂」城曾盛極一時，直至君士坦丁堡建成後，「伊利昂」才在拜占庭帝國時期趨於沒落。

令人驚奇的是，在謝里曼發現特洛伊城遺址的地方，疊床架屋般地堆積著不同時期的 9 座城市的廢墟。其中被考古學家命名為「特洛伊Ⅶ」的遺址，才是考古學家們認定的荷馬史詩時期的特洛伊城。考古研究表明，特洛伊毀滅於西元前 13 世紀，關於此城淪陷的具體時間，有人甚至提出了一個極為確鑿的日期：西元前 1184 年 4 月 24 日，這當然只是一種推測，

少不了懷疑和爭議。

特洛伊的事蹟可以追溯到荷馬時期的神話與傳說。根據希臘神話中的記述，特洛伊人是指那些居住在古老的特洛阿德地區（位於小亞細亞）特洛伊城的古老公民。該地雖然位於今日的亞洲，在傳說中特洛伊城卻被視為希臘城邦的一部分，擁有與希臘文化相似的社會結構與文化習俗。在傳說中，特洛伊城最為人所知的是它從東西方港口貿易中獲取的巨額財富和高大的防禦城牆。

《荷馬史詩》對這場著名的戰爭進行了極富想像力的描繪。人們熟知的「獻給最美女神」的「金蘋果」，導致了一場東西方兩大強國為「全世界最美麗的女人」而血戰十年的曠古傳奇。在特洛伊上演了人間慘劇「木馬屠城」之後，一系列美麗的傳說，直到今天仍然為人津津樂道：忘憂果的魔力、塞壬女妖的歌聲、珀涅羅珀的智慧、埃涅阿斯的出逃等，西方世界無數迷人的故事大多與特洛伊之戰直接或間接關聯。關於這一點，只要我們想想古希臘的《荷馬史詩》和羅馬時代的《埃涅阿斯紀》對西方文學藝術的重要性就足夠了。就連羅馬帝國的奠基人裘力斯·凱撒也自稱是美神維納斯鍾愛的特洛伊人的後代，由此我們也不難想見，兩千多年後的今天，好萊塢大片《特洛伊》仍像荷馬一樣，將無限的同情寄託在東方的特洛伊人身上。在這裡，觀眾根本看不到類似於《斯巴達300勇士》等作品中那種抹黑東方人的妖魔化痕跡。

根據希羅多德記載，在西利比亞有一個部族宣稱他們是漂洋過海的特洛伊人後代。特洛伊戰爭結束以後，特洛伊在小亞細亞地區的勢力迅速消失，並被新興的呂底亞王朝取代，其後又被波斯阿契美尼德帝國征服，接著又歷經了亞歷山大之後的希臘化洗禮，及至羅馬帝國初期，詩人維吉爾將出亡特洛伊的美神之子埃涅阿斯視為古羅馬的奠基者……自此之後，羅馬這個為西方城市制定「規則」的帝國，在「三次征服世界」的過程中，以

「堅固、實用、美觀」的城建原則塑造了環地中海地區的幾乎所有城市，直到今天，我們在以歐風美韻為代表的大多數世界名城景觀中仍能清晰或依稀地看到，那些作為希臘美神後裔的古羅馬人的影子。

如前所述特洛伊城的故事源於《荷馬史詩》，這種因其毀滅而創造了神話傳說，繼而又依靠神話傳說而得以不朽的城市，在我們的城市美學中具有「創造美的城市」與「閱讀城市的美」等多重意義。這種因其毀滅而得以永生的歷史文化名城，具有世界性的意義。希臘的雅典衛城，如果不是威尼斯人的大炮將其炸成 1600 多塊碎片，它很可能就沒有從廢墟中昇華為聖城的機會。唐代的洛陽和宋朝的開封，之所以在中國人心目中具有如此重要的地位，這固然與其當世之時的輝煌燦爛不無關係，但其震撼人心的悲劇性毀滅，必定給人們留下更為刻骨銘心的印象，無論是在當時還是在後世，這種「在烈火中永生」的城市，在中外城市發展史上還有很多鮮活的例證。

## 三　以審美心態「閱讀城市」

欲知城市之美，必須「閱讀城市」。這既是古人的「史記」「史詩」給我們的啟示，也是今人從具體實踐中獲得的經驗。正如離開了閱讀的作品無法稱其為真正意義上的作品一樣，離開了「閱讀城市」的審美鑑賞者的「閱讀」，「城市美學」就如同一場沒有觀眾的演出一樣了無意趣。「閱讀城市」之於「城市美學」，正如「閱讀詩歌」之於「文學藝術」一樣。城市之美的創造源泉與動力，在主客體的相互關係中奔騰與流動著。無論從創造與接受還是從生產與消費的視角看，欣賞和理解城市之美，無疑都是「城市美學」不可缺少的重要維度。按照接受美學的說法，作品的意義與其說是作者賦予的，毋寧說是讀者賦予的。儘管這種說法具有明顯的缺失和局限，但其創新性與合理性已在美學界獲得了相當廣泛的認同。從這個意義

上講，新興城市美學，沒有理由拒絕「接受美學」，尤其是在我們「閱讀」城市的時候。

在城市美學的「接受理論」方面，著名建築家張欽楠曾發表過諸多深諳三昧的言論，或許張先生本無意於接受美學，但他的言論為我們從接受美學視角理解城市文化，提供了諸多富有啟示性的借鑑。譬如他說：「當我試圖閱讀一座城市時，城市本身也總在有意無意地展示自己的『可讀性』，有時簡直到了可以對話的地步。越是珍惜自己特色的城市，這種對話性也越強烈。」[056] 在他看來，每個城市都像一本書：一棟棟建築是「字」，一條條街道是「句」，街坊是「章節」，公園是「插畫」。透過它們，閱讀見到了人，現在的、活著的人，過去的、死去的人。正如邱吉爾所說的，「人塑造建築，建築也塑造人」。人造的城市也締造了自己獨特的文化。同是中國人，上海人、寧波人、北京人、廣州人、深圳人，各有其特性。張欽楠的這種認識，對我們理解城市美學頗有啟示意義，人將自己的審美特性賦予城市，而城市也以自己的審美品格影響人。

在談到「理想城市」時，張欽楠對自古以來就存在的兩種極端態度表達了自己的不滿。所謂「兩種極端態度」，其一是想「畢其功於一役」，建造最符合自己理想的城市。現代主義大師勒・柯布西耶就想以「明天的城市」替代古老的巴黎。其二是另一種極端的態度，即對城市自然發展史不加思考地讚美。如 20 世紀初義大利的未來主義派，就歌頌工廠、煙囪、水壩等工業化產物。在設想「理想家園」時，張欽楠指出：「城市的建築形象應當是一幅多樣化的拼貼畫。」他認為：「建築形象城市最基本、最直接的面貌，棟棟建築以自己的特殊語言，向人們展示各種文化模式，首先是建築文化模式，並透過它顯示整個社會文化的深層結構。」[057] 張欽楠的這種「閱讀」與「對話」理論，給了我們這樣一個重要的啟示，那就是「城市

---

[056]　張欽楠：《閱讀城市》，三聯書店 2005 年版，第 13 頁。

[057]　張欽楠：《閱讀城市》，三聯書店 2005 年版，第 282 頁。

美學」並不只是美學家的美學，而更應該是城市自身的美學，即讓城市自我呈現其藝術風貌和審美韻致的美學。

如前所述，任何一座美麗城市的誕生和成長，都是時代政治、經濟、文化、宗教、藝術以及自然環境等諸多因素共同作用的結果。當然，這只是對城市發生、發展的普遍規律的一種宏觀描述。就單個具體城市而言，規劃師與設計者就必須對實實在在的地形、水文和樹木、花草有一個遵循藝術法則和審美理念的安排。從藝術與審美的意義上說，城市設計師的工作，與波德賴爾寫詩或巴爾紮克構思小說沒有本質區別，他們所從事的都是創造藝術和美的神聖事業。著名城市規劃師勒·柯布西耶在談論城市審美設計時指出：「我在幾何中尋找，我瘋狂地尋找著各種色彩以及立方體、球體、圓柱體和金字塔形。棱柱的升高和彼此之間的平衡能夠使正午的陽光透過立方體進入建築表面，可以形成一種獨特的韻律。在傍晚時分的彩虹也仿佛能夠一直延續到清晨，當然，這種效果需要在事先的設計中使光與影充分融合。我們不再是藝術家，而是深入這個時代的觀察者。雖然我們過去的時代也是高貴、美好而富有價值的，但是我們應該一如既往地做到更好，那也是我的信仰。」由此可見，城市美的創造者有如創作小說或出版詩集的作家或詩人，只不過他們的作品不是能讓我們沉浸其中的小說、詩歌，而是可以讓我們漫步其間的大街小巷。

就城市美學研究而言，「閱讀城市」是尋找城市美的不二法門。宗白華指出：

我們現實生活裡直接經驗到的、不以我們的意志為轉移的、豐富多彩的、有聲有色有形有相的世界就是真實存在的世界，這是我們生活和創造的園地。所以馬克思很欣賞近代唯物論的第一個創始者培根的著作裡所說的物質以其感覺的詩意的光輝向著整個的人微笑，而不滿意霍布士的唯物論裡「感覺失去了它的光輝而變為幾何學家的抽象感覺，唯物論變成了厭

世論」……恩格斯也主張我們的思想要像一面鏡子，如實地反映這多彩的世界。美是存在著的！世界是美的，生活是美的。它和真和善是人類社會努力的目標，是哲學探索和建立的物件。[058]

在宗白華看來，美不但是不以我們的意志為轉移的客觀存在，反過來，它影響著我們，教育著我們，提高生活的境界和意趣。美的影響並非都是春風化雨式的，它也能產生暴風驟雨式的衝擊與震撼。美甚至具有傾國傾城的力量！為了證明美的力量，宗白華使用了希臘聯軍攻打特洛伊的例證，這場因美女海倫而引發的戰爭有一個令人不勝唏噓的場面：高踞城雉的特洛伊長老們正在咒罵這場戰爭，為一個女人而戰，他們心有不甘。就在這時，城垣上出現了美神般的海倫，她驚人的美貌，立刻征服了這些心如枯井的老人！他們似乎恍然大悟，終於明白了以阿伽門農為首的阿開亞人為什麼要發動這場戰爭！

對於《荷馬史詩》中這個著名的場景，宗白華先生有一段有趣的評論，他說：「荷馬不用濃麗的辭藻來描繪海倫的容貌，而從她的巨大的殘酷的影響和力量輕輕地點出她的傾國傾城的美。這是他的藝術高超處，也是後人所讚嘆不已的。」[059] 是的，美的事物總會擁有一種不可抗拒的力量，她不需要「濃麗的辭藻」來描繪，只需「輕輕點出」，就能收到「傾國傾城」的效果。美麗的城市也是這樣，我們漫步其間，就能感受到「神仙般的自由、幸福」（朱光潛語）。

閱讀城市，聽上去似乎是一件極為輕鬆惬意的事情，但要真正讀懂一座城市，尤其是一些歷史文化名城，卻絕非易事。如何閱讀城市，劉成章的短文《讀碑》給了我們一種深刻的啟示。作者說，20餘年前，他第一次看到人民英雄紀念碑，印象十分深刻。「它莊嚴、雄偉、壯觀，像一個有

---

[058]　宗白華：《藝境》，商務印書館 2015 年版，第 273 頁。

[059]　宗白華：《藝境》，商務印書館 2015 年版，第 274 頁。

著漢白玉肌膚的巨人，站立在天安門廣場。其時，瞻仰者絡繹不絕，如半凝滯的河水緩緩流淌；我比他們看得更慢，是河水中的一塊石頭。」後來他又無數次看過紀念碑，對碑上的銘文可謂早已爛熟於心，隨著閱歷的增長，他對那些碑文的體會也愈加深刻。但是，當他去了一趟南泥灣，在九龍泉見過一塊刻滿烈士名字的紀念碑時，他發現此前自己根本就沒有讀懂人民英雄紀念碑。因為南泥灣的烈士紀念碑，讓他對人民英雄紀念碑的碑文有了新的理解。想起碑文上那簡簡單單的幾句話，他仿佛看見碑文裡「銘刻著的密密麻麻、重重疊疊、逶逶迤迤、起起伏伏、觸目驚心、比森林還要遼闊十倍百倍的烈士的名字」。這些名字的數目，不是幾十萬，不是幾百萬，而是幾千萬！要是把那些名字都復活為血肉之軀，那麼，天安門廣場是站不下的，因為他們的人數，比世界上絕大部分國家的公民數還要多！[060]

在筆者的家鄉紅安縣，也有這樣的紀念碑和烈士陵園，那裡也刻有「密密麻麻、重重疊疊、逶逶迤迤、起起伏伏、觸目驚心、比森林還要遼闊十倍百倍的烈士的名字」。筆者每次回家探親，都會到陵園散散步，而同行的子姪輩，幾乎每次都要在密密麻麻的烈士名單中尋找自己的親人或前輩的戰友，那是一種令人悲欣交集卻又無言以對的時刻。在筆者還不識字的時候，父輩們總是稱紅安為黃安。那時筆者就聽人說，他們這麼做，有的是出於習慣，因為這裡自明朝嘉靖年間創設縣治起就一直叫黃安；而有些人則是有意回避這個「紅」字，因為這個「紅」字似乎總在提醒他們，紅安這塊土地是他們親人的鮮血染紅的。很多年以後筆者才知道，紅安這個「紅」字，是十幾萬英雄兒女的生命換來的。儘管這裡也走出了董必武、李先念主席和韓先楚、秦基偉、陳錫聯等 223 位將軍，但在大多數的紅安人心中，這些主席和將軍並不是什麼高官顯貴，他們更重要的身份還

---

[060] 劉成章：《讀碑》，《光明日報》1990 年 8 月 5 日。

是那些烈士的戰友。例如，當有人提及「亮劍英雄」李雲龍的原型王近山時，很可能就會有個紅安人說：「王近山呀，我爺爺當紅軍時的戰友啊！」

筆者本以為自己很了解家鄉，數十年的耳濡目染總不能說還沒有讀懂小小的紅安吧？但隨著對家鄉閱歷的增加，反倒越是覺得自己懂得太少。《亮劍》和《鐵血紅安》熱播後，筆者又一次有愧為紅安人的震撼。且不說紅安人「樸、誠、勇、毅」的品格在自己身上有多少遺存，單說自己對紅安的無知而言就足以讓人無地自容。譬如說，有那麼多驚天動地的紅安故事竟然至今仍不知曉！每念及此，就仿佛聽見另一個自我在發問：「一座小小的紅安城，你究竟讀懂了多少？」生於斯長於斯的小縣城尚且如此難懂，作為一個匆匆過客，如何讀懂「北」「上」「廣」「深」這樣的大都市，其難度就更是可想而知了。

然而，我們並不能因此而悲觀。文化名城所承載的審美精神與文化韻致有如浩瀚的海洋，我們作為海邊漫步的觀光客，若能偶然拾得一兩枚自己喜愛的貝殼，也至少是我們「閱讀大海」的一種收穫。正如劉成章認為自己沒有讀懂紀念碑，但「起碼不會在某一天，摔了跤，眼鏡也打碎了，抬頭望望，說天安門廣場的那個環繞著浮雕的高大建築，只是一個美麗的裝飾」[061] 一樣。

簡簡單單的一通碑石尚且如此，一座如前門的大門樓就顯然要複雜得多，一組建築物，譬如說故宮，其複雜程度則更是不言而喻。現存的故宮藏品或相關文獻固然有固定數目，但故宮作為審美文化基因在文藝作品中所釋放的能量卻無法估量，例如正在爆炸式地增長的相關網路穿越小說和影視宮廷劇，我們閱讀故宮，又豈能對這些與其血脈相連、神氣相通的藝術品視而不見？

至於一座城市，尤其是一座歷史文化名城，要讀懂、讀透，讀出它的

---

[061]　劉成章：《讀碑》，《光明日報》1990 年 8 月 5 日。

藝術品位，讀出它的審美神韻，談何容易！當然，城市的「閱讀」並不因為有難度而令人不快，事實上「閱讀」美麗的城市總是令人欣悅的賞心樂事，因為「閱讀者」往往各以其情而自得，並不一定要讀懂、讀透。

著名文史學者、美學家易中天將自己的「文化名城的審美之旅」命名為《讀城記》，且不論這一書名本身對理解城市美學具有什麼樣的啟示意義，單就易中天著作海闊天空無所不談的風格而言，我們稱其為「漫步城市的美學」似乎也無不可。我們注意到，作者「讀城」，很少關注當前熱門的城市環境、文化產業、數位革命等問題，他的興趣明顯偏重於城市的文化氛圍與審美品位。

究竟應該如何理解城市的文化氛圍與品位，我們從易中天對上海和北京的比較中，可以找到極為生動有趣的答案。他說：「在上海，無論你是站在摩天大樓下，還是走在逼仄里弄中，都不會有『粗』的感覺。因為上海是按照工業文明最雅致時代的理想模式打造出來的。如果你能比較細心地在外灘走一走，就一定能感受到上海那種雅致風格的氣派。那些風格各異的西洋建築，無論古典式的（如上海總會）也好，哥德式的（如通商銀行）也好，巴洛克式的（如東方匯理銀行）也好，文藝復興式的（如字林西報館）也好，都氣派而雅致。」[062]

在易中天看來，上海風格不同於北京，北京並不以雅致見長，北京風格「是莊嚴、雄渾、雍容、華貴、典雅、厚實。這些風格在經歷了時光的磨洗和歷史的積澱後，就變成了醇和。北京最讓人心儀的就是它那醇和的氣派。這種醇和的氣派裡有『王者風範』，也有『平民風情』，而且是中國風格的，因此讓人感到親切。而上海那種雅致的氣派，卻讓人覺得你是在面對一位衣冠楚楚的英國紳士，必須彬彬有禮地和他保持距離」。[063]

當然，一個城市的文化氛圍與品格是由多種因素構成的。在易中天看

[062] 易中天：《讀城記》，上海文藝出版社 2006 年版，第 16 ～ 17 頁。
[063] 易中天：《讀城記》，上海文藝出版社 2006 年版，第 17 頁。

來，這些因素包括人的生活方式、城市地域特色，以及方言俚語、心理積澱、建築風格等。所謂的北京的「大氣醇和」、上海的「開闊雅致」、廣州的「生猛鮮活」、廈門的「美麗溫馨」、成都的「悠閒灑脫」、武漢的「豪爽硬朗」、深圳的「青春氣息」……這些標籤都是文化氛圍與品位的表徵，它們決定了城市的風格與個性，而城市的風格與個性常常正是城市的魅力所在，如《讀城記》中所羅列的「蘇州園林奇石」「西安秦俑碑林」「北京長城帝陵」「哈爾濱俄式建築」「紹興名人故居」等名勝古蹟或奇妙景觀，即便只是「聽說過，沒見過」，也禁不住讓人心馳神往，用易中天的話來說就是「足未至而遊興生」。

　　誠如易中天著作所言，中國「可讀」的城市實在太多太多。如帝都北京、魔都上海、羊城廣州、鵬城深圳、古都西安、舊邑洛陽、江城武漢、山城重慶、石城南京、泉城濟南、春城昆明、蓮城湘潭、聖地延安、潭城長沙、蓉城成都、婺城金華、禾城嘉興、月城西昌、蕪城揚州、鹿城溫州、珠城蚌埠、鯉城泉州、鵝城惠州、龍城柳州、酒城瀘州、甜城內江、島城青島、港城煙臺、聖城曲阜、雁城衡陽、榕城福州、濱城大連、水城蘇州、鷺城廈門、青城呼和浩特、冰城哈爾濱、英雄城南昌、風箏城濰坊、服裝城石獅、麒麟城曲靖、鳳凰城聊城、日光城拉薩、鶴城齊齊哈爾……單從這些具有濃郁的藝術意蘊的「別稱」看，聰明的「讀城者」都不難想見這些城市的文化氛圍和審美品格。

　　且以「蕪城揚州」為例。對於現在的一般讀者而言，這個「蕪」字非常可疑。不難想像，一個不太了解揚州歷史的人很可能會提出這樣的問題：為什麼揚州會叫「蕪城」？這就得從揚州的文史故實或歷史故事中去尋找原因了。「蕪城」原本是廣陵城的別稱，李白《送孟浩然之廣陵》中「故人西辭黃鶴樓，煙花三月下揚州」的詩句，可謂婦孺皆知，李白所說的廣陵就是揚州，這是人所共知的常識。宋代詩人黎廷瑞「腰纏十萬貫，騎鶴上

揚州」也是廣為人知的名句。至於「天下三分明月夜，二分無賴是揚州」
（徐凝《憶揚州》）；「二十四橋明月夜，玉人何處教吹簫？」（杜牧：《寄揚
州韓綽判官》）；「春風十里揚州路，卷上珠簾總不如」（杜牧《贈別》）；「夜
市千燈照碧雲，高樓紅袖客紛紛。如今不似時平日，猶自笙歌徹曉聞」
（王建《夜看揚州市》）……這類讚美揚州的華美詩句，在唐詩宋詞中可謂
俯拾即是，僅中小學生教科書與課外讀本中的佳句名篇就已數不勝數。因
此，在大多數當代人的印象中，揚州似乎是一個永遠陽光明媚，永遠春風
沉醉的人間天堂。

　　如此陽光的城市，與一「蕪」字何干？人們或許想起明清易代之際的
「揚州十日，嘉定三屠」。清順治二年（1645），清軍進攻揚州。史可法堅
守孤城，血戰 7 晝夜後，揚州最終陷落。清軍狂野破城，縱兵燒殺淫掠，
「十日不封刀，殺人八十萬」。繁華都市頓成廢墟。十日屠城之後，揚州豈
能不荒蕪？但是，對蕪城揚州來說，清兵屠城這樣的慘烈悲劇，既不是前
無古案，也不是後無新例。

　　其實，「蕪城」的說法，源於南朝詩人鮑照的《蕪城賦》。資料表明，
魏晉南北朝時期的廣陵，是長江北岸的重要都市和軍事重鎮。如追根溯
源，則要從春秋說起。春秋末，吳在揚州鑿邗溝，以便溝通江淮水道，試
圖爭霸中原。秦並六國之後，在此設置廣陵縣，西漢設廣陵國，東漢設廣
陵郡。廣陵治所的故址，大體與今天的揚州市一致。這裡既是漢代諸王的
封地所在，也是南北朝時的交通樞紐，地勢顯要，市容繁華，商業與文化
都曾盛極一時。西漢時期吳王劉濞得益於當地豐富的鹽、銅資源，恃強而
驕，發動叛亂，後被景帝所滅，廣陵自此衰落。此後此地屢經戰亂，宋文
帝元嘉年間，拓跋燾南侵，廣陵被焚。宋孝武帝大明三年派兵鎮反屠城，
廣陵城內，屍橫街巷，血污滿地，其悲慘景象，難以盡述。

　　第二年鮑照來廣陵，創痕猶新，血跡尚在，他站在廣陵城樓的頹垣斷

壁之上，目睹眼前殘敗破亂、荒蕪不堪的淒涼景象，俯仰蒼茫，感慨萬千，於是寫下了一首震古鑠今的《蕪城賦》。鮑照筆下的揚州「全盛之時，車掛轊，人駕肩。廛閈撲地，歌吹沸天……格高五嶽，袤廣三墳，崒若斷岸，矗似長雲。制磁石以禦沖，糊赬壤以飛文。觀基局之固護，將萬祀而一君」。城東城西，皆是車水馬龍的喧囂，市南市北，一派歌舞昇平的景象；一個看似萬年一君的太平盛世，一座仿佛堅不可摧的繁華城市。

　　但是，一旦鐵騎突襲，暫態家國傾覆。雕梁畫棟成灰燼，鳳閣龍樓作煙蘿。大兵過後，凶年連綿。曾經的繁華都市，轉眼滿目蕭然：「澤葵依井，荒葛罥塗。」「崩榛塞路，崢嶸古馗。白楊早落，寒草前衰。」「孤蓬自振，驚沙坐飛。灌莽杳而無際，叢薄紛其相依。通池既已夷，峻隅又以頹。直視千裡外，唯見起黃埃。」「凝思寂聽，心傷已摧。」「東都妙姬，南國佳人，蕙心紈質，玉貌絳唇，莫不埋魂幽石，委骨窮塵。豈憶同輦之愉樂，離宮之苦辛哉？天道如何，吞恨者多。」（鮑照《蕪城賦》）自鮑照作成此賦之後，「蕪城」這個淒美而悲情的名字，便成了揚州的別稱。對於揚州人來說，這個刻骨銘心的別稱，有如一曲驚天地、泣鬼神的歷史悲歌。從此以後，「蕪城」便成了揚州人揮之不去的慘痛記憶。

　　這些令人憂傷的記憶，往往有如「病蚌成珠」，在城市居民的集體無意識中，生發出一種近乎崇高的審美意識，進而轉化為城市美學觀念中堪稱精華的文化因數，並在後世文藝作品中綻放出迷人的光彩。「這些精華因歷史的積澱而愈加厚重，因歲月的磨洗而愈見輝光。即便它們散落在斷壁殘垣和尋常巷陌，流落於街頭，蒙塵於市井，也不會沉淪了它們的價值。因此，這些城市中往往有太多的陳跡可供尋覓，有太多的故事可供傳說，有太多的遺址可供憑弔，也有太多的線索可供遐想。就連那裡的民風民俗，也會有一種古老而悠長的韻味。」[064]

---

[064]　易中天：《讀城記》，上海文藝出版社 2006 年版，第 25 頁。

這種「古老而悠長的韻味」在唐詩宋詞中有極其豐富的表現。我們注意到，許多「閱讀揚州」的傳世佳作，尤其是那些打撈蕪城記憶的作品，無不優美憂傷，悽楚動人。如時年55歲的王安石「讀揚州」時寫下了著名的《入瓜步望揚州》：「落日平林一水邊，蕪城掩映只蒼然。白頭追想當時事，幕府青衫最少年。」這看似平淡沖和的28個字，卻蘊含著王安石的一世情懷和半生功業。當時的王安石深得神宗信任，正在積極推行「熙寧改革」，但改革的道路荊棘密布。心力交瘁的王安石見到多災多難的揚州，不覺愁緒縈懷，想起激揚文字的「少年時代」，30年前初入揚州韓忠獻公幕時的豪情與夢想，如今到哪裡去了？大宋危機四伏，改革出路何在？但揚州並沒有給他答案：「蕪城掩映只蒼然。」王安石的這首「讀城」之作，細細品之，仿佛有一股淡淡的憂傷之霧，不知不覺地漫過心頭。

　　在吟詠揚州的詩詞中，薑夔的《揚州慢·淮左名都》或許最為痛切：

　　淮左名都，竹西佳處，解鞍少駐初程。過春風十里。盡薺麥青青。自胡馬窺江去後，廢池喬木，猶厭言兵。漸黃昏，清角吹寒，都在空城。

　　杜郎俊賞，算而今、重到須驚。縱豆蔻詞工，青樓夢好，難賦深情。二十四橋仍在，波心蕩、冷月無聲。念橋邊紅藥，年年知為誰生。

　　詞人在小序中交代了作品背景，並借他人之口對詞作進行了點評：「淳熙丙申至日，予過維揚。夜雪初霽，薺麥彌望。入其城，則四顧蕭條，寒水自碧，暮色漸起，戍角悲吟。予懷愴然，感慨今昔，因自度此曲。千岩老人以為有『黍離』之悲也。」所謂「黍離之悲」通常是對山河破碎、國將不國的哀嘆。這種國破家亡的悲哀之情最早在《詩經》「王風」中有深切的表達，所以《詩經·黍離》歷來被認為是悲悼故國的代表作。其中「知我者謂我心憂，不知我者謂我何求」堪稱千古名句。薑夔在一個雪後初晴的夜晚，面對「四顧蕭條，寒水自碧」的揚州，撫今思昔，感慨萬端，借唐人杜牧的「豆蔻詞」與「青樓夢」，反襯出「閱讀揚州」時油然而生的「黍離之悲」，如

此纏綿悱惻的意境，大約也只有揚州這樣的悲情城市才可與之相配。

　　正如讚美揚州不是李白的專利一樣，悲吟揚州也不是薑夔的專利。譬如說，今人董玉書（1869-1952）的《蕪城懷舊錄》就是一曲哀婉動人的揚州悲歌。該書記述清代中葉以來直至民國年間揚州的掌故。這些故事大多記錄於抗日戰火紛飛之際，國破家亡、民族危難之秋，曾在歷史上煊赫一時的揚州，至此已呈現一派衰微殘破景象。有評論說，作者以「蕪城」名書，不難窺見其家國情懷。20世紀的揚州，居然也有讓人產生「黍離之悲」的悲慘歲月，歷史的輪回，城市的興衰，該是多麼令人感慨！

　　縱觀中外名城蜿蜒曲折的嬗變軌跡，我們不難得出這樣的結論：歷史發展的不確定性和城市變化的戲劇色彩，都是城市美學的題中應有之義。一座文化名城，往往正是因其擁有悲壯的歷史而愈發顯得神聖莊嚴。因此，對於文化名城的藝術風貌與審美特徵，任何試圖一言以蔽之的概括都會失之偏頗。譬如說有「蕪城」之稱的揚州，就絕不止有荒蕪之「蕪」這一張淒美的面孔。它的豐富多彩性，在李白、杜牧等人的詩句中就已可略見一斑了。

　　行文至此，必須交代的是，在本書中，我們將會看到許多文化古城向死而生的傳奇經歷。譬如說，一部《荷馬史詩》成就了不朽的特洛伊城，而特洛伊的故事又透過《埃涅阿斯紀》直接連繫著「永恆之城」羅馬。從一定意義上說，每一座文化名城都有自己的「史詩」和「聖經」，不同的是這些「史詩」和「聖經」，有些流傳甚廣，有些消逝於忘川。我們的城市美學歷程，除了「匆匆邁步走過」那些聲名顯赫的皇宮帝闕和默默無聞的窮街陋巷之外，閱讀一些文化名城的「史詩」和「聖經」，也是我們必不可少的功課。無論是「邁步走過」，還是「文獻中來」，建構城市美學最簡潔方便的方法與路徑，用一句城市文化研究人士的話來說，就是靜下心來，認真細緻地「閱讀城市」。

# 中編
# 西方文化名城的審美理想之維

# 第四章
# 雅典衛城：「希臘精神」與「審美理想」

世上沒有一個真人的人體能像希臘雕塑那樣對稱、勻整和美麗。

——〔英〕貢布里希

柏拉圖的「理想國」是用絕對理性和強制的秩序建立起來的。

—— 張京祥

城市的文化風貌，往往是透過一些見證歷史事件和銘記時代偉人的著名建築物體現出來的。有些建築一問世便足以改變一座城市的風貌，如巴黎艾菲爾鐵塔、紐約世貿大廈、雪梨歌劇院、上海東方明珠塔等；有些建築在改變城市風貌的同時還會重塑時代藝術觀念，並改變審美價值取向，如雅典衛城、耶路撒冷圓頂清真寺、梵蒂岡聖彼得大教堂、北京故宮等。

單從雅典衛城對城市美學所具有的劃時代意義看，它不僅為城市審美文化話語系統制定了一整套「語法規則」，而且還為整個西方建築藝術史塑造了垂範千秋的不朽經典。無論從其充滿創新精神的審美理念看，還是從其美學史上的崇高地位和深遠影響看，我們都不能不承認這樣一個論斷 —— 雅典衛城堪稱西方古代城市美學的最高典範。縱觀人類城市史與建築史，古老神聖的雅典及其雄奇壯美的衛城，當此殊榮應毫無愧色。即便如今它只剩下一片廢墟，也依然保持著無與倫比的絕世風華，其所彰顯的人文精神與審美本色，依舊具有足以獨步天下的莊嚴與神聖。作為希臘美學精神的傑出代表，衛城最突出的審美特徵，或許可以用溫克爾曼一句名言加以概括，這就是「高貴的單純和靜穆的偉大」。

當然，衛城並非一座真正意義上的城市，它甚至還算不上城市的某個

街區。事實上，它只是雅典城中的一塊巨大的船型平頂石台而已。但在這個石台之上，希臘人修建了聞名於世的「城中城」——派特農神廟建築群落。這個具有神話色彩的建築群落在世界美學史上具有極為特殊的意義，尤其是對於西方美學來說，派特農神廟的崇高地位和深遠影響，有如一座「美學聖殿」。

翁貝托・艾柯在《美的歷史》裡開篇第一章就宣稱：「美在古希臘並沒有獨立地位：我們還可以說，至少一直到伯里克利時代，希臘人缺乏真正的美學與美的理論。」「德爾斐神諭在回答美的欣賞判斷標準時說道：『最美的，也是最正義的。』就是在古希臘藝術的黃金時代，美也時時與其他價值並提，比如說適中和諧平衡等。」[065] 依據艾柯的這類美學觀念及其審美標準看，我們與其說派特農神廟是藝術之美的典範之作，還不如說神廟本身就是「美的欣賞標準」的制定者，或者更直白地說，神廟的建造者——伊克底魯和菲狄亞斯等偉大的古希臘藝術家可以說是希臘美學精神的真正創造者。希臘人在伯里克利重建雅典衛城的時代，「真正的美學與美的理論」就已開始覺醒了，美的「獨立地位」透過包括建築藝術在內的文藝大繁榮而得以確立。

貢布里希說：「希臘藝術的偉大革命，自然的性狀和縮短法的發展，產生在人類歷史上無與倫比的、處處震撼人心的時代……在雅典的民主政體達到最高程度的年代，希臘藝術發展到了頂峰。雅典人擊敗了波斯人的入侵之後，在伯里克利的領導下，開始重建被波斯人毀掉的家園……他們計畫用大理石空前壯麗、空前高貴地重建那些神廟。」[066] 以致直到兩千多年後的今天，我們言及美學仍無法擺脫「言必稱希臘」的傳統。

---

[065]　［意］翁貝托・艾柯：《美的歷史》，彭淮棟譯，中央編譯出版社 2011 年版，第 37 頁。

[066]　［英］貢布里希：《藝術的故事》，范景中譯，廣西美術出版社 2008 年版，第 82 頁。

# 一 「文明搖籃」與美學瑰寶

你不會找到一個新的國家，不會找到另一片海岸。

這個城市會永遠跟著你。

你會走向同樣的街道。

你會發現你永遠還在這個城市。

——〔希臘〕卡瓦菲斯《城市》

雅典作為「西方文明的搖籃」，無疑是古典美學觀念發生發展的一方重鎮。余秋雨曾兩度參加鳳凰衛視的「文明之旅」（歐亞非「千禧之旅」和「歐洲非常之旅」）文化考察系列節目。兩次考察，他都試圖擺脫「從希臘說起」的固定套路，但所有「創新與超越」的努力都以失敗告終，最後還是不得不回歸到「希臘起點」的經典思路上來。因為他發現，不管對人類文明做什麼方向的思考，雅典永遠是一個具有決定意義的重要關口。往前看，克里特、底比斯、巴比倫在這裡沉澱；往後看，古羅馬、佛羅倫斯和巴黎從這裡生發。地球上發生的一多半文化事件，只要追根溯源，都會關涉雅典。對於尋訪希臘之美的人來說，儘管雅典街頭常常重門緊鎖，窗簾低垂，連人行道也顯得高低不平，但雅典總是遊人如織，遊客們萬里尋芳不辭遠，即便跌跌撞撞，也毫無怨言。因為這裡是雅典，她的美麗與輝煌早已名著史冊，縱使淡然千年，依舊風華冠絕。這就是雅典永遠無法被替代的「魅力與氣派」！

雅典作為巴爾幹半島最南端之國希臘的首都，不僅是雄踞西方文明發祥地的文化名城，也是愛琴海文明和地中海文化最重要的代言者之一。有人說，在雅典這座神奇的城市，每一條街巷都沉澱著先哲留下的寶貴精神，每一幢建築都鑴刻著耐人尋味的歷史故事，每一絲空氣都流傳著娓娓動聽的美麗神話。在這到處都洋溢著濃郁文化氣息的地方，「雅典的古

老，雅典的滄桑，雅典的唯美，帶給了現今的雅典人昔日的耀眼光環。雅典也是全世界熱愛西方文化和城市文化的人們夢寐以求、心神嚮往的聖地。這裡豐富的文化傳承與現代生活緊密交織，是對遠去歷史的眷戀與追憶。歷史和美景交融的雅典，吸引著千千萬萬的旅行者，這裡不是一個純粹意義上的旅遊名勝，這裡是對歷史的頂禮膜拜，是對神奇的翹首以待」。[067]

　　就美學發展史而言，雅典所具有的重要意義毋庸置疑。我們把城市審美之旅的起點定位於雅典，理由相當簡單：世界的美學聖地無疑是希臘，希臘的美學聖地無疑是雅典，雅典的美學聖地無疑是衛城，衛城的美學聖地無疑是派特農神廟，派特農神廟的至聖至美之所則無疑是雅典娜神壇。儘管雅典娜在爭奪最美女神之「金蘋果」時輸給了阿芙蘿黛蒂，但那畢竟是少不更事的牧羊人帕里斯的非理性裁判。至於美學這顆「哲學王冠上的明珠」，則非「智慧女神」莫屬。就此而言，雅典娜作為「美學的主神」可謂是實至名歸，不容置疑。事實上，「哲學」在希臘人的詞典裡原本就是「愛智慧」的意思。

　　美國學者愛德華·格萊澤在《城市的勝利》一書中，專設了「知識輸入的門戶 —— 雅典」一節，探討雅典的歷史地位和美學問題。他認為，雅典作為知識之城、思想之城和智慧之城，我們稱其為「美學之城」似乎也並無不可。格萊澤不能免俗地將關注城市的視角轉向了 2500 年前的伯里克利時代。從那時起，世界各地的城市實際上就已經成了多元文化交流的門戶，譬如說，珠江沿岸的港口、絲綢之路沿途的城市、古代帝國的其他中轉港口，都為世界各地的旅行者提供了會面和思想交流的便利。世界文明有效的交匯與碰撞，主要發生在城市。形形色色的日常生活用品在東西方城市之間越來越頻繁、越來越成規模地來來回回，思想與文化也如影隨

---

[067]　引自上海尚世影業有限公司出品《歐洲魅力之城·雅典》解說詞。

形地在東西方城市之間進行著越來越頻繁、越來越有效的交往與對話。

伯里克利時代，希波戰爭剛剛結束。希臘人的勝利，使雅典迅速躍居為「世界知識的中心」。那時，雅典附近的一些著名希臘思想家大多居住在位於小亞細亞的希臘猶太人聚居區的邊緣，他們深受古代近東文明的滋養。雅典崛起之後，智者競相奔投。與雅典一水之隔的米利都是一個為西方城市美學提供思想資源的重要城市，這裡不僅誕生了「西方哲學之父」——泰勒斯，而且還誕生了「歐洲城市規劃之父」——希波達摩斯。

希波達摩斯的城建學說，首先在其家鄉米利都開花結果，其後在希臘其他城市逐漸發揚光大，最後隨著亞歷山大的東征被帶到了亞洲和非洲。在亞歷山大死後近 300 年的「希臘化時期」，在古老的波斯帝國大大小小的城市遺址上，一座座希臘式的城市拔地而起。直到今天，從埃及、伊朗、伊拉克、阿富汗、巴基斯坦的眾多古城中，我們還可以清晰地看到希臘審美文化的影響。希波達摩斯的建築理念，甚至在西歐後世的一系列羅馬化城市，如倫敦、馬賽、特里爾、塔拉戈納等地大放異彩。在星羅棋布的羅馬式城市中，人們都可以看出希波達摩斯「網狀結構」之城建理論的影子。遺憾的是，在希波戰爭之後的雅典大規模重建時，希波達摩斯還只是一個垂髫小子，但此後不久，雅典城的擴建與拓展工程還是直接或間接地受到了他的城市哲學與設計美學的影響。他所提出的「整體、和諧、秩序、美觀」等城建理念，在世界城市建築史上產生了 2000 多年的影響。即便在這個「唯變唯不變」的時代，建築有如萬花筒一樣變化無定，但萬變不離其宗，從所有城市的建設理念中人們都能輕易找到希波達摩斯的影子。

或許正因為如此，英國詩人雪萊才宣稱，我們都是希臘人。希臘詩人卡瓦菲斯說，你永遠在（雅典）這個城市。

如前所述，雅典這座城市，這座培養出蘇格拉底、柏拉圖和亞里斯多

德的城市，對地中海沿岸的藝術家和學者具有巨大的吸引力，他們紛紛湧向這座城市，「這裡為他們交流思想提供了接近性和自由，這一輝煌的歷史時期不僅誕生了西方哲學，還誕生了戲劇和歷史。有些隨機性事件也許是微不足道的，但它們的效應因為城市的互動而成倍地放大，雅典因此變得繁榮起來。一位智者遇到另一位智者，他們碰撞出了思想的火花。他們的思想給其他人帶來了啟發，於是真正具有重要意義的事情突然發生了。雅典獲得成功的最終原因也許顯得有些神祕，但過程是十分清楚的。思想在居住於人口密集的城市空間裡的人們當中交流，這種交流有時會產生人類創造力的奇跡」[068]。雅典這個盛產希臘神話的古老城市，可以說就是人類創造力高度集中的審美化體現。

　　相傳，智慧女神雅典娜成為雅典的守護神，是她智勝海神波塞冬的結果。據說當年希臘人在巴爾幹半島南端和愛琴海的西岸建起一座城池，波塞冬與雅典娜為城市的命名發生了爭吵，雙方互不相讓，僵持到最後，兩位神祇達成這樣一個協定：誰能為城中百姓提供最有用的東西，誰便成為該城的守護神。波塞冬獻給當地人的禮物是一匹奔馬，而雅典娜的禮物則是一棵橄欖樹。無論如何，一棵樹怎麼能夠與一匹馬相比呢？看來波塞冬是贏定了。

　　但是，聰明的希臘人選擇了橄欖樹而放棄了奔馬，因為橄欖樹象徵著和平與富裕，而奔馬則意味著戰爭與悲傷。於是，這個美麗的海濱城市就以女神雅典娜的名字被命名為雅典。供奉雅典守護神的衛城，就成了古代雅典人精神家園的象徵。

　　考古學資料表明，雅典的歷史至少可以追溯到 3000 年前，因為西元前 1000 年前後的雅典，就已經是古希臘的核心城市。眾多出土文物表明，西元前 9 世紀晚期到前 8 世紀初，雅典就已有貴族的豪華墓葬。鐵器

---

[068]　[美] 愛德華・格萊澤：《城市的勝利》，劉潤泉譯，上海社會科學院出版社 2012 年版，第 18 頁。

和青銅的生產曾使雅典獲得了一個快速發展時期。在這一時期政治、經濟和文化等因素的綜合作用下，一種早期奴隸制國家的特殊形態 —— 希臘城邦誕生了。

　　自西元前 5 世紀梭倫、庇西特拉圖統治時期開始，雅典在政治、宗教、文化、藝術等方面都已達到引領世界潮流的輝煌境界。雅典也因此被後世歷史學家譽為「西方文化的搖籃」。尤其是雅典衛城，這個為城市文明和審美觀念鑄模立範的城中之城，歷經了 2000 多年榮辱興衰，卻從未喪失其審美天性。從一定意義上講，她至今仍然不失為西方文化名城的審美典範。正如馬克思說希臘神話是後世文學藝術之「高不可及的典範」一樣，雅典在很多方面也一樣是城市美學之「高不可及的典範」。

　　朱光潛的《西方美學史》第一章第一節的第一句就說：「希臘美學思想，就有歷史記載可憑的來說，發源於西元前 6 世紀，極盛於西元前 5 世紀到前 4 世紀，即柏拉圖和亞里斯多德的時代。它是和希臘社會經濟基礎和一般文化情況密切連繫著的。」緊接著他就「舉文化中心的雅典為例」：「演戲是雅典每年祭神節和文娛節的一個重要項目。看戲就是受教育，它是雅典公民的一種宗教的和政治的任務。所以文藝在希臘人生活裡遠比在後來兩千多年中都較重要。此外，在西元前 5 世紀前後，希臘的音樂、建築、繪畫、雕刻等藝術也都很繁榮，特別是雕刻，它發展到歐洲後來一直沒有趕上的高峰。」[069] 因此，朱光潛認為，希臘美學理論是有豐富的文藝實踐做基礎的。

　　眾所周知，希臘文藝到了西元前 5 世紀前後在雅典達到了它的黃金時代，即人們至今津津樂道的伯里克利時代。但是也就在這個時代，希臘文化由傳統思想統治轉變到自由批判，由文藝時代轉變到哲學時代。古希臘三大悲劇作家中的歐裡庇得斯就常向哲學家請教，在作品中對現實社會問

---

[069]　朱光潛：《西方美學史》上卷，人民文學出版社 1979 年版，第 31 頁。

題進行尖銳的批判，喜劇家阿裡斯托芬的作品裡也時常流露出自由批判傾向。自此以後，哲學漸漸成為古希臘文化的主流，一系列卓越的哲學家，如畢達哥拉斯、赫拉克利特、德謨克利特、蘇格拉底、柏拉圖、亞里斯多德等，紛紛走上歷史舞臺，一時間，小小的希臘城邦創造出了一個西方文化史上群星閃耀的時代。尤其是蘇格拉底之死，喚醒了雅典人的良知，催生出「知識即美德」的時代風尚，其時三大悲劇詩人已先後謝世，「哲學之王」取代了「文藝之星」，即朱光潛先生所說的從「文藝時代」轉變到了「哲學時代」。這種歷史性轉變的原因主要有三個：(1) 科學發展催動了哲學研究；(2) 商業發展帶來民主氛圍和思想自由；(3) 外來文化激發了哲學思考。當然，雅典在伯羅奔尼薩斯戰爭中的慘敗，也是造成這一轉變的重要原因。

值得一提的是，著名哲學家蘇格拉底 (約前 469- 前 399) 就出生於伯里克利時期的雅典，他少時跟隨父親學習雕塑，據說雅典衛城建築上的一組美神雕像就出自蘇格拉底之手。按照拉爾修《名哲言行錄》所說，蘇格拉底是一個有全面教養的人；智者普羅泰戈拉曾宣稱，自己從未遇見過像蘇格拉底這樣令他稱羨的人，並預言他將成為「領頭的哲學家」。資料表明，蘇格拉底曾在 3 次戰爭中服役，立過戰功，在他 62 歲那年，入選雅典「五百人議事會」。西元前 404 年，伯羅奔尼薩斯戰爭結束後，他還是雅典貴族寡頭政治集團中的重要人物。後來，民主派當政後，蘇格拉底因「不敬神和腐蝕青年」，被判處死刑。這位一生尊敬並熱愛雅典的「牛虻」，被他深愛的雅典人拋棄了。據拉爾修記載，雅典人不久就對他們的行為後悔了，他們嚴厲地懲處了誣告蘇格拉底的人，判處美勒托死刑，流放安尼圖斯，並且為蘇格拉底樹立了一座由著名雕塑家呂西普斯親手塑造的青銅雕像。

蘇格拉底之父是位雕刻匠，蘇格拉底早年子承父業，以石匠的身份學

過雕刻，所以對藝術創造活動有親切的體會。他接受了當時普遍流行的「藝術模仿自然」的信條，但是他反對把「模仿」理解為「抄襲」。從色諾芬的《回憶錄》卷三第十章所記載的他和當時藝術家的兩次談話看，他主張畫家畫像、雕刻家雕像，都不應只描繪外貌細節，而應「現出生命」，「表現出心靈狀態」，使人看到就覺得「像是活的」；他還說藝術不應奴隸似的臨摹自然，而應在自然形體中選擇出一些要素，去構成一個極美的整體。因此，他認為藝術家刻畫出來的人物可以比原來的真人物更美。[070] 拉爾修《名哲言行錄》所說的衛城那些出自蘇格拉底之手的美惠女神雕像就具備以形寫神的特點。

　　由於筆者攻讀不力，並不知道蘇格拉底是否直接談論過衛城美學問題，但從希臘美學家的相關「殘篇斷簡」中，我們或許可以找尋到雅典城所體現「希臘精神」與「審美理想」的話語蹤跡。畢竟，蘇格拉底這位雅典偉大的哲學家對美和藝術的看法，足足影響了西方美學兩千多年，他的美學觀念不僅是我們認識古代雅典城市美學的一面鏡子，也是影響後世雅典城建美學的重要文獻。

## 二　「衛城神廟」的美學意義

　　希臘處處都有博物館，市市、島島、村村、鎮鎮無處不有，凡先民所遺之物，無論巨細，皆被視如掌上明珠。

──《希臘博物館》[071]

　　今天的雅典是一個供人憑弔古代文明的城市。從城市文化的視角看，雅典多少有些繁華落盡的沒落意味。那些從世界各地慕名而來的遊人，想一睹古希臘曾經的輝煌，見到今日雅典的模樣，或許會有些失望的感覺。

---

[070]　朱光潛：《西方美學史》上卷，人民文學出版社 1979 年版，第 37 ～ 38 頁。
[071]　參見英文版《希臘博物館》第 1 卷，幼樹出版社 2011 年版，第 6 頁。

這裡的街道高低不平，建築也缺少統一的規劃，新舊樓宇，隨意摻雜，室外裝飾更是隨心所欲，大多數街區色彩之斑駁令人咋舌，所到之處都給人一種雜亂無章、混沌無序的印象。只有散落在某些角落裡的古建築遺跡，還能提醒人們它曾是一個堪稱人類精神家園的偉大城市。早在兩千多年前她就為人類奉獻了偉大的哲學、文學、藝術和民主思想，整個世界至今仍然在分享著那些曾經在此盛極一時的精神成果。

毋庸諱言，在科技昌明的網路時代，希臘神話與城市美學的連繫似乎不太明顯，但從城市與美學發展史的視角看，一個幾乎被我們忽略的事實會變得異常清晰，那就是沒有「神話」與「宗教」，就沒有「城市」與「美學」，而我們所關注的「城市美學」，則無異於無源之水、無本之木。我們注意到，無論何時何地，只要有人言及美學觀念、美學思潮，就必然會直接或間接地涉及其時代文化背景，言及城市美學，也必然離不開作為文化背景之承載體的城市。以古希臘美學為例，西元前 5 世紀至前 4 世紀，那是希臘文化的黃金時代，那時以雅典為代表的一些重要城市，就是這個黃金時代之美學的重要背景與舞臺。在雅典這樣一些美學舞臺上，曾出現過蘇格拉底、柏拉圖、亞里斯多德、埃斯庫羅斯、索福克勒斯、歐裡庇得斯等美學家和藝術家，他們在哲學、美學以及文學、藝術上的成就對歐洲甚至整個世界文化所產生的影響，可謂源遠流長，至深至巨；雅典文化在審美意識和美學觀念上為後世留下的大量典範之作，可謂彪炳千秋，彌足珍貴；而雅典衛城的派特農神廟及其附屬建築，在人類美學史上所占有的重要地位，則有如日月懸天，至今仍光彩熠熠。

職是之故，討論城市美學也不得不「從希臘開始」。如前所述，希臘以雅典為榮，雅典以衛城為尊。既然我們決定「從希臘開始，從雅典出發」，那麼我們不妨首先到雅典衛城去看看，雖然已不能像古人那樣虔誠參拜一下古希臘諸位神祇，請求雅典娜女神賜給我們詩性智慧和審美眼

光，但我們至少也可以為自己許下一個美好的願望：祝願我們的城市美學之旅處處順風順水，一路弦歌不絕。

　　2015 年 5 月 16 日至 18 日，筆者有幸參觀了雅典的一些名勝古蹟，走馬觀花地看過幾家雅典的博物館 [072]，其中國家考古博物館、衛城博物館、國家歷史博物館給筆者留下了極為深刻的印象。據筆者在雅典衛城博物館購買的資料記載，作為古代與現代雅典人共用之精神家園的衛城，修建於西元前 5 世紀，她就像一個集古希臘建築與雕刻藝術之大成的美學博物館，是希臘乃至全世界最傑出的古建築群落之一。意味深長的是，氣勢恢宏的派特農神廟本因紀念希波戰爭的輝煌勝利而建，但在神廟所歷經的兩千餘年歲月裡，她屢遭戰火的摧殘與毀壞。不僅僅是衛城命途多舛，事實上，整個雅典也是如此，這座以智慧與戰爭女神之名命名的城市，似乎命中注定要在戰火中遍歷塵世的磨難，並一再接受諸神的洗禮。

　　據說古時候神廟內部供奉著守護女神雅典娜的雕像，是以青銅、黃金和象牙為原料打造而成，如果這個傳說是真實的，那也只能是伯里克利重修神廟之後的事情，因為在薛西斯的千軍萬馬到達雅典之前，黃金與象牙理所當然地會被轉移到安全的地方。值得一提的是，筆者在雅典國家博物館裡看到邁錫尼時代大量的金面具、金酒杯等黃金製品至今仍舊熠熠生輝時，想當然地認為希臘一定是一個多金之地，荷馬史詩中不是多次詠嘆過「多金的邁錫尼」嗎？但為什麼在千年之後的古希臘藝術之「黃金時代」，反倒很難看到黃金鑄造的藝術品？博物館中取代黃金製品的竟然是遍布希臘大地的大理石柱與石雕。詩人當然可以誇張地說，因為希臘「黃金時代」的神話、戲劇和石雕藝術達到了如此完美的程度，以至於黃金製品也為之遜色。但事實顯然不是如此，那種因此認為「希臘人愛美勝過愛黃金」的說法只具有修辭學的正確性。我們從大希庇阿斯認為黃金可以使一

---

[072]　雅典著名的博物館有：國家考古博物館、衛城博物館、國家歷史博物館、基克拉底藝術館、貝納基博物館、戰爭博物館、拜占庭和基督教博物館、國家美術館等。

切物品變得更美的論斷中不難看出，至少在蘇格拉底時代，人們對黃金的喜愛與阿伽門農所在的邁錫尼時期沒有本質差異。歷史文獻表明，希臘並非盛產黃金之地，隨著建築和雕塑藝術的繁榮，作為稀有金屬的黃金顯然無法滿足巨量的材料需求，而天生麗質的大理石幾乎可以說是取之不盡用之不竭的。這種符合希臘人審美取向的石頭具有玉顏永駐的品格，於是，以大理石代替黃金便成為藝術家的不二之選。至於說「言必稱希臘」的後代美學家所謂的「黃金時代」，那只是拿想像中的黃金來隱喻那個審美文化的輝煌時代而已，這是古希臘人最為擅長的修辭手法。

　　值得一提的是，派特農神廟除了宏偉的外觀外，另一個偉大之處，就是其建築結構完全符合「黃金比例」，這一點堪稱建築藝術史上的一大奇跡。畢達哥拉斯學派所發現的「黃金分割法則」在神廟建造過程中得到了精准應用，這應該是人類最早使用黃金法則的著名例證之一吧。可以想見，神廟設計者伊克梯諾和卡裡克利不僅是傑出的藝術家，而且還應該是頂尖的科學家，這不禁讓人聯想到兩千年之後的達文西、米開朗基羅和拉斐爾這些為城市披上唯美盛裝的文藝復興之巨人。

　　每當旭日東昇或夕陽西下之時，當金色的陽光灑在美麗的石柱之上，仿佛黃金鑄造的派特農神廟，就會奇跡般地呈現出無以言表的藝術魅力。在石灰岩的山崗上，聳峙著一座承載著人類數千年文明精華的巍峨建築。雖然她歷盡人世滄桑，廟頂早已坍塌，神像也不知所蹤，浮雕剝蝕嚴重，但一組組巍然屹立的柱廊，依舊保留著神廟當年的丰姿。衛城山門、派特農神廟、伊瑞克提翁神廟和雅典娜勝利女神廟，這些城中之城的每一座建築，相守相望了兩千多年，至今依舊堅守著自己的位置。無論從哪一個視角看去，上述每一座建築都好像是衛城之地形地貌的天然組成部分，我們不能不驚嘆建造者巧奪天工的設計仿佛有如神助：如果把衛城看作一個整體，那麼山崗本身就是它的天然基座，而建築群的結構以至多個局部的安

排都與這基座自然的高低起伏相協調，構成完整的統一體。無怪乎藝術評論家們會將其視作希臘民族精神和審美理想的完美體現。

派特農神廟在建築設計上還達到了「視覺矯正平衡，曲線表現直線」的神奇效果。神廟基座四周的臺階，看上去在一個平面上，但實際上同一臺階的中部要比其兩端突出許多。譬如說，當有人在臺階的東端放置一頂草帽時，西端人如果貼著臺階平面看過去，草帽就會在視線中消失。神廟的多利克式石柱，也巧妙地糾正了視覺的誤差，儘管它們看上去都是垂直而立、大小一致的直線形石柱，但事實是石柱中間微凸、立柱略微向內側傾斜、四角柱身略大於其他。自 19 世紀以來，考古學家對神廟結構細節進行了精確測量，尤其是神廟所謂的「光學優先」原則，甚為後世稱道，這種向內微傾的結構，使神廟看上去更為賞心悅目。計算顯示，兩端的立柱如果一直向上延伸，將會在 5 萬米高空交匯到一起。

東面山形牆殘存的雕塑，左角落斜躺著的據說是酒神狄俄尼索斯。右角落還有一個馬頭，當然，這些是複製品，真品被埃爾金伯爵劫持到倫敦大英博物館「保護」了起來。據介紹，派特農神廟東面山形牆的雕塑，描繪的可能是雅典娜誕生的壯觀情景：左邊是太陽神駕著馬車從海洋升起，右邊是月亮神驅車入海，中間場景是雅典娜從宙斯的腦袋中誕生。

古希臘哲學家認為，人是萬物存在的尺度；古希臘藝術家則把人視作萬物最美的客體；以至建築師創造的柱子，也是以男女人體為依據。多利克式石柱，無柱基，柱身粗壯，柱頭由方形柱冠和雙曲線柱頸組成，整體樸素無華，不假裝飾，但顯得剛強穩健，挺拔硬朗，有如頂天立地的男子漢，故也被稱為「男人柱」。派特農神廟的「男人柱」，底部直徑超過 1.9 公尺，高達 10 多米，東西各 8 根，南北各 17 根，這麼個巨型柱陣，走近柱廊，其雄偉壯觀的氣象令人肅然起敬；即使遠眺，也能被其非凡的氣勢所感染！

有趣的是，雅典娜女神的廟宇，一反慣例，全都使用的是男人柱，而國王伊瑞克提翁神廟卻偏偏以「少女柱」聞名於世。相對於派特農神廟的雄壯莊嚴，伊瑞克提翁神廟使人倍感精巧溫潤，又因其「少女柱」的裝飾，顯得尤為恬靜柔美。這些少女石柱的腳下正是傳說中雅典人的始祖之墓。還有一種說法認為，雅典人打敗愛奧尼亞人之後，為示懲罰，特將其少女擄來支撐神殿。傳說背後的真相，或許永遠無法坐實。對於藝術品來說，無法揭示真相的謎團，往往更能賦予作品以魅力。對於藝術觀賞者來說，越是難以滿足的好奇心，反倒越是能激發出更為豐富的想像力。

　　在「言必稱希臘」的美學著作中，伊瑞克提翁神殿的少女像柱是最負盛名的美之化身。少女像柱用大理石雕刻而成，代替石柱頂起石頂，每一個女子衣著、髮型和面容都不一樣。6 尊少女像柱出名的原因，不僅是造型優美，更重要的是充分體現了建築師的智慧：少女為了撐起沉重的石頂，頸部必須設計得足夠粗，但是少女配粗脖子想想也是夠難看的。為了不影響美觀，建築師給每位少女頸後保留了一縷濃厚的秀髮，頭頂加上花籃，成功地解決了美學與承重的難題。

　　可惜，現在所看到的優美少女像列柱，並非真品，由於空氣污染，它們已由複製品所取代。要看真品得到衛城博物館及倫敦的大英博物館。當然，這些「替身演員」畢竟在其歷史與美學的語境之中，比起那些被迫離開神殿而在博物館櫥窗中充當「模特」的女神們的「真身」，這些堅守神廟的少女雕像，依舊靈氣四溢、神性彌漫，她們的「替補」身世不但沒有敗壞大多數匆匆過客的懷古之幽情，反倒為這個千年不朽的石城傳奇平添了一段情節曲折的歷史故事。這種「替身」勝過「原作」的事例，在藝術史上絕非個案，這也印證了傑姆遜的一個著名論斷——真正的「經典」非複製而不可成就。

　　楊文紅等攝製的紀錄片《雅典》指出：「進入衛城的山門前人山人海。

此情此景，依舊如當年。巍峨的衛城高踞於現代雅典城的上方，高傲而脫俗，就如同古希臘文明本身。不因光陰歲月和世事變遷暗淡褪色。衛城拔地而起，在擁擠的老城區中猶如一雙巨人般的大手，將孤傲的派特農神廟托起在茫茫塵世之中，成為一座豎立了千年文明的豐碑。坐在神殿的石柱下，陽光從迤邐的雲朵中照射下來，微風吹過廊柱，仿佛歡快的手指撥動著豎琴琴弦。」此情此景，與李白所感嘆的「西風殘照，漢家陵闕」形成了鮮明的對照。同是古老的歷史文化遺跡，它們所帶給人的審美感受竟然如此不同！

　　據相關資料介紹，衛城建造者為了讓衛城景觀得到最好的呈現，在結構上使它們相互之間既不平行也不對稱，而是利用地形把最好的角度朝向人們，使衛城周圍的每一個人，無論在山上山下，無論在前面後面，都能夠觀賞到不斷變化的絢麗的建築景觀。這樣一個景象系統，構成了一幅完整的主次分明的畫面。站在衛城之中，仿佛可以感受到幾分神祕安詳之美。美國建築家亞歷山大曾在《建築的永恆之道》一書中寫道：「一個建築，如果長久地生存於世間，充滿生氣和活力，必然是具有某種無名特質，被一代代人不斷保持或者創造。」這種特質無關乎「堅固、實用、美觀」[073] 的三原則，卻作為某種隱藏的標準，根植於每一個人的心中。那些歷經久遠卻至今尚存的偉大的建築，或者城市中優美別致的場所，都因為這種特質而得以歷久彌新、千年不朽。

## 三　「浴火重生」的歷史傳奇

　　霎時創造，萬世不朽！……就其細緻部分而言，甚至在當時便顯得綿長悠久，但就其新鮮活力而言，即使到今天依舊如同新完成的一樣。

——〔希臘〕普魯塔克

---

[073]　亞歷山大所說的「堅固、實用、美觀」是羅馬建築師維特魯威在《建築十書》中提出的三大原則。

與伊瑞克提翁神殿少女像柱被劫持、被替換的「悲劇」相比，派特農神廟被威尼斯人的炮火夷為平地的慘痛歷史更為驚心動魄，而在此之前，派特農神廟甚至以親身經歷譜寫過一則「浴火重生」的歷史與神話。

　　相傳西元前 510 年，阿波羅神諭宣稱衛城是神的領地。於是雅典當權者開始了衛城的建設，將保護神的神廟建立在城邦防衛要塞之上，這可以說是古希臘宗教與世俗渾然相雜的生動寫照。西元前 480 年，波斯帝國發動了第二次侵占希臘的希波戰爭 [074]，希羅多德在渲染波斯大軍之聲勢時感嘆說：亞細亞有哪一個民族沒有被薛西斯率領出征希臘呢？除了大川巨流之外，又有哪一條河流能滿足薛西斯大軍的需求呢？薛西斯親率大軍，帶著一統天下的夢想和為父報仇的殺氣，長驅直入，水陸並進，不料在溫泉關遭遇了斯巴達人的頑強抵抗，在付出慘重代價破關之後，波斯大軍直撲雅典。聰明的雅典人面對波斯人來勢兇猛的水陸夾擊，使了一招金蟬脫殼的「空城計」（比諸葛亮早 708 年）。氣急敗壞的薛西斯將整個雅典城付之一炬，衛城作為諸神庇護的城中之城，卻並沒有因此發生倖免於難的奇跡。據史書記載，衛城全部建築被波斯人破壞殆盡，按照房龍的說法，那時的派特農神廟還是磚木建築，所以薛西斯的一把火，幾乎將古風時期的衛城燒成了灰燼。但歷史的反諷性特徵，在希波戰爭中得到了淋漓盡致的凸顯。波斯人的復仇之火，燒掉了一座木結構神廟，卻燒出了一座大理石神廟，更為出人意料的是，正是波斯人的這把復仇之火，點燃了歐洲文明史上的「第一盞明燈」。

　　波斯人的大火，使希臘各城邦在兄弟鬩牆的迷夢中醒來，他們在雅典

---

[074]　著名美學家朱光潛的《悲劇心理學》就是以薛西斯此次出征的「一喜一悲」起筆的。據希羅多德說，當薛西斯看到自己的艦隊遮蔽了整個赫勒斯滂海峽，部下聚滿了阿比鄉斯的全部海岸和原野的時候，他起先聲稱自己是衷心喜悅，隨後卻又潸然淚下。他的叔父阿塔巴諾注意到他在流淚，便問他：「大王，你現在的表現和剛才的舉止是多麼地懸殊？時而你宣稱你是喜悅的，時而你卻悲泣起來。」薛西斯說：「是啊，因為當我想到人生的短促，看到這麼多的人一個也不能再活上一百歲的時候，我不由悲戚了起來。」[古希臘] 希羅多德：《歷史》（下），王以鑄譯，商務印書館 1959 年版，第 12 頁。

娜的旗幟下結成同盟，共禦強敵，在諸神庇佑下奇跡般地打敗了不可一世的薛西斯。當然，神佑希臘只是一種浪漫的神話故事。作為常識，我們知道，希臘人在希波戰爭中取得勝利是有其歷史必然性的。這場亞歐大戰的導火線是西元前 500 年希臘米利都人的反波斯起義。由於雅典等城邦捲入其中，結果招致波斯大軍對希臘起義城邦的鎮壓與洗劫。如果從米利都起義算起，到西元前 449 年《卡裡阿斯和約》的簽訂，波斯和希臘之間打打停停，前後折騰了半個世紀。在實力懸殊的希波戰爭中，希臘為何能以弱勝強這已成為千古之謎，但戰後的希臘贏得了 300 年的自由獨立與快速發展時期卻是不爭的事實，儘管也發生過伯羅奔尼薩斯這樣慘烈的內戰。「短短的三百年，在人類歷史上只是流光一閃，可是了不起的希臘人，卻在政治、科學、藝術等方面取得了令人驚奇的成就，我們可以想見，在如此短暫的時間內，就給現在的全部西方藝術奠定了全部的根基，這些希臘人，可謂一支藝術創造的天才民族。」[075]

　　後世學者將希波戰爭看作是西方文明的一次「壯麗日出」，這一看似奇怪的說法，其實頗有道理。英國軍事學家富勒在《西洋世界軍事史》中評價希波戰爭的兩大戰役時指出：「這是希臘人有史以來的第一次，曾經憑著他們自己的力量，把波斯人擊敗了。馬拉松一戰，使希臘人對於他們自己的命運建立了信心。這個命運支持了 3 個世紀，在這個時期中，西方文化才得以誕生。所以馬拉松可以算是歐洲出生時的第一聲啼哭。」「隨著這一戰，我們也就站在了西方世界的門檻上面，在這個世界之內，希臘人的智慧為後來的諸國，奠定了立國的基礎。在歷史上，再沒有比這兩次會戰更偉大的了，它們好像是兩根擎天柱，負起支持整個西方歷史的責任。」

---

[075]　房龍：《人類的藝術》，李龍機譯，陝西師範大學版社 2008 年版，第 75 頁。這裡的 300 年實際上是指西元前 449 年希波戰爭結束到西元前 146 年希臘被羅馬人征服這 303 年。譯文略有改動。

希波戰爭之後，雅典進入了藝術的黃金時代，尤其是伯里克利執政期間，雅典彙集了來自希臘各地的學者、詩人、哲人和藝術家。伯里克利雄心勃勃地開始了衛城的重建工程。據說，從西元前 447 年起，伯里克利動用同盟金庫儲存，先後建起了派特農神廟、衛城大理石的宏偉門廳、勝利女神廟和伊瑞克提翁神廟，此外還有附屬於這些建築的各種塑像浮雕等。

普盧塔克（約 46-119）是羅馬帝國時期最負盛名的希臘傳記作家，他生活在羅馬帝國的鼎盛時期，他對歷經 500 年滄桑的雅典衛城發出了這樣的讚嘆——「霎時創造，萬世不朽！」關於衛城上的建築，他寫道：「就其細緻部分而言，甚至在當時便顯得綿長悠久，但就其新鮮活力而言，即使到今天依舊如同新完成的一樣。」[076]

修・昂納的《世界藝術史》在介紹派特農神廟時，別出心裁地請來希臘散文家波桑尼亞做「導遊」。生活在西元前 150 年至前 170 年的波桑尼亞，親眼看到過派特農神廟的輝煌。那個時候所有的雅典建築和紀念物基本完好無損。在他眼中，衛城神廟的繪畫與雕刻，因黃金象牙以及彩繪與珠寶的裝飾而閃閃發光。雅典娜雕像由象牙和黃金做成，在她的頭盔中間鑲嵌著人面獅身像，頭盔兩旁雕刻著半獅半鷲的怪獸。雅典娜身著長及膝下的袍子，昂首挺立著，胸前的美杜莎象牙雕精美絕倫。她的右手拖著高大的勝利女神像，左手握著一支長矛，腳邊一面盾，盾旁一條蛇。雕像的基座上還刻有潘朵拉的誕生。赫西俄德等人認為，潘朵拉是第一個誕生的女人，在她出生之前女性並不存在。當你從蘇尼恩岬渡海而來時，可以看到雅典娜的長矛頂端與頭盔上的翎毛。[077]

神廟的形式，因被一再模仿而變得聞名遐邇，以至它原本的目的與特

---

[076]　［英］修・昂納等：《世界藝術史》，吳介禎等譯，北京美術攝影出版社 2013 年版，第 128 頁。譯文略有改動。

[077]　［英］修・昂納等：《世界藝術史》，吳介禎等譯，北京美術攝影出版社 2013 年版，第 128 頁。譯文略有改動。1999 年鳳凰衛視攝製《千禧之旅：八萬里路雲和月》時首站是希臘，而希臘的首站就是位於蘇尼恩岬的波塞冬神廟。

殊性常常被忽視。希臘神殿並非為禮拜儀式而設計。神殿就其本質而言，只是一件祭獻神祇的精製藝術品，它證明瞭在其上花費巨大金錢的雅典人對神的虔誠和敬畏，並乞求與神明長期共用財富與權利。說到底，神廟只是一種靜態的建築物：信眾通常要環繞而行，積累足夠的虔敬之心後才能進入其中。若急急匆匆，長驅直入，則被視為對神祇的不敬。一座希臘神殿，所強調的重點在於它的外觀，而並非如埃及神殿一樣在其內部。這也就是希臘人將埃及神殿的「內部」翻轉來為其「外部」的原因。

　　衛城西側的阿迪庫斯劇場，通常也叫哈樂德露天劇場。資料表明，該劇場建於 161 年，由羅馬賢帝安東尼王朝的哲學家哈樂德為紀念他的妻子而建造，這座古老而浪漫的劇場也是當年最傑出的建築物之一。阿迪庫斯劇場的重要意義還在於，它是古希臘悲劇作家如索福克勒斯、歐裡庇得斯的經典劇作的公演舞臺。索福克勒斯的重要劇作《俄狄浦斯王》、《安提戈涅》以及歐裡庇得斯的《美狄亞》和《特洛伊婦女》等曾在這裡吸引過大量觀眾。2001 年 10 月 3 日，中國著名歌手劉歡等人曾在這裡舉辦過「為中國喝彩 2001 雅典演唱會。」

　　阿迪庫斯劇場的 3 層樓建築外觀，共有 32 排座位，可容納多達 6000 名觀眾，半圓形的露天劇場，直徑 38 公尺，在場內任何一點都能清楚聽到舞臺上的表演。舞臺背景為羅馬式的窗型高牆，壁龕處以雕像作為裝飾。西元 267 年，赫盧利人（Heruli）和哥特人入侵雅典，歷經無數興衰及災難的劇場，最後遭遇一場大火，原有的西洋杉屋頂被徹底燒毀，此後再也未能修復。

　　當然，阿迪庫斯劇院之前，衛城腳下理應有更古老的劇院，譬如說，衛城南側的狄奧尼索斯劇場，大約修建於西元前 6 世紀 [078]。伯里克利時期的那些享受政府「觀劇津貼」的希臘觀眾，當年就在衛城腳下欣賞過埃

---

[078]　"2,500-year-old Greek theatre under the Acropolis to be restored", The Guardian (UK), Wednesday 25 November 2009。

斯庫羅斯的《被縛的普羅米修士》、索福克勒斯的《俄狄浦斯王》和歐裡庇得斯的《特洛伊婦女》，或許那時的作品遠不及其在羅馬時代的精粹，因為那時的劇本多少有些草創意味，到了羅馬時代，在經歷了 500 多年千錘萬鑿的經典化處理後，已經成了真正意義上的經典了。一個令人驚嘆的事實常常被人忽略，那就是三大悲劇詩人的上述經典之作上演時，他們都已是年過花甲的老漢。其中索福克勒斯年少時，因其顏值高、歌聲美，而成為文藝活動的明星，直到 90 高齡他仍在《俄狄浦斯在柯洛諾斯》中深情地讚頌雅典的偉大與美好。這位了不起的藝術家，可謂一生都在詩歌和音樂的審美氛圍中度過，以至讓阿裡斯托芬發出「生前完滿，死後無憾」的感嘆。由是觀之，房龍說得對 —— 希臘人的確是一個藝術創造的天才民族，尤其是在西元前 5 世紀，那時的雅典人可謂開闢了一個審美創造的黃金時代，從那時起，他們所定義的城市美學，至今仍然是「一種規範和高不可及的範本」。

值得一提的是，雅典黃金時代的審美文化範本遠不只有悲劇。除了三大悲劇詩人外，三大喜劇詩人也一樣為審美文化做出了不朽的貢獻。遺憾的是，與阿裡斯托芬齊名的克拉提努斯、埃烏波利斯的所有作品皆已失傳。只有「喜劇之父」阿裡斯托芬的十餘部作品流傳於世，其中《阿卡奈人》、《鳥》和《和平》至今仍是希臘人的驕傲。

更令希臘人感到驕傲的或許是古希臘著名的哲人和美學家蘇格拉底、柏拉圖和亞里斯多德，他們都與偉大的雅典有著千絲萬縷的連繫。蘇格拉底出生於雅典，後人普遍認為他是西方哲學和美學最重要的奠基者。柏拉圖寫下了許多哲學對話錄，其中《文藝對話集》可謂是西方美學著作中的曠世經典。亞里斯多德在柏拉圖學院生活了 20 多年。筆者到雅典時，還專門尋訪了這位不朽哲人當年講學的地方 —— 亞里斯多德呂克昂學院

遺址 [079]。遺憾的是，筆者當時所看到的只是一片被鐵柵欄圍著的考古工地。遠遠望去，綠草如茵，鮮花似錦，藍天白雲或與當年無異，習習微風想必一如其舊。風景雖然平平常常，感受卻很不一樣，這裡畢竟是一代帝師和希臘哲學之王的寓所。他在許多領域都留下了奠基性的著作，包括物理學、形而上學、詩學、修辭學、氣象學、動物學、邏輯學、政治學、倫理學等，其中《詩學》被稱為「歐洲美學史上第一篇最重要的文獻」。俄國美學家車爾尼雪夫斯基在評價《詩學》時說它「是第一篇最重要的美學論文，也是迄至前世紀末葉一切美學概念的根據」，「亞里斯多德是第一個以獨立體系闡明美學概念的人，他的概念竟雄霸了 2000 餘年」[080]。

必須指出的是，古希臘的詩人、劇作家和美學家或許都沒有直接言及城市美學，但他們的美學觀點，必然與其生活其中的城市文化及其審美理念息息相通。關於這一點，我們僅從希臘人極為看重悲劇精神這一事實，就可以清晰地看到舞臺藝術或美學理論與城市建築藝術之間的連繫。作為石頭堆砌的建築物，衛城似乎無所謂悲歡可言，正如嵇康所謂聲本無哀樂一樣，但作為寄託著雅典人光榮與夢想的雅典娜神廟，卻包含著太多太多的愛恨情仇。至於雅典衛城本身的歷史變遷，則完全可以說是一部波瀾壯闊的歷史悲喜劇。它也在一定意義上體現了民主政治和多神宗教語境下，古希臘文化與藝術所蘊含的「希臘精神」與「審美理想」。

自西元前 410 年雅典新衛城竣工之日起，希臘古典建築藝術巔峰之作在此之後的千百年中可謂歷經滄桑、受盡磨難：軍隊的侵占和破壞、考古學家的採掘與偷竊、當局不恰當的開發與翻新、遊人的塗鴉與踐踏，更不用說日光的暴曬、風雨的侵蝕、地震的摧殘等數不勝數的原因……

---

[079]　亞里斯多德於西元前 335 年回到雅典在此租房組建學校，並寫下了他一生中大部分的哲學論文和對話，其時編纂的大量書籍，構成了歐洲史上的第一個圖書館。86 年，學院被羅馬將軍蘇拉解散並夷為平地，後被重建。1996 年，學院遺址在考古發掘中重見天日。筆者離開雅典一個月後，遺址就向遊人開放了。

[080]　[俄] 車爾尼雪夫斯基：《美學論文選》，繆靈珠譯，人民文學出版社 1957 年版，第 129 頁。

據記載，1640 年，衛城山門因遭雷擊而受到嚴重破壞，但最沉痛的打擊發生在 1687 年 9 月 26 日，星期五。此時的派特農神廟已成為土耳其占領軍的軍火庫。這一天威尼斯人的炮火不幸擊中神廟，引發爆炸和大火，300 多名土耳其官兵當場被炸死，矗立千年的恢宏神廟，從此變成了一片廢墟！「從那之後，它的仿製品遍布全球，從巴伐利亞州路德維格的瓦爾哈拉神殿，到田納西州納什維爾的複製品，再到愛丁堡卡爾頓山未完成的『派特農神廟』。」[081] 更著名的複製品還有法國的瑪德蓮教堂、美國聯邦最高法院大廈和收藏著大量衛城藝術品的大英博物館等，19 世紀丹麥漢森兄弟設計的維也納議會大廈甚至將雅典衛城伊瑞克提翁神殿上的 6 尊女神像也拷貝到了大廈入口的門柱上。遍布世界各地的這些地標性建築，都可謂「城市美學」中最動人心魄的錦冊華章。

　　令人遺憾的是，300 多年前在威尼斯軍隊的大炮聲中崩落於阿克羅波利斯山頭各處的神廟碎片，多達 1600 餘件，後世古蹟保護者縱能收集，也必然難以辨識，即便後來有了電腦的幫助，人們至今也未能把所有石塊重新安放在神廟恰當的位置上。近半個世紀以來，神廟的修葺工作從未停止，衛城的古蹟修復者們本著精益求精的原則，力求盡善盡美地再現派特農神廟原有的風采。他們作為復興古希臘審美精神而凝神苦幹的藝術家，個個臉上都綻放著快樂而自豪的光彩。

　　今天的衛城，在那些具有審美眼光的遊人眼裡，可謂一方令人敬仰的美學聖地，廢墟中的立柱，仍不失其高貴的單純，遠遠望去，猶如一座威嚴的古城，十分莊嚴氣派。雅典娜神廟、伊瑞克提翁神廟散發著濃厚的宗教氣息和古典韻味。尤其是雅典娜神廟，它是衛城的典範建築，被列為聞名世界的古代七大奇觀之一。神廟別出心裁的雕刻技術，更有各種裝飾點綴其間，仿佛在述說著歷史的滄桑與不朽，盡情向世人展示著它的迷人魅

---

[081]　［英］馬克·歐文主編：《有生之年非看不可的 1001 座建築》，中央編譯出版社 2014 年版，第 28 頁。

力和莊嚴氣魄。

　　派特農神廟在建築美學方面還有其獨到之處，東西兩端的基礎和簷部呈翹曲線，以造成視覺上更加宏偉高大的效果。另外，四根角柱比其他石柱略粗，以糾正人們從遠處觀察產生的錯覺。神廟中大量以神話宗教為題材的各類大理石雕刻成為其藝術整體不可分割的一部分。伊瑞克提翁神廟是雅典衛城建築群中又一顆明珠，其建築構思之奇特複雜和建築細部之精緻完美，在古希臘建築中是不多見的，特別與眾不同的是其女雕像柱廊和窗戶，在古典建築中是極為罕見的。據記載，該神廟建於西元前 421 年至前 405 年，是為紀念雅典娜之子、雅典王伊瑞克透斯而建。它依山勢布局，坐落在 3 層不同高度的基礎上，平面為多種矩形的不規則組合，近似於克里特島上著名的米諾斯迷宮。最具特色的女雕像柱廊共有 6 尊，各高 2.3 公尺，體態豐滿，儀錶端莊，頭頂平面大理石花邊屋簷和天花板。雕刻栩栩如生，衣著服飾逼真。它們像神聖的女神，無言地注視著幾千年人世變換、滄海橫流。神廟主殿南北牆壁都開設窗戶，與矩形方石塊構成的牆壁協調對應。伊瑞克提翁神廟是古希臘建築的曠世傑作，因此，許多西歐人千方百計將其精華部分據為己有。例如，自西數第二個女雕像就被英國埃爾金伯爵盜運到倫敦。

　　楊文紅攝製的《雅典》有一句解說詞令人印象深刻：「整個衛城最震撼人心的是它那歷經苦難和戰爭洗禮，卻依舊留存下來的最平靜的精神，那一根根屹立千年的石柱，摸上去粗糙堅硬，叩之鏗然有聲，無言無語，卻自有靈魂在那裡跳舞。」細細想來，「自有靈魂在跳舞」的，又豈止那些神廟殘存的石柱，那散落在整個衛城每個角落的每一塊石頭，都是雅典千年信史的見證者，它們都具有資格充當希臘美學的代言人。有人說衛城是古希臘人數學、美學、建築學之發達的見證。有人讚美衛城像一支交響樂，有直白的起承，也有巧妙的轉合，有平緩的敘述，也有炫目的華彩，陰柔

與陽剛結合，婉約與堅毅並重。雖然歷史將它侵襲得只剩下一些基本的結構，但絲毫不影響人們對它的欣賞。「黃金分割的架構和僅存的一片三角形屋頂立面使整個建築充滿了和諧之美，無論從何種角度觀看都無懈可擊。巨大的石柱撐起的與其說是不復存在的屋頂，不如說撐起了雅典城頭上的一片藍天，宏偉磅礴。柱形是古希臘建築中最簡單的一種，柱基和柱頂沒有複雜的裝飾，而柱身上的凹槽給建築增添了幾分生動。可正是這種簡單才造就了這世界建築史上的驚嘆號，千百年來被世人尊為經典。」[082]

　　僅就建築而言，雅典也算得上是一部內涵豐富的城市美學教科書。雅典的著名建築主要坐落在市內的幾座小山上。如 339 公尺高的利卡維托斯山上建有國家圖書館、雅典科學院、雅典大學（1837 年重建）等；尼姆夫斯山上建有天文臺（1842 年建）、新王宮（1891-1897 年建）。位於雅典市中心的希臘歷史文物博物館是雅典的另一重要建築。這裡陳列著從西元前 4000 年以來的大量文物、各種器具、精巧的金飾及人物雕像，生動展現了希臘各個歷史時期的燦爛文化，可稱作古希臘史的一個縮影。

---

[082]　橄欖：《走進神話般的雅典衛城》，《走向世界》2009 年第 19 期。

# 第五章
# 羅馬：傳奇帝國的「永恆之都」

> 羅馬人，智力不如希臘人，體力不如高盧人，技術不如埃特魯利亞人，經濟不如迦太基人，但為何卻能一一打敗對手，建立並維持龐大的羅馬帝國？
>
> ——〔日〕鹽野七生

> 羅馬曾三次征服世界：第一次以戰神凱撒為代表的武力，第二次以救世主耶穌為代表的宗教，第三次則以大法學家編纂的法律。
>
> ——〔德〕耶林

羅馬，一個氣象萬千的偉大時代；一個屢創輝煌的傳奇帝國；一座永遠說不盡的不朽之城！

「當我們談及懸而未決的關於希臘藝術被重新發現的問題，我們仍必須意識到這一點，主要是透過羅馬，我們今天的世界才得以了解古代建築和古代藝術的觀點。只有當希臘藝術進入羅馬教堂構建的精神帝國的都城以後，她的遺跡的名望才得以確認，直到人文主義興起之後，她的朝聖目標才成為一種與眾不同的類型。無論何時，對西歐社會來說，羅馬這座永恆之城一直保持著它在古代文化中的至高地位。」[083] 因此有人說，所有到過羅馬城的人，心目中都有一個永遠說不盡的羅馬！無論是尋找此前璀璨奪目的「光榮的希臘」，還是研究此後巨人輩出的文藝復興時代，我們都必須回到「偉大的羅馬」。所謂「條條道路通羅馬」的「道路」，不知是否也包含著哲學之路、藝術之路、審美之路？

---

[083]　〔英〕約翰・B.沃德－珀金斯：《羅馬建築》，吳蔥等譯，中國建築工業出版社 1999 年版，第 88 頁。

　　我們可以肯定的是，千百年來，羅馬這一「不朽帝國的永恆之城」，已經被人說過千百萬遍而且依舊為人津津樂道。令人吃驚的是，無論何人何時何地，只要是說起羅馬來，木訥無文也好，天花亂墜也好，迷失在「前人之述」的圈子裡難以自拔也好，甚至只是簡簡單單的一聲敬贊、一聲嘆息，偉大的羅馬城，都能賦予言說者一種常說常新的魔力。即便是些拾人牙慧的陳詞濫調，憑著羅馬化腐朽為神奇的特質，也能從中生發出「故事新編」的話語空間來。因為，在「永恆之城」這一「既有文本」之外，還有一個「說不盡的羅馬」在！

　　充滿趣味卻又令人尷尬的是，面對說不盡的話題，筆者反倒不知從何說起。再三躊躇，忽然想起了「條條道路通羅馬」的諺語，甚得寬慰。既然是「路路皆通」羅馬，又何必在意「從何說起」？只需帶著美好的心情，一路走走，一路看看，就有「美的歷程」在。只要「走在路上」，但凡所見所言，無不「通」著羅馬。

　　2014 年歲末，筆者在接受媒體採訪討論「年度印象最深刻的書」時，盤點了這一年讀過的百十來本形形色色的書，覺得印象最深刻的，應該是日本女作家鹽野七生的《羅馬人的故事》。筆者在高校講了十幾年西方文化，自認為對「古羅馬那些事兒」瞭若指掌，但讀了這套 15 卷本的《羅馬人的故事》，卻有了很多意外的收穫。「羅馬人，智力不如希臘人，體力不如高盧人，技術不如埃特魯利亞人，經濟不如迦太基人，但為何卻能一一打敗對手，建立並維持龐大的羅馬帝國？」作者開篇就提出了這樣一個撩撥閱讀欲望的精彩問題，令人浮想聯翩，而一旦打開書卷，則更是欲罷不能。

　　該書第一卷從羅馬艱苦卓絕的建國史講到飽經苦難的共和時期，將古羅馬 500 年間的風風雨雨，錯落有致地漸次展開，史詩畫卷，波瀾壯闊。羅馬的崛起，氣勢如虹；帝國的衰亡，殘陽似血。一套如此有趣有益的著

作，在眾多羅馬史書籍中可謂別具一格，尤其是作者的思古之幽情與紀實之格調是如此和諧，使情與事水乳交融，詩與史相得益彰，讓人想起了魯迅評《史記》的那句「史家之絕唱，無韻之《離騷》」。同時也相信了出版社推薦該書的一句口號：「古羅馬，今天的中國最需要懂的國家！」

據介紹，鹽野七生是日本最受男性讀者歡迎的女作家之一，1937 年生於日本，26 歲開始遊學義大利，兩年後回到日本。她深感日本是個沒有英雄的國度，回日後不久毅然出走，再赴義大利，並乾脆定居羅馬，而且一住就是 30 多年。一個東方女作家對羅馬一見鍾情，且數十年癡心不改，與羅馬的「前世今生」傾心相戀，羅馬的美麗與魅力，從鹽野「執著的愛戀」中得到了史詩般的呈現。在作者看來，每個人的心中都埋藏著一個英雄夢，而唯有凱撒締造的羅馬帝國，才是真正讓人一圓夙夢的先例。2014 年 10 月底，鹽野七生來華宣傳她的《羅馬人的故事》，同時答謝熱心的中國讀者，她與中國作者的交流質樸靜雅，使不少中國讀者對其書其人的印象更為深刻。

鹽野七生說，說到羅馬，人們首先會想起它的路與橋。因為世上再也沒有什麼比道路、橋梁等基礎設施更能體現羅馬人的天賦。對於同樣認識到基礎設施重要性的現代人來說，羅馬人堪稱「基礎設施之父」。幾度遊歷過羅馬之後，羅馬的「道路」也給筆者留下了難忘的印象。羅馬作為龐大帝國的心臟，循著四通八達的交通網絡，不僅將資源及政令源源不絕地送至帝國的各個角落，也將羅馬人引以為傲的公共建設推廣到帝國權力所及的每一個角落。硬體的大道、橋梁、水道，打通了帝國血脈，也滋養了每一寸土地；軟體的醫療、教育、郵政制度，給予人民最舒適健康的環境和知識的力量。羅馬人證明瞭這樣一個道理，那就是道路並非僅能靠雙腳踩出來，水也未必只能依靠人工打水取得，鬼斧神工的工藝技術加上腳踏實地的民族精神，創造出了古羅馬帝國偉大的里程碑。

有關羅馬的書籍可謂汗牛充棟，但鹽野的今人眼觀和當下心態使其具有與眾不同的魅力。她不僅對羅馬帝國崛起和衰亡之前因後果有比較深刻的領悟與洞見，對羅馬人的生活態度和審美觀念也有別具一格的闡釋。作為一個癡迷羅馬帝國的「外邦人」，自從第一次走進羅馬城，鹽野就變成了一個終身無法自拔的「羅馬迷」。她帶著深深的崇敬與好奇，數十年客寓羅馬，不惜從青絲到白髮，專心窮究帝國興亡的史料，為考究歷史遺跡，她幾乎走遍了作為古羅馬帝國遺跡的山山水水。

是什麼讓一個萬里之外的東方美女作家對一座沒落的西方古城如此癡迷？從花樣年華到滿頭華髮，傾情訴說數百萬言，依舊初心不改！為何只為羅馬一往情深如許？是為那鐵血時代金戈鐵馬的傳奇？還是為那黃金帝國揮金如土的奢靡？抑或是為那羅馬廢墟西風殘照的魅力？或許都是，或許都不是。從羅馬開創者羅慕路斯，到帝國締造者奧古斯都，再到亡國之君羅慕路斯·奧古斯都……沒有永不滅亡的帝國，只有言說不盡的傳奇。在鹽野的筆下，羅馬帝國像一個有血有肉有靈魂的軍旅詩人，出生入死，從不計興衰成敗；聲色犬馬，常忘情於喜樂哀愁。數百年間，一輩輩英雄的羅馬人，不懼沙場征戰苦，慣看白刃血紛紛，在地中海周邊上演了一幕幕驚心動魄的歷史悲喜劇。

如前所述，古羅馬曾經是一個幅員遼闊的偉大帝國，帝國的道路從羅馬城出發，北至嚴寒的北海，南至酷熱的撒哈拉，西到大西洋，東到幼發拉底河。再從英國到敘利亞，從德國、巴爾幹到埃及，延伸到古羅馬世界的各個角落。

關於羅馬，還有一則與「條條大道通羅馬」齊名的警句——「羅馬不是一天建成的」。事實上，鹽野七生《羅馬人的故事》系列的開篇之作就是《羅馬不是一天建成的》。在這本書中，作者講述的是從羅馬建國到布匿戰爭之前的 500 年間的歷史。她認為「這是一個飽經苦難的漫長歲月裡的故

事，即使在它的鼎盛時期，它都時常處於進一步退半步的狀態。羅馬後來之所以能成就大業的重要原因，基本上就是在這 500 年間萌芽的。就好像一個人在青少年時期積蓄起來的力量到了三十而立之年才開始了解其真正的價值一樣」。鹽野常常在殘酷無情的歷史中生發出溫情脈脈的人生哲學，在血與淚的悲壯場景中表現出詩與畫的審美意蘊。從美學的視角看，我們是否可以將鹽野卷帙浩繁的歷史著作稱為「歷史美學」？也不知這個「標籤」是否有損於史著的莊重與尊嚴，但至少它有益於我們更深入地理解鹽野之「羅馬書」所隱含的時代悲情與美學意蘊。

打開任何一本有關羅馬的旅遊手冊，我們都會看到諸如此類的羅馬簡介：羅馬城是古羅馬和世界燦爛文化的發祥地，已有 2500 餘年的歷史，是世界著名的歷史文化名城，古羅馬帝國的心臟，因建城歷史悠久而被稱為「永恆之城」。羅馬城位於義大利半島中西部，台伯河下游平原地的 7 座小山丘上，市中心面積有 1200 多平方公里，是義大利占地面積最廣、人口最多的城市，也是世界最著名的遊覽地之一。

羅馬還是全世界天主教會的中心，有 700 多座教堂、修道院和神廟，其中最著名的是聖彼得大教堂（世界第一大教堂）、萬神殿、維納斯神廟、戰神神廟、聖約翰大教堂、聖瑪利亞大教堂、聖保羅大教堂，7 所天主教大學，市內的梵蒂岡是天主教教皇和教廷的駐地。羅馬與佛羅倫斯同為義大利文藝復興中心，現今仍保存有相當豐富的文藝復興時期的大師遺跡，以及巴洛克風貌的建築、雕塑和繪畫。1980 年，羅馬的歷史城區被列為世界文化遺產。

羅馬城內名勝古蹟眾多，其中天下聞名的主要有羅馬圓形大劇場（俗稱鬥獸場）、古羅馬廢墟、少女噴泉、萬神殿、天使古堡等，眾多美麗的廣場也為羅馬增添了非凡的魅力，如著名的凱撒廣場、奧古斯都廣場和以記功柱聞名的圖拉真廣場，遊人如織的威尼斯廣場、納沃納廣場、西班牙

廣場等；處處有噴泉，處處有雕塑，城中著名建築都有裝飾性的雕塑相伴，而且大多出自超級藝術大師之手。歷盡滄桑的古城，擁有數不清的博物館和藝術館，事實上古羅馬城本身就是一座巨大的露天博物館。可以毫不誇張地說，羅馬城本身就是古代藝術的尺規，就是審美精神的範本。

　　尤其是古羅馬的建築藝術，它們既傳承了古希臘藝術理想，也開啟了文藝復興的審美精神。有論者認為：「人以『和』為貴，城以『古』為貴，看古建築去義大利的羅馬，這早已經是建築史上一個不老的共識。在羅馬，幾乎所有稍有年代的建築在現代人眼裡都是徹頭徹尾的古蹟，說來真是見怪不怪，見古不古，倒是那些古建築甚至殘垣斷壁或一堆廢墟，在遊人的眼裡也是常看常新⋯⋯羅馬以城牆、馳道、神殿、輸水道、凱旋門、角鬥場等大型公共建築聞名於世⋯⋯古建築之美才是羅馬的特色。」[084]

　　英國學者珀金斯在《羅馬建築》一書中說，靜心思考羅馬建築藝術時就會發現：「官方的藝術很少是無關功利的。即使是派特農神廟也成為特定政治形勢的視覺象徵。如果派特農是藝術傑作，那麼這應歸因於它的好運，建造派特農的工匠能夠從當時已爐火純青的偉大藝術傳統中汲取養料。而奧古斯都時期的羅馬，很少有這種自身的資源，他們所掌握的不能充分滿足或只能勉強滿足實際要求。因此，羅馬也就只能向別人學習，除一些如裝飾性粉刷這樣的小技巧外，其主要源泉還是雅典。」[085]

　　珀金斯在談羅馬建築時沒有忽略希臘對羅馬的影響，這無疑是正確的。但自文藝復興以來，有不少人認為羅馬人對藝術的貢獻微不足道，羅馬帝國的所有文化都源自希臘文化。事實果真如此嗎？大量研究資料表明，羅馬文化，特別是建築藝術，至少從它的外觀來看絕不僅僅是希臘文化的照搬與模仿，羅馬的遺產也並非只是打著另一個名號的希臘遺產。

---

[084]　劉少才：《羅馬建築：讀不完的歷史史書》，《中外建築》2010 第 3 期。
[085]　[英] 約翰・B. 沃德－珀金斯：《羅馬建築》，吳蔥等譯，中國建築工業出版社 1999 年版，第44 頁。

在深入研究過羅馬建築的本質特徵之後，魯什福斯提出不同於流俗的看法，他在分析了希臘和羅馬各自的優長何在之後，對有關希臘建築與羅馬建築之比較中的偏見與缺失有相當清醒的認識。如他所言，一個時期以來，對希臘藝術和建築的研究幾乎壟斷了考古學家的所有興趣，人們用希臘標準來衡量一切事物。與羅馬有關的所有事物都被貶低或者被忽視。但是，我們應該看到，「當羅馬成為一個世界性大都市，全世界的藝術家和名匠都雲集羅馬，東西方文化在此交匯，這就是羅馬人的偉大之處。的確，人們有可能誇大這個問題的重要性。我們對希臘世界的了解越多，似乎它對羅馬的恩情就越大。但是，至少就藝術和建築而言，只有一些藝術的種子被傳輸過來，當這些希臘世界的觀點被羅馬帝國吸收後，它們被新的世界性政權這個媒介所改造，變成比原來更加宏大更加壯麗的事物。或者，羅馬帝國為了自己的目標而使用這些觀點，從而賦予它們更加豐富的內涵」[086]。以征服者的姿態崛起於歷史舞臺的羅馬人，豈能長期心悅誠服地匍匐於被征服者的文化成果？

　　羅馬人善於學習，他們一向不缺少「為我所用」的智慧。從建築藝術史的視角看，與其說是「光榮的希臘」創造了「偉大的羅馬」，不如說是「羅馬的偉大」製造了「希臘的光榮」。胸懷寬廣的羅馬人，開明而自信地保存了希臘的優秀成果，他們無須掠人之美。當希臘已成為羅馬的行省時，羅馬成了希臘遺產的合法繼承者。只有在這樣一個大歷史前提下看羅馬，才會避免只見樹木不見森林的偏見。

　　研究資料表明，羅馬城的建築是最著名的、最有教育意義的古代遺產之一。羅馬人對建築藝術和城市發展堪稱不朽的貢獻在於，他們是最早使用水泥建造城市的民族。從這個意義上說，正是羅馬水泥建築把人類從自然材料的束縛中解放了出來。水泥的使用實際上也是對生產力的極大解

---

[086]　魯什福斯：《古代羅馬的建築與藝術》，譚順蓮譯，《都市文化研究》2010 年第 6 輯。

放。萬神殿巨型拱頂的壯美氣勢，弗拉維圓形劇場的壯麗恢宏，以及羅馬各種基礎建設舉世聞名的牢靠與堅固，都離不開水泥的發明和使用，否則都無從得到更好的解釋。

　　魯什福斯認為，在古代社會，只有古羅馬人的建築具有「壯美」的特徵。埃及建築很「宏偉」，希臘神廟既「宏偉」又「美麗」，但是羅馬建築不僅規模宏大，建築物的內部、外部都裝飾精美，產生了一種「壯美」的效果，而且具有他們自己的特色。在這方面，以阿格里帕萬神殿和羅馬競技場為代表的一批羅馬建築，堪稱是建築美學或城市美學的典範之作。

　　珀金斯說：「古代藝術對後世產生的最深刻的影響在於它的精神而不是形式……羅馬帝國及其遺跡對後世的眾多領域都產生了深遠影響，羅馬城一直都是傳送羅馬傳統的一股最強大的力量。整個帝國的所有藝術資源在羅馬這座城市中彙集並融合，我們必須去羅馬城才能了解羅馬藝術的真諦。」[087] 珀金斯說得好，「我們必須到羅馬去」。我們要從城市美學的視角討論羅馬藝術，親自去羅馬走走看看或許是最好的辦法。

## 一　萬神殿：建築美學的不朽典範

　　「古羅馬的伏爾泰」琉善在《論美》一文中指出：「美是天人公開地對之表示如此尊敬的東西；它對於凡人說來是非常神妙和極其理想的。它按自己的本質會給萬物帶來和諧與協調。最後，它能使具有美的人成為普遍追求的對象，而對喪失美的人產生憎恨，並使大家像對卑鄙的人那樣地唾棄他們。有誰具有充分的語言才能，足以恰如其分地讚美它呢？當然沒有……美在人間萬物中至高無上，也最為神聖。」[088] 不難看出，古羅馬人對美的事物的熱愛，與尚美的希臘人並沒有太大的區別。這些美學觀念對

[087]　[英] 約翰‧B.沃德－珀金斯：《羅馬建築》，吳蔥等譯，中國建築工業出版社1999年版，第88頁。
[088]　轉引自《現代文藝理論譯叢》第5輯，人民文學出版社1964年版，第58～59頁。

後世產生了深遠影響，歐洲人「凡事都應該為美讓出一條道」的觀念即與此一脈相承。

西元前 2 世紀，羅馬人在地中海地區贏得霸主地位後，整個羅馬社會已不知不覺地接受了希臘文化的薰陶與浸染。歷史上一再出現的「征服者」被「被征服者」的文化所「征服」的現象，這一現象在羅馬時代表現得尤為充分。「青年的羅馬人懷著對希臘人的讚慕心情，學習希臘語言、模仿希臘建築與雕刻。羅馬有許多神也被等同為希臘人。拉丁詩人採用了希臘的韻律，拉丁哲學也接受了希臘的哲學。羅馬人沒有形成任何有創見的哲學體系。羅馬的文化基本上是希臘文化的繼續。」[089] 但尚實的羅馬人，在工程技術和城市建設方面的才能卻絲毫不遜色於希臘人。越來越多的考古資料證明，羅馬歷史擁有它自己的鮮明特徵：「現在仍時有發表的那種認為羅馬文化不過是希臘模式的仿製品的觀點，在各方面都是過時的和錯誤的。相反，不論是在文學方面，還是在形象藝術方面，以及在法律和管理科學方面，羅馬的成就都是全然不同的和富有獨創性的。」[090]

在所有的藝術當中，建築是羅馬人最富有創造力的領域。針對貶低羅馬以褒揚希臘的說法，英國學者珀金斯批評說，西方人今天仍生活在古希臘時代的「餘暉」之中，提到這個時代時，人們總是將派特農神廟作為古典建築遺產中「至高無上的經典」。而實際上，無論就其時代的創造性建築構思，還是就對後世歐洲建築的重要意義來說，不管派特農神廟有多麼完美無缺，羅馬城中的「萬神殿」無疑才是最重要的紀念品。這樣的觀點在我們的先人看來一定是「異端邪說」，然而「昨天的邪說」正在一步步變成「今天的正統」。僅此一點，羅馬建築的歷史就值得考察。在珀金斯看來，「萬神殿既是羅馬建築的象徵，同時也是其驕人成就中的一項」[091]。

[089] 蔣培坤、丁子霖：《古希臘羅馬美學與詩學》，山西人民出版社 1987 年版，第 20 頁。

[090] ［英］格蘭特：《羅馬史》，夏遇南、石彥陶譯，國際文化出版公司 1990 年版，第 1 頁。

[091] ［英］約翰·B. 沃德－珀金斯：《羅馬建築》，吳蔥等譯，中國建築工業出版社 1999 年版，第 22 頁。

　　羅馬藝術和羅馬建築是在一個從物質到精神都被希臘成就所主宰的世界中誕生和發展的，先是在希臘以西的殖民地，其次在伊特魯裡亞，然後是羅馬東擴後的希臘本土。這一關係極為複雜，還牽涉到其他文化。儘管我們今天毫不質疑地將希臘和羅馬結成一體，視為古典文化的遺產，但在藝術領域中，是很難為羅馬的貢獻定性的，許多備受爭議的問題一直存在。一些學者走向一個極端，他們找到具體的、本質性的「羅馬」成分，這些因素可以說明羅馬作品中先天的羅馬性。另一些學者則走入另一極端，他們準備取消所有羅馬藝術，只將其視為晚期的、按希臘古典主義標準思維的希臘藝術的延續。今天的絕大多數學者都認為，實際情況應該介入這兩種極端之間。珀金斯認為比較普遍讓人接受的觀點大約可以這樣表述：「羅馬藝術和羅馬建築是一個連續發展的複雜歷史狀況的產物，在這一歷史狀況中，政治的、社會的和經濟的因素都起到了重要作用。這種狀況從性質上說預先排除了對藝術發生的簡單化理解。假如說希臘和羅馬各自都是主角，那麼它們之間的關係就幾乎不可能是簡單的對話。用音樂術語來說，這更像是二重奏，兩個主樂器在一個完整的管弦樂曲結構中演奏各自的部分；或者換成另一個音樂的例子打比方，就像是交響樂的一個樂章，兩個主題旋律中的一個在開始時清晰奏出，另一個在樂曲進行中逐漸形成，最後作為整個樂曲發展的邏輯結果呈現。」[092]

　　站在羅馬帝國鼎盛時期建造的偉大神廟面前，「聆察」到古希臘和古羅馬「石頭二重奏」的千年「音景」[093]，人們的視聽感官常常會處於那種類似於醉酒的混沌狀態。尤其是那些懷揣著「詩意和遠方」之夢想的初訪者，不遠萬里，飛往羅馬，一呈騁目遊懷之志，想必也算得上是一種令人難忘的審美體驗吧？筆者作為慕名而來的匆匆過客，觀光這座千年不朽的

---

[092]　[英] 約翰·B.沃德－珀金斯：《羅馬建築》，吳蔥等譯，中國建築工業出版社 1999 年版，第 5 頁。

[093]　「聆察」與「音景」是描述「視聽通融」之審美體驗的兩個姊妹概念。參見傅修延《中國敘事學》，北京大學出版社 2015 年版，第 243 頁。

萬神殿時，仿佛有無數往聖先賢在眼前呼嘯而過。在靜靜「聆察」這種奇妙「音景」的過程中，無端想起了歌德「理論是灰色」的名言，不禁感嘆，曾經癡迷的美學書，原來「信著全無是處」。

翻翻史書不難發現，了不起的萬神殿，建於西元前 27 年，特為紀念亞克興海戰的偉大勝利而建，實際上也可以看出是羅馬帝國的開國奠基之作。西元前 31 年 9 月 2 日，奧古斯都打敗迷戀埃及豔後的安東尼，掃清了通往權利之巔的最後障礙。埃及女王克婁巴特拉隨後自殺。古老的埃及托勒密王朝就此覆滅了，持續了 300 年的希臘化時期就此畫上了句號。西元前 27 年，羅馬元老院授予屋大維「元首」頭銜，並贈給他「奧古斯都」的稱號。當時他年僅 35 歲，羅馬自此真正進入了帝國時代。

羅馬總督阿格裡帕在羅馬市中心建造了一座廟，獻給「所有的神」（「萬神殿」），這位羅馬開國皇帝的戰友和女婿，與皇帝同年出生，而且還是奧古斯都的副手和心腹，奈何天不假年，他在西元 12 年先於皇帝辭世，而他的一對有望繼承大位的雙胞胎兒子，也在奧古斯都過世之前夭折。於是，萬神殿實際上也變成了羅馬開國皇帝最親密戰友的永恆的紀念物。

在萬神殿三角楣的底部刻著一行莊嚴而醒目的拉丁語：「呂奇烏斯的兒子、三度執政官瑪爾庫斯‧阿格裡帕建造此廟。」直到今天，這個被米開朗基羅讚嘆為「天使的設計」的神殿，仍然以高度清晰的超大字體，保留著這一行將近 2000 年前銘刻於其門楣之上的羅馬帝國開國第一功臣的名字。

相傳，在提圖斯執政時期的那場著名的羅馬大火（80 年）中，萬神殿被燒得面目全非，直到羅馬極盛時期才得以重建。現今所見的萬神殿主體建築，是哈德良皇帝於 120-124 年所建。到 3 世紀初，塞韋魯斯和卡拉卡拉曾對神廟做了部分改建，自此至今，萬神殿一直被作為羅馬建築「千年

不朽」的有力見證，它也是為羅馬贏得「永恆之城」這一美譽的最重要的考古學證據之一。康斯坦丁皇帝皈依基督教以後，萬神殿曾因供奉異教神而被關閉。但不久以後，羅馬教會將其改為「聖母與諸殉道者教堂」，被廢棄的萬神殿又獲得了合法的神聖地位。直到今天，萬神殿仍然是義大利名人靈堂、國家聖地。著名畫家拉斐爾死後就如其所願被安放在萬神殿內。

　　萬神殿保持著一種大眾觀光與宗教儀規和諧共生的寧謐氛圍。資料表明，8 世紀時，神殿穹頂是被鉛瓦覆蓋的，如今的穹頂覆蓋著一層鍍金銅瓦。神殿外牆面可劃分為 3 層，下層貼白大理石，上兩層抹灰，頂層包住穹頂的下部，並以薄壁柱作為裝飾。巨大的穹頂只露出了較少一部分。精美而含蓄的穹頂，在有利於減少側推力位置上與牆體銜接，使牆體平面與拱頂弧線之間比例勻稱，其外方內圓的結構，隱含著宗教建築所特有的那種莊嚴正大的氣勢。不過，也有一種觀點認為，萬神殿沒有像佛羅倫斯聖母百花殿或梵蒂岡聖彼得大教堂那樣呈現出飽滿的穹頂，主要是當時還缺乏足夠的藝術經驗，且那時的羅馬人也沒有凸顯完整穹頂的審美習慣。

　　尤為值得注意的是，萬神殿擁有古代世界最大的穹頂，其直徑長達43.4 公尺，正中有直徑 8.9 公尺的採光圓眼，成為整個建築的唯一入光口。資料表明，萬神殿是第一座注重內部裝飾勝於外部造型的羅馬建築，但遺憾的是，今天我們看到的萬神殿也並非沒有殘損的古代遺跡。原有部分青銅與大理石雕刻失之於外國掠奪或移用於後建的羅馬建築，外部的瑰麗紅石也已不翼而飛，失去昔日的風采。現在神廟入口處的兩扇青銅大門為至今猶存的原物，門高 7 公尺，寬而厚，是當時世界上最大的青銅門。

　　萬神殿門廊，高大雄壯，華麗浮豔，雖然其外觀採用了希臘石柱加三角楣的傳統形式，但其內部卻體現了水泥使用所帶來的結構變化與銜接技巧，可以說萬神殿在整體上代表著古羅馬建築的時代成就與典型風格。它

面闊 33 公尺，正面有長方形柱廊，柱廊寬 34 米，深 15.5 米；有科林斯式石柱 16 根，分 3 排，前排 8 根，中、後排各 4 根。石柱高 14.18 公尺，底徑 1.43 公尺，用整塊埃及灰色花崗岩加工而成。柱頭和柱礎則是白色大理石。山花和簷頭的雕像、大門扇、瓦、廊子裡的天花梁和板，都是銅做的，包著金箔。直徑為 43.4 公尺的萬神殿大圓頂的世界紀錄，直到 1960 年才被在羅馬所建的直徑達 100 公尺的新體育館大圓頂打破。更為神奇的是，穹頂頂部的矢高和直徑一樣，其剖面恰好可以容得下一個整圓，而它的內部牆面兩層分割也接近於黃金分割，因此它常被作為透過幾何形式達到構圖和諧的古代實例。由此可見，神一樣的米開朗基羅稱其為「天使的設計」，萬神殿可謂當之無愧。

大多數文獻都異口同聲地宣稱萬神殿是唯一保存完整的羅馬帝國時期的建築物，經歷了 18 個世紀的風雨滄桑，其銅門和拱門屋頂至今完整如初，這樣的奇跡雖然難以置信，但也暫未找到證偽材料，姑且讓我們保持無敵意的疑惑，想必我們的驚疑也無損於神殿的尊貴與威嚴。

作為古希臘審美文化遺產的偉大繼承者，羅馬文化與藝術中的希臘元素始終占據著特別重要的地位，且不說萬神殿中的羅馬諸神幾乎是希臘諸神的翻版，單就建築藝術而言，以結構強固和諧為特徵的萬神殿的外觀，實際上是以派特農神廟的姿態挺立於羅馬帝國之心臟地帶的。神殿門外的柱廊，每一根都是依照希臘神廟之常見式樣而建造。殿堂內部比例適度，視覺效果極為和諧舒暢。殿頂圓形曲線繼續向下延伸，形成一個完整的球體與地相接。這是後世研究者讚嘆不已的一大奇跡，它生動形象地表現出古羅馬建築師的藝術風采和審美精神，尤其是神廟設計所體現的高深的建築知識和深奧的計算方法，至今仍然具有重大的建築學意義。

實際上，早在古代，萬神殿就因其完美的比例而被譽為「羅馬奇觀」。時至今日稱其為「奇觀」也毫不過分，單就其歷史審美價值而言，萬

神殿就當得起「奇觀」的讚譽：近兩千年的風吹雨打竟然風采依舊，歷經無數戰亂，甚至地震與火災，至今屹立不倒！仿若有神靈護佑，又豈止奇觀可以形容？

從建築美學的發展史來說，希臘人的巨柱與三角楣成就了建築美學的典範，但偉大的羅馬人也有自己出手不凡的貢獻，其中渾圓的巨型拱頂可謂是羅馬人最偉大的發明之一。萬神殿作為拱頂建築的登峰造極之作，曾經以睥睨蒼生的「神作」氣派雄霸天下千餘年。如此氣勢恢宏的建築，那時也只有用羅馬人發明的混凝土才能建成，但在沒有鋼筋加固混凝土的條件下，羅馬人是如何建造出如此巨大的穹頂的呢？據說他們用浮石摻入混凝土，製成一種非常輕質耐用的建築材料。這種特製的混凝土被澆注入殼體，自下而上漸漸變薄，圓屋頂的底部有 5.9 公尺厚，而頂部僅有 1.5 公尺厚。

如前所述，支撐穹頂的牆垣高度與穹頂半徑大體相同，這種簡單明確的幾何關係使萬神殿的單一空間顯得格外完整，據說這種完整具有暗含宇宙的意味。室內空間平分為 8 等份的大門和 7 個凹室的象徵含義，幾乎無可置疑。用一個十分明確的例子來說，在立面上，從下層柱式的簷口到穹頂最高點的距離與同一圓的內接正方形的邊長相等，這絕非偶然。但這些比例的內在奧祕至今沒有得到令人滿意的解釋。

對學習羅馬建築的人來說，萬神殿一定占據著核心地位。不管從何種角度看，萬神殿不僅是古代偉大的建築之一，並且象徵著混凝土拱頂建築時代的到來。所以，無論從審美還是從實用的視角看，混凝土拱頂建築都是羅馬對歐洲乃至世界建築史獨一無二的貢獻。從這個意義上說，萬神殿在西方建築史上的重要地位怎麼評價都不會過分。用珀金斯的話來說，我們在這座建築中所看到的幾乎與羅馬人當時所看到的一樣多。多虧萬神殿在 608 年至 610 年期間被改作教堂，才得以倖存。又因為萬神殿不易遭到像許多傳統巴西利卡式教堂那樣的改動，所以該殿遺存至今在形式上依然

故我。在其他方面，包括華麗的大理石地板和大理石柱、下層柱式飾面等，均是一仍其舊。

　　儘管珀金斯生活在一個言必稱希臘的環境裡，但他對羅馬建築革命性的一面有細緻的觀察和深刻的理解。羅馬氣象不可能在匍匐於希臘的保守文化氛圍中產生。尤其是在羅馬繁榮時代，人們越來越願意利用新形式去創作建築，混凝土的使用，不僅極大地提高了建造效率，而且也極大地降低了工程造價。「從建築形式上說，羅馬建築使人們對作為可用媒介空間的認識更為清晰；同時還涉及人們對混凝土的認識，這種材料能以多種形式成為圍合空間的圍護結構，對此沒有或很少有建築先例。幸運的是，許多體現建築新概念的羅馬建築實物遺存依然存在。從結構上和美學上說，這都是一個在建築上高度冒險的時刻。或許可以說，從尼祿的金屋到哈德良的萬神殿，這 60 多年的時間改變了整個歐洲建築的面貌。」[094]

　　如前所述，萬神殿的穹頂正中有一個圓形「天眼」，直徑 8.9 公尺，這是神殿唯一的採光來源，好像上天的眼睛發出的神聖光芒，營造出殿堂與神靈相通的神韻。從技術的角度說，這只「上天的眼睛」也是神殿最為令人稱奇的絕妙之處，在其後上千年的時間內，都無人逾越一步。從審美效果上看，它使巨大的穹頂仿佛「輕飄飄地浮在觀者的頭頂」。此外，神殿的圓頂和混凝土外殼結構，不僅在後來的基督教時代得到了發揚光大，在阿拉伯風格的宗廟建築中，也被廣泛使用著。事實上，世界上一些著名的伊斯蘭宗教建築，無不是以精彩絕倫的穹頂建築物為中心的。我們注意到，中世紀以後歐洲城市建築中大量出現的圓形拱頂形式也是以萬神殿穹頂為摹本的，在不少西方國家，穹頂建築甚至改變了城市的輪廓線。由此可見羅馬萬神殿的建築風格及其審美意識，在全世界範圍內，不分民族與宗教、不分國家與地區，都具有極為深遠的影響。

---

[094]　[英] 約翰・B. 沃德－珀金斯：《羅馬建築》，吳蔥等譯，中國建築工業出版社 1999 年版，第 85 頁。

## 二　鬥獸場：羅馬拱券的審美意義

　　如前所述，羅馬建築的革命性主要體現在「穹頂」與「拱券」的創造性使用方面。當然，穹頂並非羅馬人的獨創，但它至少可以說是古羅馬對埃及和伊特魯裡亞之遺產的創造性繼承。人們津津樂道的「拱券」，其實也未必就是羅馬建築美學傲世獨立的創新，其實也是羅馬人在「拿來主義」基礎上發展起來的「有限性」創新。如果說「穹頂」以萬神殿為代表的話，那麼，「拱券」的代表則非鬥獸場莫屬。

　　鬥獸場的真實名稱叫作「弗拉維圓形劇場」，由弗拉維王朝創立者韋斯巴薌皇帝下令修建。西元 72 年動工，西元 80 年提圖斯皇帝執政期間完成。這座偉大的劇場，為紀念猶太戰爭勝利而建。當年提圖斯驅使 8 萬猶太戰俘，快馬加鞭地苦幹了 8 年才得以竣工。相傳它是一位名叫戈登·修斯的基督徒設計的，後來，圖密善皇帝迫害基督教時，這位設計者就死在自己設計的劇場裡。

　　據記載，西元 80 年，提圖斯為慶祝圓形大劇場的落成，曾在這裡舉行長達 100 天的表演。慶典活動中，有 3000 名角鬥士參與表演，5000 頭獅子、老虎等動物死於殘酷的搏殺之中。最後放水淹沒整個競技場，進行了一場艦對艦的模擬海戰，以此令人驚訝的奇特場景結束表演。

　　在自此以後的數百年中，鬥獸場這個血腥的地方，上演了無數慘不忍睹的悲劇。古羅馬社會人性中的殘忍與墮落在一幕幕「殺人遊戲」中被撩撥到了令人髮指的程度。那時候，「羅馬人最喜愛的娛樂就是對血淋淋的角鬥場面作壁上觀。大批的角鬥士被驅趕上角鬥場，或相互殘殺，或與野獸肉搏，嗜血的貴族奴隸主則在角鬥士的流血犧牲中獲得一種野蠻的快感……歷來約五十萬人命送於『表演』中」。

　　為什麼古羅馬人會熱衷於駭人聽聞的「殺人遊戲」呢？最常見的解釋

有如下三點：(1) 宗教血祭餘風；(2) 政治統治之需；(3) 尚武精神所致。這些說法，看似陳詞濫調，卻不乏真知灼見。單以第二條為例。羅馬帝國的福利政策以「麵包與競技場」而聞名於世。在尼祿「金宮」舊址上建造的鬥獸場就是這種福利政策的最佳範例。詩人馬雅提爾曾對圖密善說：「凱撒，在你統治之下，昔日屬於統治者一個人的快樂，如今屬於全體人民。」[095] 在羅馬人看來，糧食和金錢只能讓少數人得利，而競技場則可以讓所有的人都受益。對羅馬民眾而言，鬥獸場是他們休閒娛樂的理想場所，弗拉維王朝甚至破例允許女性進入鬥獸場，從而取得了女性的支持。諷刺詩人朱維納爾說，如今的平民「所關注的事情，只有兩件 —— 麵包與競技場」。於是，「平民放棄了選票，忘卻了民主與共和，不再熱衷於騷動，而是沉溺於賽會與馬戲等娛樂之中。由此而帶來的羅馬社會秩序的安定與和諧，正是弗拉維王朝統治者所希望看到的」[096]。

　　除此之外，筆者認為，還有很重要的一點就是世風習俗使然。有研究者指出：「西元前 2 世紀初，世風驟變，貪欲橫流，廉恥掃地，怪事連綿，老頭納妾，兄妹結婚！出生率開始下降，名門望族的出生率下降尤為明顯。究其原因，有可能是產婦未成年，發生難產，婦嬰雙亡；也有可能是人們崇尚戀愛自由，堅持只戀愛不結婚，追求獨身之風使然。」[097]「自由戀愛」這個今天聽上去合情合理的說法，在古羅馬時代實際上意味著既有「家庭觀和婚姻現」的崩潰。於是，通姦賣淫現象大量湧現，「不曾有過」的道德難題擺在了人們的面前。燈紅酒綠，聲色犬馬，成了羅馬有錢人的生活常態，古羅馬城也因此變成了紙醉金迷的「節日之都」「歡樂之都」和「情愛之都」。這種喜慶而浪漫的名頭背後，卻潛藏著致命的危機。

[095]　TennyFrank.An Economic Survey of Ancient Rome.Baltimore: The Johns Hopkins Press，1959.p.9.

[096]　何立波：《羅馬帝國社會福利政策透視：以弗拉維王朝為中心》，《學理論》2013 年第 30 期。

[097]　[法] 讓－諾埃爾・羅伯特：《古羅馬人的歡娛》，王長明、田禾、李變香譯，廣西師範大學出版社 2005 年版，第 8 頁。

「富人無論外出巡視，還是外出打獵，總以為他們是亞歷山大大帝；無論幹什麼，都認為他們幹的是驚天地泣鬼神的大事業。」在富人的眼中，百姓只是「一群遊手好閒的懶骨頭」，「懶得無可救藥」，「整天想著吃想著喝，想著看演出，想著下酒館，想著逛窯子，就是不想幹正事。競技場在他們心目中是神聖的教堂、過日子的家庭、必不可少的聚會地，是唯一寄託他們希望與心願的地方……每逢賽馬日臨近，他們就來了精神，摩拳擦掌，躍躍欲試」[098]。

羅馬城作為一個國際大都市，不可避免地會吸引四面八方的「野心家」和「好逸惡勞者」。他們紛紛來羅馬城尋找「花天酒地，窮奢極欲的人間天堂……有人在這裡出賣口才，有人在這裡出賣姿色」[099]。「野心家」與「閒漢幫」中的不少人，既藐視傳統道德又無視世俗法律，更不把宗教禁忌放在眼裡，庸庸碌碌的日常生活中的一切都無法激發起他們的興趣，只有血肉飛濺的角鬥表演才能讓這些人打起精神。

百無聊賴的貴族和遊手好閒的懶漢們為尋求感官刺激以暫時掩蓋其寄生生活的無聊與空虛，他們「沉湎於舉行戰車比賽，在人工湖中舉行蔚為壯觀的海戰表演，以及各種誇張的默劇，其中公開表演種種脫衣舞和猥褻的性行為。但由於人們對這些表演逐漸習慣了，感情刺激便需要經常加強，因而這整套表演便在鬥劍表演中達到了高峰；鬥劍比賽是這一制度的代理人對人類相殘、屠戮的一項窮凶極惡的創造發明……正像我們這個時代所謀劃的種種核戰爭和細菌戰爭一樣，羅馬的這一形式也為大眾的心理壓力準備了一個合意的『正常』發洩場，否則這種壓力就會變成難以形容的精神病行為。在一種正在瓦解的文明中，多數人的容許會使瘋狂和犯罪

---

[098]　[法] 讓－諾埃爾・羅伯特：《古羅馬人的歡娛》，王長明、田禾、李孌香譯，廣西師範大學出版社 2005 年版，第 20 頁。

[099]　[法] 讓－諾埃爾・羅伯特：《古羅馬人的歡娛》，王長明、田禾、李孌香譯，廣西師範大學出版社 2005 年版，第 31 頁。

都成為正常。那麼，染上這類普遍性病症則成了健全的標準」[100]。

　　資料表明，角鬥表演可以追溯到西元前 264 年。當時的執政官迪西姆·朱尼厄斯·布魯圖斯在他父親的葬禮上舉行了角鬥儀式。後來，效仿者多了，角鬥便逐漸成為一種娛樂活動。每逢節日或別的什麼活動，羅馬廣場就搭建起臨時角鬥表演露天舞臺。到共和末期，角鬥表演才換了地方，由廣場轉入了競技場。凱撒舉辦過 300 人參加的大型角鬥表演，奧古斯都舉辦過的角鬥表演規模更大，角鬥士就達 5000 人之眾。若逢重大事件，角鬥表演規模更大。圖拉真征服達契亞後，就曾舉行過萬人角鬥表演。[101]

　　有一種觀點認為，癡迷於角鬥並不能說明古羅馬人天性殘忍。我們只有置身於角鬥現象原本的社會歷史環境之中才能「透過現象看本質」。羅伯特以西塞羅和小普林尼的對話演繹了當時羅馬人對角鬥的看法。西塞羅說：「人們目睹的角鬥慘烈場面要比親耳聽到的多。」小普林尼則說：「角鬥表演能使男子漢變得堅強，視死如歸，看到流血的傷口就興奮，使奴隸和罪犯癡迷於榮譽和勝利。」人民大眾不喜歡懦夫，更不同情弱者，相反，敬佩勇士，不讓英雄倒下。正是在這種背景下，「蘇拉曾組織過百獅大戰，龐培組織過 600 頭猛獸廝殺表演，奧古斯都自詡組織過 26 場狩獵表演，斬殺動物 3500 隻。半個世紀後，提圖斯在大鬥獸場落成典禮上展出動物 5000 隻」[102]。

　　羅伯特對角鬥場景進行過生動的描述：場上爭奪異常激烈，觀眾的吶喊聲此起彼伏。有的觀眾為自己喜歡的戰車鼓勁加油，有的觀眾則大罵車夫車技拙劣。每個人都為自己押的賭注捏把冷汗。比賽結束了，有人歡樂

---

[100]　[美] 路易士·芒福德：《城市發展史：起源、演變和前景》，倪文彥、宋俊嶺譯，中國建築工業出版社 1989 年版，第 176 頁。

[101]　[法] 讓－諾埃爾·羅伯特：《古羅馬人的歡娛》，王長明、田禾、李變香譯，廣西師範大學出版社 2005 年版，第 71 頁。

[102]　[法] 讓－諾埃爾·羅伯特：《古羅馬人的歡娛》，王長明、田禾、李變香譯，廣西師範大學出版社 2005 年版，第 74 頁。

有人愁，輸者一無所有，暈倒在地，贏者眨眼間暴富，也因高興而暈了過去！西利烏斯·伊塔利庫斯說，場上觀眾的反應猶如「波濤洶湧的大海的咆哮」。比賽還沒有完全結束，有人就按捺不住了，呼喊即將開始的下一場比賽。有時比賽很多，一天裡就有 25 場。在競技場上連續待十四五個小時的觀眾大有人在。據說奧古斯都皇帝也是個競技迷，曾有過一家人一整天都沒有出競技場的記錄。

哲學家塞內加以一個少年初入角鬥場的感受為例，向我們展示了「正常人」變成「嗜血狂」的全過程：

當一個角鬥士悲慘地倒下時，場上觀眾一陣騷動，喧囂聲進入了他的耳膜，讓他睜開了眼睛，輕而易舉征服了他大膽堅強的心魄，使他失去了應有的自信。看到鮮血以後，他這才開始慢慢地品嘗冷酷的滋味。他沒有左顧右盼，而是目不轉睛地看著眼前的一幕，看著看著，就不知不覺喜歡上了，不僅癡迷罪惡的角鬥表演，而且更癡迷血腥刺激的場面。他已經不是剛走進競技場時那個膽怯的小孩子了，他已經成了一位普普通通的觀眾，成了帶他來競技場的朋友的好夥伴。還有什麼情況呢？對了，他眼睛看著場上的表演，嘴裡不停地喊叫，情緒十分高昂，心情總不能平靜，他和帶他來競技場的朋友離開競技場後又返回競技場來看表演，而且他還先於朋友帶來新觀眾！[103]

更令人驚訝的是，考古工作者在龐貝遺址的角鬥士陋室裡，竟然發現過渾身珠光寶氣的女子遺骨。這個貴婦私會肌肉男，不料被維蘇威火山「抓」了個正著。考古發現使她的不軌行為大白於天下。從龐貝遺址出土的許多銘文來看，角鬥士當時很得女士之芳心：「（角鬥士）卡拉杜斯角鬥士是年輕女子崇拜的偶像！」有些古羅馬人甚至認為，康茂德皇帝是其母后與角鬥士的私生子。據蘇埃托尼烏斯講，有人曾看到奧古斯都差人鞭

[103]　[法] 讓—諾埃爾·羅伯特：《古羅馬人的歡娛》，王長明、田禾、李變香譯，廣西師範大學出版社 2005 年版，第 85 頁。

撻角鬥表演者，然後將其流放他鄉，原因是他完全控制著一位羅馬婦女，剪掉她的頭髮，把她當奴隸使喚。圖密善皇帝的妻子宣稱她和一個叫帕里斯的角鬥士有曖昧關係，皇帝得知後一氣之下休了妻子，並判處帕里斯極刑。塞內加說得好：「流連忘返競技場，對道德的破壞最大。卑劣的勾當在競技表演幌子的掩護下，迅速地在滋長蔓延。」[104]

今天，有位觀光古羅馬鬥獸場的詩人寫道：「面對殘破牆壁上的洞口／仿佛歷史的嘴／從那一刻就沒有合攏過／好像有眾多的生靈／哽在喉嚨。」[105] 筆者曾兩度近距離凝視過這張「歷史大嘴」，那種無以言表的驚詫與震撼，令人沒齒難忘。每每遇到相關書籍或影視節目總會著了魔似的沉浸其中，每每談到這個話題便有如骨鯁在喉，必欲吐之而後快。從心理學的意義上說，這種近乎偏執的興趣與那時的角鬥士或旁觀者又有什麼本質差別呢？令人深感慶倖的是，我們沒有生活在那個嗜血如狂的時代，否則，我們即便不能與角鬥士為伍，也很可能混跡在癡迷遊戲的紅男綠女群體裡。誰敢保證自己在不可抗拒的誘惑面前無動於衷？今天許多瘋狂地迷戀「暴力美學」的人，是否在心靈上已經和當年鬥獸場上那些狂躁的幽靈同流合污了？

當一位名叫泰利滿格的基督徒終於終止了這種可恥的死亡遊戲時，有人高呼謝天謝地，也有人為之深感惋惜。404 年，西羅馬帝國的大將斯提利科擊退了入侵北義大利的西哥特人，拯救了羅馬。在他凱旋之日，特地在這座圓形大劇場裡舉行了盛大的角鬥表演，以饗羅馬觀眾。當表演進行一半時，悲天憫人的泰利滿格突然走下座位，越過柵欄，沖進正在廝殺的鬥角士之中，大聲疾呼，懇求人們停止這種殘忍的娛樂。不幸的是，這個良知覺醒的人當即被亂石砸死。幸運的是，這件事立刻引起許多觀眾的不

[104]　［法］讓－諾埃爾·羅伯特：《古羅馬人的歡娛》，王長明、田禾、李變香譯，廣西師範大學出版社 2005 年版，第 86～87 頁。

[105]　魯若迪基：《一個普米人的心經》，長江文藝出版社 2013 年版，第 132 頁。

滿，目睹此情此景的荷諾裡皇帝如夢方醒，決定從此以後禁絕角鬥表演。於是，羅馬鬥獸場就此關閉，自此以後再也沒有舉行過生死對決的血腥表演。

在羅馬停止角鬥表演後 400 年，至西元 8 世紀，這座圓形大劇場幾乎完整無損，此後上千年，羅馬城一直是教皇國的首都。在歷代教皇統治時期，它在大大小小的戰爭中被用作堡壘；文藝復興時期也曾被用來進行鬥牛活動，不過時間短暫。直到 16 世紀中期，由於紅衣主教法爾內塞拆取圓形大劇場的大理石去興建自己的宮殿，這座古羅馬著名的建築物才開始急劇地衰敗下來。

在此後的歲月裡，角鬥場曾一再被皇親國戚作為建築取材的對象，他們隨意拆遷那裡的大理石建造自己的宮殿，如法爾內塞宮、巴爾貝裡尼宮、威尼斯宮、坎切萊裡亞宮等，都是用圓形大劇場的大理石建造的，歷經多次浩劫之後，圓形劇場只有東北面約五分之二的一段還保存著。後來不同時期的教皇又先後將它改成紡織廠、火藥廠和教堂。1742 年，教皇本篤十四世宣稱這座圓形大劇場為聖地，並下令安上大門，裝上鐵柵，這便是我們今日所見其遺跡的現狀。[106]

關於鬥獸場的歷史地位，有這樣一種比較誇張的說法 —— 沒有一頁羅馬史不與鬥獸場有關，它簡直已演變成為羅馬生活和羅馬史的唯一標識。西元 8 世紀時，史學家貝達神父曾預言：「幾時有鬥獸場，幾時便有羅馬；鬥獸場倒塌之日，便是羅馬滅亡之時；羅馬滅亡了，世界也要滅亡。」[107] 如今，鬥獸場只剩下一個滿目瘡痍的骷髏架子（劉海粟語），羅馬帝國更是滅亡久矣，但世界依然陽光明媚，微風習習。貝達神父的預言目前只能說部分應驗了，「世界也要滅亡」的預言當然遲早也會應驗，但

---

[106]　楊邦興：《古羅馬的圓形大劇場》，《史學月刊》1986 年第 1 期。

[107]　著名的英國史學家兼神學家貝達（Bede）用拉丁文寫下了一首預言詩，後因詩人拜倫的翻譯而變得異常有名。

誰也不知道那到底是何年何月的事情。至少目前沒有跡象表明，我們這個充滿生機與活力的世界，即將被毀滅。

令人頗為不解的是，就在角鬥比賽終止後的第六年（410），亞拉裡克（370-410）的日爾曼軍團攻陷了羅馬，而此前此後，「古典世界的古老燈火便一盞挨一盞地熄滅了。394 年，舉行了最後一次奧林匹克運動會；537 年，卡拉卡拉浴場流盡了最後的清水……更有象徵意義的是，529 年雅典學院關閉了，這所學院是最重要的希臘精神象徵，若沒有它，生活會過分追求物欲。因而，講求……精神健康而又體魄強壯的古希臘文化，同基本上是四肢發達頭腦簡單、講求滿足情欲、靠自己的權勢過寄生生活的古羅馬文化，便同時消失了」[108]。

鬥獸場的整體結構有點像今天的體育場，或許現代體育場的設計思想就是源於鬥獸場吧？資料表明，鬥獸場並非看上去那樣是一個標準的圓形建築，它實際上是一個橢圓形，長直徑 187 公尺，短直徑 155 公尺。從周邊看，整個建築分為 4 層，底部 3 層為連拱式建築，每個拱門兩側有石柱支撐。第四層有壁柱裝飾。鬥獸場的內部看臺，由低到高分為 4 組，觀眾的席位按等級尊卑地位之差別分區。在鬥獸場的內部復原圖上，可以看出這個工程的浩大和壯觀。但人們今天已無法看到完整看臺的樣子，所能看見的只有支撐看臺的斷垣頹牆。儘管朽骨塵面，破敗不堪，但仍然掩飾不住其曾經擁有的壯美與輝煌。

鬥獸場的地基原本是一塊沼澤地，沼澤底下的暗流對其地基不斷沖蝕，令人稱奇的是，在將近 2000 年的時間裡，這座非凡的拱券大劇場既沒有明顯的沉降，也沒有大面積的坍塌。儘管它屢經劫難，卻依舊傲然挺立在世人面前。資料表明，鬥獸場所在地區曾經遭受過 3 次大地震、一次大火災和無數次戰亂兵災。1742 年之後，基本處於毀棄狀態。1995 年，

---

[108]　［美］路易士·芒福德：《城市發展史：起源、演變和前景》，倪文彥、宋俊嶺譯，中國建築工業出版社 1989 年版，第 179 頁。

羅馬當局決定對鬥獸場進行搶救性修建，「巨大的修復工程，將耗資 1700 萬美元，工期 8 年，到 2003 年重建完成」[109]。如今，由於鬥獸場位於城市繁華鬧市的交叉點，地鐵在幾米外呼嘯而過，如何保護古建築盡可能少受損害便成了文物管理部門面臨的難題。

　　必須指出的是，羅馬鬥獸場和雅典衛城的派特農神廟一樣，都處在一種要求極高的保護性修繕過程中。上述兩種分別代表古希臘和古羅馬建築藝術之最高成就的建築物，其各自的特點，較好地證明瞭建築學家珀金斯的說法：羅馬建築借鑑過希臘範本，但也不乏其民族化的獨創性和自主性。

　　在欣賞羅馬建築時，我們會看到建築物上的柱子裝飾性更強、更顯華麗。建築學家認為，由於希臘人太過於保守，以致太過虛飾，導致科林斯柱式影響甚微，而到了羅馬時期，科林斯柱式得到了影響深遠的利用。羅馬人將希臘多利克柱式改良，去掉凹槽，加上柱基，成為托斯坎那柱式，同時又採取愛奧尼亞柱式的渦卷與科林斯柱式的植物葉，結合成為複合式柱式。具體到鬥獸場的「拱列」，借助「韻律性的整合」，羅馬人為多層建築所設計的上升系列依次為 —— 多利亞式、愛奧尼亞式、科林斯式，「這個系列純粹基於美感考量，因為多利亞式在視覺上顯得最沉重與強壯，而科林斯式顯得最輕盈」[110]。

　　如前所述，古羅馬建築最大的特點是利用了「拱券」結構。儘管在羅馬人之前就已經有人用楔形石塊砌拱了，例如西元前 2500 年時的埃及人就已深諳此道。但是，從半圓的拱門到體量巨大的穹頂，組合複雜的「拱券」結構在羅馬時期才真正達到了登峰造極的地步。鬥獸場圍牆共分 4 層，前 3 層均有多利亞、愛奧尼亞、科林斯 3 種柱式。在 3 層混凝土製的

[109]　吳志宏：《古羅馬圓形劇場的重建》，《新聞週刊》2001 年 9 月 10 日。

[110]　[英] 修·昂納、約翰·弗萊明：《世界藝術史》，吳介禎等譯，北京美術攝影出版社 2013 年版，第 191 頁。

筒形拱上，每層 80 個拱，形成 3 圈不同高度的環形券廊（拱券支撐起來的走廊），即採用的是「拱券」結構。無論如何，是羅馬帝國將這種「拱券」卓有成效地推廣到世界各地的。

　　有趣的是，建築史家珀金斯並不認同鬥獸場代表羅馬建築之獨創性的說法。他認為鬥獸場的風格在首都地區可謂由來已久，其形式也相當傳統。「除此之外，它與韋斯巴薌的帕奇斯廟幾乎如出一轍。角鬥場的石灰華 [111] 立面直接秉承了尤利亞巴西利卡和瑪律切盧斯劇場的傳統。而內部保守至極，大量採用石頭而極少使用混凝土。儘管對文藝復興建築師來說，角鬥場是羅馬建築成就的縮影和古典柱式的生動教科書，但實際上它是羅馬傳統窮途末路的象徵」[112]。

　　當然，珀金斯也沒有完全否認鬥獸場的優長之處，譬如說在結構上取得了巨大成功，尤其是其基礎的絕佳品質可謂冠絕古今。儘管地基曾是人工湖，但近兩千年過去了，大角鬥場卻「幾乎沒有沉降的痕跡」。此外，建造者對材料的精心選擇也是令人稱道的。「建築的主要承重體系全是由料石砌成，內部為凝灰岩，外部包砌石灰岩。混凝土則僅限於拱頂和上層內牆。座席區採用木結構，以便最高一排座席對無支撐頂樓外牆的作用力達到最小。所有這些都是老式做法，但能夠把握最後的結果。而角鬥場能在開工僅 10 年後就舉行竣工典禮，表明建築師知道如何有效而經濟地調度大量勞動力。」[113]

　　也有些研究者認為其工期是 8 年（72-80），10 年後竣工典禮者，被說成是提圖斯的繼位者圖密善。因為提圖斯期望將鬥獸場作為韋斯巴薌（9-

[111]　石灰華是一種優良的當地石灰岩，比大理石既輕且軟，剛破岩時易於切割，暴露於空氣中則慢慢變硬，是極為理想的建築材料。

[112]　［英］約翰・B. 沃德－珀金斯：《羅馬建築》，吳蔥等譯，中國建築工業出版社 1999 年版，第 55 頁。

[113]　［英］約翰・B. 沃德－珀金斯：《羅馬建築》，吳蔥等譯，中國建築工業出版社 1999 年版，第 57 頁。

79）皇帝七十大壽的生日禮物，但遺憾的是，不僅老皇帝沒有等到鬥獸場的竣工，就連提圖斯本人也未能親眼看到竣工典禮。這種說法，疑點較多，不足采著。當年為鞏固父皇得來不易的皇權，提圖斯心急火燎地強攻耶路撒冷，以致猶太人美麗的神殿被付之一炬，令其痛心疾首。後來又為給老父親敬獻生日禮物，又是心急火燎地催逼工程進度，但最終卻未能如願，老皇帝未能等到提圖斯的生日禮物就已撒手人寰。3 年後，提圖斯本人也與世長辭。然而，主要由他建造的鬥獸場卻與中國的萬里長城、埃及的金字塔等並稱為世界七大建築奇跡之一，成了羅馬永恆的一張名片。

## 三　梵蒂岡：基督教美學的教科書

　　梵蒂岡是世界上最小的主權國家，卻有世界上最大的天主教教堂。作為羅馬城西北隅高地上的「國中之國」，梵蒂岡城既是首都也是其全部領土。據說「梵蒂岡」在拉丁語中意為「先知之地」。

　　2015 年春夏之交，筆者在梵蒂岡聖彼得教堂前聽人說：「把羅馬 Roma 倒過來寫成 Amor，正好是拉丁文『愛』的意思。」這是一個令人浮想聯翩的富有浪漫色彩的說法。雖然這只是一個普普通通的文字遊戲，但此時此刻，此情此景似乎包含著某些特殊的意義。在梵蒂岡這樣一個「上帝之城」，將羅馬的精神闡釋為基督的仁慈與博愛似乎也算得上恰如其分。當然，無論從國際法還是行政區劃的意義上講，梵蒂岡都不屬於羅馬，因為它是一個主權獨立的國家。但這個羅馬城 0.44 平方公里的彈丸之地，分明又是羅馬城的一個有機組成部分。所以，無論我們將梵蒂岡置於羅馬城之內還是之外，從城市審美文化的視角看，梵蒂岡與羅馬城都應該並置在一起考慮。如果說羅馬城是世界名城的王冠，那麼梵蒂岡則是這頂王冠上的明珠。單是聖彼得教堂的神聖莊嚴便足以讓人心靈受到極大震撼，其建築之美更是令人窒息。

梵蒂岡城雖然面積不大，名勝古蹟卻十分有名，城內建築具有濃厚的宗教文化特色。市區著名建築有聖彼得大教堂、聖彼得廣場、梵蒂岡宮、梵蒂岡博物館、梵蒂岡圖書館、教廷天文臺等。其中聖彼得大教堂坐落在聖彼得廣場西面，教堂與廣場皆以聖彼得名之，相傳這裡是耶穌大弟子彼得的埋骨之地。

　　據考，教堂最初是由君士坦丁大帝在彼得墓上修建的，326 年動工，333 年建成。16 世紀，教皇朱利奧二世決定重建聖彼得教堂，並於 1506 年破土動工，1626 年 11 月 18 日才告落成，施工過程長達 120 年，期間經歷了馬丁・路德發起的宗教改革運動和西班牙軍隊對羅馬的占領等迫使工程停工的重大事件。從美學和藝術的角度看，聖彼得教堂是文藝復興時期興建的最傑出的建築，在美學史和藝術史上具有無可替代的傑出地位。教堂占地超過 2 萬平方公尺，可容納人數不下 6 萬，教堂中央是直徑 42 公尺、高約 138 公尺的穹窿，無論從宗教還是世俗的眼光看，它是整個羅馬城中最高、最美、最神聖的建築之一。義大利文藝復興時期的多位建築師與藝術家，如布拉曼特、拉斐爾、米開朗基羅和小安東尼奧・達・桑加羅等，都曾參與過教堂的設計，因而整個教堂堪稱是一部宗教與藝術珠聯璧合的經典之作。

　　大教堂裡保存了許多文藝復興時期遺留下來的藝術珍品，有文藝復興初期著名畫家喬托所作的鑲嵌畫〈小帆〉，有米開朗基羅的成名作〈哀悼基督〉及聖彼得銅像等。聖彼得大教堂為全世界最大的教堂及羅馬天主教的中心教堂，是歐洲天主教徒的朝聖地，自 1870 年以來，重要的宗教儀式幾乎都是在這裡舉行的。聖彼得大教堂裡埋葬著各代教皇的聖骨，也是世界上最大的殯葬紀念館。教堂的建築、繪畫、雕刻、藏品，都稱得上是藝術珍品。

　　梵蒂岡氣勢恢宏的廣場和教堂以及無數珍貴的藝術品，與尤利烏斯二

世（1503-1513 年在位）有關。這位了不起的教皇一心想在羅馬教皇的旗幟下打造一個統一的義大利，他的文治武功使羅馬教皇的權力和威信達到了頂峰。

尤利烏斯二世的文治武功為其贏得了「政治教皇」和「戰神教皇」的美譽，但在我們看來，他更應該被稱為「藝術教皇」或「美學教皇」。他於 1506 年組建的瑞士衛隊，至今還穿著米開朗基羅設計的服裝守衛著梵蒂岡城門。他在收復教皇國的失地後，甚至像古羅馬執政官一樣舉行盛大的凱旋儀式。這位具有極高審美品位和藝術修養的教皇在一切重大事件上，都十分注重形式美。他任用藝術大師米開朗基羅、拉斐爾、布拉曼特等人從事美化梵蒂岡的工作，策劃聖彼得大教堂的重建工程，他還以本人形象作為藍本雕刻摩西像。正是在他孜孜不倦的經營下，文藝復興時期的羅馬才得以成為西歐的藝術殿堂。

在羅馬這個歐洲藝術的巨大殿堂裡，聖彼得大教堂無疑是「殿堂中的殿堂」，進入這個神聖的殿堂，我們看到的第一件震撼人心的作品通常是米開朗基羅的〈哀悼基督〉。據說這一名作問世時，作者年僅 23 歲。有評論說，〈哀悼基督〉一反慣例，沒有刻畫聖母的哀痛至極的表情，年輕的藝術家著重表現的是瑪利亞的沉靜、秀雅與安詳。作者大膽突破「聖經題材」的限制，將生與死、痛苦與慈愛融為一體，使悲劇主題清除了瀕於絕境的傾向，創造性地實現了化哀傷為美麗的審美構想。尤為可貴的是，作品中聖母的面容、雙手與衣褶以及耶穌的身體形態與比例，每一個細節都達到驚人的準確與真實。雕像揭幕時，羅馬藝術界為之驚嘆不已，人們根本無法相信神一樣的藝術品居然出自一位名不見經傳的年輕人之手，為此，米開朗基羅將自己的名字刻在了雕像中聖母胸前的衣帶上，據說這是他一生中唯一署名的作品。

1501 年，26 歲的米開朗基羅開始創作他另一舉世聞名的傑作——

〈大衛〉。這尊雕像是文藝復興人文主義思想在藝術上得到充分體現的象徵。它讚美人體，謳歌正義和力量，被認為是美術史上最值得誇耀的人體雕像之一，是後世藝術家學習雕塑與繪畫的楷模。據說，米開朗基羅青春年少就享有盛名，因此也常遭人妒忌，他甚至被人打壞了鼻子，以致終身陷在容貌自卑感中而難以自拔。不過，他的傳奇故事很快引起了教皇的注意。1508 年，應尤利烏斯二世的邀請，米開朗基羅為梵蒂岡西斯廷教堂繪製穹頂畫。這一段傳奇故事歷經 4 年又 5 個月之久，羅曼‧羅蘭的《名人傳》對此有極為精彩的描述。在此期間，他完成了傳世巨作穹頂畫〈創世紀〉。

〈創世紀〉取材於《舊約全書‧創世紀》，整幅作品 511 平方公尺，中心畫面由《創造亞當》、《創造夏娃》、《逐出伊甸園》等 9 個場面組成，大畫面的四周畫有先知和其他有關的故事，共繪了 343 個人物，其中有 100 多個比真人大兩倍的巨人形象，他們極富立體感和重量感。整幅畫透過人與人及人與自然間的關係，歌頌人的創造力及人體美和精神美。

米開朗基羅一個人躺在 18 米高的天花板下的架子上，以超人的毅力夜以繼日地工作，當整個作品完成時，37 歲的米開朗基羅已累得像個老者。由於長期仰視，頭和眼睛不能低下，連讀信都要舉到頭頂。他用健康和生命的代價完成的〈創世紀〉，為後人留下的不僅是不朽的藝術品，還有他那種為藝術而獻身的精神。

24 年後，米開朗基羅又應教皇克雷芒七世之約，在西斯廷教堂祭壇正面牆上繪製了另一撼人心魄的巨幅壁畫〈末日審判〉。米開朗基羅獨自一人頑強地工作了將近 6 年，在 220 平方公尺的畫面上繪出約 400 個人物。在畫中央，基督正氣凜然，高舉右手，即將發出最後的判決。米開朗基羅還把一位教皇畫到將被判罪去接受地獄煎熬的一群人中。基督左腳下一個聖徒右手持刀，左手提著一張人皮，而這張人皮的面孔正是畫家本人的

臉，其表情痛苦、憤怒，表現了米開朗基羅正經歷著精神與信仰危機的折磨和對現實社會的不滿，並借〈末日審判〉痛快淋漓地發洩了對人間醜惡的鞭撻。

〈末日審判〉引起的轟動可想而知。然而，巨作中的裸體人物卻引起爭議，一些人認為這些畫作褻瀆了神靈。在米開朗基羅去世後不久，新教皇庇護四世就下令給所有裸體人物畫上遮羞布或衣飾。後來，人們將受命的畫家們謔稱為「內褲製造商」。

晚年的米開朗基羅以極大的熱情投入建築藝術上，並有精深造詣，因而他也成了義大利文藝復興時期最著名的建築設計師之一。米開朗基羅為羅馬聖彼得大教堂的建設做出了巨大貢獻，他參與設計並主持過此項工程。他為該教堂設計的直徑達 42.34 公尺的巨大圓形穹頂不僅氣勢恢巨集，而且從局部到整體都是絕世精美的藝術。由於聖彼得大教堂的工程浩大，直到 1626 年才竣工。令人惋惜的是，米開朗基羅生前未能看到自己的這一作品。幾個世紀以來，難以數計的參觀者登上這個大圓頂時，無不發出驚嘆：米開朗基羅太偉大了！當然，天才的米開朗基羅對羅馬的貢獻還遠不止這些，在與古羅馬遺址相連的羅馬坎比多利奧山丘上，米開朗基羅設計了羅馬市政廳建築群，其和諧完美堪稱文藝復興時期宮殿建築的代表。

必須強調的是，儘管米開朗基羅以雕塑與繪畫聞名於世，但他最榮耀的藝術實踐卻是建築。1546 年教皇指派他為羅馬聖彼得教堂的建築師，考慮到自己年事已高，他拒絕了這項工作，在教皇的一再堅持下他最終接受了這項委託，一個附帶的條件是不要報酬，因為他並不能確定他還有多少時間從事這項工作，然而他為此一直做了 16 年。1564 年米開朗基羅逝世之後，教堂的大半工程尚未進行，1590 年，米開朗基羅設計的圓頂方案由 G·波爾塔實施完成。整個教堂綜合了幾位建築師的辛勤勞動，屬於米開

朗基羅的設計成份比其他幾位建築師的都要多，教堂於 1626 年最後建成
完工。上帝按照自己的樣式造人，人以自己的方式成就上帝。據說，當拉
斐爾看到西斯庭天頂畫後說：生逢米開朗基羅時代真是人生的至大幸事！
拉斐爾說這句話不是在讚揚他們的時代，是在讚嘆這個時代出現的米開朗
基羅。在這之後的幾個世紀，包括拉斐爾，世界又出現了許許多多的藝術
大師和藝術傑作，這是梵蒂岡的幸運，也是羅馬城的幸運。

　　才華橫溢的布拉曼特也是應尤利烏斯二世之邀參與教堂改造的。他對
梵蒂岡宮進行了卓有成效的改建、擴建和美化工作。「別出心裁的貝爾維
德雷庭園，上中下 3 院的建築及設施分別圍繞長長的中軸線配置，上下呼
應，左右溝通，有隱有露，形成宏大統一、時空變換的整體。蜿蜒曲折的
樓梯，大小相照的噴泉，高低參差的圓形小教堂，大膽新穎的設計等，都
令人讚嘆不已。在羅馬的布拉曼特把文藝復興建築藝術的潮流推到了頂
峰，並形成了義大利全民族的建築風格。」[114]

　　作為舉行盛大宗教活動的首選平臺，聖彼得廣場則是另一位城建大師
貝爾尼尼（1598-1680）的傑作。貝爾尼尼是著名的雕塑家，巴洛克藝術的
主要代表人物，也可以說是巴洛克藝術的創始者。有評論說，他是一位多
產的藝術家，他用一件件傑作把羅馬點綴成了一座巴洛克式的城市，漫步
羅馬街頭，這些作品隨處可見。他的作品將建築與雕刻、繪畫等姊妹藝術
完美地融合為一個整體。他的作品證明當藝術與教廷互相滿足彼此需要之
時，促進了彼此的繁榮和發展，並由此引導了時尚。他建造的這一廣場，
可容納 50 萬人。廣場四周的方柱和圓柱給筆者留下了深刻印象，這些粗
大的大理石石柱分內外兩排組成半橢圓形環繞柱廊，內側柱頂端皆有一尊
天主教聖人雕像屹立其上。正面圓穹及其上邊的十字架高達 137 公尺。廣
場中央聳立著從埃及運來的方尖石碑，其頂端立著十字架，4 只銅獅環繞

---

[114]　白秀蘭等：《追尋古羅馬：巨人輩出的文藝復興》，長春出版社 1995 年版，第 65 頁。

底座四周，兩側各有一個造型精美的噴水池。

　　甚為有趣的是，作為雕塑家的貝爾尼尼，其成名作是著名的《阿波羅和達芙妮》[115]，雕塑藝術的成功，為他贏得了極大聲響，就連教皇烏爾班八世也對他大加賞識，認為他簡直就是 17 世紀的米開朗基羅。不久之後，貝爾尼尼參與了聖彼得教堂內部的裝飾藝術創作，親受教皇之托，為聖彼得大教堂創作出了精美絕倫的《青銅華蓋》，這件將雕刻與建築緊密結合的作品，是大教堂中最珍貴的藝術聖品之一。正如他的〈大衛〉和米開朗基羅的〈大衛〉形成雕塑史上的二重奏一樣，貝爾尼尼的《青銅華蓋》和米開朗基羅的〈哀悼基督〉堪稱是梵蒂岡教堂頂尖藝術傑作之雙璧。華蓋由 4 根螺旋形銅柱支撐，足有 5 層樓房那麼高。華蓋前面的半圓形欄杆上永遠點燃著 99 盞長明燈，而下方則是宗座祭壇和聖彼得的墳墓，只有教皇才可以在這座祭壇上，面對東升的旭日，當著朝聖者舉行彌撒。教皇祭壇的 4 個角上，有 45 公尺的高大壁柱 4 根，每根柱腳下部均有一座巨大的雕像屹立在 4 塊堅硬的大理石上，塑造的是隆吉諾、艾麗娜、維羅尼卡和安德列阿等聖人形象，也是出於大雕刻家貝爾尼尼之手。壇上是聖彼得寶座，寶座上方的彩色玻璃上，一隻和平鴿在天使的伴隨下向下飛翔。在金色華蓋頂部也有一隻和平鴿。[116] 貝爾尼尼的這件奇特的作品顯示出巴洛克藝術的主要特點：「強調運動和激情，重視綜合與變形，強調光影和凹凸感，強調明暗對比和絢麗的色彩。」[117] 對於聖彼得大教堂來說，貝爾尼尼的主要貢獻在於，他巧妙地將聖徒、天使和聖靈之光與建築結合在

---

[115]　貝爾尼尼的《阿波羅和達芙妮》表現的是同名古希臘神話故事：阿波羅追求河神之女達芙妮，後者驚喜交加，不知所措，瞬間變成桂樹。作品恰到好處地把握住了人物之間的微妙關係，細節處理出神入化，尤其是對皮膚和頭髮的表面紋理觀察，以及對光線明暗別開生面的處理，都打破了米開朗琪羅的陳規舊套，能在大理石上將肉身與枝葉的變化刻畫得如此真實而優美，令人嘆為觀止！無怪乎藝術史家認為，這一作品代表著巴羅克藝術的最高成就，標誌著西方雕刻史新時代的出現。

[116]　參見搜狗百科「青銅華蓋」條。

[117]　李於昆編著：《外國美術欣賞》，湖南美術出版社 2001 年版，第 142 頁。

一起，使其更富有熱烈奔放的巴洛克特徵。聖彼得廣場最動人之處是其柱廊，這組環形柱陣，氣勢宏大，富於動感，與米開朗基羅的大教堂圓頂相呼應，尤其是在曉霧將歇之時，或夕陽欲頹之際，金色的環形柱廊與光彩奪目的教堂拱頂有如神仙宮闕，整個羅馬城再也找不到比之更為動人的壯麗景觀了。

值得一提的是，1665 年，貝爾尼尼曾應法國太陽王路易十四之邀主持了羅浮宮之東正面的藝術設計，可見其當時的影響就已不只局限於羅馬。有評論說，貝爾尼尼塑造的人物總是處於激烈的運動中。大理石在他手中好像已失去了重量，人物的衣服總是隨風輕輕飄起，給人以一種輕快、活潑和不安的感覺。貝爾尼尼刻畫的人物雕像，在數量上不亞於米開朗基羅，而他更善於表現戲劇性的情節和人體在激烈運動之中的狀態。從其作品中我們還能看到古典主義傳統對他的影響，特別是希臘化時期的風格，在他的作品中得到了很明顯的反響。有人說，如果沒有達文西，羅馬充其量不過少了一個巫師之類的無名氏，因為他的偉大貢獻並不在羅馬；如果沒有拉斐爾，羅馬教皇的畫室或許或為之黯然失色，但對羅馬的市容市貌似乎沒有太大影響；但是，如果沒有米開朗基羅，16 世紀羅馬的人文底蘊必將遜色三分，如果沒有貝爾尼尼，17 世紀羅馬的城市美學必將大打折扣。

不少人用震驚、震撼來形容第一次進入聖彼得教堂的感受。美學家汝信先生認為，以令人震驚的雄偉壯麗來迫使朝觀者倍覺卑微與渺小，這就是教堂建造者的主要目的之一。所有宗教建築都或多或少地具有催生謙卑感的功能。因為一切神聖的建築之後，都有不朽的靈魂蘊含其間。16 世紀初教堂重建，偉大的布拉曼特主持其事，但他只是工作了 8 年便去世了，繼承者是更偉大的年輕藝術家拉斐爾，可惜他也只工作了 6 年；奇怪的是另一位建築師剛接手就去世了。最後只好請出 72 歲高齡的米開朗基

羅……正是這些介乎人神之間的大師的終生奉獻，才創造了這人神互置的殿堂：神的光輝也就是人的光輝，人性的極致也就是神性的所在。這是餘秋雨所理解的文藝復興的精髓。他認為，梵蒂岡大教堂給人的深度震撼世所罕見。研究戲劇的餘秋雨這麼說，多少有那麼點「表演」的意味，這並不讓人感到意外。

令人頗感意外的是房龍對梵蒂岡大教堂的態度與情感。他說：「站在那座紀念聖彼得和殉道者的大教堂前，我本應該因敬畏而激動不已，但是，我卻只感到了痛惜——竟然浪費了這麼多的錢財在一個既不美觀又無價值、除了比同類其他建築高大一點外，再無其他優點的教堂上。我欣賞佛羅倫斯和威尼斯的和諧，欣賞熱那亞地區間的平衡感。當然，我很清楚，這只是我個人的想法。彼德拉克、歌德等每一個稍有作為的人，在第一眼看到布拉曼特設計的穹隆時，都會因悲傷而流淚。」[118] 彼德拉克、歌德是否為聖彼得教堂流淚筆者尚未掌握相關資料，姑且不做評論，但他認為這座美輪美奐的大教堂「既不美觀又無價值」就讓人難以苟同了。

當然，聯想到為建此教堂而發行「贖罪券」，引發宗教改革，造成歐洲的割裂，特別是馬丁‧路德痛恨的那些禍害教會的「粗人和娼妓」正在把教權變成「穿紅袍的巴比倫淫婦」，邪惡的教皇成為歐洲「最大的災難」，房龍的不滿似乎又在情理之中。

川端康成說過：「美到極致是悲哀。」當年伯里克利為建派特農神廟而耗盡提洛同盟的金銀與信譽，美到極致的神廟本為希波戰爭的勝利而建，但神廟所見證的卻是強大雅典幾乎逢戰必敗的悲哀。正如追求極致之美的梵蒂岡大教堂，本為凝聚歐洲人心而建，但建成後的最美教堂所見證的卻是歐洲連年不斷的戰亂和永久四分五裂的悲哀。

房龍對義大利人和羅馬的許多不無矛盾的說法也很耐人尋味。譬如，

---

[118]　李於昆編著：《外國美術欣賞》，湖南美術出版社 2001 年版，第 130 ～ 131 頁。

他從人文地理的角度，說出了一個少有人注意的現象，那就是義大利人喜歡在山頂建造房屋。他說，從東到西橫貫義大利南部，只見丘陵連綿，色塊交錯，恰似版畫。義大利人喜歡在山頂造房、建村、建鎮。山頂有坡度，家家互不阻隔，戶戶陽光充足。這樣的好處，中國的風水先生是難以苟同的。中國人歷來很少在山頂造房，喜歡按以堪輿學、社會學、心理學等為基礎的風水學說，在靠山面水的山坡上或平地上建造家園。用房龍的話來說就是「擠在山窩裡」，但山窩總是太小，遲早會兄弟鬩於牆。「一定也有幾家農戶產生過對山頂的嚮往吧，但是一怕受風，二怕缺水，三怕冒險，四怕遭妒，五怕寂寞，便又一一收回了目光。」應該說，房龍的這些分析不無道理。但他的立場和邏輯卻不無瑕疵。義大利人為什麼喜歡聚居在山頂呢？因為亞平寧地區多為地震造成的丘陵，山坡土質鬆軟，半山腰的房子極易受到泥石流的侵害。義大利人在山頂造房，難道他們就不怕受風、不怕缺水嗎？當然不是，他們實際上是被「逼上山梁」的。

　　房龍在談論羅馬建築彌漫著某種「鄉土氣息」時，他的口味與其說是讚美，不如說是嘲諷。他說，在我們總結羅馬藝術品的特點時，總會情不自禁地感到，羅馬藝術作品無一不體現著他們的頑強性格。「羅馬留下來的建築都是那些穩如泰山般的大型公共建築……每一個建築都是堅固和缺乏想像力的結合。凡是經過羅馬造的一切，無不散發著一般羅馬農村的泥土氣息。我們可以想見某個蓄著大鬍子的農民，他與他的牛羊同吃同住，息息相關，甚至他願意和這些牲畜死在一起……如果你在法國交通閉塞的鄉間小鎮，或是在撒哈拉大沙漠或阿拉伯沙漠中發現了令人不敢相信的劇院和教堂，那也不必大驚小怪。羅馬人一向如此，倔強的他們總是走到哪裡，就把道路和橋梁修到哪裡。」[119] 但我們認為，這種執著和倔強正是成就羅馬之偉大的重要品格之一。

---

[119]　［美］亨德里克·房龍：《人類的藝術》，李龍機譯，陝西師範大學出版社 2008 年版，第 115 頁。

作為都城的羅馬，它的偉大還在於「每一個朝代都有格局完整的遺留，每一種遺留都有意氣昂揚的姿態，每一個姿態都經藝術巨匠的設計，每一種設計，構成了前後左右的和諧。正是這種和諧，使任何一點細節都能呼喚出百代風範」[120]。因此，走在羅馬街頭的餘秋雨不禁感嘆說，世界上有很多詞彙可以分配給其他城市，如繁榮、發達、美麗、悠久、舒適，但唯有「偉大」一詞，一般城市都很難受用，只能把它留給羅馬。

但為什麼偏偏是羅馬？房龍將人們的視線轉向了 2000 萬年前。那時候，地球正經受著最後一次大規模的火山噴發，當然也絕不會有倖存者來給我們講述當時的情況。然而出人意料的是，這樣一次大變動卻給那些後來居住在亞平寧半島上的人們帶來了無盡的福蔭，為這個國家創造了宜人的氣候條件、優越的地理位置和肥沃的土壤。「所有這些得天獨厚的條件，使它注定成為一個古代強國，同時也是世界上傳播和發揚藝術與科學的重要地區之一。時至今日，走在巴黎、布加勒斯特、馬德里或者特雷沃的大街上，只要細心觀察，人們便會驚異地發現，當地的居民無論在外貌還是思想觀念上都十分相像。更令人驚訝的是，這些地方的商店招牌，不論是法語、西班牙語、羅馬尼亞語還是葡萄牙語，他們都能讀懂。他很快意識到原來我們所在的地方是古羅馬帝國的舊殖民地。這裡的每一寸土地都曾屬於義大利。」這是房龍版的偉大羅馬。但在房龍的趣味讀物中我們也看到了偉大羅馬陰暗的一面：「為什麼（羅馬）這座古代最重要的城市會被建在一個到處是瘟疫的地方？⋯⋯這裡的氣候不利於身體健康，夏季炎熱，冬季寒冷，並且沒有便利的交通。儘管如此，這座城市還是成了稱霸世界的帝國的中心和全世界宗教的聖地。」[121]

不管怎麼說，如果我們從審美的視角看，羅馬城無疑是羅馬帝國最經典的美學教科書。正如亞歷山大在眾多被征服的地方建造希臘風格的城池

---

[120]　鳳凰衛視：《千禧之旅：從奧林匹克到萬里長城》解說詞，DVD，現代出版社 2000 年版。

[121]　〔美〕房龍：《房龍地理》，世界圖書出版公司 2010 年版，第 144、129 頁。

一樣，古羅馬時期環地中海地區，羅馬風格的建築星羅棋布，觸目皆是。今天的羅馬城依舊是古羅馬時代的羅馬，依舊是古羅馬帝國的那個最偉大的都城，雖然如今它沒能進入世界十大城市之列，然而，千百年來，人們對羅馬倍感熟悉和親切，不少人總是對它懷有神祕之感和敬仰之情 —— 因為它曾是「世界帝國首都」，是一座創造過輝煌文明的古城。

羅馬在任何時代對異鄉客來說都是一座充滿感官刺激的城市。經過2500 年的歷史舞臺留下的各種各樣的遺跡，足以讓旅遊者大飽眼福。據說教皇格裡高利 14 世紀在跟滯留不足 3 周的旅行者告別時說：「祝你一路順風，再會！」對逗留好幾個月的旅行者則說：「願我們在羅馬再相會。」這是因為要了解這個可愛的城市，不能走馬觀花，而一旦被迷住了，就會盼望再次訪問這座城市。向特雷維噴泉投硬幣的旅遊者就是被羅馬的魅力所迷。

悠久的歷史和輝煌的古代文明，給羅馬城留下極其豐富的古蹟。走過羅馬布滿現代建築的街區，時常可以看到各處散落的殘垣斷壁、孤零零的白色大理石雕柱，教堂、廟宇的殘牆，坑坑窪窪的石砌大道，長滿青苔的噴泉底座，倒塌了一角的圓形競技場，尚屬完好的凱旋門，所有這一切都像在向遊人訴說著昔日的輝煌和強盛，真可謂「霸業已去，豪氣猶存」。這些廢墟，這些建築，都是幾千年前的原物，就像我們國家永遠不倒的長城、圓明園的殘柱一樣，歷盡滄桑歲月，依然一派莊嚴肅穆，不能不讓遊人肅然起敬。那些隨處可見的古羅馬風格、古希臘風格、巴洛克風格、哥德式風格等古代建築，依然熠熠生輝。人們稱羅馬為「永恆之都」，羅馬當之無愧！

# 第六章
# 巴黎：一席流動的審美盛宴

一個為神明、為英雄、為皇帝、為先知、為聖徒和殉道者們專門創造的太陽城邦。

——〔瑞典〕奧古斯特·斯特林堡

巴黎似乎一向都是藝術規則與美學觀念的新生與終結之地，因為這裡就是世界藝術觀念的「夢工廠」，她的日常生活場景就是活色生香的「美學指南」，這座城市本身就是一部融匯歷史、指向未來的「美學範本」。在中國詩人徐志摩的筆下，有許多描繪歐洲的詩文在中國讀者中間產生過深刻的影響。如描寫佛羅倫斯的《翡冷翠一夜》，吟唱劍橋的名作《再別康橋》等，但有關巴黎的文字，似乎影響不大。因為巴黎太過美麗，這位天才的詩人也深感語言的蒼白無力。即便如此，透過他在《巴黎的鱗爪》中的一聲嘆息，就足以讓我們感受到不可方物的巴黎之美給詩人帶來的震撼多麼強烈：「咳，巴黎，到過巴黎的一定不會再稀罕天堂……任何讚美是多餘的，正如讚美天堂是多餘的……只在你臨別的時候輕輕地囑咐一聲：『別忘了，再來！』其實連這都是多餘的。誰不想再去？誰忘得了？」[122]

毫無疑問，巴黎是一個古老的城市，但與雅典、耶路撒冷和羅馬等城市相比，她顯然又年輕得多。作為長期在精神和文化方面引領潮流的國際都市，巴黎在歐洲乃至世界都享有巨大的聲譽，其輝煌與屈辱交織著的歷史，是一部波瀾壯闊的悲喜劇。如果我們要仿造一個「美學之都」的概念，大約不會有第二個城市會比巴黎 —— 這個世人公認的「藝術之都」更

---

[122] 徐志摩：《巴黎的鱗爪》，中央編譯出版社 2013 年版，第 43 頁。

為適合吧？

　　自 1875 年宣布成立法蘭西共和國以來，巴黎一直希望迅速在歐洲人面前證明法蘭西民族的復興。「這種充滿歷史感並繼續在世人面前展現富庶和強大之處的城市，它的魅力反映在當時眾多選擇到巴黎旅行和在那裡定居的外國藝術家身上。」那時的畫家和造型藝術家「似乎特別容易被一種有利於他們創作的精神氛圍所吸引」。當時著名的奧地利建築師瓦格納曾奉勸他的學生「不要去義大利，最好去巴黎看看」。茨威格曾在歐洲廣泛旅行，他對巴黎的深情回憶無疑也是當時大部分鍾愛巴黎的人的共同感受。當時那種具有世界主義色彩的自由氣氛就是巴黎的本質。茨威格作為一個猶太旅客可以自由出入雷諾瓦和畢卡索的工作室，藝術家之間的包容與自由由此可見一斑。巴黎的環境極為適合藝術創作，裡爾克曾盛讚香榭麗舍大街和國家圖書館等地方對他有一種神奇的魔力。巴黎那種濃厚的文化氛圍，讓他十分著迷，對他的詩歌創作具有「決定性」的作用。

　　中國哲學家楊祖陶在其《巴黎散記：如影隨形塞納河》一文中說：「巴黎有數不清的博物館、廣場、綠地、公園、城堡，還保留著三四百年前的原始森林帶，整個城市就是一座有著建築獨特、雕塑成群、寬闊的、整潔的、繁華的、交通無比便捷的、意蘊深厚的『千面之都』，是一座深具歷史意義、燦爛文化、絢麗藝術、浪漫迷人的世界名城，是一座美麗的大花園，名副其實的花都。」「千面之都」「世界名城」的說法，貌似溢美之詞，實則恰如其分。事實上國際文學藝術界稱呼巴黎的類似說法層出不窮。「太陽城」「世界之城」「赫麗奧波利斯」「世界的中心」「萬城之城」……早在一百多年前，人們就開始稱巴黎為「光明之城」。此後，巴黎的這種形象仍然存在。1925 年瓦萊裡把它叫作「西方帝國的首都」，茨威格在《昨日的世界》中則稱之為「永葆青春的城市」。「征服巴黎被視為藝術榮耀的最高象徵，『你聽到了遠處的轟隆聲音了嗎？……那是巴黎在念我的名

字』，年輕的斯特林堡這樣寫道。後來他還這樣形容過巴黎：『確實是一個為神明、為英雄、為皇帝、為先知、為聖徒和殉道者們專門創造的太陽城邦。』很多人認為巴黎是他們的『第二祖國』。『巴黎，我是您的兒子！』匈牙利作家安德列・艾迪這樣說。」「當時巴黎還成了大部分歐洲大城市在社會和精神生活方面的參照典範……人們看重巴黎的一切：服裝、思想和靈感。」[123]「美好時代」的巴黎具有「世界主義」的面貌，在這個全球化時代，巴黎又在不經意間為新興「城市美學」提供了極為豐富的藝術哲學命題和無限廣闊的美學闡釋空間。

# 一　「藝術之城」：法國人心中的「世界首都」

　　攝影藝術家朱文迪說，無論你到什麼地方，不管你採取何種形式，巴黎都是最佳的起點。巴黎聖母院廣場的地面有一塊銅碑，上面鑲嵌著表示巴黎為「零起點」的八角星形象徵盤[124]——從巴黎到世界上任何一個地方，其距離都以此標誌作為起點。浪漫的法國人想告訴你：巴黎不僅僅是法國的首都，也是全世界的首都。

　　筆者的一位朋友從歐洲回來後對大家說，他很後悔去巴黎。我知道他近些年幾乎每個暑期都要去一趟巴黎，可是他為什麼會說出這種言行相悖的話？我有些好奇。他解釋說，假如他從未去過巴黎，他對巴黎的誘惑雖不能說無動於衷，但絕不至於「深陷其中，無法自拔」！在他看來，書本和影視節目中的巴黎無論多麼迷人，那都是作家、藝術家的「作品」，與真正的巴黎總會有這樣或那樣的差別，有時甚至根本就不是一回事兒。

　　不久以後，他將《遊巴黎》的電子影集發給筆者，有這樣一句詩讓筆

---

[123]　雅克・杜加斯特：《19 世紀和 20 世紀之交的歐洲文化生活》，黃豔紅譯，中國人民大學出版社2007 年版，第 96 ～ 99 頁，引文略有改動。

[124]　法國公路網「零起點 Point zero」標誌。

者看出了他要表達的意思：「只要你與巴黎有一面之交，你將終身為她魂牽夢繞。」原來他所說的「後悔」，其實應該反過來理解。這位朋友和大多數人一樣，有點高興的事就想顯擺一下，但又不願意太過張揚，於是故意正話反說。咳，對於我們這些愛面子的俗人來說，誰又沒有那麼點虛榮心呢？

　　筆者在他的博客裡看到他轉載了許多有關巴黎的文章，其中有這樣一段話給我留下了深刻印象：「今天下午我看了《巴黎煙雲》，又看了一遍《紅》，每次看到這些電影總是感嘆巴黎還有巴黎女人的美。我思考這種美到底是從哪裡來的呢，肯定不僅是服裝、香水、葡萄酒、時尚、藝術、性感、走路的樣子、笑的樣子，還有連書上也可以增加的復古時尚感……我永遠不可能真的時尚起來，因為我追求她。我永遠不可企及巴黎的美，因為也許我並不是真的嚮往巴黎，我只是嚮往她的美麗。」這幾句話，看上去頗像一則青春少女的日記。有一位詩人說過，巴黎，最適合以妙齡女郎期待白馬王子的口吻寫遊記，因為，巴黎原本就是一位多情的王子！

　　筆者對巴黎也曾經有過無數的想像，也保存著很多美好的記憶。巴黎印象，令人難忘。很快又要去巴黎了，現在說起巴黎，一幕幕畫面，常常讓人分不清哪些是想像，哪些是回憶，書上把這種迷人的錯覺叫作「海馬效應」，據說是一種心理上的疾病。

　　當然，這也可以說是一種浪漫的疾病，就如同墜入愛河的相思病一樣。只不過讓你相思的不是人而是一座城市而已。巴黎是如此讓人著迷，你即便只是掃一眼地圖，也會有一種心曠神怡的感覺：塞納河、凱旋門、香榭麗舍大街、協和廣場、羅浮宮、波旁宮、夏樂宮、巴黎聖母院、艾菲爾鐵塔、聖心大教堂、蒙巴納斯大廈……僅僅是這一連串令人激動的名字，就足以令人心馳神往，浮想聯翩。朱自清曾稱讚巴黎是一座「藝術之城」，認為在巴黎生活的人必定少不了「雅骨」。因為走在巴黎的路上，「有

的是噴泉，有的是雕像，博物院到處都是，展覽會常常開，就連呼吸也像是藝術」。就連呼吸也像是藝術？就連呼吸也像是藝術！

　　我曾把自己對巴黎的感受發表在我的新浪博客裡，暫時使用了這樣一個題目——《巴黎：最美城市的神話》。這裡的「最美」和「神話」似有過度誇飾的嫌疑，但實際上它們包含著對「巴黎」這個名字之來由的一種隱喻。眾所周知，那個將厄裡斯獻給「最美女神」的金蘋果判給了阿芙蘿黛蒂的特洛伊王子就叫「巴黎」（通常譯作帕里斯）。

　　當然，為巴黎冠名「最美城市」的原因，還不只是美神阿芙蘿黛蒂（即維納斯）「落戶」於這座城市，儘管在所有展示美神的藝術品中，巴黎羅浮宮的〈米洛的維納斯〉最為出名。說到底，「維納斯」也只是羅浮宮萬千展品中的一份子而已。是的，羅浮宮或許是最能體現巴黎審美文化精神的藝術館，人們甚至感嘆幾乎沒有任何藝術館像羅浮宮這樣被世人視為珍寶，同時又令人望而卻步。因為任何一個訪問巴黎的遊客都無法拒絕羅浮宮的吸引力，但它的規模之龐大和展品之浩瀚，令人望洋興嘆！

　　想想看，40萬件精美絕倫的藝術品，若是每件認真看上一眼，據說至少也要花費一整年時間！令人驚嘆的是，在雕塑藝術史上與〈米洛的維納斯〉享有同等聲譽的〈薩莫色雷斯的勝利女神〉也被珍藏在羅浮宮裡，除此之外，羅浮宮還擁有許許多多世界藝術史上享有極高聲譽的絕世珍品，其中達文西的〈蒙娜麗莎〉是繪畫藝術領域中令人印象最為深刻的一個神話級作品。在無數有關這幅名畫的傳說中，有這樣一種說法：「蒙娜麗莎」原型原名麗莎・蓋拉爾迪尼（1479-1542），是佛羅倫斯某位商人的妻子，據說這幅畫是為了紀念她的第二個兒子誕生而繪製的，那一年麗莎大約24歲。〈蒙娜麗莎〉這個文藝復興時期的人造「美神」，無疑也為巴黎作為「最美城市」的神話增添了光彩。

　　巴黎，被世界各國文化如此一致地認同為最繁華、最浪漫的城市，這

個坐落於法國北部、塞納河西岸的都市，不但擁有兩千多年的悠久歷史，同時也是引無數藝術家、思想家、冒險家折腰的「夢幻之都」。「巴黎人是幸福的，城市裡的任何一個角落都有讓他們曬太陽、喝咖啡的地方。他們可以隨意在艾菲爾鐵塔下的草坪或塞納河畔的兩岸躺下日光浴、小憩，甚至除去衣衫。在任何一個喧鬧的地方，他們可以捧著一本書靜心地閱讀或者在隨身聽的音樂裡搖擺。他們有一生欣賞不完的藝術作品、音樂和書籍，有一世享用不盡的美酒佳釀。他們總能沉浸於戀愛之中，永無休止地在街頭擁吻、追逐、嬉戲。」[125]

在新加坡作家裘蒂看來，來到巴黎的人們，也是幸福的。無論走到巴黎的哪個角落，都能讓人觀賞到她那古老的美麗、端莊。從羅浮宮到數百年歷史的聖多諾黑古街，再走過號稱世界十大名街的蒙田大道，然後從聖日爾曼街到拉丁區，街道兩旁林立一排排的梧桐樹，一幢幢的古樓豪宅。

甚至「巴黎的狗兒也是幸福的！」因為「它們過著天堂般的生活，可以隨心所欲地進入公園、咖啡館、酒店、機場和火車站。它們從不為一日三餐顧慮，還有主人為它們料理生活，有心理醫生與它們進行情感交流。人類為它們設計了時裝、香水、音樂光碟，在耶誕節，狗兒還能收到意外的禮物」[126]。

說「巴黎的狗兒也是幸福的」，這話聽上去總覺得多少有些過分。但無論如何，「巴黎是最受寵愛的城市，巴黎之美，巴黎之魅，成為癡情粉絲揮之不去的情結」[127]。大衛·唐尼的《巴黎，巴黎：漫步光之城》中甚至有一篇文章專門討論「巴黎的狗」。在唐尼看來，巴黎的狗一點都不比巴黎的人簡單，譬如說，單是一根狗繩，就隱藏著很深的學問。更不用說

---

[125]　裘蒂：《帶一隻酒杯去巴黎》，團結出版社 2005 年版，第 3 頁。

[126]　裘蒂：《帶一隻酒杯去巴黎》，團結出版社 2005 年版，第 3 頁。

[127]　大衛·唐尼：《巴黎，巴黎：漫步光之城》，陳麗麗、吳奕俊譯，三聯書店 2016 年版，封底評論。

「你永遠不知道在狗繩的那一端你會遇到誰」。在巴黎，「狗的品種，狗的配飾和狗的綽號都大有名堂 —— 人們從中可以看到主人的社會、教育、婚姻狀態，甚至政治傾向」。一位久居巴黎且始終鬱鬱寡歡的美國人說，自從他養了一隻狗，「他在巴黎的生活頓時充滿了陽光」，因為巴黎狗把他領進了社交圈，狗對自由與平等的理解似乎比人更深刻些。有位「巴黎笑星曾經打趣地說，只有養不起狗的家庭才會生兒育女……巴黎那些小老太太和老頭兒們，尤其那些在繁忙的青年人看來活得太久的鰥夫寡婦離不開這些狗伴侶」[128]。

筆者這一代中國人常常搞不懂西方人的「狗文化」，特別是巴黎人對狗的感情投入往往會甚於對父母和子女。巴黎的人狗關係，讓人體悟到這樣一個可悲的事實，那就是人們標榜的所謂「自由與平等」往往也是「冷漠與無情」的代名詞。改革開放之初，那些初到法國的中國人，大都會對巴黎人的「戀狗癖」大為不解。巴黎狗公墓中墓碑上那些無限深情的文字讓一位中國記者無法忍受：「在這個人心與狗心相通的地方，我感到快要窒息了。」這一出現在《人民日報》上的感慨，令筆者一讀難忘，30 年後的今天，仍舊記憶猶新。

歷史上的巴黎曾多次被人占領。今天，「占領巴黎」的是「有錢就任性」的「中國大媽」。「今天巴黎的奢侈品商店大多已淪陷於中國大媽之手」，巴黎的「老佛爺」和「春天」等購物中心門口排著長長隊伍的幾乎都是中國人，以致有人不無感慨地說，中國的「半邊天」飛到巴黎了！

但是，也有人斷言巴黎文化和巴黎之美，仍然是中國人無法突破的銅牆鐵壁。中國的書店裡擺放著大量普及歐洲常識的書籍就是例證，如鄭實 2013 年出版的《在巴黎的天空下》就被說成是「第一本專為中國讀者撰寫的真正意義上的巴黎文化之旅」。作者帶領我們「穿越 2000 年起伏跌宕

---

[128]　大衛·唐尼：《巴黎，巴黎：漫步光之城》，陳麗麗、吳奕俊譯，三聯書店 2016 年版，第 329 頁。

的法國歷史」，並同時「感受」古典面紗之下這個「世界之都」的「當代脈搏」。鄭實的書被說成是探索巴黎祕密的一把「萬能鑰匙」，這當然是一種誇張的說法，但這本書也確實提出了一些別具一格的觀點。鄭實證明很少有人因為去過巴黎而後悔，大家都承認，它是「世界上最美麗的都市」。但驟然來到這裡，你或許會感到失望：建築當然很漂亮，但看上去都是一個樣子，走了 3 個地方就覺得沒意思了；除了香水和手包，「巴黎還有什麼值得帶走的東西？羅浮宮或奧賽美術館浩如煙海的展品，又該從何品鑑起？」[129]

　　筆者兩次到巴黎，都是先路過凡爾賽宮。如果能先看看凡爾賽熱熱身再入巴黎，想必也是一個不錯的選擇。每個初入凡爾賽的人都會對路易十四的奢華宮殿感到震驚。讓人「驚愕莫名」，叫人「震撼不已」── 這原本就是太陽王建造這座「欲界仙都」的主要目的，他要讓那些桀驁不馴的王公貴戚們在這雄偉壯麗的偉大建築面前看到自己的卑微與渺小。朱自清曾對凡爾賽宮非凡的「富麗奇巧」驚嘆不已：「如金漆彩畫的天花板、木刻，華美的傢俱、花飾，貝殼與多用錯綜交匯的曲線紋等，用意全在教來客驚奇：這便是所謂『洛可哥式』。宮中有鏡廳，17 個大窗戶，正對著17 面同樣大小的鏡子……宮旁一座大園子，也是路易十四手裡布置起來的。看不到頭的兩行樹，有萬千的氣象。有湖，有花園，有噴水。花園一畦一個花樣，小松樹一律修剪成圓錐形，集法國式花園之大成。噴水大約有 40 多處，或銅雕，或石雕，處處都別出心裁，也是集大成。每年 5 月到 9 月，每月第一個星期日和別的節日，都有大水法。從下午 4 點起，到處銀花飛舞，霧氣沾人……有時晚上大放花炮，各色的電彩照耀著一道道噴水。花炮在噴水之間放上去，也是一道道的；同時放許多，便氤氳起一團霧。這時候電光換彩，紅的忽然變藍的，藍的忽然變白的，真真是一眨

---

[129]　鄭實：《在巴黎的天空下》，中信出版社 2013 年版，第 3 頁。

眼。」[130] 幾百年來，巴黎一直是領先世界的時尚之都，或許與路易十四開創的「尚富麗」「競豪奢」的風氣有關聯。譬如說法國香水，就與太陽王的後宮喜好不無關聯，據說路易十四因喜好和宣導香水文化而獲得過「香王」的美譽。

　　值得一提的是，巴黎人一向有尊重婦女的好名聲。譬如說，人們在公路上開車，稍有不順，男士們就主動緊靠路邊，讓女士先行，並報以微笑、揮手告別等。在公共場合如乘公共汽車或地鐵時，女士優先是慣例。在公共汽車上，某些標明婦女專座的座位，即便空著，男士們通常也會自覺地站著。陪同婦女吃飯或邀請婦女就餐時，婦女的手提包、大衣、圍巾、手套等，均由男士照應收管；用餐過程中的一切雜事均由男士辦理，婦女則直接入席，坐等用餐；結帳付款時，均由邀請的男士支付款項；出門時，應幫婦女收拾東西，如幫婦女披、穿大衣，為婦女開門讓其先行。在家庭生活中，婦女是當仁不讓的一家之主。禮讓女性，被說成是紳士風度……

　　法國人為何在敬重女性方面如此模範？筆者認為，除了法國男士憐香惜玉、浪漫多情以外，或許也與法國歷史上多次產生過挽狂瀾於既倒的傑出女性有關。大名鼎鼎的聖女貞德就不用說了，1500 年前的農家女日南斐法（約 422- 約 502）也是位先知一樣的民族英雄。著名的先賢祠[131] 就是法國國王路易十五（1715-1774 年在位）為「還活命之願」專為日南斐法建造的「神廟」，這位曾使巴黎免遭匈奴王阿提拉之戰馬踐踏的聖女，至今占據著巴黎保護神的「主位」。巴黎人的女性意識在他們對一些建築物的昵稱上也可略見一斑，如巴黎聖母主教座堂 Notre Dame 原意竟然是「我們的

---

[130]　朱自清：《巴黎》。

[131]　先賢祠（le Panthéon，朱自清譯作「國葬墓」），模擬古羅馬萬神殿建造，而萬神殿在外觀上照搬了雅典衛城派特農神廟的「樑柱＋三角楣」結構（內部拱頂則是羅馬人的創造），從雅典、羅馬到巴黎的這些著名城市的建築美學觀念之一脈相承，由此可見一斑。

女士」，就連他們不太喜歡的蒙巴納斯大廈，也有一個女性化的綽號——「黑寡婦」。至於說巴黎最高的建築物——艾菲爾鐵塔，這麼一個趄趄武夫式的「龐大固埃」，巴黎人也好意思親昵地稱之為——「鐵娘子」！

巴黎給筆者的第一印象：街道整齊劃一，如出一人之手；雕塑精彩絕豔，令人嘆為觀止！站在塞納河的遊船碼頭上，放眼望去，都是如雷貫耳的名勝古蹟：夏樂宮、榮軍院、戰神廣場、艾菲爾鐵塔，波旁宮、羅浮宮、奧賽博物館、聖雅克塔、古監獄、巴黎聖母院……未來時讓人莫名神往，既來時令人拍案叫絕，臨走時又叫人依依不捨，離開後更多的則是魂牽夢繞……這就是巴黎。海明威說巴黎就是「一席流動的盛宴」，他說得太好了，在我看來，巴黎的確是一席川流不息的審美盛宴！

凱薩琳·勒內韋在為「孤獨星球」社撰寫《巴黎》時，首先得回答這樣一個問題——「我為什麼愛巴黎？」她的答案是：「巴黎的宏偉壯觀激動人心，不過我最喜愛的是這座城市給我的親切感。街區就像拼湊在一起的村莊，儘管這是全世界最重要的一座大都市——擁有包羅萬象的文化和一應俱全的設施，而身處當地的商店、市場和咖啡館，你卻可以體驗到當地的社區生活，我從童年到現在，這種感覺始終都不曾改變，不過每座小村莊都有自己的發展特點，我還要不斷發現和再發現那些隱藏在城市裡的角落。」[132] 巴黎就像一首不朽的長詩，無論你讀過多少遍，只要你沉浸其中，便總會有令人意想不到的收穫。

說到巴黎與詩歌，最為國人熟悉的大約是沙爾·波德賴爾的《惡之花》和《巴黎的憂鬱》。這些詩曾經激發起筆者對巴黎的無限遐想，儘管波德賴爾詩歌中的巴黎和巴爾紮克小說中的巴黎很不一樣。《巴黎的憂鬱》被翻譯家亞丁說成是「一種充滿詩情、富有音樂美、沒有節奏和韻律、文筆靈活而剛健、正適合於心靈的激蕩，夢幻的曲折和良心的驚厥的散

---

[132]　凱薩琳·勒內韋等：《巴黎》，中國地圖出版社 2015 年版，第 5 頁。

文」[133]。應該說，亞丁的這種評論既貼切又充滿詩意，但在我看來，這與其說是波德賴爾獨創的一種文風，還不如說是巴黎故有的一種格調。

當然，波德賴爾的詩文有如現代派的畫作，雖然也很喜歡卻讀不太明白。倒是中國學者的一些作品，就像手機隨意拍攝的畫面，真實自然，令人倍感親切。如胡曉明教授在《巴黎美學劄記》中將自己在巴黎發現的某些有意思的場景寫成了詩，這種白描式的語句如此質樸無華，與其說這是一首詩，還不如說是塞納河邊的一幅寫生畫：

> 那是八月暮色裡的塞納 —— 馬恩省河畔，
> 我漫步橋頭，
> 河上傳來遊艇的汽笛聲聲，
> 河邊破舊的老鋼琴，輕揚流浪藝人熟悉的琴聲，
> 一群巴黎的天真老少，隨著他的琴聲歡聲合唱。
> 美麗的白雲變幻鬼臉，與遊艇一起在波心飄蕩，
> 泛舟的人與岸上的歌者相互揮手，興奮致意，
> 橋頭上一個黑人笑著迎面走來，
> 樹下那長髮的姑娘在低頭看書，
> 一群白鴿剛剛從水面掠過，
> 往巴黎聖母院的尖頂上飛去，
> 我深深呼吸一口氣：
> 一個詩的季節已經到來。

這種通常只有旅人與過客所感受到的喜悅，與書齋學者「久在樊籠」「複返自然」的感受有相似之處，但也有微妙的區別。這是一位旅法學者對巴黎之美相對直觀的感受。

筆者的師友中有不少人去過巴黎，並留下了許多難忘的趣事。一位朋

---

[133]　〔法〕沙爾·波德賴爾：《巴黎的憂鬱》，亞丁譯，三聯書店出版社 2004 年版，第 2 頁。

友的孩子作為美國名校的博士生，正在巴黎高師學習，年輕人為自己即將在巴黎聖母院近前居住一年而興奮不已。這種興奮的心緒，沒有親到巴黎和親見巴黎聖母院周邊美景的人是難以體會的。「到巴黎去」，這是很多中國年輕學子的夢想，尤其是那些學習藝術的莘莘學子。

100 多年來，巴黎究竟為中國培養了多少藝術家，這或許是一個有趣的話題。「巴黎見識過的藝術家太多。對於巴黎，任何時代都是黃金時代，它深深影響了中國近代和當代的藝術史，略數一下曾經在巴黎的中國藝術家們：從林風眠到徐悲鴻，從劉海粟到龐薰琹，從潘玉良到常玉，還有後來被稱為『留法三劍客』的吳冠中、趙無極和朱德群。這些照亮中國藝術史的名字，在巴黎尋找到了屬於自己的軌跡。」[134] 今天，像羅浮宮和奧賽博物館這一類的藝術殿堂，幾乎每天都會有懷揣藝術家之夢的中國學子流連其間。畢竟，巴黎不再只屬於法國，美麗的巴黎屬於整個世界。

尤其是在當今這個全球化的時代，作為世界文化藝術之都的巴黎，在藝術和審美時尚方面的影響所及早已不再局限於法國與歐洲，開放與包容的巴黎影響著包括中國和美國在內的整個世界。

1986 年，美國旅行作家大衛・唐尼帶著一張單程票和滿腦子對巴黎的浪漫想法，從老家三藩市來到巴黎這座「光之城」。有評論說，唐尼帶著一腔好奇心從靠近香榭麗舍大街一座沒有電梯、沒有暖氣的 7 層小閣樓出發，去探索蒙馬特高地、畫家莫迪裡亞尼的神祕寓所、埋葬著無數名流的拉雪茲公墓、擁有絢爛美景的盧森堡花園和位於塞納河「水中央」富麗優雅的聖路易島。唐尼後來移居充滿藝術氛圍的馬黑區，娶了法國出生的美國攝影師愛麗森・哈裡斯為妻。哈裡斯同樣也是一位遊記作者，同樣不可救藥地對旅行上癮。在經歷了四分之一個世紀，寫了 10 本書以後，唐尼仍然每天花好幾個小時，漫步在巴黎的大街小巷，繼續書寫他深愛的這座

---

[134]　楊鳳連：《中國藝術家與巴黎：巴黎，我們永不分離》，《芭莎藝術》2015 年 2 月 11 日。

城市。《巴黎，巴黎：漫步光之城》一書由 31 段關於巴黎的人物、場所和風物的素描組成，描摹了巴黎的流光溢彩的美，也白描了她最不為人所知的角落和平凡的小人物。

　　唐尼的《巴黎，巴黎：漫步光之城》中譯本的封底，有一段比較煽情的話，可以看作是該書的促銷廣告：被塞拉盆地的和風吹得微醺的巴黎，與所有偉大的城市一樣充滿活力與騷動，又以她不同的方式活潑地跳躍著，隨燈光變換而變化著她的姿態。這裡既是文學與電影寵愛的虛幻之城，是一片存在於想像中的土地，是透過不斷移動的迷茫的鏡頭看到的遠景，是讓—保羅·沙特在聖日爾曼德普雷的咖啡館中安有鏡子的牆上留下的煙蒂，也是我和兩百萬人在其中交稅，給鞋子換底，買捲心菜和清洗液的城市。

　　唐尼的筆下，巴黎是透過晃動與迷蒙的鏡頭形成的遠景，這座生機勃勃的當代大城市，和所有的大城市有相似之處，但又顯得與眾不同。數以百萬計的形形色色個性相異的眾生似乎在這裡共同表演一場大戲，而這場大戲的主題就是 4 個字 ——「享受生活」。

　　從藝術與審美的視角看，我們似乎很難再找到一個比巴黎更受世人寵愛的城市了。巴黎之美、巴黎之魅成為癡情粉絲揮之不去的情結。唐尼的書用輕快飛揚而又富有真知灼見的筆觸，將巴黎、巴黎人和巴黎現象的歷史及其文化氛圍，以及作者細緻入微的觀察巧妙地融為一體，讓讀者有一種親臨實地的感覺，細心品味其字裡行間所流露出的微妙感受，讓人似乎觸摸了巴黎。這裡有醉心於肉欲的畫家莫迪亞裡尼摯愛的蒙馬特，有迷宮般的地下墓穴和下水道。著名的拉雪茲神父公墓、盧森堡公園和低調奢華的聖路易城堡，都是大家耳熟能詳的景點，但唐尼筆下的巴黎具有一種誘人的陌生化魔力。

　　「巴黎這座城市有種說不清的魅力，而最能使我感受到這種魅力的就

是塞納河。她緩緩流動，蜿蜒成一條灰綠色的曲線，倒映在兩岸上一字排開的傾斜的鐵皮屋頂和巴黎大區陰晴不定的天空。海風把大西洋清新爽利的空氣送進了這座城市。每天當我走出家門在聖路易島周圍散步的時候，我都會問自己，如果沒有塞納河，巴黎會是什麼樣子。答案很簡單：沒有塞納河，就沒有巴黎……塞納河令巴黎的誕生成為可能，令一個場景滿是土屋的定居點變成一個都城。自 1210 年起，這個都市的象徵就是一艘船，船上有個引人注目的圖案，上面寫著 Fluctuat nec mergitiur ——『隨波起伏但永不沉沒』。幾個世紀以來，這條渾濁的水道讓激情抑或同樣程度的絕望流溢於巴黎人的心田、頭腦與鼻腔。」[135] 唐尼說的是聖路易島，這個作為巴黎生長點的船型河心洲。巴黎這棵參天大樹最初就是從這個小島上生根發芽的。

　　讀過《巴黎，巴黎：漫步光之城》後，我們發現，唐尼不僅是一個旅行作家，也可以說是一位城市之美的探尋大師。「我們跟隨他發現巴黎，這個眾所周知的城市充滿祕密 —— 偉大的生活，被浪費的生活，被遺忘的工匠，被丟棄的墳墓……」《英國病人》的作者邁克爾·翁達傑如是說。

　　在唐尼的這本書中，有許多看似漫不經意的文字有如一個懶漢的信手塗鴉，細細讀來，就會發現某種既熟悉又陌生的詩情畫意悄然隱伏於字裡行間。「如果漫步於聖路易島的街頭，你會感到心中一緊，一種憂傷的感覺緊緊地抓住你的心，不要問為什麼。只要看看這個與世隔絕的地方，昏暗的房屋和巨大而空曠的豪宅，就知道原因何在……」[136] 巴爾紮克的這段話，一定深深打動了唐尼。他在描述「塞納河島嶼」時，將其作為題頭引言。儘管乍看之下聖路易島和巴黎其他地方沒有本質差異，但她依然有一種難以言說的獨特神韻。在作者看來，這裡就像希臘人的「奧林匹斯山」

---

[135]　大衛·唐尼：《巴黎，巴黎：漫步光之城》，陳麗麗、吳奕俊譯，三聯書店 2016 年版，第 4 ～ 5 頁。

[136]　大衛·唐尼：《巴黎，巴黎：漫步光之城》，陳麗麗、吳奕俊譯，三聯書店 2016 年版，第 60 頁。

一樣神聖，從伏爾泰和布列塔尼到戈蒂耶、波德賴爾、帕索斯和「不能不提」的海明威，這些神一樣的作家和藝術家們都曾在這裡「生活過，工作過，戀愛過」。從一定意義上說，這裡是巴黎這個藝術之都中百花盛開的核心地帶，因而也可以說是一處別樣花開的美學之園。

對唐尼來說，聖路易島的迷人之處還在於，島上住宅周邊環境和縱橫交錯的道路都給人「不急不躁、波瀾不驚」的感覺。「最重要的是這裡如鄉村一般，能看到開闊的天空，建築物低矮，河流寬廣，勒阿弗爾的海風陣陣吹來。巴黎聖母院，這道城中最美的風景聳立於島後；奧爾良碼頭上的樹木連成一線，先賢祠的大圓頂就在樹葉之間若隱若現。你可以看到豐富的建築細節：精雕細琢的拱頂石、奇形怪狀的人面裝飾、鏽跡斑斑的系索環、石造的花環。」[137] 作為巴黎市民，唐尼對巴黎聖母院比鄰的聖路易島青睞有加，自然還有很多不言而喻的原因。但對於留學巴黎高師的中國青年來說，想必他會對附近的西岱島、市政廳、法蘭西學院、阿拉伯學院、聖雅克塔、盧森堡公園、奧賽博物館等更有興趣。尤其是步行可至的羅浮宮，那是一代代中國留學生心中藝術與審美的聖殿。

## 二　羅浮宮：至聖至美的藝術殿堂

2017 年 1 月 13 日至 3 月 31 日，中國國家博物館和法國羅浮宮博物館在中國國家博物館聯合舉辦了題為《羅浮宮的創想：羅浮宮與館藏珍品見證法國歷史八百年》的專題展。展覽共分為「大羅浮宮計畫」、「宮殿與王室收藏」、「羅浮宮與啟蒙運動」、「拿破崙博物館」、「從權力王宮到萬國博物館」、「今日羅浮宮」6 個部分。羅浮宮博物館館長讓－呂克·馬丁內茲在致辭中說，本次展覽彙聚了羅浮宮八大展區和歐仁·德拉克魯瓦博物館精心挑選的 126 件珍品，它們是地中海流域各個時期、各種創作技巧和藝

[137]　大衛·唐尼：《巴黎，巴黎：漫步光之城》，陳麗麗、吳奕俊譯，三聯書店 2016 年版，第 64 頁。

術風格的見證，中國觀眾可以從中看到一部從弗朗索瓦一世至今800餘年的藝術品收藏的歷史。當時報導此事的各種中文媒體流行的標題是：《「羅浮宮」搬到北京來了》。

　　中央電視臺曾經播放過一部紀錄片《當紫禁城遇見羅浮宮》，編導人員對羅浮宮進行了全方位的審美化展示。該片的解說詞也給人留下了深刻印象：人們如此豔羨羅浮宮，因為她是璀璨奢華的藝術沙龍。人們如此嘆服羅浮宮，因為她是藝術求索的終極聖地。作為享譽世界的藝術聖地，羅浮宮位於塞納河邊。1793年8月10日，她正式成為一座藝術博物館。

　　如今羅浮宮的收藏，從古希臘、伊特魯利亞、古羅馬的藝術品，到古埃及、古巴比倫等東方各國的藝術品，從中世紀到文藝復興時期再到現代、後現代，各個時期各種風格的作品，一應俱全。館藏雕塑，如〈米洛的維納斯〉、〈薩莫色雷斯的勝利女神〉（又名〈勝利女神〉）等都是冠絕古今的「神品」，且不說搜羅於世界各國的王室珍玩數不勝數，僅就達文西的〈蒙娜麗莎〉等繪畫精品而言，就讓人覺得「幾乎囊括了人類藝術所有精粹」。這類極度誇張的讚語，大約也只有羅浮宮擔當得起。朱自清說過：「博物院以羅浮宮為最大[138]；這是就全世界論，不單就巴黎論。」在朱自清眼裡，「羅浮宮好像一座寶山，蘊藏的東西實在太多，教人不知從哪兒說起好。畫為最，還有雕刻、古物、裝飾美術等等，真是琳琅滿目。乍進去的人一時摸不著頭腦，往往弄得糊裡糊塗」。

　　國際文化交流音像出版社出品的《羅浮宮：藝術的終點》是對羅浮宮開館200年審美歷程具有總結性意味的系列藝術片，該紀錄片播出以後，獲得較好的評價，有評論認為，它以唯美的藝術視角進行寫實，縱橫鋪敘

---

[138]　羅浮宮是世界最大的博物院是朱自清1930年代的說法。在當代世界著名博物館占地面積和展品數量的綜合排名中，羅浮宮只能勉強擠入前10名，如，與大英博物館的800萬件藏品比，羅浮宮的40萬藏品件並不算多，與中國國博20萬平方公尺的面積比，羅浮宮4.8萬平方公尺的面積並不算大。但從其所收藏的藝術品的審美影響力而言，羅浮宮仍可當之無愧地占據首席。

了羅浮宮的奇妙歷史、璀璨華麗的宮殿場景、不朽的藝術精品和藝術大師們的人生足跡以及他們身前身後的逸聞趣事，透過「藝術的終點」品鑑羅浮宮及其藏品的過程，就如享受一場人類審美精神的饕餮盛宴。

在「藝術的終點」裡，羅浮宮並不像一般宮殿那樣傲然聳立，絲毫沒有睥睨天下的王霸之氣。相反，低調奢華的羅浮宮最精彩的部分多半是藏在地下的。當遊人走進羅浮宮，拾級而下，有如穿越時間隧道，從古埃及法老渴望靈魂不朽的木乃伊到阿拉伯哈裡發鍾愛的日用器物，從古希臘精美絕倫的雕刻藝術品到古代伊特魯立亞與古羅馬的墓葬藝術品，從佛羅倫斯文藝復興時期一系列大師的經典畫作到北歐晚近的繪畫藝術珍品……僅僅地下一層的一小部分藝術藏品，就足以讓觀光者們目不暇接，眼花撩亂。想想看，羅浮宮居然貯存著數十萬件絕世藝術品，她的確無愧為熱愛藝術的法國人引以為榮的世界第一藝術寶庫！

據介紹，把羅浮宮變成博物館的最初計畫始於君主時代，不過，直到法國大革命爆發之後，這一創意才最終變成了現實。除了宮殿建築的展館化改造之外，更重要的是占領義大利和佛蘭德斯等地的軍隊向巴黎源源不斷地運送古畫和古代雕塑，姑且不論這究竟是對文化的掠奪還是對藝術的「解放」，至少在藝術品的拯救與保護方面，法國人功不可沒。一個毋庸置疑的事實是——羅浮宮成了眾多藝術精品的最後歸宿。

從美學的意義上說，羅浮宮堪稱是一座至聖至美的藝術宮殿，在這樣一座巨大的藝術神廟裡，每一個神位都有著一位大師的不朽。但出人意料的是，不論是居斯塔夫・庫爾貝、愛德格・德加斯、畢卡索，還是保羅・塞薩姆、莫內、塞尚納……他們在有生之年都無法看見自己的作品進入羅浮宮，即使那是他們的畢生願望。羅浮宮以它的「輝煌」驗證著大師們的「求索」，也以它的「冷酷」保證了自身的「高貴」。

筆者曾在羅浮宮聽到了一段有關其「金字塔入口」的故事，這一段傳

奇故事的主角是著名華裔建築師貝聿銘。據說當年法國當局希望對羅浮宮進行改造，主辦方希望世界各地著名的建築師藝術家能參與其中。貝聿銘先生提出的方案是在羅浮宮前面建造一組玻璃金字塔。這個想法受到了很多質疑：玻璃金字塔的建築材料與古老的羅浮宮是否顯得不夠協調？在羅浮宮的主建築前建造一座現代玻璃金字塔，會不會顯得不倫不類？

但是，經過貝聿銘先生的解釋，不少反對者由不以為然變得深為嘆服。第一，金字塔是迄今為止人類最古老的、體量最大的藝術品。第二，適當的角度所造成的自然光的反射是最佳的環保方案。他利用玻璃的自然反光解決了照明問題，而無須重新鑽孔布線，避免了對古建築牆體造成不必要的破壞。第三，金字塔還是巨大迷宮中的最佳的路標和「導遊」。金字塔本身就是一個無與倫比的藝術品，它為羅浮宮增添了現代氣息，同時也為現代科技在藝術的展示方面提供了一個鮮活的例證。

眾所周知，羅浮宮在巴黎的中心，它是這個藝術之都的心臟，也可以說是整個法國的心臟。它享有「世界四大藝博之首」的美譽，正如一位著名作家所說的，能夠參觀這裡的人都是「幸運兒」。但是它太大，看點太多，走起來太累。大多數人一掉進這個「海洋」裡，就會「迷路」。筆者初到羅浮宮就有找不到出口的尷尬經歷。

第一次進羅浮宮是隨團旅行途中的事情。記得是從杜伊勒花園方向進入的，即從羅浮宮西北角的卡魯塞勒入口到地下一層，然後徑直走到倒金字塔大廳。一位做巴黎「地接」的中國留學生為我們作講解。他首先帶我們一行人從地下一層中世紀羅浮宮城壕處進入，按部就班地看完德農館部分古物陳列後，又走馬觀花地看了些名畫。在隨後近兩小時的自由活動時間裡，我幾乎都泡在三層黎塞留館和敘利館看畫。那裡有尼古拉斯·普桑的《劫掠薩賓婦女》、雅各的《青年男子肖像》、牟利羅的《丐童》、魯本斯的《大力神赫拉克勒斯和翁法勒女王》、無名氏的《埃絲特蕾姐妹》、哈爾

斯的《吉普賽女郎》、弗蘭斯的《最後的晚餐》、尚帕涅的《祈禱》、馬丁·沃斯的《聖徒保羅在馬爾他被一條毒蛇咬傷》等數不清的名畫，它們無一不是美術史上的大師傑作。

其中魯本斯的《馬薩格泰女王》令人印象深刻，作品主畫面描繪的是女王命人將「世界之王」居魯士大帝的人頭放置在銅盤上的瞬間。為了給戰死沙場的王子報仇雪恨，女王傾舉國之力實現了讓波斯王「飽飲鮮血」的誓言。文森特的《底比斯女王和兒女》將《俄狄浦斯王》和《安提戈涅》等悲劇故事濃縮到一幅畫面之中，將「殺父娶母」「兄弟鬩牆」以及「國王自我流放」等古希臘傳奇故事透過伊俄卡斯忒貫穿起來，這一巧妙的構思令人嘆服。令筆者震驚不已的是查理斯·梅林的《羅馬慈善》，裴若的父親慈蒙因故被打入死牢，執行的方式是強迫其絕食。為了不讓老人餓死，女兒每天都偷偷給獄中的父親餵奶！這個與殺父娶母一樣刺痛人心的悲劇畫面，令人一睹難忘。據說裴若的無私美德打動了法官，慈蒙因此獲得了自由。

當筆者從希臘神話和聖經故事等真假難辨的「太虛幻境」中「醒來」時，頗有失魂落魄之感，正不知何去何從之際，一位滿面春風的巴黎女郎迎面走來，問我是否需要幫助，或許為遊客指點迷津就是她的職責？得知我需要找展館出口的意圖後，她伸掌並指，指向下方，不緊不慢地連說：「當、當、當，OK？」我知道她的意思是往下，往下，再往下。於是OK！對我來說，她說出的這個簡單的英文單詞「Down」，就如同破解如何走出「盧浮迷宮」之難題的密碼。她解釋說，無論你在羅浮宮的哪一個展館，一旦迷失了方向，你只要記住這個「Down字訣」，見到樓梯就往下走，直到能夠看見展館底層的貝聿銘「倒金字塔」，你找尋的出口就會出現在眼前。我問她是否知道貝聿銘？她不假思索地說：「啊，呸！出生在中國的美國人，建築大師！他把古老的東方智慧帶到了法國的羅浮宮。」

「啊，呸！」巴黎女郎就是這麼誇人的嗎？原來貝聿銘 (Ieoh Ming Pei) 的英文名字中確有呸 (Pei) 這個發音。

關於羅浮宮的金字塔，筆者忍不住從美學視角發幾句感慨。在一幢古老的王宮門前安放幾座玻璃金字塔，這顯然是一個違背常識與常規的想法。這兩座 1989 年落成的金字塔，是密特朗執政期間的一大期望名垂青史的政績工程 ——「大羅浮宮計畫」，不過，在密特朗動議之初，羅浮宮的改造卻是倍受奚落與嘲諷的「花架子工程」。

如前所述，有一種傳聞說，當年法國當局決定改造羅浮宮時，世界上不少著名設計師參與了改造工程的競標，美籍華裔建築師貝聿銘以其天才的環保理念技壓群芳，奪得了博物館入口處設計的標的。但唐尼的說法明顯不同：「當年『伯伯』（法國人對密特朗的昵稱）大手一揮，找來了建築師貝聿銘打造『大羅浮宮』，這在技術層面來說是一種犯規。」[139]哪種說法更準確其實並不重要，重要的是貝聿銘的玻璃金字塔，不僅合理利用了光學原理，成功地避免了改造照明線路對館牆的損害，而且也成功地改進了參觀線路。觀眾利用金字塔的指引，可以直接去自己喜歡的展廳，而不必像過去那樣在不同展廳之間長距離繞行。更為重要的是，金字塔的建造，使後勤服務設施占地面積節約了 30%。古老的金字塔激發了華裔建築師的靈感，東方審美智慧在西方藝術之都完成了一次無與倫比的耀世綻放。

資料表明，羅浮宮始建於 1204 年，原是法國的王宮，居住過大約 50 位法國國王和王后，是法國文藝復興時期最珍貴的建築物之一，以收藏豐富的古典繪畫和雕刻而聞名於世。現在的羅浮宮博物館，歷經 800 多年擴建重修達到今天的規模，占地約 1.98 平方公里，分新老兩部分。宮前的金字塔形玻璃入口，占地面積為 0.24 平方公里。1793 年 8 月 10 日，羅浮宮藝術館正式對外開放，成為一個博物館。羅浮宮藏有被譽為世界三寶的

---

[139]　大衛·唐尼：《巴黎，巴黎：漫步光之城》，陳麗麗、吳奕俊譯，三聯書店 2016 年版，第 44 頁。

〈米洛的維納斯〉雕像、〈蒙娜麗莎〉油畫和〈勝利女神〉石雕，擁有的藝術收藏達 40 萬件以上，包括雕塑、繪畫、珍寶、古代東方、古埃及、古希臘和古羅馬等 6 個門類。有古代埃及、希臘、伊特魯裡亞、羅馬和東方各國的藝術品，有從中世紀到現代的雕塑作品，還有數量驚人的王室珍玩以及繪畫精品，等等。

筆者雖曾三訪羅浮宮，但遺憾的是從未有近距離凝視〈蒙娜麗莎〉的機會，因為珍藏這幅名畫的展廳總是人滿為患，每次無不興奮地擠入羅浮宮二樓中間這個最神祕、最熱鬧的展室，都會產生某種失望之感。因為在那幅太過袖珍的世界名畫前，總是一片人頭攢動的景象，因此我每次都只能遠遠地看一眼那小小的畫框，無可奈何卻又心有不甘地離去，以致讓我懷疑，蒙娜麗莎那所謂的「神祕的微笑」是否帶有某種嘲諷的意味。因為我實在不願像擠春運火車那樣去欣賞一幅藝術作品，即便她是達文西的〈蒙娜麗莎〉，那又怎樣？

畢竟看畫要受環境和心境的影響，如果讓一種令人尷尬的氛圍破壞一幅名畫在心中的美好印象，那我寧可不看。我期待有一天能夠邂逅一種欣賞〈蒙娜麗莎〉的清淨環境與清涼心境，就像在寬敞優雅的橘園欣賞莫內的《睡蓮》那樣悠閒自得。

也許〈蒙娜麗莎〉原本就是「只可遠觀不可褻玩」的那種神一樣的作品！有時我甚至慶倖自己始終與她保持著「必要的距離」。真正的藝術經典都不能不讓其擁有一定程度的神祕性。對於〈蒙娜麗莎〉來說，神祕性甚至有甚於其藝術性。從一定意義上說，沒有神祕性就沒有審美性。在很大程度上，有無神祕性是雕塑藝術與解剖模具的差異所在。

眾所周知，〈蒙娜麗莎〉完成於 1503 年，這位 500 年前的普通女子畫像之所以如此引人注目，千差萬別的種種傳說所營造的神祕氛圍，絕對在其最重要的因素之列。被置放在防彈玻璃罩內，被鑲在安全係數極高的牆

壁中，展廳的溫度與濕度也在無損於畫作的特別規定的範圍之內。這些看似平常的保護措施，實際上具有極高的技術難度，譬如說特製鋼化玻璃罩，既要有可靠的防盜功能，又不能影響展覽的效果，玻璃周圍射出的燈光，還必須讓觀眾能夠看清畫面的各個細節。

不少人把〈蒙娜麗莎〉乾脆叫作「永恆的微笑」，或稱其為西歐畫史上首幅側重心理描寫的作品，或讚其為人類歷史上最偉大藝術家的最偉大的藝術品，還有人說她成功地塑造了資本主義上升時期城市有產階級的婦女形象云云。畫中人物坐姿優雅，笑容微妙，背景山水幽深而茫遠，淋漓盡致地發揮了達文西獨創的煙霧狀「空氣透視」法的藝術效果，使人物豐富的內心感情和美麗的外形達到巧妙的結合。對於畫像面容中眼角唇邊等表露感情的關鍵部位，也特別著重掌握精確與含蓄的辯證關係，達到了神形兼備的極致之境。有人說蒙娜麗莎的微笑具有一種神祕莫測的千古奇韻，她那如夢似幻的嫵媚微笑，被不少美術史家稱為「神祕的微笑」。更奇妙之處在於，在這幅名畫跟前，不論你從哪個角度看，她那溫和的目光總是微笑地注視著你，生動異常，仿佛她就在你身邊。

據朱自清的《巴黎》說，達文西的〈蒙娜麗莎〉畫了 4 個年頭，為了她那甜美微笑的樣子，每回「臨像」的時候，達文西總請些樂人彈唱給女主本人聽，讓她高高興興坐著。於是這才有了那神祕的微笑。用朱自清的話來說，那微笑太飄忽了，太難捉摸了，好像常常在變幻。這如果是個「奇跡」，那也不過是造型藝術的「奇跡」罷了。朱自清接著寫道：「這兒也有些理想在內；達文齊筆下夾帶了一些他心目中的聖母的神氣。近世討論那微笑的可太多了。詩人，哲學家，有的是；他們都想找出點兒意義來。於是蒙那麗沙成為一個神祕的浪漫的人了；她那微笑成為『人獅（Sphinx）的凝視』或『鄙薄的諷笑』了。這大概是她與達文齊都想不到的吧。」

與〈蒙娜麗莎〉齊名的是〈米洛的維納斯〉。洋溢著青春之美的女神

雕像「斷臂維納斯」已經是世界家喻戶曉的藝術神話。大理石雕，兩米多高。相傳是古希臘的亞歷山德羅斯於西元前 150 年至前 50 年間雕刻的。其雕像於 1820 年 2 月發現於愛琴海的希臘米洛斯島一座古墓遺址旁，是一尊手臂殘缺的大理石雕塑。這件作品中的美神全身半裸，面容俊美，身材勻稱，衣衫滑落至髖部，左右臂殘缺，卻完美地展示出女性特有的曲線美，顯得端莊而嫵媚。法國人重金收買後陳列在羅浮宮特闢的專門展室中，以其絕世魅力震動了世界。自此以後，這尊雕像就以「斷臂維納斯」之名著稱於世，成為愛與美的象徵。朱自清對〈米洛的維納斯〉的評價也頗有特色。他認為這座雕像不但有生動的形態，而且有溫暖的骨肉。她又強壯，又清明；單純而偉大，樸真而不奇。所謂清明，是身心都健康的表像，與麻木不同。這種作風頗與西元前 5 世紀希臘派特農神廟的監造者、雕刻家菲狄亞斯相近。

眾所周知，維納斯是羅馬神話中的愛神與美神，也是象徵豐饒多產的女神，即古希臘神話中的阿芙蘿黛蒂。有關這位美神的種種說法，實在太多太多，其中有關「維納斯的玉臂是如何致殘的」的傳說似乎不只是個傳說。有文獻指出，1820 年，希臘愛琴海米洛斯島上的一位農民在挖土時發現了一尊美神雕像。消息傳出，正好有一艘法國軍艦停泊在米洛斯港，艦長得知消息後立即趕到現場，想買下，卻沒有現金。結果，「維納斯」被一位希臘商人買走，並準備運往君士坦丁堡。眼見寶物就要失去，熱愛藝術的法國人很不甘心，艦長當即決定驅艦前去阻攔。於是雙方發生了混戰，結果維納斯雕像的雙臂被打碎。雙方爭執不下，後由米洛斯地方當局出面解決，由法國人用錢買下雕像，貢獻給法國國王。就這樣，「維納斯」被運到法國，並成為轟動當時的新聞趣事。

美神維納斯及其演變的歷史，就是一部西方藝術史和西方審美觀念發展史。從審美與藝術的視角上說，從希臘神話與荷馬史詩開始直到雅典、

羅馬、佛羅倫斯、巴黎甚至倫敦、紐約等國際大都市的詩歌、音樂、繪畫、雕塑等幾乎一切與美相關的東西，我們都能直接或間接地感受到維納斯的魂魄在其中翩翩起舞。且不說舊石器時代《威藍道夫的維納斯》（維也納自然博物館）、《勞塞爾的維納斯》（巴黎聖熱芒博物館）等幾萬年前的女神像被美術史家不加分別地追認為維納斯，單是普拉克西特列斯的維納斯就有幾個版本（《含羞維納斯》和〈尼多斯的維納斯〉）。文藝復興以來，維納斯的形象更是俯拾即是，如弗朗切斯科《維納斯與兩隻鴿子》、波提且利《金星和火星》[140]和〈維納斯的誕生〉、喬爾喬內《沉睡的維納斯》、克納拉哈《維納斯與丘比特》、提香《烏爾比諾的維納斯》、委羅內塞《維納斯與瑪律斯》、維拉斯蓋茲《照鏡子的維納斯》、摩羅《維納斯》、布格羅〈維納斯的誕生〉……

不難看出，羅浮宮的〈米洛的維納斯〉只是美神維納斯變化萬千的神姿仙態中的某個瞬間而已。在這一瞬間，維納斯的形象表現出古典希臘女性的典型特徵：橢圓的臉蛋，筆直的鼻梁，豐滿的前額，稍翹的嘴角，潤滑的下巴。神情端莊、嫻靜、凝重，體形修長，左腿微曲，顯露了曲線的起伏節奏。她豐滿而聖潔，柔媚而單純，優雅而高貴，充溢著青春與生命的意趣，這是靈與肉的完美統一，是愛與美的和諧圓融，是神與人的自然合一，構成了人體美的宇宙，是人類追求女性美的理想化象徵。法國雕塑大師羅丹讚嘆說：「這簡直是真的肌肉，撫摸她可以感到體溫的！」

如前所述，在〈米洛的維納斯〉問世之前與之後，藝術史上有多如繁星的藝術品以維納斯（或阿芙蘿黛蒂）之名流行於世。僅僅在羅浮宮裡，就有無數類比維納斯的作品，某些繪畫與雕塑，甚至直接以維納斯命名，其中有一些比〈米洛的維納斯〉年代更早。譬如說在羅浮宮〈米洛的維納斯〉的同一展廳裡，就有比之更早更有其藝術獨創性的雕像〈尼多斯的維

---

[140]　《金星和火星》（*Venus & Mars*）也譯作《維納斯與瑪律斯》或《美神與戰神》。

納斯〉（也可稱作「尼多斯的阿芙蘿黛蒂」）。對西方藝術史稍有了解的人都知道，「尼多斯的維納斯」是古希臘最偉大的雕塑藝術家普拉克西特列斯的代表作，是後世眾多大理石雕刻藝術品頂禮膜拜的先驅。

　　儘管普拉克西特列斯這位雅典的雕塑家流傳下來的生平事蹟不多，且生卒不詳，但可以肯定的是他的主要創作年代為西元前 370 年到前 330 年，比〈米洛的維納斯〉大約要早 200 年。普拉克西特列斯一生創作了大量的大理石雕像，是古希臘古典藝術後期的代表人物，據說雕像的模特就是他的戀人——當年雅典最美的少女芙瑞尼。雕像表現了剛剛脫去衣服，正欲邁步走向海中的阿芙蘿黛蒂，作者將女神的裸體塑造為優雅的 S 形，有效地突出了女性身體的曲線美，雕像雙目微斜，似略感羞澀，充分表現出女性的溫柔嬌媚之態。遺憾的是此作原件已不知所蹤，但後世大量仿作對雕塑與繪畫藝術都產生了深遠的影響。普拉克希特列斯善於將神話傳說中的人物納入平凡的日常生活中加以刻畫，其作品風格柔美，長於抒情，將鮮明的宗教色彩和世俗化審美意識水乳交融地結合起來，從而確立了西元前 4 世紀希臘雕塑的藝術特徵。

　　相傳《尼多斯的阿芙蘿黛蒂》（即〈尼多斯的維納斯〉）是希臘第一座全裸女雕像，當年陳列在底比斯的尼多斯之神殿時，引起了巨大轟動，希臘各地不少人專門航海來到尼多斯就是為了一睹美神的絕世風采。據說當初普拉克西特列斯同時塑造了兩座雕像，標了同樣的價錢同時拿來出售。其中一座披著衣服，另一座是裸體。從科斯來的人選擇穿衣服的，他們認為這是件應該被嚴肅看待的作品。另一座被尼多斯人買下，因為沒有衣服反倒更有名聲，後來名聲越來越大，以致尼科梅達斯王（前 90 至前 74 年在位）打算從尼多斯人手中買下這座裸雕，以抵消尼多斯城欠下的龐大債務。可是，尼多斯人寧願承擔一切債務也不願失去雕像，因為正是普拉克西特列斯的這座雕像，使得尼多斯人聞名遐邇，且獲益多多。

　　盧奇安在《形象篇》裡講里奇奧斯時也提到了普拉克西特列斯的裸體阿芙蘿黛蒂：在一次為潘狄亞收集形象時，里奇奧斯僅僅選取了普拉克西特列斯的尼多斯的阿芙蘿黛蒂的頭部，當他把各部分裝配在一起時，完整的雕像就出現了。因為是裸體，故而他不想利用軀體的其他部分。但頭髮和前額的樣式，還有眉毛均勻的輪廓，都像普拉克西特列斯原作的樣子；同時，她有一雙如露珠一樣含著喜悅的光彩、親切宜人的眼睛。年齡也準確的依照尼多斯的阿芙蘿黛蒂的樣子。盧奇安又在《論愛情》裡講到尼多斯的阿芙蘿黛蒂：充分領略了花園植物叢中的樂趣，我們走過神廟，女神的塑像居於中間，這是一座非常美麗的帕羅斯島大理石的塑像。雕像似乎含有一絲驕傲的輕蔑表情，啟齒略顯微笑，整個裸體具有光彩照人的美，沒有任何衣物裹身，僅僅把一隻手擺在前面似有遮羞之意。難以駕馭的堅硬的岩石，在藝術家卓越的技巧面前，每一部分肢體都處理得恰到好處。神廟有兩個入口，（第二個入口）是為那些希望直接從背後觀看女神的人而開的，因為無論從哪個角度看，女神都沒有缺點。為了更全面地欣賞女神的美質，我們繞到了後面。當掌管鑰匙的婦女打開廟門時，女神出人意料的美立即抓住了我們……除了眾多的雕塑藝術品外，羅浮宮的繪畫館收藏也是世界上其他藝術館難以比擬的。單是一份羅浮宮藝術品清單，就足以讓任何美學著作黯然失色。

　　我們走出羅浮宮，仿佛從一場美夢中醒來，抬頭看看塞納河對岸，艾菲爾鐵塔映入眼簾。於是，我們又悠然飄入另一場夢，在戰神廣場[141]之上，在藍天白雲之間。

---

[141]　艾菲爾鐵塔建在塞納河邊的戰神廣場上，羅馬戰神瑪律斯相當於希臘神話中的阿瑞斯，因其是美神維納斯的情人，在羅浮宮眾多藝術作品中，瑪律斯常常伴隨著維納斯出現。

## 三　艾菲爾鐵塔：地標建築的美學意義

我們這些作家、雕塑家、建築師、畫家，以及一些熱愛迄今為止尚未受損的巴黎美麗景觀的人，現在，以備受輕蔑的法國美學之名義，並以受到威脅的法國藝術和歷史的名義，對在首都中心建立無用的、可怖的艾菲爾鐵塔，表達強烈、憤怒的抗議。

——《藝術家抗議書》

朱自清的長篇美文《巴黎》中講述了一個富有戲劇性的故事：在巴黎的眾多雕塑中，有位叫羅特的藝術家，他的雕塑《舞群》是「最有血有肉」，也「最有情有力」的藝術精品。由於羅特走的是寫實派藝術家的路子，他的作品血肉豐滿、栩栩如生，這並不奇怪。但因為作品形象太過生動了，以致當時有人看了甚為反感。「1869 年這些雕像揭幕的時候，一個宗教狂的人，趁夜裡悄悄地向這群像上倒了一瓶墨水。這件事傳開了，然而羅特卻因此成了一派。」因遭受激烈的批評而獲得更多的讚美，這也是巴黎常常發生的傳奇故事。巴黎就是這樣一個充滿藝術創新精神和文化保守主義的古怪城市。在巴黎，羅特的故事有各種各樣的版本。譬如說巴黎的 3 座「高大上」建築，艾菲爾鐵塔、蒙帕納斯大廈和聖心大教堂，都曾有過類似於被「潑墨」的經歷。

艾菲爾鐵塔，這一舉世聞名的巴黎象徵物，在其建造之初，也有不少人認為它是一個「粗笨的愚物」。連小仲馬、莫泊桑這樣的文豪都不遺餘力地對其口誅筆伐，認為它毀掉了美麗巴黎的和諧與純潔。前文所引的發表於 130 年前的《藝術家抗議書》，就是當年巴黎的一批作家、雕塑家、建築師、畫家等文化名人，「以美學之名」抗議修建艾菲爾鐵塔的原始文獻。這些抗議者的理由是艾菲爾鐵塔有損巴黎之美。「巴黎城，難道將要與此稀奇古怪的風格，與一位機械設計師的粗俗而帶商人氣的想像，長久地連

繫在一起，以至於無可挽回地蒙受羞辱和變得醜陋嗎？因為，連商業化的美國都不想要的艾菲爾鐵塔，無疑將成為巴黎之恥。對此，人人覺察，人人議論，人人深受折磨，而我們的抗議只不過是如此自然的對飽受震驚的普遍意見之微弱回聲而已。」[142]

抗議者們聲稱，當外國人來巴黎參加展覽會時，會為法國人居然能夠接受如此可憎之物感到震驚，會嘲笑法國人居然能接受如此「浮誇的趣味觀念」。崇高的哥德式巴黎將就此黯然失色。但後來的事實卻出人意料地出現了「安徒生童話式」的逆轉：艾菲爾鐵塔竟然成了浪漫巴黎的審美精神的化身。必須指出的是，在城市美學史上，這種「醜小鴨」式的故事可謂比比皆是，艾菲爾鐵塔不過是這類故事的一個代表而已。

有一則中國導遊調侃艾菲爾鐵塔的「段子」說，著名作家莫泊桑經常光顧艾菲爾鐵塔的餐廳，儘管他很不喜歡那裡的飯菜。有人不解地問他，你既然逢人就罵鐵塔這蠢物，為什麼又這麼喜歡它，居然以塔為家？作家的回答大出問話人的意料：「無論我走到哪裡，它都在我眼裡戳著，只有坐在這裡，我才看不見這討厭的鐵架子！」

這則笑話並非空穴來風。羅蘭·巴爾特著名的《艾菲爾鐵塔》就是以這則名人逸事開頭的，然後他不無感慨地說：「真的，在巴黎，你要想不看到艾菲爾鐵塔，就得時時處處當心。不管什麼季節，不管是雲霧彌漫、薄雲蔽日、陰天、雨天，還是風和日麗，不管你在哪裡，也不管有哪一片屋頂、教堂或樹葉，把你和它隔開，鐵塔總在那兒。它已融入了我們的日常生活……其意義雖可不斷質疑，其存在卻不容爭辯。」巴爾特說：「鐵塔其實也出現於全世界。首先，作為巴黎的一個一般象徵，它出現在世界各處──只要人們想用形象來表示巴黎時……任何有關法國的課本、招貼畫或電影，都必定把它作為一個民族和一個國度的主要象徵：它屬於世

[142]　法國《時代報》1887 年 2 月 14 日，轉引自羅蘭·巴爾特《艾菲爾鐵塔》扉頁題詞，李幼蒸譯，中國人民大學出版社 2008 年版。

界性的旅行語言……它簡單質樸的外形，賦予了它一種含意無窮的密碼使命，結果隨著我們想像的推移，它可依次成為如下事物的象徵：巴黎、現代、通信、科學或 19 世紀、火箭、樹幹、起重機、避雷針或螢火蟲，隨著我們夢想的遨遊，它必然總是一個記號。」[143]

今天，幾乎所有的觀光客，都會接受巴黎人的饋贈 —— 形形色色的艾菲爾鐵塔模具，因為那既是巴黎的象徵，也是巴黎人的驕傲！

如前所述，偉大建築物的「醜小鴨式」的傳奇經歷非只艾菲爾鐵塔一例，單就巴黎而言，還有許多「家族相似」類的故事。矗立在塞納河左岸的蒙帕納斯大廈，其建造之初也被巴黎人鄙夷地稱作「黑寡婦」或「幽靈塔」。巴黎人中間流傳一句「莫泊桑」式的玩笑話：蒙帕納斯樓頂端提供全巴黎最美的視野，因為那是全巴黎唯一看不見「黑寡婦」的地方。這個今天大受世人喜愛的「高大上」經典景點，幾乎終年都有人排隊等候著，以便感受一下「鳥瞰巴黎」的神奇體驗。筆者曾有幸乘坐「歐洲最快的電梯」，登上了蒙帕納斯 200 餘米高的旋轉層，當時那種「絢麗巴黎盡收眼底」的奇妙感受，至今歷歷在目。

蒙馬特高地上的聖心教堂是僅次於艾菲爾鐵塔的巴黎制高點。這裡以其視角廣闊、景色如畫而著稱。在巴黎這個浪漫之都海拔 129 公尺的山丘之上，挺立著這座宏偉的建築，因相對高度較高，聖心教堂讓所有的參觀者都有高山仰止的感覺。從聖心教堂所在的山丘往巴黎市中心看，巴黎的千年歷史盡收眼底。人們也可以登臨聖心教堂中心最高的大圓頂，從那裡能看到周圍方圓 50 公里內的景物。這個巴黎市民集資修建的教堂，也同樣遭受過被「潑墨」的命運。在其竣工之初，某些在審美觀念上抱殘守缺的雅士名流，對其表現手法吹毛求疵，認為設計者這種融合羅馬式、拜占庭式和羅曼建築風格的設計不倫不類，更有為其「笨拙的拱頂設計」痛心

---

[143]　羅蘭·巴爾特：《艾菲爾鐵塔》，李幼蒸譯，中國人民大學出版社 2008 年版，第 1 ～ 2 頁。

疾首者，大有必欲除之而後快的態勢。但幸運的是，這些「高大上」建築不久以後都走出了自己的「灰姑娘」階段，並都在經由一個「醜小鴨」轉變成了「白天鵝」的過程中獲得了人們的喜愛。

這樣的例子還有很多，前文所述的貝聿銘金字塔是一個典型個案，當初那些異口同聲喝倒彩的媒體與大眾，如今都為貝氏的成功設計折腰嘆服！相反的例子是「弗拉索瓦花架子工程」──「新凱旋門」，據說這是密特朗當年的所有大專案中唯一一個全票通過的工程，但竣工後人們卻發現這一平庸的建築並未收到動議者所期許的效果。這些事例是否可以讓人從另一個方面看到，原來浪漫的巴黎人，也有頑固的執古守舊做派和審美意識方面的惰性？也許有人會說，巴黎人覺得自己的城市太完美了，「添一分則多有冗餘，減一分則顯出不足」，他們幾乎不能容忍任何人，在任何時候，以任何理由，採取任何方式，對美麗的巴黎作任何改變。或許，自美其美到近乎固執的巴黎人能夠讓這座城市奇跡般地保持 150 年不變，奧祕真的就在於此嗎？誰也不能肯定。但無論如何，世界上再沒有任何一個城市會像巴黎這樣經久不變。從這個意義上說，有人認為「巴黎是一本完美之城的法典，任何改變都應慎之又慎」。這麼說好像也確實有些道理。

像艾菲爾鐵塔、羅浮宮金字塔、蒙帕納斯大廈、聖心教堂等這樣一些著名建築物，幾乎都是在飽受詬病的過程中漸漸實現其華麗轉身的，它們是在經過了一個有如「昆蟲化蝶」的蛻變之後，才漸漸被世人視為「城市地標」的。巴黎還有很多著名建築物在成為地標過程中都有過類似的傳奇故事。無論是古典建築巴黎聖母院還是現代建築蓬皮杜藝術中心，都曾有過極不平凡的經歷，在某些正在經歷「化蝶之痛」的建築物中，巴黎東郊的後現代城或許是一個悲劇性的例子：設計者試圖建造一個後現代城來取代老巴黎，但遭到了老巴黎人無情的蔑視和遺棄。但筆者相信，後現代城不會就此永遠被廢棄，或許在不久的將來，它會變成巴黎人的驕傲。若真

有那麼一天，人們將驚訝地看到，在巴黎東郊又湧現了一批個性鮮明的新地標。

眾所周知，地標建築既是一個城市的象徵，也是一個城市的名片，更貼切地說，就是一個城市的臉面。一個沒有著名地標的城市，注定只能是個平庸的城市。當人們提起某個城市的時候，他們的腦海裡往往會自動浮現出那個城市的地標性建築的身影。例如北京天安門、耶路撒冷圓頂清真寺、羅馬角鬥場、雅典衛城、比薩斜塔、紐約自由女神像、巴黎艾菲爾鐵塔等世界知名地標建築，只要這些建築的名字在眼前、耳邊或腦際閃過，人們立刻就可以聯想到其所在城市乃至整個國家。即便沒有過親臨現場的經歷，只要在電影電視或圖畫上看過，地標建築的形象就會以城市的名義貯存到大腦裡。一遇觸媒刺激，這些地標形象的記憶就會快速複現。一個城市的美學特徵，往往會在它的一些地標建築上得到鮮明體現。但建築物在形成城市地標的過程中，往往會經歷意想不到的波折，即便僥倖沒有什麼意外事件發生，也很難按照設計者最初的預想，一蹴而就地成為城市地標。

如前所述，作為巴黎的名片和臉面，艾菲爾鐵塔幾乎經歷了一座城市標誌建築物所能經歷的一切。資料表明，艾菲爾鐵塔是一座為 1889 年世博會興建的鐵塔。

有資料說，艾菲爾鐵塔高 324 公尺，相當於一座 81 層樓的高度，直到 1930 年紐約的克萊斯勒大廈完成之前，它一直是世界上最高的人造景觀，到目前為止，它仍然是巴黎和法國的最高建築物。1957 年巴黎人在鐵塔頂上樹立了一根用作廣播天線的鐵杆，它現在反倒比克萊斯勒大廈高出了 5.2 公尺。法國人為什麼如此在意保持艾菲爾鐵塔的這個世界紀錄呢？這要從建造鐵塔最初的動機說起。

1889 年正值法國大革命爆發 100 周年，法國人希望借舉辦世博會之

機留給世人深刻的印象，尤其是 1851 年倫敦舉辦萬國博覽會取得了空前的成功之後，巴黎更是不甘落後。法國人一直想建造一個超過英國「水晶宮」的博覽會建築。1889 年適逢法國大革命百年紀念，法國政府決定隆重慶祝，在巴黎舉行一次規模空前的世界博覽會，以展示工業技術和文化方面的成就，並建造一座象徵法國革命的紀念碑。籌委會本來希望建造一所古典式的，有雕像、碑體、園林和廟堂的紀念性群體，但在 700 多件應徵方案裡，選中了結構工程師古斯塔夫‧埃菲爾的設計：一座象徵機器文明、在巴黎任何角落都能望見的巨塔。

時年 53 歲的亞歷山大‧古斯塔夫‧埃菲爾是當時歐洲有名的建築設計師，19 世紀下半葉的大部分著名建築的設計師名錄中都能找到他。埃菲爾建議法國當局建造一座高度兩倍於當時世界上最高建築物 —— 胡夫金字塔、科隆大教堂和烏爾姆大教堂的鐵塔。

如前所述，當時巴黎的文化人士聽說這個計畫後馬上就發表了抗議信：「該清楚地認識到我們在追求什麼了，該想像一下這個奇怪可笑的鐵塔了。它如同一個巨大的黑色的工廠煙囪，聳立在巴黎的上空。這個龐然大物將會掩蓋巴黎聖母院、羅浮宮、凱旋門等著名的建築物。這根由鋼鐵鉚接起來的醜陋的柱子，將會給這座有著數百年氣息的古城投下令人厭惡的影子……」

艾菲爾鐵塔的設計誕生是在一個變革的時期，作為現代主義作品，鐵塔對古典的穹隆頂模式發起了挑戰。19 世紀的巴黎依然崇尚文藝復興古典主義的風格，建築師們對古典穹隆頂的風尚念念不忘，埃菲爾設計的鐵塔反傳統立場可謂旗幟鮮明。鐵塔是鋼鐵結構建築，自從「水晶宮」作為歷史上第一個利用玻璃、鋼鐵和木材建造出的大型建築物開創了現代建築的源頭之後，還沒有能與之媲美的城市建築產生。

以上資料主要來源於「百度百科」「維琪百科」等知名網站，出人意料

的是，「維琪百科」的「艾菲爾鐵塔」詞條，竟然專門撰寫了一節艾菲爾鐵塔的「美學特徵」：塔身塗上了 3 種顏色。鐵塔原本是紅褐色的，但隨著高度的增加顏色越來越淡，如此，鐵塔在色調上與巴黎的天空形成了完美的搭配。而從上往下看，鐵塔的顏色越來越深，其底部的鐵褐漸漸接近於青銅色，人們將這種顏色稱為「埃塔褐」。一部偉大的好萊塢電影以一種「陳詞濫調的口吻」說，巴黎所有的窗外風景中總會有艾菲爾鐵塔的身影。但由於各街區的建築物高度有嚴格的限制，巴黎的大多數建築不超過 7 層，因此實際上只有少數高層住戶推開窗戶，才有可能看到藍天白雲下的鐵塔魅影。

鐵娘子傲然屹立，風姿綽約，已經迎風沐雨站立了一百多年。既然是「娘子」，那麼她就得沐浴洗澡，梳妝打扮。牧女固然比不上沙龍貴婦，但長年餐風飲露、披星戴月，她也有疲憊倦怠的時候，如何讓有「鐵娘子」之稱的「雲中牧女」永葆青春，這個曾經讓巴黎當局絞盡腦汁的難題早在百年之前就解決了。答案其實很簡單，那就是每隔 7 年上一次油漆，不過，這種油漆的顏色比較特殊，即所謂「埃塔褐」。

一般時候，人們在遊覽時只為鐵塔高大宏偉的氣魄所驚嘆，為她巧奪天工的創意所嘆服，鐵塔的色彩反倒很少有人關注。其實「鐵娘子」之美，除去其風姿綽約與骨骼清奇的珠聯璧合之外，她本身的色彩與自然光線的無窮變化和多樣結合，使美麗的鐵塔顯得更加光彩照人。每當日升月落之際、朝暉夕陰之間，雲中鐵塔的神姿仙態，如夢如幻，變化萬千，令人回味無窮……

說不盡的巴黎處處彌漫著無以言表的美。對於巴黎，任何讚頌的話語都難免沾帶一些庸俗氣，正如徐志摩所說的，「任何讚美都是多餘的，正如讚美天堂是多餘的」一樣。當然，也有一些著名的批評文字，如前文提到的《惡之花》與《巴黎的憂鬱》。事實上，前文提及的唐尼，作為一個

常住巴黎的美國人，他筆下的巴黎就具有強烈的批判意識，如《巴黎，巴黎：漫步光之城》、《從巴黎到比利牛斯》、《品味巴黎》、《戀戀巴黎》、《夜遊巴黎》等，這些看似用情專深、富有小資格調的書目，其內文卻很少有筆者這種巴黎的走馬觀花者淺薄的驚訝與不夠節制的讚嘆。

為了彌補筆者這方面的缺失，這裡「轉發」一首網友「花橘子」在影評欄目裡寫的「詩」——《揭穿巴黎的騙局》（為了節省篇幅，筆者將「分行符」改為標點符號，這樣讀起來似乎也一樣順暢）：

以前看過一部巴西電視劇／大反派是個優雅的貴族老頭／他有一句話令人印象深刻：「人生／要是不去巴黎的香榭麗舍大街漫步一次／不在塞納河邊喝一杯左岸咖啡／就是不完整的。」可是／當我真正站在巴黎大街上／她卻給了我當頭棒喝：／Métro, boulot, dodo（音譯：妹脫，部落，多多）／巴黎人用 3 個簡潔的詞概括自己的生活：／地鐵，工作，睡覺。

這位寄寓巴黎的中國大叔認為，大概全世界沒有其他城市像巴黎一樣對地鐵愛恨糾結。巴黎人每天要為地鐵消耗五分之一的時間。譬如說居住在「居裡夫婦」站附近的「花橘子」，每天像一個上了發條的機器人一樣運行在巴黎地鐵的流水線上：上車，換車，上班，下班，轉站，堵車，當然還要忍受讓人抓狂的漫長的等車，無論如何都擠不上去的沙丁魚車廂，隨時隨地可能發生的罷工，突如其來的搶劫……半年下來，他甚至能熟練地背誦出車站牆上那篇「居里夫人偉大的一生」。在他看來，地鐵就是一個大型攪拌器，混合了非洲黑人兄弟獨有的體臭，印度人衣服上永遠的咖喱味，旁邊西裝筆挺的商業精英完全不受影響地欣賞《費加羅報》。想像一下，把這麼多迥異的生物體，聚集到一個如此密集的狹小空間，不禁感嘆，我們生活在一個何等不可思議的世界啊！

巴黎城的中心／有一個美麗的名字：／夏特萊／那裡散落了一地／膚色各異不同國籍的文藝青年／她們唯一的共同點是衣衫襤褸／文藝＝瘟疫

／／大家臉上都不約而同寫了一個大大的「窮」字／嫵媚的巴黎不遠萬里／把他們從全世界各地騙來此地聚集／卻不負責解決溫飽問題／／很擔心這些面黃肌瘦的文藝青年們／究竟是天道酬勤／終於有一天爆發出藝術細胞／還是哪天莫名其妙地優先死於加速擴散的癌細胞。／／《立春》裡的王彩玲感嘆／要是坐上開往巴黎的火車該有多好／看來導演還不算太殘忍／沒讓她真來巴黎／讓觀眾們都殘留一點兒文藝夢的希望／／一念天堂，一念地獄。[144]

　　有關「天堂」與「地獄」的這些說法，讓人想起了 20 世紀 90 年代火得一塌糊塗的電視連續劇《北京人在紐約》。那部大戲的片頭語，對於當時的中國觀眾的心理與情感，具有強大的衝擊力和穿透力：如果你愛他，就把他送到紐約，因為那裡是天堂；如果你恨他，就把他送到紐約，因為那裡是地獄。是的，我們也可以像看紐約一樣看巴黎，同時，在巴黎我們似乎也看到了紐約。至少，從城市美學的視角看，從巴黎到紐約有一條極為清晰的美學精神的發展線索。

---

[144]　當然，對於「花橘子」的一些觀點，筆者表示理解但未必完全認同。譬如說「文藝＝瘟疫」（「文藝」的影響力像「瘟疫」一樣具有強烈的傳染性）筆者就不敢苟同，類似的說法是「美學＝沒血」（抽象空洞的「美學」概念像「沒血」的僵屍一樣面目猙獰），這類抖小機靈的文字遊戲，看似幽默俏皮，實則不倫不類。參見「花橘子」《揭穿巴黎的騙局》。

下編
中國歷史古都的審美文化之旅

# 第七章
## 西安與洛陽：千古悲欣《兩都賦》

漢之西都，在於雍州，實曰長安……橫被六合，三成帝畿。周以龍興，秦以虎視。及至大漢受命而都之也，仰悟東井之精，俯協河圖之靈。奉春建策，留侯演成。天人合應，以發皇明，乃眷西顧，實惟作京。

—— 班固《西都賦》

洛陽春日最繁華，紅綠蔭中十萬家。
誰道群花如錦繡，人將錦繡學群花。

—— 司馬光《洛陽看花》

中國城市正面臨著「三千年未有之變局」。一方面是全國城市化的一路高歌猛進，而廣大農民割斷鄉土鄉情，紛紛離開鄉村變為城市漂泊一族；另一方面是一線城市的爆炸式擴張，使一座座歷史名城快速「變臉」，眾多名勝古蹟蕩然無存……守正與創新成為當代城市發展最大的難題。

當然，無論如何，創新是城市發展的動力，正是改革與創新帶來了中國經濟的繁榮，經濟的急劇增長使中國大地上湧現出了大批著名城市。這些城市，「有的是經濟高度發達，變化日新月異的經濟特區；有的是歷代皇朝苦心經營，樓臺宮闕，金碧輝煌的古代帝都；有的是蕉風椰雨，海鷗飛翔，汽笛聲聲的臨海城市；有的是風景秀麗，氣候宜人的旅遊城市；有的則是與國外一衣帶水，毗鄰而居的邊境城市。中國政府已將一百座城市列為中國歷史文化名城，並對它們進行了重點保護」[145]。

打開《中國名城》一書的目錄時，筆者發現，這裡介紹的「百座文化

---

[145]　韓欣主編：《中國名城》，東方出版社 2006 年版，第 1 頁。

名城」，幾乎都有自己的足跡。和大多數熱愛旅遊的朋友們一樣，筆者發自內心地熱愛這些城市。「走遍神州人未老，一生好入名城遊。」對我來說，這裡的百座名城都可以說是百遊不煩，百看不厭。因為它們之中的每一座古城，都包含著滄海桑田的文化積澱和變幻萬千的歷史傳奇，都是形形色色的審美意識分解化合的結晶。從城市美學的視角看，每座歷史文化名城都是珍藏和展示城市美學菁華的藝術殿堂。

在我的書架上，收集著近百座城市的地圖。若閒來無事，只需要打開一張地圖，就足以給那些百無聊賴的懶散時日帶來無限的詩意與活力，因為閱讀城市地圖的時刻，靈魂早已經神遊在那遙遠的地方。無論是「車輪上的旅遊」還是「書齋裡的神遊」，都是值得珍視的暢神快意之事。現在最時髦的說法是「世界那麼大，我想去看看」。似乎人人都期待著「來一次說走就走的旅行」。

然而，「說走就走」，談何容易！記得法國作家莫泊桑的小說中有一位行走不便的人物，成天躺在床上，幻想著周遊世界，向左翻個身，他就說東邊去一趟；向右翻個身，他就說西邊去一趟。現在想來，莫泊桑這個洋段子中的病漢也有可愛的一面，用當下一句時髦話來說，他心中裝著「詩和遠方」。這種「神遊」讓人聯想到南北朝宗炳的「臥遊說」：「宋宗炳，字少文，善書畫，好山水。西涉荊巫，南登衡嶽，因結宇衡山，以疾還江陵，嘆曰：『老疾俱至，名山恐難遍遊，當澄懷觀道，臥以遊之。』凡所遊歷，皆圖於壁，坐臥向之。」宗炳在其《畫山水序》中記敘了「臥遊」的美好過程：「於是閒居理氣，拂觴鳴琴，披圖幽對，坐究四荒，不違天勵之叢，獨應無人之野。峰岫嶢嶷，雲林森眇。聖賢映於絕代，萬趣融其神思。余復何為哉，暢神而已。神之所暢，孰有先焉？」這種「臥遊」境界，多麼令人神往！

遺憾的是筆者不善書畫，姑且試著從美學視角寫點回憶性的文字，談

談這些年遊訪名城的感受與體悟，學著古人「臥遊」的樣子，來一次野調無腔的「信天遊」吧。我曾多次去過西安，總覺得自己與西安有緣。既然如此，我們的中國審美文化之旅就從西安開始吧。當年喜讀歷史著作的克林頓，把訪華起點設置在西安，想必是深思熟慮的結果。

眾所周知，「西安城是一座歷史名城。在市區西南有周代都城豐鎬遺址，在市區內，有秦王朝宮殿遺址，有西漢都城長安城遺址。城的西垣和南垣，是在唐代都城長安城的宮城和皇城城牆的基礎上修建起來的。因此，西安有文化古都之稱」[146]。與西安極為相似的城市還有很多，其中以洛陽、開封、杭州、南京、北京最為有名，人們習慣於將這六座城市並稱為「六大文化古都」。

受「六大文化古都」這一習慣說法的啟示，我們的「城市美學之旅」的國內部分暫且圍繞著「六大古都」漸次展開。順著這個思路，我們將中國美學之旅設計為三個里程。第一程：從西安到洛陽，重點討論周、秦、漢、唐時期以「兩都」為代表的城市文化與美學；第二程：從開封到杭州，著重討論北宋與南宋時期的城市歷史文化與美學問題；第三程：從南京到北京，先說絢麗六朝，後論輝煌明清。

先說第一站 —— 西安。

1998 年 6 月 25 日至 7 月 3 日，時任美國總統的克林頓訪問中國。總統和他的 1200 餘人的隨行團隊，沒有按照慣例直飛首都北京，而是把陝西西安作為訪問的第一站。這顯然是一種打破常規的做法，當時很多人想知道為什麼美國總統訪華的首站不是北京或其他城市，而是西安？

克林頓在歡迎儀式上的演講或許為我們提供了答案。他說：「我很高興這次中國行能從西安開始。西安曾經是中國的首都，且至今仍然是一個中心城市。我是在美國中心城市長大的，我知道一個城市的個性取決於辛

---

[146]　馬正林：《豐鎬 —— 長安 —— 西安》，陝西人民出版社 1978 年版，第 1 頁。

勞的城市居民。今晚的節目再現了千年前中國唐朝的盛世氣象，那時的西安是世界上貿易最開放、文化最先進的城市，以西安為起點的絲綢之路，連接著亞歐非眾多國家，不少哲學家、思想家曾遊訪西安，給中國文化增添了魅力。今天，我很期待能夠看看美麗西安的兵馬俑、古城牆和回民區，期待有機會了解更多關於中國對人類文明所做出的偉大貢獻，包括醫學、印刷術、數學和天文學，世界文明的很多發明創造都離不開這些了不起的發現。」

　　我們不能肯定克林頓夫婦是否如某些人說的那樣，希望在有限的時間內盡可能更多更深入地了解中國的歷史和文化，但可以肯定的是，他們將西安作為出訪中國的第一站，的確是一個深思熟慮的明智選擇。我們相信克林頓及其家人，像我們這些「好遊名城」的庸常之輩一樣，也想看看最美麗、最有趣、最有民族特色的中國城市。於是，總統夫婦和他們的女兒選擇了中國的西安、北京、桂林、上海和香港。這 5 座城市的行程多麼複雜又多麼簡潔，看來這一行程的設計者，對中國政治經濟和史地人文都有深刻的了解。以西安為始點的國事訪問無疑是一個天才的創意，想想就不禁讓人油然而生敬意。從西安到香港，從古到今，從北到南，上下五千年，縱橫八萬里，中國的政治經濟文化、風土景物人情，俱在其中矣。

　　美國總統的行程，從西安開始。西安，古稱長安，是當年義大利探險家馬可·波羅筆下《馬可·波羅遊記》中著名的古絲綢之路的起點。有一則旅遊宣傳標語是這樣描述的：「一塊古老的土地，歷史老人曾鑴刻了無數的輝煌；一座年輕的城市，時代之神正編織著美麗的夢想。」這句話，較好地概括了克林頓演講的中心思想。在克林頓率領的龐大訪華隊伍裡，想必也有人注意到了諸如此類的導遊詞。西安，這座永恆的城市，就像一部活的史書，一幕幕、一頁頁記錄著中華民族的滄桑巨變。早在 100 多萬年前的舊石器時代，西安的藍田猿人就在這片熱土上留下了人類印跡。到六七千

年前的新石器時代，先民們在此建造了眾多村落，其中半坡村遺址是母系氏族公社繁榮時期西安先民日常生活的一面鏡子。西安的建城史已有 3100 多年。歷史上周、秦、漢、唐等 13 個王朝在此建都，歷時 1100 多年。

值得一提的是，「中國」一詞，目前所能見到的最早的考古實物 —— 何尊 [147]，即發掘於西安附近的周原。「中國」意為中央之國，中國的中心之點或「大地原點」就在西安，這也是為什麼會有「秦中自古帝王州」的說法。秦始皇在此建造了中國建築史上的傑作阿房宮，在驪山建造了規模巨大的始皇陵；中國人引以為傲的漢唐盛世，都是以西安為都城的。尤其是大唐帝國的西安，是中國第一個人口超過百萬的國際大都市。

2005 年 4 月至 7 月，在陝西歷史博物館東展廳舉辦過一次題為「古羅馬與漢長安」的展覽，它讓人清楚地看到了西安在世界史上的地位。史學界有一種「世界四大文明古都」的說法，即將西安與雅典、開羅、羅馬並列為四大古都。這不僅是西安人的驕傲，也是所有中國人的驕傲。

據介紹，深深吸引克林頓總統的秦始皇兵馬俑坑，是最早列入世界遺產名錄的中國遺跡，而西安明代古城牆，據說是至今世界上保存最完整、規模最宏大的古城牆遺址，這也難怪見多識廣的克林頓總統，竟然會迫不及待地希望一睹為快。

眾所周知，20 世紀 80 年代著名美學家李澤厚為一批青年人充當了一回「導遊」，他們「遊覽」的地方是「中國歷史博物館」，李澤厚的「導遊解說詞」以《美的歷程》為題出版後，引發了一股震撼中華大地的「美學衝擊波」，其影響之深遠，似乎至今仍沒有完結的跡象。今天重讀《美的歷程》，我們不無驚訝地發現了這樣一個有趣的現象，那就是李澤厚在書中

---

[147]　何尊是中國西周早期宗室貴族「何」所作的祭器。1963 年出土於陝西省寶雞市寶雞縣賈村鎮（今寶雞市陳倉區），收藏於中國寶雞青銅器博物院。尊內底鑄有 122 字銘文，其中「宅茲中國」為「中國」一詞最早的文字記載，記述的是成王繼承武王遺志，營建東都成周之事。2016 年 9 月 29 日，筆者隨「中華思想史編寫組」一行人參觀寶雞青銅博物院時，見到了何尊和數量驚人的各色青銅展品。這些精美絕倫的青銅製品，堪稱是「中華美學魂」的忠實守護者。

所講到的大多數歷史事件，包括文物、掌故和人物，都直接或間接地與西安有關：「那人面含魚的彩陶盆，那古色斑斕的青銅器，那琳琅滿目的漢代工藝品，那秀骨清像的北朝雕塑，那筆走龍蛇的晉唐書法，那道不盡說不完的宋元山水畫……」[148] 所有這些，幾乎就是一部「西安美學發展史」！無論是他標舉的「龍鳳飛舞」「青銅饕餮」，還是其心儀的「先秦理性」「佛陀世容」，抑或他所醉心的「盛唐知音」「韻外之致」，李澤厚這一「審美歷程」的每一步，幾乎都沒有離開過西安的城裡與郊外。

古老的西安，無愧為一座天然的城市美學博物館。這裡的半坡遺址讓人聯想到遙遠的金字塔時代；這裡的「碑林」不僅享有「石質歷史書庫」的美譽，而且也是中國書法藝術的第一寶庫，克林頓在訪華演說中，還專門提及舉世聞名的書法藝術。我們可以自豪地說，歷史悠久的西安碑林是中國文化的瑰寶，是中國美學的驕傲；當然，令西安人倍感驕傲的還有陝西歷史博物館。筆者有幸曾多次拜謁過「陝博」，且每次都會有嶄新的體驗和意外的收穫。在這個國內省博文物儲量名列前茅的「美學宮殿」裡，那些精彩絕豔的歷史文物和典雅優美的解說詞，實際上就是一部足以與《美的歷程》媲美的「城市美學」。

和大多數旅遊愛好者一樣，筆者也踏訪過國內外不少文化名城，靜心「計較」起來，還不得不承認，像西安一樣，其歷史文化真正當得起「博大精深」之讚譽的城市並不多見。令人嘆為觀止的是，在西安城內與周邊，隱藏著太多太多足以稱為「活的美學教科書」的名勝古蹟，令人遺憾的是，那些匆匆旅人或隨團觀光客，往往無暇顧及。如唐代著名高僧玄奘法師譯經之地大雁塔；西北歷史最長的清真寺化覺巷清真大寺；華夏始祖軒轅黃帝之陵黃帝陵；漢武帝劉徹之墓漢茂陵；武則天與唐高宗李治的合葬

---

[148]　李澤厚：《美的歷程》，文物出版社 1981 年版，第 1 頁。即便看似與西安無關的宋元山水畫，也與以西安為中心的漢唐文化一脈相承。單以畫論，被《宣和畫譜》稱為「山水古今第一」的李成就是西安人。

墓唐乾陵；釋迦牟尼佛指骨舍利存放地法門寺；享有「東方維納斯」之美譽的漢陽陵裸體彩俑；驪山腳下「玉殿千重相連屬」的華清宮等，西安馳名中外的文化遺存和名勝古蹟可謂數不勝數。

更為令人神往的是，西安的自然景觀因其人傑地靈而充滿了別樣的審美神韻。西嶽華山、終南山、太白山，任憑提起一個，誰能不對其神姿仙態的誘惑無動於衷？還有那王順山、驪山、樓觀台、輞川溶洞⋯⋯這些魅力四射的人文山水有如造物主奉獻給西安兒女的精美畫卷，它們與古城新姿交相輝映，共同構成了古老西安特有的藝術品性和審美氣質。

# 一 「人文地圖」：從長安到西安

瞿塘峽口曲江頭，萬里風煙接素秋。
花萼夾城通禦氣，芙蓉小苑入邊愁。
珠簾繡柱圍黃鵠，錦纜牙檣起白鷗。
回首可憐歌舞地，秦中自古帝王州。

—— 杜甫《秋興八首》（之六）

2011 年春夏之交，筆者曾作為嘉賓參與中央電視臺攝製的《人文地圖：從長安到西安》紀錄片。在這部六集紀錄片中，筆者從審美文化的視角介紹過盛唐時期長安城的簡況，筆者在節目中「扮作」專家，對於觀眾或有濫竽充數的嫌疑，對於自己倒也不無收穫，譬如說借機查閱了不少有關西安古城的資料，並從中學到了許多有趣的知識。我們注意到，從「長安」到「西安」，這一字之變，可謂抓住了西安歷史沿革的紐結。有趣的是，商子秦、楊永林的《西安賦》[149]也是從這「一字之變」開篇的：「盛哉

[149]　2013 年《光明日報》開闢城市名片專欄《百城賦》。《西安賦》是其開篇之作，作品以讚美西安為主線，情感激越，語言華美，短句鏗鏘蓄勢，長句悠揚抒情。作者採用今古對比手法，主旨莊嚴，視野開闊，歷史線索清晰，時代特色鮮明。有評論認為其不失為一篇繼往開來的賦體佳作。

西安，古城長安，昔之京都，舉世聞名。」這 4 個四字「定調句」，斬釘截鐵，音韻鏗鏘，具有排山倒海的氣勢和先聲奪人的力量。

緊接著，作者對西安的大背景進行了大寫意式的描寫：「東據函潼之阻，表乙太華之山，西界關隴之險，背以終南之屏。環八水而襟黃河，金龍抱珠；擁秦嶺而銜昆侖，朝陽丹鳳。天地形勝，秦中自古帝王之都，皇天后土，發祥悠久華夏文明。城闕輔三秦，雄立千秋曾聚天下王氣，河嶽壯九州，名揚四海折腰無數英雄。」

短短百餘字，將八百里秦川的地形地貌特徵和盤托出，西安周邊山河氣勢也都在一些似曾相識的名言警句中得到了審美化呈現：「城闕輔三秦」「河嶽壯九州」。西安的歷史地位，在「發祥悠久華夏文明」和「自古帝王之都」這兩句斷語中，可謂達到了無以復加的高度。但作者並不就此擱筆，而是緊緊抓住這兩點，乘興大加生發，不惜用墨如潑：「皇都春秋，歷史綿長，中華民族搖籃，古代中國心臟。華夏五千年……建都十三朝……通史半部，維茲開章。」然後作者從「藍田猿人」講到「半坡先民」，從「文王武王」說到秦皇漢武，從「張騫出使」說到玄奘西行，尤其是「大唐盛世，萬國來朝，大明宮前拜冕旒；文成公主，漢藏聯姻，中原雪域喜結盟」。總之，西安「榮列世界四大古都之金榜，無愧東方文明聖地之榮光」[150]。

如前所述，西安作為都城的早期稱號是「鎬京」，地處關中平原中部，北瀕渭河，南依秦嶺，八水潤長安。長安自古帝王都，先後有西周、秦、西漢、新莽、東漢、西晉、前趙、前秦、後秦、西魏、北周、隋、唐 13 個王朝在西安地區建都，也就是說，在自周至唐這一漫長的歷史時期，西安大部分時間占據著中國政治、經濟、文化和對外交流之中心地位。如今，西安是中國最佳旅遊目的地之一，曾經轟動世界的秦始皇陵及

---

[150]　商子秦、楊永林：《西安賦》，《光明日報》2013 年 3 月 7 日。

兵馬俑，漢長安城未央宮遺址、唐長安城大明宮遺址，宗教文化建築大雁塔、小雁塔、興教寺塔等這些著名歷史文化遺跡都被列入了《世界遺產名錄》。這些名勝古蹟不僅讓中國人感到驕傲，同時也讓包括克林頓在內的外國友人心馳神往。

如前所述，早在 100 萬年前，藍田古人類就在這裡建造了聚落；7000 年前的仰韶文化時期，這裡已經出現了城垣的雛形；2008 年，西安高陵楊官寨出土距今 6000 餘年的新石器時代晚期城市遺跡，被選為當年中國考古發現之首，這是中國發現的迄今最早的城市遺址，也將西安地區城市歷史推進到 6000 多年前的新石器時代晚期。

大約 3000 多年前，周文王在今西安城西南營建豐京，將臣民從岐山周原遷於此，命武王在灃水東岸營建鎬京。兩「京」合稱豐鎬，被認為是西安建城之始。武王滅商後，以豐鎬為都，開創了西安建都的歷史。秦漢時期，西安的國都地位得到了鞏固。由於秦王國都在咸陽，不少人以為秦國都城與西安無關，但著名的咸陽阿房宮，大部分都在今天的西安市境內，克林頓神往的兵馬俑和秦陵也在今西安市的臨潼區。秦的宗廟在渭河南岸，荊軻刺秦王所在的秦章台宮，實際上就是後來的漢未央宮前殿。由此可見，那時的咸陽遠比今日的咸陽大得多。據《史記》記載：「長安，故咸陽也。」這也說明那時的咸陽與後來的長安至少存在著較大範圍的重疊與交集。

西元前 202 年，在楚漢之爭中取得政權的劉邦，定都在今西安城西北郊的「漢城」，並將都城命名為「長安」，期望大漢之天下，能夠「長治久安」。對漢城的考古發掘讓今人真正明白了司馬遷「漢長安即秦咸陽」這一論斷的確切含義。關於這一點，《舊唐書·地理志》說得更清楚：「京師，故秦之咸陽，漢之長安也。」漢朝宮闕均在今西安市漢城保護區內，位於北二環以北，而漢代的武帝文帝景帝陵墓，在今咸陽市境內。絲綢之路開通後，長安成為東方文明的中心，史稱「西有羅馬，東有長安」。

　　翻開《隋書》，我們能讀到這樣的記載：開皇二年（582），隋文帝與宰相大臣議立新都，詔高熲等營造新都於龍首山（今陝西西安舊城北），為新都命名為大興城。太子左庶子宇文愷被任命為「副監」。宇文愷（555-612）受命規劃當時世界最大城市新都大興城，即後來的唐代長安城，時年 27 歲。大興城以朱雀大街為中軸線，道路街坊區劃均衡對稱，街衢寬廣，綠樹成行，渠水周流，顯得宏偉壯觀。大業元年（605），宇文愷又負責營建東都洛陽，因地勢原因，未能做到全城軸線對稱，但他因地制宜，創造了城市美學史上與長安古都雙峰並峙的另一經典之作 —— 大唐之洛陽。令人不勝感慨的是，在今人大談京城匠師「樣式雷」的新媒體時代，為長安和洛陽創造了都城建造奇跡的天才人物 —— 宇文愷卻至今鮮有問津者。

　　資料表明，唐代統治者全盤接受了大興城，並在其基礎上陸陸續續地做了不同程度的增修和擴建。唐太宗貞觀八年（634），在原外郭城東北龍首原上營建大明宮。此後不斷修建城牆、城樓、興慶宮等建築。唐時的宮城完全與今天的西安市重合，皇宮與今西安市明城牆重合。唐代帝王陵，如昭陵、乾陵等則大部分在今咸陽市境內。那時，這些地方皆在長安轄區之內。自隋文帝開皇二年宇文愷建城開始，至唐高宗永徽五年（654）的 72 年間，長安城一直在增補與修建之中。當時的城市面積已達 84.1 平方公里，那時的長安，布局規劃整齊，東西嚴格對稱，主要由宮城、皇城和外郭城三大部分組成。城市結構布局充分體現了封建社會巔峰時期的宏大氣魄，在中國建築史、城市史上具有劃時代的影響。可以毫不誇張地說，大唐時期的長安，是世界城市史上光彩奪目的部分，也是我們這部《城市美學》中不可替代的核心篇章。

　　英國史學家赫·喬·威爾斯在其名著《世界史綱》中寫道：「在唐初諸帝時代，中國的溫文有禮、文化騰達和威力遠被，同西方世界的腐敗、混亂和分裂對照得那樣鮮明，以致在文明史上立刻引起一些最有意思的問

題。中國由於迅速恢復了統一和秩序而贏得了這個偉大的領先。為什麼沒有保持下來呢？為什麼它沒有把這個在文化上和政治上支配全世界的地位保持到今天呢？中國確實在一個長時期內保持了領先的地位。只在 1000 年以後，在 16 世紀和 17 世紀，有了美洲的發現，有了西方印刷書籍和教育的傳播，以及有了近代科學發現的曙光，我們才能有信心地說西方世界開始再次走在中國的前頭。在唐朝，中國的極盛時代……中國呈現了繁榮、幸福和文藝活躍的景象遠在任何同時代國家的前頭。」[151] 大唐長安的繁榮，讓全世界為之驚嘆。但自唐亡以後的千餘年歲月裡，西安這座偉大的城市，再也沒有成為統一中國的首都。

儘管如此，美麗的西安始終在人們心中占有古國名都的崇高位置。帝國的滅亡，經濟的衰落，宮殿的傾頹，人口的流失，美夢的破滅，所有繁華過後的凋敝與破落，都不能將西安曾經擁有的博大胸懷和壯美氣象從歷史的記憶中抹去。

和大多數中國古都一樣，西安之美，不僅僅在於宮闕街巷的巍峨華美，更在於山川形勝和田園風光的襯托與延展。譬如說，西安之選址，在渭、涇、灃、澇、潏、滈、滻、灞「八水相繞」的寶地，僅此一點，就能看出中國古人建城擇地，絕不止有堪輿學方面的考究，即便對中國文化不甚恭敬的黑格爾，對中國人善於營造園林的審美眼光也是讚不絕口。《西安賦》在描寫西安城周邊山川形勝和園林之美時，可謂濃墨重彩，激情澎湃：

關中河山，終南最名，秦川丹青，古城最勝。山有驪山、翠華、五台、王順之屬，群峰疊翠，宛如畫屏。太白六月積雪，華嶽萬仞險峰，皆為中華名山，天下勝景……曲江錦繡，大唐芙蓉園國人震撼世界驚奇；宮闕巍峨，盛典含元殿人文奧運和諧吟頌。古都明珠華夏寶庫，陝西歷史博物館薈萃稀世珍寶；紅燈祥瑞歌舞絢麗，南門仿古入城式陶醉八方賓朋。

---

[151]　[英] 赫·喬·威爾斯：《世界史綱》，吳文藻、謝冰心、費孝通等譯，人民出版社 1982 年版，第 629 ～ 630 頁。

最是滻灞生態區春風綠染，河湖相連，大綠大水，北國江南，寫意古城嶄新生態勝景，展示西安崛起美好明天。[152]

當然，城市之美固然體現在市容市貌等人造景觀方面，但一個城市的人文氣韻和精神涵養，則更像是一個城市的靈魂。試想，一個缺少人文氣質的城市，無論其樓堂館所多麼富麗堂皇，雕欄玉砌多麼光昌流麗，也無非是一堆色彩豔麗的牆垣磚瓦而已。作賦者想必深諳此理，在《西安賦》中，作者對西安的人文之美，有更為精彩絕豔的表述，仿佛前文所寫的一切都是為這一節作鋪墊一樣：

人文之都，文脈恒昌，禮樂雅集，詩書傳承。圖繪彩陶，文銘青銅。老子著《道德經》五千言，哲學寶典，包羅萬象；太史公寫《史記》百又三十篇，「史家之絕唱，無韻之離騷」。兩都兩京，漢賦華章，李杜白韓，大唐詩星。唐詩聖殿，空前絕頂，篆隸行楷，書法更興。樂舞宮廷，梨園始創，戲劇鼻祖，大秦之腔。西安方言，語言化石，長安畫派，開新畫風。《創業史》、《白鹿原》，輝煌中國文學史；賈平凹、張藝謀，文壇藝苑負盛名。江山代有才人出，大家名士氣若虹……[153]

對一個城市的人文氣韻和審美氣質的深入探究，這或許是城市美學更應該關注的問題。徐熙彥和李伯鈞的《大西安賦》以「華夏泱泱，西安煌煌」開篇。在盛讚西安的「大雅」「大氣」之後，對今日之「大美西安」的「古韻新裝」進行了精心描繪：「老八景風姿不減，新路線客流更忙。人文景熙來攘往，生態區鳥語花香。兵馬俑，外賓之首選；芙蓉園，盛世之唐裝。法門寺，黎元之聖地；樓觀台，智慧之行藏。更喜終南之麓，翠羽之裳。昨日上林，今朝畫廊……」[154] 總之，西安是名副其實的「上善之區」，更無愧於「大美之都」的讚譽。

[152]　商子秦、楊永林：《西安賦》，《光明日報》2013 年 3 月 7 日。

[153]　商子秦、楊永林：《西安賦》，《光明日報》2013 年 3 月 7 日。

[154]　《西安晚報》2014 年 1 月 14 日。

## 二　《兩都賦》裡的長安和洛陽

　　洛陽宮闕鬱嵯峨，千古榮華逐逝波。

　　別殿秋高風淅瀝，後園春老樹婆娑。

　　露凝碧瓦寒光滿，日轉觚棱暖豔多。

　　早晚金輿此遊幸，鳳樓前後看山河。

—— 蘇舜欽《遊洛中內》

　　在眾多討論城市之美的文獻中，班固的《兩都賦》無疑是最引人矚目的經典美文之一。《兩都賦》由各自獨立卻又同氣連枝的《西都賦》和《東都賦》組成。《西都賦》對西安的介紹最為精彩：「漢之西都，在於雍州，實曰長安。左據函谷、二崤之阻，表乙太華、終南之山。」四周有天然屏障，進可攻，退可守。所以長安所在的關中寶地，「橫被六合，三成帝畿，周以龍興，秦以虎視」。然後，班固用「睎秦嶺，睋北阜，挾酆灞，據龍首」12 個字，將西安從地理地形的角度舉重若輕地推到了「實惟作京」的位置上。「圖皇基於億載，度宏規而大起。肇自高而終平，世增飾以崇麗……紅塵四合，煙雲相連。於是既庶且富，娛樂無疆。都人士女，殊異乎五方。游士擬於公侯，列肆侈於姬姜。鄉曲豪舉，遊俠之雄，節慕原嘗，名亞春陵。連交合眾，騁騖乎其中。」這些描寫，雖然多有所本，但讀者仍然可從中看出司馬相如的《子虛》、《上林》二賦那種「極想像與虛構之能事」的影響。

　　特別是「厥土千里」的封畿之地，「陽則崇山隱天，幽林穹谷，陸海珍藏，藍田美玉。商洛緣其隈，鄠杜濱其足，源泉灌注，陂池交屬。竹林果園，芳草甘木，郊野之富，號為近蜀。其陰則冠以九嵕，陪以甘泉，乃有靈宮起乎其中。秦漢之所極觀，淵雲之所頌嘆，於是乎存焉」。在詩人筆下，皇天后土，無限江山，人間至美，無所不備。在歷代讚美皇都帝闕的

189

詩文中,《兩都賦》都當在屈指可數的經典之列。

在《西都賦》中不僅都城之形勝和街市之繁華得到了淋漓盡致的表現,就連郊野之氣象、農桑之豐碩,也都有具體而生動的藝術表現。作者以審美的眼光,對長安的郊外風光和四野景觀,都進行了工筆式的精細勾描,如「東郊則有通溝大漕,潰渭洞河,泛舟山東,控引淮湖,與海通波。西郊則有上囿禁苑,林麓藪澤,陂池連乎蜀漢,繚以周牆,四百餘里。離宮別館,三十六所。神池靈沼,往往而在」。東郊西郊的美景令人目不暇接,南郊北郊的描繪也一樣美不勝收。

有關宮室之美的描寫無疑是《西都賦》的重頭戲。在這些文字裡,班固更是不遺餘力地凸顯其富麗堂皇、極盡奢華的皇家氣象:「體象乎天地,經緯乎陰陽。據坤靈之正位,仿太紫之圓方。樹中天之華闕,豐冠山之朱堂。因瑰材而究奇,抗應龍之虹梁。列棼橑以布翼,荷棟桴而高驤。雕玉瑱以居楹,裁金璧以飾璫。發五色之渥彩,光焰朗以景彰。」

美輪美奐的「朱堂」「華闕」,窮盡了天下良工巧匠的雕琢彩飾功夫,無不令人嘆為觀止。「屋不呈材,牆不露形,裹以藻繡,絡以綸連。隨侯明月,錯落其間。金釭銜璧,是為列錢。翡翠火齊,流耀含英。懸黎垂棘,夜光在焉。於是玄墀扣砌,玉階彤庭,礩碱彩致,琳瑉青熒,珊瑚碧樹,周阿而生。紅羅颯纚,綺組繽紛。精曜華燭,俯仰如神。」後宮「窈窕繁華,更盛迭貴」。「周廬千列,徼道綺錯。輦路經營,修除飛閣。」面對仙都瓊閣的超級豪華建築群落,班固不禁發出這樣的感嘆:「實列仙之攸館,非吾人之所寧。」

西都勝景歷歷在目,卻並非班固親歷親見,他在精心虛擬的主客一問一答之間,聽任想像的自由馳騁,使前漢時期的長安內外,彌漫著一種濃妝豔抹的驕奢淫逸之氣。作者借「西都賓」之口盛讚西安絕勝美景,卻又以「東都主人」的身份,感嘆聲色犬馬的西都人沉湎於紙醉金迷的生活有

違禮法。這種精巧的構思，為《兩都賦》增添了藝術情趣與審美韻致。

當然，他最終也不得不交代文中所述不過是「觀跡於舊墟，聞之乎故老」的思古之「幽情」與閒談之「耳食」而已。在《東都賦》中，班固以「東都主人」的口吻與「西都賓」展開了辯論：「痛乎風俗之移人也。子實秦人，矜誇館室，保界河山，信識昭襄而知始皇矣，烏睹大漢之云為乎？」

西都東都，都是大漢都城，褒貶之間如何把握分寸，其中大有講究。好在西都也是秦朝首都，只要作者將好事歸功於前漢，將過失歸咎於秦皇就能避免忤逆聖意了。因此，班固對「大漢之開元」的功績不得不說些好話，既然光武以承前漢之皇統自命，前漢先輩理當讚頌；但從前漢、後漢的比較來說，當時統治者需要的是對後漢功業和東都洛陽的讚揚、歌頌，因此不可喧賓奪主。確保當今皇上的突出地位才是文章不言自明的中心。「今將語子以建武之治，永平之事，監於太清，以變子之惑志。」由此開始對後漢王朝功業、禮制的鋪敘。「遷都改邑，有殷宗中興之則焉；即土之中，有周成隆平之制焉。」這些話從歷史方面來論證定都洛邑，前有先例，且居天下之中，得地利之便。因此，有研究者認為，從《兩都賦》內容的安排和措辭的上下照應情況，可以看出當時最高統治者的心態和班固對此的把握。

有評論說，《東都賦》以封建禮法為準則，讚揚了建武、永平的盛世，以「盛乎斯世」一語作為大段描述的結尾，對西都賓先予稱讚再予批評，行文搖曳多姿，善於達意。應該說這是一種切中肯綮的分析。尤其是在將「西都」和「東都」之形勢及風俗直接對比的文字之中，作者立場及其行文主旨可謂昭然若揭：

且夫僻界西戎，險阻四塞，修其防禦，孰與處乎土中，平夷洞達，萬方輻湊？秦嶺、九嵕，涇、渭之川，曷若四瀆、五嶽，帶河溯洛，圖書之淵？建章、甘泉，館禦列仙，孰與靈台、明堂，統和天人？太液、昆明，

鳥獸之囿，曷若辟雍海流，道德之富？遊俠逾侈，犯義侵禮，孰與同履法度，翼翼濟濟也？

這一連串的反問句，態度鮮明地稱讚東都洛陽地利、形勢及禮俗之淳厚，建築、設置之合於王道。「統和天人」「同履法度」，點出了《東都賦》的主題；「圖書之淵」「道德之富」，是《東都賦》著力鋪敘、宣揚之所在。作者進一步指出：「子徒習秦阿房之造天，而不知京洛之有制也；識函谷之可關，而不知王者之無外也。」這也與文章開頭部分形成了一種呼應關係。在這裡，班固完全以一個新的尺度來衡量秦和東漢王朝政教之得失，當然，這裡也隱含著對西漢政權好大喜功的委婉批評。接著以西都賓的折服為賦正文部分的收束。有學者認為，《東都賦》與司馬相如的《上林賦》多有相似之處，其結尾幾乎完全一樣。但整個說來，班固的《兩都賦》開頭、結尾、過渡等章法更為嚴謹、自然，且富於情態，長於韻味。

相關研究表明，班固《兩都賦》由於創作的目的在於表述一個政治問題上的個人見解，甚至是為了參與一場爭論，故它不似《子虛》、《上林》一樣有很多虛誇的部分，以氣爭勝，而是有更多實證內容。它主要不是抒發一種情感，表現一種精神，而是要表現一種思想，體現一種觀念。這也可以說是與同時代風氣有關，是當時文風和社會風氣的體現。另外，同該賦中強調禮制、強調崇儒思想相一致，其語言典雅和麗，節奏步調從容，和鑾相鳴，可謂金聲玉振，有廟堂朝儀的風度。[155]

## 三　「若問古今興廢事，請君只看洛陽城」

上陽宮裡曉鐘後，天津橋頭殘月前。
空闊境疑非下界，飄飄身似在寥天。

---

[155]　有關班固《兩都賦》的評論文字，重點參考了「國學網」相關文章和「百度百科」的相關文獻。

星河隱映初生日，樓閣蔥蘢半出煙。

此處相逢傾一盞，始知地上有神仙。

—— 白居易《曉上天津橋閒望偶逢盧郎中張員外攜酒同傾》

西方學者寫了本《耶路撒冷三千年》，我們是否也可以寫一本《洛陽古都四千年》？因為我們相信，洛陽是一部最為完整的「中國文化讀本」，同時也是一部最為生動的「中國城市美學讀本」。在中國古代三皇五帝的神話中，帝嚳、唐堯、虞舜、夏禹等傳說，多流行於洛陽。帝嚳都亳邑，夏太康遷都斟鄩，商湯定都西亳，周代定鼎於郟鄏。也就是說，夏、商、周都曾在洛陽建都，這一結論已被一系列震驚世界的考古發現所證實。

考古資料證明，洛陽是中國最早的都城 ——「夏都斟鄩」的遺址。夏都的發現，是洛陽東二裡頭文化遺址發掘成果。考古專家認為，二裡頭遺址的布局開創了中國都城營建制度的先河。該遺址的宮殿發掘被評為 2004 年度「中國十大考古新發現」之一。商湯滅夏後，在斟鄩附近（即今河南洛陽偃師）另建新都，史稱西亳。西亳的營造，是夏與商分界的界標。如今此地已被開發為旅遊景點 ——「商城遺址公園」。洛陽作為周代都城有眾多歷史文獻為證，例如：《左傳・宣公三年》有「成王定鼎於郟鄏」的說法。楊伯峻解釋說：「郟鄏即桓七年《傳》之郟，周之王城，漢之河南，在今洛陽市。」「成王定鼎於郟鄏」的說法，又見於《史記・楚世家》。

不言而喻，要撰寫一部《洛陽古都四千年》無疑是一項重大工程，這遠遠超出了筆者的能力範圍。這裡姑且從龐雜的相關資料中挑選一簡明扼要的「名詞解釋」輯錄如下：

洛陽和西安一樣，享有「十三朝古都」之美譽，為帝王之州、華夏文明發祥之地。「雄都定鼎地，勢據萬國尊。」從中國第一個王朝 —— 夏朝開始，其後有商、西周、東周、東漢、曹魏、西晉、北魏、隋、唐、後梁、後唐、後晉共計 13 個王朝在此建都，時間長達 1500 多年，是中國有

史以來建都最早、建都朝代最多、建都時間最長的城市 ——「普天之下無
二置,四海之內無並雄」。洛陽被說成是「唯一正統的十三朝神都」。有人
反駁說,西安也是「十三朝古都」。於是有人提出洛陽「十三都」外,還應
加上西漢和武周,以此反駁反駁者。這類趣聞,姑妄聽之,孰是孰非,不
必較真。

洛陽在很久以前就是農業定居區,後來這裡成為夏、商活動的中心
區。周武王滅商後,為加強對東方的控制,選擇了黃河以南伊洛一帶建了
雒邑城,並定九鼎於此。西元前 770 年,周平王東遷,洛邑成為唯一的首
都。此後 500 餘年,周朝皆建都洛陽。成王營建王城後,武王滅商後建的
雒邑城,被稱為下都。起初城池規模狹小,春秋時晉國聯合其他諸侯加以
擴建。秦在洛陽置三川郡,漢改為河南郡。東漢光武帝劉秀即位後,定都
洛陽,並在洛陽城內廣建宮殿。東漢末年,董卓脅迫獻帝西遷,焚毀了洛
陽城。到魏文帝曹丕篡漢自立,才又重新遷都洛陽。晉代洛陽呈現一片繁
榮景象。永嘉之亂後,洛陽又遭到極大破壞。北魏遷都洛陽後,以漢魏洛
陽城為基礎重建。東魏孝靜帝天平元年 (534) 遷鄴,洛陽又開始荒廢。

隋煬帝即位,改洛陽為東都。因漢魏洛陽故城荒頹不堪,因此在故城
西營建新都。在營建東都同時,隋開鑿大運河,使得建成後的洛陽成為水
運中心,交通更加便利。唐初廢東都之名,高宗顯慶二年 (657) 恢復東
都之名。武則天臨朝聽政,於光宅元年 (684) 改稱神都。安史之亂後,
洛陽遭破壞,「宮室焚燒,十不存一」[156]。五代後梁朱全忠時期又加以修
葺。開平三年 (909),朱全忠遷都洛陽。後唐莊宗李存勗滅梁後,也定都
洛陽。

北宋時洛陽雖非都城,但仍是名流彙集之地。金兵南下後,洛陽宮室
被破壞殆盡。金宣宗貞祐二年 (1214),徙都汴京。興定元年 (1217) 以洛

---

[156] 見《舊唐書·郭子儀傳》。

陽為中京，設金昌府。

元明清三代在洛陽置河南府。今天，洛陽是國務院首批公布的歷史文化名城。截至 2015 年洛陽擁有龍門石窟等 3 項 6 處世界文化遺產，沿洛河兩岸分布著夏都二裡頭、偃師商城、東周王城、漢魏洛陽城、隋唐洛陽城五大都城遺址。

有一種令當代洛陽人無比自豪的說法 ──「洛陽是中華文化的讀本」。這一結論有史為證：文明首萌於此，道學肇始於此，儒學淵源於此，經學興盛於此，佛學首傳於此，玄學形成於此，理學尋源於此。聖賢雲集，人文薈萃。洛陽還是姓氏主根、客家之根。資料表明，中華民族最早的歷史文獻「河圖洛書」就出自洛陽。被奉為「人文之祖」的伏羲氏，根據河圖和洛書畫成了八卦和九疇。從此，周公「制禮作樂」，老子著述文章，孔子入周問禮，班固在這裡寫出了中國第一部紀傳體斷代史《漢書》，司馬光在這裡完成了歷史巨著《資治通鑑》，程頤、程顥開創宋代理學，著名的「建安七子」「竹林七賢」「金谷二十四友」曾雲集此地，譜寫華彩篇章，左思一篇《三都賦》，曾使「洛陽紙貴」，張衡發明地動儀，蔡倫造紙，馬鈞發明翻車……以洛陽為中心的河洛文化和河洛文明，是中華民族文化的核心和源頭，構成了華夏文明的重要組成部分。[157]

洛陽是一座充滿光榮與夢想的千年古都，同時也是一座充滿苦難與悲劇的文化名城。司馬光《過故洛陽城》寫道：「煙愁雨嘯黍華生，宮闕簪裳舊帝京。若問古今興廢事，請君只看洛陽城。」後兩句引發的世事滄桑之感不亞於一部《洛陽伽藍記》。

今人讀《洛陽伽藍記》，翻開北魏古卷，佛教傳入，寺廟興盛，而其後因亂世戰火，政權更迭，洛陽屢屢陷於兵火。原本的繁華興盛之地，頃刻間成為廢墟。「城郭崩毀，宮室傾覆，寺觀灰燼，廟塔丘墟。」這樣的場

---

[157]　參見《洛陽》，中國華夏文化遺產網 2014 年 7 月 8 日。

景在中國歷史上反復上演，實在令人不勝唏噓。楊衒之目睹了這般慘像，怕後世遺忘，所以傾盡心血寫了這部與《水經注》、《齊民要術》合稱「北魏三大奇書」的「地方誌」。讀這類史書是件令人感傷的事情，總是林花謝春紅，奈何榮枯太匆匆！《洛陽伽藍記》中輝煌美麗的洛陽城，在浩瀚的歷史天空下，其輝煌有如流星滑落，一閃而滅，其美麗亦如煙花綻放，稍縱即逝。在歷史長河中有多少美麗的城市漸漸成為廢墟？有多少蒼涼的廢墟悄無聲息地化為烏有？從楊衒之的描寫中可得知那個時代的盛極之繁華：車水馬龍，寺廟興盛；豪族名門，奢靡成風；琉璃院落，數不勝數。[158]但如今的洛陽，或許只有遠郊龍門石窟中盧舍那大佛那張祥和的佛面依舊保持著當年的模樣。當然，盧舍那大佛的營建（672）已是《洛陽伽藍記》問世（547）百餘年之後的事情。

　　值得慶倖的是，漢唐盛世的洛陽城雖已灰飛煙滅，但「紙上洛陽」的繁華卻絲毫不遜色於當年。譬如說，今人所寫的《洛陽賦》就未必不及前賢。

　　譚傑筆下的洛陽，承魏晉文脈，傳唐宋神韻：「昔居三代，源流悠遠；定鼎九朝，氣勢恢宏」。左思「帝皇之宅」「王者之裡」的論斷，可謂斬釘截鐵，擲地有聲。至於「神龜出洛」「龍馬負圖」以及大禹制《洪範》和伏羲立卦宗的傳說，更是史不絕書。「河洛聖地，光耀汗青。群星燦爛，文韜武功。靈匯十三朝帝都之精氣，雅聚五千載華夏之群英。」

　　「龍門石窟，巨製大藝；白馬古寺，釋源祖庭。玄奘故里，雲繞禪氣；仲尼問禮，碑遺儒風。老子千言，道教宣世；程門萬語，立雪留名。皇家太學，勘校經典；渾天妙儀，觀察辰星。賈氏《要術》，首載農技；蔡侯造紙，始代竹綾。含嘉倉中，探研儲法；酈公齋裡，集注《水經》。絲路綿延，駝穿歐亞；運河曲折，帆揚西東。唐志千方，銘載盛世；唐瓷（陶）

---

[158]　參見辛華林《讀〈洛陽伽藍記〉有感》。

三彩，色透晶瑩。許慎《說文》，嘉惠後學；司馬《通鑑》，資治王公。賈誼鴻論，定秦功過；王充哲辯，唯物《論衡》。不食周粟，《采薇》夷齊；舉案齊眉，《五噫》梁鴻。李賀短壽，長念吳鉤；詩聖悲歌，總憂民情。香山居易，九老詩會；洛下李杜，二尊仙逢。建安七子，文寓風骨；初唐四傑，韻含雅聲。左思《三賦》，洛陽紙貴；衒之《伽藍》，錄記廢興。陳壽才高，壯修《三國》；曹操懷遠，放吟歌行。子建憐香，情傾《洛神》；元稹惜玉，愛注《鶯鶯》。學書修身，藝拜歐陽；弄墨勵志，諦叩真卿。王鐸二帖，堪稱神筆；道子疏體，冠推高風。孝義巷裡，拜謁蘇秦；萬安峰下，祭祀範公。關帝陵頭，慕仰忠義；會盟台前，盛讚群雄。銅駝身邊，秋說故事；天津橋畔，夏唱升平……」無怪乎古人發出「長安重遊俠，洛陽富才雄」的感嘆。

金學孟的《洛陽賦》以「壯哉」「美哉」作結，這「壯」「美」二字也是該賦的主題與文眼。

相比之下，東都漫士的《洛陽賦》則更強調「史鑑」。該賦開篇即將洛陽定位為「世界四大聖城之一」，認為洛陽是中國歷史上唯一被命名為「神都」的城市。洛陽有著豐厚的歷史和文化底蘊。因其特殊的地理位置而被稱為「天下之中」。在這個盛開富貴之花的地方也被冠以「牡丹之都」的美名。「漢魏文章半洛陽，唐宋詩詞源東都」，所以洛陽又有「文賦詩詞之都」之名。「天下名園重洛陽」，故此洛陽享有「園林之都」之美譽。他引用司馬光的名句「若問古今興廢事，請君只看洛陽城」，宣稱洛陽堪稱「史鑑之都」。

在東都漫士筆下，洛陽這一千年帝都和國花名城不僅是華夏文明之核心，而且還是舉世聞名的「文化聖城」：八關都邑，十省通衢。西阻崤谷，東據虎關。北靠太行，南瞻楚天。六水並流，四周環山。不僅是夏周兩朝的王城，而且還是東漢的首都，魏晉以洛陽為帝闕，隋唐以之為東都，趙

宋以之為西廷。這樣一個鐘靈毓秀之地，古蹟與名勝可謂星羅棋布、觸目皆是。該賦歷數洛陽風流人物不惜用墨如潑，比金學孟的《洛陽賦》更加鋪張揚厲。從倉頡創字、蔡侯造紙等傳說和歷史事件說起，羲皇畫八卦、禹王書《洪范》、伊尹調鼎、周公吐哺、杜康釀酒、鬼谷授徒、蘇秦佩印、趙普讀《論語》、桑弘羊理財、呂蒙正輔政……作者在汪洋自恣的大賦中也為古都曾經遭受的災難深感痛惜：「函谷瓦礫，靈台棘生。羯兒長嘯亂天下，胡兒安史起刀兵。宋室南遷，衰微西京。金元南下烽煙起，倭寇侵華狼煙生。悲哉！痛兮！幾番戰亂，幾度腥風。古都多少滄桑事，盡化歷史塵煙中。」

　　讚嘆洛陽之美，當然不可忘記國色天香、譽滿神州的牡丹花。相傳牡丹是武則天從其家鄉引種至長安的，據說自那之後，便形成了以長安為中心的牡丹栽培基地。至於洛陽牡丹，史書對其來歷語焉不詳，但「武則天怒貶牡丹於洛陽」的故事卻流傳甚廣，當然這只是小說家言，不足採信。依據當時洛陽的重要性以及武則天長期居住在洛陽的事實，武則天時期牡丹應該已經被移植到洛陽，至少當時洛陽宮廷裡的牡丹是比較繁盛的，只是後來由於一些政治原因及安史之亂的影響，洛陽牡丹在唐代沒有興盛起來，至於「洛陽牡丹甲天下」的局面那已是宋代的盛況了。但不管怎麼說，武則天對洛陽牡丹的引進、發展做出了重要貢獻，對洛陽牡丹文化的發展起到了重要的推動作用。[159] 許多文人墨客以牡丹為題材創作詩賦。如潘承祥《詠洛賦》就把牡丹視為洛陽的象徵。「王城花圃，魏紫姚黃爭豔……金縷玉蕊皆殊豔，花開時節動京城。」

---

[159]　參見趙曉燕《武則天與洛陽牡丹》。從城市歷史和審美的維度看，洛陽的看點可概括為一花一寺一窟一堂。花是牡丹花，寺是白馬寺，窟是龍門石窟，堂是天子明堂。前三者一向是吸引遊人的三大法寶，但作為「洛陽神都」的最美建築，「明堂」卻只是個「傳說」。2012 年，洛陽市政府斥鉅資重建「天堂·明堂」景區，使古都洛陽再現大唐氣象。據載，明堂由武則天寵臣薛懷義主持修建，西元 695 年，失寵的薛懷義將其親手打造的明堂付之一炬，這座有「萬象神宮」之稱的「神都第一樓」，在這一建一毀之間，上演了極具反諷意義的武周悲喜劇。

洛陽的自然風光更是令人心曠神怡：「千峰競秀，巒川君山。嵩縣天池，汝陽杜鵑。重渡溝生態旅遊之典範，龍潭峽黃河山水之畫廊。雞冠洞天然成趣，白雲山人間仙境。黛眉山千姿百態，青要山軒轅密都。地質奇觀，神靈寨寫生基地；十佳山水，龍峪灣度假天堂。木劄嶺，西泰山。養子溝，通天峽。玉馬湖，白石崖。書不盡古都山水，道不完洛陽風光。」東都漫士的《洛陽賦》如同相聲貫口報菜名，把洛陽周邊青山綠水的美名，編成抑揚頓挫的詩行，言者如數家珍，聞者心馳神往。

　　悠悠古都！美哉洛陽！

# 第八章
# 開封到杭州:「輝煌如過眼雲煙」

萬國仰神京,禮樂縱橫,蔥蔥佳氣鎖龍城。日禦明堂天子聖,朝會簪纓。

九陌六街平,萬物充盈。青樓弦管酒如澠,別有隋堤煙柳暮,千古含情。

　　── 裴湘《浪淘沙・汴州》

山外青山樓外樓,西湖歌舞幾時休。

暖風熏得遊人醉,直把杭州作汴州。

　　　　　　　　　　　　── 林升《題臨安邸》

　　2005 年 5 月 22 日美國的《紐約時報》上發表了尼古拉斯・克里斯托夫的一篇題為《從開封到紐約:輝煌如過眼雲煙》的文章,在中國引起了廣泛的關注。文章指出:「西元 1000 年,坐落在泥沙淤塞的黃河岸邊的古城開封,是世界上最重要的城市。我這篇文章用了個漢語標題,叫作《輝煌如過眼雲煙》,這樣做是為了說明漢語是許多美國人將來都要去學習的語言,而『繁華如夢』的哲理也是美國人需要了解的。」在他看來:

　　西元前 2000 年之前世界上最重要城市是伊拉克的烏爾,西元前 1500年之前,也許是埃及的底比斯。西元前 1000 年,很難說哪個城市有絕對優勢,不過很多人會認為是黎巴嫩的西頓。西元前 500 年是波斯的波斯波利斯;西元 1 年是羅馬;西元 500 年前後也許是中國的長安;西元 1000年是中國的開封;西元 1500 年是義大利的佛羅倫斯;西元 2000 年是紐約;到了西元 2500 年,上述這些城市可能一個都不再能挨上邊兒。

　　克里斯托夫說,回顧 1000 年前全世界最繁榮城市開封的衰敗歷史,

是想提醒美國人：「中國正在復興，美國切不可驕傲自大。歷史走進了一個新的千年，紐約成了全世界最重要的城市。雖然沒什麼官方認可，但說是世界的首都恐怕沒人會不同意。然而，我們這些紐約客切不可狂妄自大，回望中國中部消失在歷史塵埃裡的大都會開封，也許會使我們更清醒。作為世界上唯一的超級大國，美國也許會認為自己在世界上這種『一覽眾山小』的地位是理所當然的。然而，回望大浪淘沙般的歷史長河，你會看到輝煌，特別是某一個城市的輝煌，多麼像螢火般轉瞬即逝，也會為這種無常的興替感到震驚。」[160]

　　紐約不愧為「世界之都」，發表於西半球《紐約時報》的這篇評論文章，在東半球的中國河南產生了巨大反響。據媒體報導，當年 5 月 27 日，河南省委書記在文章後面特別作了批註：要讓千年古都重現歷史輝煌！同年 6 月，河南省省長帶隊來到開封，確定鄭開大道的建設。有人說，《從開封到紐約》這篇文章和其作者克里斯托夫先生，在促進鄭汴融城、促進開封快速發展中起到了很好的「催化劑」的作用。「為了讓克里斯托夫看看現在高速發展的新開封，一定要把開封的宣傳片做到紐約去！」經過大半年時間準備，在耗費數百萬鉅資後，小宋城文化宣傳片登陸紐約時代廣場。小宋城坐落在開封市西區鄭開大道與夷山大街交匯的黃金地段，是河南全省最大、最好的室內餐飲文化景區，它試圖再現北宋開封「人口逾百萬，貨物集八方」的繁盛景象。與大多數文化產業創意園區一樣，小宋城也設置有增添娛樂氣氛的演藝場所，但其演藝劇碼《千回大宋》所包含的城市歷史底蘊和文化審美價值卻是一般文化園區的劇碼所無法相提並論的。

　　據介紹，大型室內文化演藝劇碼《千回大宋》以 300 年大宋歷史文化為背景，以開封人文的千年興衰軌跡做主線，重點刻畫了開封的水、花、

---

[160]　〔美〕尼古拉斯‧克里斯托夫：《從開封到紐約：輝煌如過眼雲煙》，《紐約時報》2005 年 5 月 22 日。

人、城、市五大元素。全劇以《千年一嘆》為序，主體部分分別是《禪音》、《市井》、《忠烈》、《清風》、《夢回》、《盛世花開》六個篇章。編導和表演者採用當今世界上最先進的舞臺特效，引入全息技術，將現代時尚元素融入歷史傳統文化中，順應現代人的欣賞觀念，以恢宏的氣勢、絢麗的色彩，再現汴京繁華。讓遊人訪客透過觀賞繪聲繪色、詩意盎然的舞臺表演，品味大宋歷史名城的文化風采，感受輝煌時代的藝術魅力！[161]

說到文化輝煌時代的魅力，不少人往往會想當然地以為「漢唐盛世」是中華民族的鼎盛時期，那兩個光輝燦爛時代也必定是中國文化最輝煌的時期。相比之下，當人們一提到北宋，第一印象就是「積貧積弱」、「忍辱負重」，真正了解這段歷史的人或許覺得這是一個令人遺憾的誤讀。宋朝是一個浪漫的朝代，是一個令人神往的最有「文化氛圍」的時代。相關研究材料表明，在某些歷史書中，宋代的文明成就，尤其是其審美文化，就被大大低估了。可以說，中華大地上最鮮豔的文明之花就盛開在以開封和杭州為首都的大宋王朝。在城市發展史上，開封的意義也沒有得到充分的認識，國外學者認為，開封開啟了「近代／現代城市」的先河[162]。這一結論恰當與否或許還有待商議，但唐宋之際市民文化的勃興與美學風尚的劇變與東京「坊市合一」的創舉有莫大的關係，這一點卻是毋庸置疑的。

在文人墨客的筆下，宋朝審美文化是歷史上最驚豔的浮華盛宴，是中華民族迄今為止最絢麗的文明煙花。時至今日，當浮華褪去，煙花散開，重新審視這段歷史，我們仍然可以依稀看到，在宋文化浮華麗影的煙雲虹霓之下，確有一個輝煌燦爛的大宋文化「在」。就文化與思想層面而言，宋代達到了先秦諸子之後的又一個高峰。楊迪在《如夢如幻的大宋王

[161]　馬立虹：《從紐約到開封：中國開封小宋城新聞發布會舉行》，《華夏文化大觀》2016 年版。
[162]　宋代的東京，在城建規劃上一改舊制，拆除臨街坊牆，准許百姓面街而居、沿街貿易，有別於長安、洛陽等帝都的坊市分離，為坊市合一，整個城市變成一個敞開型的商業城市。這種敞開型結構，開啟了現代城市的先河。

朝》一文中指出：宋代在哲學方面突破了五代以來沉悶墨守的局面，伴隨通經致用、講求義理以及疑古思潮的興起，出現了周敦頤、邵雍、張載、程頤、程顥、朱熹、陸九淵為代表的理學等諸多流派……宋儒諸子融匯各家，援佛入儒，建構成新儒學體系，不僅昇華了抽象思辨，而且高揚了士人剛健挺拔的道德理性和節操意識。

從社會經濟的視角看，宋代的輝煌在漫長的歷史長河中也罕有比肩者。錢穆曾認為：「中國在唐代以前可稱為古代社會，自宋代起至現在可說是近代社會。」宋朝歷史素來極受中外歷史學家的關注，從日本的內藤湖南到法國的謝和耐，無不對宋朝青睞有加。特別是宋朝在經濟、科技和文化方面的進步，都得到了全世界學者的讚賞和肯定。

杜君立在評論吳鉤的《重新發現宋朝》時說，宋代中國的「近代文明」主要體現在 7 個方面：經濟繁榮、制度完善、精英流動、底層保障、科技進步、文化繁榮和對外開放。杜君立說，宋朝中國之所以被稱為中國歷史的「巔峰」，恰恰不是因為其古代性，而是因為其現代性。進步是文明的最大標誌。遺憾的是，這種「現代文明」最終毀滅於一場遊牧民族的全球征服運動，不僅「厓山之後無中國」，整個人類文明也一度跌落低谷。「如果讓我選擇，我願意活在中國的宋朝。」這不僅是歷史學家湯因比的夢想，也是無數中國人的夢想。從宋人那裡流傳下來的民間作品很多，如《東京夢華錄》、《夢溪筆談》、《夢粱錄》等，它們不約而同地都有一個「夢」字。我想這絕不是一個巧合。[163]

近年來媒體上流行「中國古代只有技術沒有科學」的言論，相信這種言論的人，應該到洛陽開封等古都走走，好好溫習一下中國歷史。李約瑟的《中國科學技術史》說，每當人們在中國的文獻中查找一種具體的科技史料時，往往會發現它的焦點在宋代，不管在應用科學方面還是在純粹科

---

[163]　吳鉤：《重新發現宋朝》序言，九州出版社 2014 年版。

學方面都是如此……中國的科技發展到宋朝，已呈巔峰狀態，在許多方面實際上已經超過了 18 世紀中葉工業革命前的英國或歐洲的水準。

　　21 世紀中國中學生的一些歷史練習冊上有這樣一道著名的選擇題：英國史學家湯因比說：「如果讓我選擇，我願意活在中國的宋朝。」中國學者餘秋雨也說：「我最嚮往的朝代是宋朝。」令二人選擇和嚮往宋朝的原因主要包括：①寬鬆的經濟環境；②發達的工商業；③繁榮絢麗的文化；④科技發明大量應用。答案：①；②；③；④。不難看出，英國人湯因比的「我願意活在中國的宋朝」是一個極為流行的說法，這句令人生疑的表白，甚至堂而皇之地走進了中學生的課堂。[164]

　　著書立說最要緊的是言必有據，言必有據就少不了刨根究底。湯因比「我願意活在中國的宋朝」的高論出處何在？筆者窮盡了手頭資料卻始終沒有找到可靠的文獻，倒是查到了不少指其為「浮言」的說法。有一種意見認為，湯因比的原話出自劉東翻譯的法國漢學家謝和耐《蒙元入侵前夜的中國日常生活》一書。該「譯後絮語」中有這樣一句話：「記得湯因比就曾這樣表達過他對現代文明的憂慮，因為他說過 —— 要是容許他自由投胎的話，則其最願意過活的時空區間，當是在 9 世紀的中國新疆北部……我最願意去活一次的地方，無疑是在 10 世紀的中國汴京，對於天水一朝的文物之盛，我是那樣的心往神追。」[165] 而在《展望二十一世紀：湯因比與池田大作對話錄》中文序言中有這樣一句話：「我（即池田大作）曾經問過博士（即湯因比）本人：『您希望出生在哪個國家？』他面帶笑容地回答說，他希望生在『西元 1 世紀佛教已傳入時的新疆』。在《光明日報》的一篇文章中，開篇即為『湯因比有言，如果讓我選擇，我願意選擇生活在中

[164]　唐欣主編：《我願意活在宋朝：宋詞的三十七種讀法》，光明日報出版社 2006 年版，第 3 頁。據考，湯因比並未說過「我願意活在宋朝」這句話，但這句假託其名的名言卻在「坊間」廣為流傳。

[165]　〔法〕謝和耐：《蒙元入侵前夜的中國日常生活》，劉東譯，江蘇人民出版社 1995 年版，第 195 頁。

國的宋朝。』」[166]

　　雖然是訛傳，但訛傳的物件卻不容小覷：「那可是文化巔峰到爆表的大宋啊，雖然『三冗兩積』，外戰慘澹，雖然一再被外族驅趕，偏安臨安，但那又怎樣？我有迂闊的司馬君實，會論道，會編書，還會砸缸；我有瀟灑的東坡居士，會寫詞，能書畫，且懂烹飪；我有戎馬倥傯的鄂王武穆，能領兵，懂詞韻，還有文身……」[167] 網友這類亦莊亦諧的「大宋熱評」，對北宋、南宋兩代和汴梁、臨安二城，充滿了或激越或浪漫的想像。

　　當然，人們嚮往宋朝，還有很多別的理由。但不管有多少理由，筆者相信它們都會與令人神往的開封和杭州相關。暫且不說杭州，單說開封。眾所周知，開封位於華北大平原東南部，北瀕黃河，西依鄭州，南與周口、許昌毗鄰，東與商丘和山東菏澤接壤，周圍平曠四達，黃河從境北由西向東流過，惠濟河、渦河、賈魯河穿境而過，境內河網密布，自古就有水陸交通之便，享有「五門六路、八省通衢」之稱。由於開封地處中原腹地，交通便利，地理位置優越，歷史上封建王朝多次在這裡立國定都。唯有北宋時期的汴梁，「人逾百萬，商賈雲集，富麗天下無；八方爭湊，萬國來朝，鼎盛舉世驚。〈清明上河圖〉，張擇端一幅長卷，描出世間萬象；《東京夢華錄》，孟元老數篇短文，寫盡盛世繁榮」[168]。此時的開封，儼然是一座世界之都。即便在其走下坡路的金元時期，開封的地位也不容小覷，所謂「汴梁形勝甲天下，夷門自古帝王都」，足見此時的開封仍然具有壓倒群雄的氣勢。[169] 高樹田《夢華宋都：開封》一書開篇第一章在《七朝古都的千年夢華》的題目下對開封進行了鳥瞰式描述。他說，開封是一

---

[166]　［英］湯因比、［日］池田大作：《展望二十一世紀：湯因比與池田大作對話錄》，荀春生、朱繼征、陳國梁譯，國際文化出版公司 1985 年版，第 1 頁。

[167]　水淩汀：《「如果讓我選擇，我願意生活宋朝」之訛傳》。

[168]　高樹田：《開封賦》，《光明日報》2007 年 7 月 9 日。

[169]　開封市地方史志編委會辦公室編：《開封風物大觀》，中州古籍出版社 1992 年版，第 1 頁。

座水上城；同時也是一座歷史城、名人城、民俗城；此外，開封是一座菊花城、美食城；令開封人倍感驕傲的是，開封還是一座英雄城，更是一座開放城。在我們看來，開封更是一座美學之城，她以「頌歌之美」開篇，「哀歌之美」結束，在中華美學史時明時暗的天幕上留下了一道清奇悲壯、精彩絕豔的藝術之光。它就如同秦漢時期的長安和隋唐時期的洛陽一樣，是中華審美文化史上最令人崇敬和嚮往的繁榮古都之一。

　　按照線民調侃歷史的說法，大宋的崛起，源於一場不流血的「光榮革命」。宋太祖如同變魔術一般，輕輕抖了一下黃袍，就把整個天下裝進了自己的乾坤袋。這個曾經的殿前都點檢，深知軍權的重要性，為了避免驕兵悍將中另有人被黃袍加身，他又精心設計了一出「杯酒釋兵權」的魔術。江山坐穩之後，他「首用文吏而奪武臣之權，宋之尚文，端本乎此。太宗、真宗其在藩邸，已有好學之名，及其即位，彌文日增。自時厥後，子孫相承，上之為人君者，無不典學；下之為人臣者，自宰相以至令錄，無不擢科，海內文士，彬彬輩出焉。國初，楊億、劉筠猶襲唐人聲律之體，柳開、穆修志欲變古而力弗逮。廬陵歐陽修出，以古文倡，臨川王安石、眉山蘇軾、南豐曾鞏起而和之，宋文日趨於古矣。南渡文氣不及東都，豈不足以觀世變歟！」[170] 就這樣，一個鬱鬱乎文的大宋王朝掀起了一場中國式的「文藝復興」，悄然改變了中華民族的審美風尚。在這個時期，中國城市美學也隨之發生了深刻的改變。

　　有學者認為，「中國城市審美文化產生於宋代，它在藝術目的上追求自我娛樂，在藝術手法上貼近現實生活，在創作態度上尊重傳統習慣，在藝術品評上主張寬和包容，在藝術風格上宣導通俗繁縟，因而呈現出一種既不同於平淡、單調、純樸的農民文化，也不同於刻板、奢侈、放縱的貴族文化，更不同於風雅、飄逸、閒散的士大夫文化的新型的審美特

---

[170]　《宋史‧文苑一》。

徵」[171]。也就是說，「貼近現實」「尊重傳統」「寬和包容」「通俗繁縟」等，
這些品質是宋代城市審美文化最基本的特徵，城市學家和美學家們，還有
許許多多類似說法，且大多都有令人信服的文獻依據。作為宋代城市審美
文化的重要組成部分，宋代城市美學，亦當作如是觀。

　　美國《紐約時報》的專欄作家在尋訪曾經的「世界首都」時，來到開
封，他發現「今天的開封骯髒貧窮，連個省會也不是，地位無足輕重，所
以連機場都沒有。這種破落相更讓人看清楚了財富聚散的無常。11 世紀的
開封是宋朝的首都，人口超過 100 萬，而當時倫敦只有 1.5 萬人左右。北
京的故宮博物院藏有一幅約 5.2 公尺長的古畫，展示了古代開封的繁華：
街道上行人如織，摩肩接踵，駝隊載著商品沿著絲綢之路雲集而來，茶樓
酒肆熙熙攘攘，生意興隆」[172]。

　　研究資料表明，在唐及以前的中國，城市的商業區與居住區各自封閉
管理，酒樓、茶肆、店鋪、市井、叫賣、風花雪月的場所，各有圈定的區
域。「豪華的亭臺樓閣以前也只是建在皇宮裡，豪華的酒樓茶肆沿街林立
形成街景，被市民廣泛享受，只是在宋代城市才開始出現。我們現在的城
市街道前店後廠、店鋪林立這種開放的城市格局在宋代以前是不允許存在
的，我們城市今天的許多『模樣』都是從宋代流傳下來的：商店、酒家、
民居、機關單位雜處交錯形成街道，這種今天我們習以為常的城市模式起
源於宋代；逛街購物、遊園散步、過早、宵夜……這些我們今天習以為常
的生活方式，起源於宋代的城市。今天城市的樣子是從宋代開始的，現代
城市最主要的構架 —— 街市、夜市、早市，形成於宋代。」[173]

　　人們理解的現代城市，為何出現在宋代？又為何最早出現在開封？這

---

[171]　羅筠筠：《從宋代城市審美文化的產生看士大夫與市民藝術的不同》，《文史哲》1997 年第 2 期。

[172]　［美］尼古拉斯・克里斯托夫：《從開封到紐約：輝煌如過眼雲煙》，《紐約時報》2005 年 5 月
　　　　22 日。

[173]　吳琳：《詞中城市：品讀宋詞中的人文景觀》，中央編譯出版社 2012 年版，第 1 頁。

一現象的出現，自有其天時地利方面的原因。考古資料表明，五六千年前，我們的祖先就在開封這塊豐美而神奇的土地上生產生活和繁衍生息了。大量的考古發掘為此提供了確鑿的證據。在開封祥符區萬隆鄉萬隆崗遺址，挖掘出了石鐮、陶器等新石器時代的遺物。在尉氏縣洧川鎮 21 公里處的斷頭崗，發現了一處新石器早期裴李崗型文化遺址。還有杞縣的竹林遺址，屬於仰韶文化中期。杞縣裴村店鄉的鹿台崗古文化遺址則更讓人驚奇，自下而上依次為仰韶、龍山、岳石和先商、早商、晚商及春秋等不同時期的文化堆積。據考證，這裡還是逐鹿中原的始發地。最令人驚奇的是，隨著開封城「城摞城」奇觀的發掘，一個千年前的國際大都市　一北宋都城東京城遺址逐漸展現在世人面前，即使是驚鴻一瞥，也足以讓每一個開封人，乃至每個華夏傳人為之振奮了。還有巍峨壯觀的明周王府，讓人不由想起朱元璋「鏟王氣」的故事。而州橋遺址的挖掘，也讓人想起汴梁八景之一「州橋明月」和《水滸傳》中楊志賣刀的生動情節。[174]

# 一　城市舞臺：「大宋·東京夢華」

開封為何成為北宋都城，有許多著述探討過正當其時的必要性和歷史必然性，概而言之，無非軍事、經濟等原因。但有一個常常被人忽略的原因，那就是趙宋王朝靠「拿來主義」起家，前朝舊業能用者絕不輕廢。據說趙匡胤也曾有遷都西安或洛陽的動議，但多次激烈廷爭，都是沿用舊都的意見占據上風。眾所周知，周世宗不僅為北宋統一奠定了堅實的基礎，而且也堪稱是北宋東京城最初的設計師。顯德二年（955）四月詔書記載：「惟王建國，實曰京師，度地居民，固有前則。東京華夷輻輳，水陸會通，時向隆平，日增繁盛。而都城因舊，制度未恢，諸衛軍營，或多窄狹，百司公署，無處興修。加以坊市之中，邸店有限，工商外至，億兆無

[174]　高樹田主編：《夢華宋都：開封》，河南科學技術出版社 2011 年版，第 91 頁。

窮，傭賃之資，增添不定，貧闕之戶，供辦實艱。而又屋宇交連，街衢湫隘，入夏有暑濕之苦，居常多煙火之憂。將便公私，須廣都邑。宜令所司於京城四面，別築羅城。」[175] 自此，東京汴梁城的大規模改造與擴建持續了上百年。借用一句西方人的諺語來說：「羅馬不是一天建起來的。」開封也是這樣。

當然，開封在周世宗之前就是一個歷史悠久的地方。這一點僅從「開封」之名的來由就可見一斑。說起「開封」，人們往往會從「啟封」說起。相傳 2700 多年前的春秋時期，這一帶是鄭國的邊陲，阡陌縱橫，地肥水美，草木繁茂，是極為適合耕作的好地方。鄭莊公為拓展實力，備戰備荒，在今宋仙鎮附近古城村構築城邑和倉城，主要用來儲糧，取名「啟封」，含「啟拓封疆」之意。這在《太平寰宇記》和清《開封府志》序中都有記述。

秦橫掃六國，啟封北邊幾十里外的魏國都城大梁被秦軍決鴻溝之水淹沒了。秦統一中國後，在全國實行郡縣制，以加強中央集權，啟封由倉城升為縣治，大梁則由魏都降為浚儀縣。到了西漢，為避景帝「劉啟」的名諱，把「啟封」縣改為「開封」縣。[176]

千百年來，奔騰不息的黃河不僅孕育了黃河文明，也催生了開封這座黃河邊的不朽之城。如前所述，她曾經是人口逾百萬、富麗甲天下的世界之都，其城郭之恢宏，山川之秀美，風景之旖旎，古蹟之繁多，鮮有匹敵者。作為黃河邊上的明珠城市，她可以說是華夏母親河賜予中原大地的最珍貴的禮物之一，因此，開封的優秀品質和致命弱點都深深留下了黃河母親的印記。

眾所周知，黃河源於青藏高原，切開黃土高原，攜帶巨量泥沙，一路向東奔湧，黃土高原以下，河床逐年升高，待流經開封時，早已成為懸

[175]　周寶珠：《〈清明上河圖〉與清明上河學》，河南大學出版社 1997 年版，第 4 頁。
[176]　高樹田主編：《夢華宋都：開封》，河南科學技術出版社 2011 年版，第 95 頁。

河。因此，懸河下的開封，每遇黃河決口，必遭滅頂之災。於是，造成了一種世所罕見的奇觀——新城底下埋舊城，城城相疊共 6 層：「門摞門、路摞路、牆摞牆，馬道摞馬道，新城摞舊城。」這種斷層明晰的城摞城現象，立體地展現了開封自建城以來的變遷歷史。

隨著考古勘探的進一步深入，現已探明，在開封地下 3.14 公尺處，上下疊壓著 6 座城池：魏大梁，唐汴州，北宋東京，金代汴京，明與清的開封。西元前 225 年，秦將王賁決鴻溝，淹沒魏國都城大梁。該城在今地下 14 公尺處。1642 年，李自成攻打開封，官兵決黃河，水淹開封城，37 萬之眾，只剩 3 萬生還。據考證，明朝省城開封在今地下 5 公尺處。1841 年 6 月，黃河自張家灣（今開封市水稻鄉）決口，水自南門入城，城內積水深丈余，水浸 8 個月之久。清省府開封城在今地下 3 公尺處。金明昌年間，隨著黃河改道，緊靠黃河的開封自此不斷受到侵襲。據史書記載，從金大定二十年（1180）到 1944 年，前後 764 年間，共決溢 338 處，開封市區被淹有七八次之多。[177]

由此可見，開封與黃河的關係甚為複雜：一方面，開封是黃河饋贈中原大地的明珠；另一方面，黃河也是高懸開封頭頂的達摩克利斯之劍。

開封最繁盛的日子，無疑在她作為北宋首都——東京的時期。那時的開封，是世界上唯一的超級繁華大都市。史料記載，東京城「人口逾百萬，富麗天下無」，作為中國的政治、經濟、文化中心長達 168 年之久。各方面取得的成就暫且不論，單說城市發展史上，東京城首次把坊與市，也就是居住和交易的地方合而為一，使「城」與「市」水乳交融地結合在一起，這種具有現代意味的「城市」問世，具有里程碑的意義，據專家研究，開封是近現代城市的開風氣者。

今天，考古部門已基本探明了北宋東京城的整體結構和布局。確定了

---

[177]　高樹田主編：《夢華宋都：開封》，河南科學技術出版社 2011 年版，第 99 頁。

諸如三重城牆、城門、甕城、護城壕、河流、金明池、相國寺、洪福禪院、禦街、東西街、南北街等重要建築和街道等的位置、規模，乃至於它們的走向和寬度等更加具體的資料。現在，北宋東京城遺址已被列入全國重點文物保護單位。龍亭公園裡的東京城和皇宮的沙盤模型，讓無數遊人為這座千年前最繁華的大都市的輝煌而由衷讚嘆。隨著今後宋城文化的開發利用，「琪樹明霞五鳳樓，夷門自古帝王州」的盛況，將立體地展現在世人面前。

但是，北宋開封的無限風光，絕不是微縮沙盤、仿古新城之類的「靜物」所能充分再現的，其盛世的絕代風華和文化的輝煌燦爛，還要借助於靈動的歌詩舞樂來加以表現。事實上，城市原本就是一個生機勃勃的舞臺，我們是否可以利用鏡像的反射原理，倒過來以舞臺這面「鏡子」映照出城市的影子？

芒福德說過：「在城市舞臺上上演的每台戲劇都具有最高程度的思想上的光輝、明確的目標和愛的色彩。透過感情上的交流、理性的傳遞和技術上的精通熟練，尤其是透過激動人心的表演，從而擴大生活的各個方面的範圍，這一直是歷史上城市的最高職責。它將成為城市繼續存在的主要理由。」[178] 芒福德的「城市舞臺演出」觀念，讓我們領悟到了「舞臺演出城市」的重要意義，也為本書找到一條「穿越大宋」的奇妙路徑 —— 《大宋‧東京夢華》 —— 舞臺上的古代開封。

2011 年秋，中國中外文學學會成立新媒介文化研究分會，籌備會議在開封舉行。會議期間，河南大學安排與會者觀賞了一場名為《大宋‧東京夢華》大型實景表演 [179]。那天晚宴時，河南大學的朋友說：「今晚我們也學學黑旋風，喝完酒後大鬧東京去！」

[178]　[美] 路易士‧芒福德：《城市發展史：起源、演變和前景》，倪文彥、宋俊嶺譯，中國建築工業出版社 1989 年版，第 422 頁。

[179]　參見《大宋東京夢華：我見過最文藝的實景演出》。

據《大宋‧東京夢華》的宣傳資料介紹，作為大型實景演出節目，《大宋‧東京夢華》這台戲是關於北宋王朝鼎盛時期的印象畫卷，是〈清明上河圖〉和《東京夢華錄》的歷史再現。演出包括 6 幕 4 場：序《虞美人》，展現一個舊王朝的衰落與宋王朝的興起；第一場《醉東風》，展現北宋的繁榮與市井風情；第二場《蝶戀花》，鋪排出如夢似幻的場景，表現了北宋東京的浪漫與活力；第三場《齊天樂》，表現了萬國來朝的盛景和皇家的奢華；第四場《滿江紅》，把演出推向了高潮，炮火的轟鳴和滿江的紅色昭示壯懷激烈的豪情；尾聲《水調歌頭》，表現了經歷繁榮、浮華和戰爭之後，對如夢年代的思索與對美好未來的期盼和祝願。

　　這場實景表演最大的特點就是：奢華！驚人的奢華！無與倫比的奢華！我們觀看表演的最大感受就是：震撼！立體的震撼！無以言表的震撼！

　　舞臺設計者把宋朝的汴京來了個乾坤大挪移，將其全盤搬到千年後的大宋文化主題公園 —— 開封清明上河園。一群了不起的藝術編導和演職人員，以濃重的色彩、婉約的景致、浪漫的音律和宏大的場面，以及極度華麗的視覺場景，使一個文化鼎盛的古代王朝頃刻間「觸電重生」並耀世綻放，讓今天的觀眾在豪華場景、經典宋詞和高科技舞美中感受視聽震撼，在一個偉大王朝興亡存續的傳奇故事中，品味歷史劇的悲壯與空靈。有觀者感嘆說，這場實景表演比舞臺劇更加細膩、更加生動，達到了「恢宏中見細膩，細膩中見恢宏」的藝術效果。

　　演出的主場背景是一處時而金光萬道、時而火紅沖天的寶殿。當演出開始時，場內近處的燈光全部熄滅，遠處的寶殿釋放出炫目的光彩，然後，全場燈花漸次綻放，一時間，萬道金光，直射長空，無邊的舞臺，亮如白晝。「東京夢華」的燈光效果，猶如一部光與影譜寫的交響樂：時而綠，春光浮現；時而金，美輪美奐；時而黑，凝重內斂；時而亮，激情蕩

漾。這場演出，導演在色彩的變幻設計上煞費心思。赤燈乍亮，紅蓮微綻；音樂漸起，歌聲嫋嫋。花瓣中的歌妓翩翩起舞。時而黃，時而綠，時而白，一朵漂動在湖面上的菊花船，晶瑩剔透，綻開後還能釋放出五彩霞光，菊花船心更有 12 位身著宋裝的歌女舞動樂器，美妙動聽。隨著劇情變化，水上棧橋自由移動，開闔自如，場景堪稱神奇。色彩斑斕的柳樹和珠圍翠繞的馬車，根據〈清明上河圖〉復原而成的街景，栽滿柳樹，且能配合不同的場景，變換色彩，忽而翠綠，忽而火紅，忽而閃爍。[180]

　　每念及開封，筆者當年觀看實景表演的情景便如在眼前。那一天，來自歐美日韓的數位嘉賓和數十位中國學者一同進入了清明上河園。觀看演出的時候，加拿大艾爾伯特大學的蘭博特教授恰好和我鄰座，表演開始時，這位生於義大利的美女教授談笑風生，一臉快適的樣子。但隨著「東京」戰事吃緊，教授的情緒也隨之緊張起來，待到城池被焚，哀聲四起之時，早已淚流滿面的蘭博特教授唏噓不已，又是搖頭又是抹淚，竭力控制過分激動的情緒。蘭博特的強烈反應讓我大感意外。但有一點是可以肯定的，她被一種美的東西深深地感動了。因為整個演出過程中，她時不時地發出感嘆——太美了！

　　實景表演以《虞美人》、《醉東風》、《蝶戀花》、《滿江紅》等 8 首耳熟能詳的經典宋詞及其意境，勾勒出北宋都城東京的歷史畫面。《醉東風》一場中，誇張的色彩變化和龐大的演出團隊，將宋都東京的繁華與喧囂表現得淋漓盡致，而辛棄疾的《青玉案》更是表現了東京百姓在元夜用無邊的燈海營造出的盛世景象。當「眾裡尋他千百度，驀然回首，那人卻在燈火闌珊處」的歌聲響起，白衣少年在一段翩翩舞姿後，將目光投向了遠處那漸暗漸熄的繁華燈火處，詩詞意境與演出場景搭配得天衣無縫。蘇軾的《蝶戀花》中，「花褪殘紅青杏小。燕子飛時，綠水人家繞。枝上柳綿

---

[180]　參見《大宋東京夢華：我見過最文藝的實景演出》。

吹又少。天涯何處無芳草」。大宋市井元素在劇中的表現更加多樣，看似小俗，實則大雅：小商販，文人騷客，官人，僧侶，川流不息；奔跑玩耍的孩子們，踩高蹺的人們，熱烈的舞蹈，還有迎親的隊伍從中穿過，嗩吶聲，鞭炮聲，喧鬧聲，聲聲入耳。身臨其境的感覺將更加強烈，仿佛一夜間回到了 1000 年前的大宋時代。[181]

最令人震撼的是第四場，這一場以嶽飛《滿江紅》為背景，震撼人心的真實水戰場面壯觀至極，逼真的煙霧增添了水戰氣氛，整個湖面都被染成血紅色。炮火的轟鳴和滿江的紅色，把壯懷激烈的豪情與誓死殺敵的勇氣渲染得淋漓盡致。從路邊民居到皇宮大殿，大火「燒」成一片，滿眼的「大火」讓所有觀眾沉浸在岳飛抗金殺敵的萬丈豪情之中。「三十功名塵與土，八千里路雲和月。莫等閒，白了少年頭，空悲切。」「醉裡挑燈看劍，夢回吹角連營。八百里分麾下炙，五十弦翻塞外聲，沙場秋點兵。馬作的盧飛快，弓如霹靂弦驚。了卻君王天下事，贏得生前身後名。可憐白髮生！」面對此情此景，相信不少沉浸在劇情中的觀眾，即便不會像蘭博特那樣淚濕衣襟，也必定悲情難已，縱然眼中無淚，也難免黯然神傷。

第二天，我和蘭博特教授聊起看表演的事。她頓時收斂了笑容，雙眼迷離，自言自語似的，說了些頗為感傷的話。雖然聊天之具體內容筆者已經記不清楚了，但她將開封的陷落與《聖經》中記載的耶路撒冷的陷落連繫起來，這一點給我留下了極深的印象。

眾所周知，在耶路撒冷無數次陷落過程中，提圖斯的攻陷無疑是最為致命的。但在提圖斯之前，耶路撒冷也曾遭遇過一次致命的陷落，使猶太人的神殿經受了一次相當徹底的毀壞。

據史料記載，耶路撒冷城被尼布甲尼撒率領的巴比倫大軍攻陷。「保存在一塊黏土板上的《尼布甲尼撒編年史》宣稱：『在猶太曆提斯利月（前

---

[181]　參見《大宋東京夢華：我見過最文藝的實景演出》。

597 年 3 月 16 日），巴比倫國王向哈梯之地進發，圍攻猶大的都城，在亞達月第二天攻下這個城市並俘虜了國王。』尼布甲尼撒洗劫了聖殿，將國王和一萬名貴族、工匠及青年男子遣送到巴比倫。約雅敬也來到了其征服者在巴比倫的宮廷。」[182] 但這還不是最徹底的一次毀滅。西元前 586 年 8 月，被圍 18 個月後的耶路撒冷又一次陷落。尼布甲尼撒對一反再反的猶太國王西底家無比痛恨，下令當其面殺其子，剜去他的雙眼。並命人用銅鏈鎖著西底家，將這位猶太國王拉到巴比倫去示眾。此次破城，神廟、王宮和許多民宅幾盡被毀。全城活著的居民幾乎全被擄到巴比倫，成了「巴比倫之囚」。尼布甲尼撒也因此獲得了「行毀壞可憎之人」的惡諡。

　　流放到巴比倫的猶太人發現錫安與他們所在之城巴比倫相比不過像個村子……尼布甲尼撒給巴比倫烙上自己的審美烙印：巨大、宏偉的雕像上塗著他最喜歡的顏色，那是波瀾壯闊的幼發拉底河倒映出的神聖的天藍色。伊斯塔門有 4 座塔樓，塔樓外面包裹著藍色瓷磚，上面繪著黃色公牛和赭色龍圖案，此門通向城內的凱旋大道 —— 列隊行進之路。尼布甲尼撒的宮殿裝飾著巨大的獅子，用他自己的話來說，這是一座「令人讚嘆的雄偉大廈，閃閃發光的聖所，我的皇宮所在」。「空中花園」裝飾著他的夏宮。為了向巴比倫的庇護神馬杜克致敬，尼布甲尼撒建造了一座巨大的、7 層階梯式的、頂上帶有平臺的金字塔：這個天與地的基座平臺是真正的巴別塔，描述它的語言之多樣反映了巴比倫是整個近東地區的國際中心。[183]

　　猶太人的先知們將預知未來的本領，逆向用於追尋遠逝的歷史方面

---

[182] ［英］西蒙・蒙蒂菲奧裡：《耶路撒冷三千年》，張倩紅、馬丹靜譯，民主與建設出版社 2015 年版，第 48 頁。

[183] ［英］西蒙・蒙蒂菲奧裡：《耶路撒冷三千年》，張倩紅、馬丹靜譯，民主與建設出版社 2015 年版，第 49 頁。藍色雕像的說法，頗令人懷疑。在古代，天藍顏料甚為珍貴，古希臘、古羅馬繪畫中幾乎見不到藍色的蹤跡，直到文藝復興前後，比黃金還要珍貴的天青石才從阿富汗的深山裡被小心翼翼地運到威尼斯等地，藍色顏料才開始漸漸普及開來。

了。於是，記載猶太民族歷史的《聖經‧舊約》中有關「巴比倫之囚」的內容問世了。這段屈辱而悲痛的歷史，是猶太人寄託亡國之思的民族史詩，有人也稱之為「苦難美學」。「苦難美學」這個說法恰當與否似乎還有可商議之處，但長歌當哭之作，自有深情淒美的一面。事實上，但凡人間極致的美，總是隱含著與苦難瓜蔓相牽的悲戚與哀傷。

靖康二年（1127）春天，北宋東京汴梁城，遭遇了耶路撒冷式的陷落。金人的鐵騎踏破帝國的都城，金碧輝煌的宮殿，在戰火中碎裂為瓦礫。這年四月，中原漢人歷史上最屈辱的一幕發生了：「金人以帝（按：宋徽宗、宋欽宗）及皇后、皇太子北歸。凡法駕、鹵簿，皇后以下車輅、鹵簿，冠服、禮器、法物，大樂、教坊樂器，祭器、八寶、九鼎、圭璧，渾天儀、銅人、刻漏，古器、景靈宮供器，太清樓祕閣三館書、天下州府圖及官吏、內人、內侍、技藝、工匠、娼優，府庫畜積，為之一空。」[184] 發生在大宋東京的「靖康之難」與耶路撒冷遭遇的「尼布甲尼撒的洗劫」有許多驚人相似的地方。可以說，北宋所有值錢的人和物，幾乎被金人一網打盡……

國破山河在，城春草木深。北宋滅亡 20 年後，《東京夢華錄》[185] 誕生了，它有如一朵哀豔淒美的白花，在金人鐵蹄濺血的廢墟中孤寂地開放著。大宋臣民只信皇帝，不信上帝。因此《東京夢華錄》這類記述亡國之痛的文字，不可能成為「經書」一樣重要的典籍。當耶路撒冷正在遭受戰亂蹂躪之時，有一小股猶太人於北宋徽宗年間來到了中國開封。他們大約是從天山南麓入境，先是經商，後定居下來。這段被塵封的歷史，也為開

---

[184]　《宋史‧欽宗本紀》卷二十三。

[185]　《東京夢華錄》通常被描述成筆記體散文集，作者孟元老。成書於南宋紹興十七年（1147），是一本追述北宋都城東京開封府城市風俗人情的著作。書中記述的大多是宋徽宗崇寧到宣和（1102 － 1125）年間北宋都城東京開封的情況，描繪了這一歷史時期居住在東京的上至王公貴族、下及庶民百姓的日常生活情景，是研究北宋都市社會生活、經濟文化的一部極其重要的歷史文獻古籍。

封這座古老的世界之城增加了傳奇色彩。

　　據說宋徽宗趙佶被金俘虜後，寫過一些悲悼故國的詩詞，其中比較著名的有《在北題壁》（「徹夜西風撼破扉，蕭條孤館一燈微。家山回首三千里，目斷天南無雁飛」）和《題燕山僧寺壁》（「九葉鴻基一旦休，倡狂不聽直臣謀。甘心萬里為降虜，故國悲涼玉殿秋」）。還有一首《眼兒媚》與李煜《浪淘沙令·簾外雨潺潺》風格相近，甚是淒切動人：「玉京曾憶昔繁華，萬里帝王家。瓊林玉殿，朝喧弦管，暮列笙琶。花城人去今蕭索，春夢繞胡沙。家山何處，忍聽羌笛，吹徹梅花。」作為金人囚徒的大宋皇帝，想起瓊林玉殿裡錦衣玉食的日子，不禁對曾經的「朝喧弦管，暮列笙琶」的奢靡人生愧悔無地。這位藝術家皇帝的詩詞，從一個比較特殊的視角，讓我們感受到了北宋末期東京汴梁的奢靡與華麗。

## 二　紙上都市：《東京夢華錄》與〈清明上河圖〉

　　在南宋追憶北宋繁華的眾多詩文中，孟元老的《東京夢華錄》無疑是其佼佼者。從城市美學的視角看，《東京夢華錄》是一部北宋都城的百科全書。在這部書中，作者孟元老從都城規模到皇宮建築，從官署處所到城內街坊，從飲食起居到歲時節令，從歌舞曲藝到婚喪習俗，有關北宋東京[186]的那些事兒，無論巨細，幾乎無所不包。閱讀這部追憶繁華帝都的奇書，讀者不僅可以了解當時的民風時尚，同時也能感受到宋代發達的經濟和繁榮的城市生活。如前所述，宋代是中國歷史上經濟文化大發展與大繁榮的時代。宋史專家朱瑞熙先生據《元豐九域志》統計，北宋全境擁有10萬戶（約50萬人）以上的城市有40多個，到徽宗崇寧年間又上升到50多個，而有唐一代，最多時也只有10多個。宋時汴京、臨安人口常在百

---

[186]　北宋王朝共有「四京」，即東京開封府、西京河南府（今河南洛陽）、南京應天府（今河南商丘）、北京大名府（今河北大名東北）。

萬上下。[187] 一般認為，這是此前歷史上從未有過的人口繁盛景象。但好景不長，靖康二年（1127），金人直搗汴京，大宋皇城頃刻間灰飛煙滅。《東京夢華錄》就是作者懷著「胡塵遺民」無盡的眷念與傷感，為「輦轂繁華、壯麗輝煌」的帝都所撰寫的悼詞與挽歌。

大抵說來，《東京夢華錄》包括如下幾個方面的內容：京城的外城、內城及河道橋梁，皇宮內外官署衙門的分布及位置，城內的街巷坊市、店鋪酒樓，朝廷朝會、郊祭大典，當時東京的民風習俗、時令節日，飲食起居、歌舞百戲等。作者自序中追述了當年的繁盛：「正當輦轂之下，太平日久，人物繁阜。垂髫之童，但習鼓舞，斑白之老，不識干戈。時節相次，各有觀賞：燈宵月夕，雪際花時，乞巧登高，教池遊苑。舉目則青樓畫閣，秀戶珠簾。雕車競駐於天街，寶馬爭馳於御路，金翠耀目，羅綺飄香。新聲巧笑於柳陌花衢，按管調弦於茶坊酒肆。八荒爭湊，萬國咸通。集四海之珍奇，皆歸市易；會寰區之異味，悉在庖廚。花光滿路，何限春遊，簫鼓喧空，幾家夜宴？伎巧則驚人耳目，侈奢則長人精神。」[188]

第一卷開卷第一篇《東都外城》：「東都外城，方圓四十餘里。城濠曰護龍河，闊十餘丈，濠之內外，皆植楊柳，粉牆朱戶，禁人往來。城門皆甕城三層，屈曲開門，唯南薰門、新鄭門、新宋門、封丘門皆直門兩重，蓋此系四正門，皆留御路故也。新城南壁，其門有三：正南門曰南薰門；城南一邊，東南則陳州門，傍有蔡河水門；西南則戴樓門，傍亦有蔡河水門……新城每百步設馬面、戰棚，密置女頭，旦暮修整，望之聳然。城裡牙道，各植榆柳成陰。每二百步置一防城庫，貯守御之器，有廣固兵士二十，指揮每日修造泥飾，專有京城所提總其事。」第二篇《舊京城》：「舊京城方圓約二十里許。南壁其門有三：正南曰朱雀門，左曰保康門，右曰

[187] 趙德馨主編，葛金芳著：《中國經濟通史》第五卷，湖南人民出版社 2002 年版，第 467 頁。
[188] 孟元老等：《東京夢華錄 都城紀勝 西湖老人繁勝錄 夢粱錄 武林舊事》，中國商業出版社 1982 年版，第 1 頁。

新門。東壁其門有三：從南汴河南岸角門子，河北岸曰舊宋門，次曰舊曹門。西壁其門有三：從南曰舊鄭門，次汴河北岸角門子，次曰梁門。北壁其門有三：從東曰舊封丘門，次曰景龍門（乃大內城角，實籙宮前也），次曰金水門。」第三篇《河道》，以「穿城河道有四」統領全篇，然後作者分述蔡河、汴河、五丈河、金水河 4 河道情狀，如兩岸風光和橋梁方位等。[189]

　　在該書第一卷有關宋都的全景描述中，細心的讀者看到的就是一張惶城地圖。據說可以邊讀邊用筆劃，讀完後整個京城平面圖也就畫下來了。作者對「大內」的描寫有如全景畫：「大內正門宣德樓列五門，門皆金釘朱漆，壁皆磚石間甃，鑴鏤龍鳳飛雲之狀，莫非雕甍畫棟，峻桷層榱，覆以琉璃瓦，曲尺朵樓，朱欄彩檻，下列兩闕亭相對，悉用朱紅杈子。入宣德樓正門，乃大慶殿，庭設兩樓，如寺院鐘樓，上有太史局，保章正測驗刻漏，逐時刻執牙牌奏。每遇大禮，車駕齋宿及正朔朝會於此殿……次日文德殿，次曰垂拱殿，次曰皇儀殿，次曰集英殿。」[190]

　　尤為值得稱道的是，《東京夢華錄》對東京商業繁榮景象的描述與記載，對我們理解城市格局改造與審美風尚變革的關係提供了重要啟示。我們注意到，經周世宗到北宋初年幾代君臣的共同努力，先前「坊市分離」的定制逐漸被「坊市合一」的潮流完全取代。孟元老記載的北宋中晚期的市容面貌，已具有類似於現代城市的高度市場化特色。所謂「八荒爭湊，萬國咸通」並非純屬修辭手法，「集四海之珍奇，皆歸市易」也不只是誇飾之言，孟元老用張擇端式的白描手法，對東京人聲鼎沸的熱鬧集市進行了精工描繪。例如，在他筆下州橋四周就是一個具有「現代氣息」的交易區域：州橋以南的禦街兩旁，酒樓、飯店、香藥鋪、果子鋪等相互交錯，一

[189]　王瑩譯注：《東京夢華錄譯注》，上海三聯書店 2014 年版，第 8 ～ 15 頁。
[190]　孟元老等：《東京夢華錄　都城紀勝　西湖老人繁勝錄　夢粱錄　武林舊事》，中國商業出版社 1982 年版，第 9 頁。

直到南薰門裡；州橋以東到宋門，有魚市、肉市、金銀鋪、彩帛鋪、漆器鋪等；州橋以西為西大街，兩邊有珠子鋪、妓館等。其他還有馬行街、牛行街、踴路街等，都是繁華的商業街。

　　商品經濟的種子衝破重重阻力，要在大宋王朝的都市生根發芽、開花結果。「種子的力量無法阻擋」，甚至帝國的夜禁「鐵幕」也漸漸為之銷蝕。隨著「太平日久，人物繁阜」，夜市也日漸繁榮，市容市貌隨之變樣，審美風尚悄然改變。如禦街州橋、朱雀門、龍津橋一帶「街心市井，至夜尤盛」。土市子北邊的馬行街「又盛百倍，車馬闐擁，不可駐足……夜市直至三更盡，才五更又複開張。如耍鬧去處，通曉不絕」。即便「尋常四梢遠靜去處」也有夜市。買賣通宵達旦，夜市風雨無阻，一些熱鬧碼頭，甚至出現「夜場專賣」，即所謂「鬼市子」。這些景象，即便千年之後的大都城，其夜市繁盛程度也未必都能與之比肩。有學者指出：「《水滸傳》中元宵夜京城萬人空巷、花市如晝的盛況並非虛構，它真實地發生在西元十一二世紀的開封，當時北宋首都的繁華生活窮奢極侈，舉世矚目。孟元老記載的就是這樣一段璀璨奪目的歷史。」[191]

　　從學術的視角看，該書考據之嚴密，描繪之精細，在同類著述中都是佼佼者。作者仿佛用一隻「天眼」俯視帝都，而且如同今日的航拍一樣，將開封古城內內外外的街巷、河道、橋梁、帝王宮殿、細民瓦舍等，凡地面可見之物，幾乎都逐一拍攝下來。因此，後世文人墨客，在談到北宋晚期東京掌故時，莫不首引此書。如趙甡之的《中興遺史》、陳元靚的《歲時廣記》以及陶宗儀的《說郛》，對此書資料，都有所選錄。到了近代，由於其所反映的內容具有很高的社會經濟文化史的價值，所以中外許多從事專史研究的學者專家尤為看重此書，交相徵引利用。人們往往把這本書與〈清明上河圖〉視同姐妹之作，二者對於考察研究北宋城市經濟和審美文

---

[191]　王瑩譯注：《東京夢華錄譯注》，上海三聯書店 2014 年版，第 3 頁。

化都具有極為重要的參考價值。

值得一提的是，《東京夢華錄》還開創了以筆記描述城市風土人情、掌故名物的新體裁，為以後反映南宋都城臨安的同類著作《都城紀勝》、《夢粱錄》、《武林舊事》、《如夢錄》、《續東京夢華錄》等書所沿用。有研究者指出，《東京夢華錄》緬懷已然逝去且無法挽回的都市繁華，不只對南宋而且對此後歷代都產生了巨大影響，並催生了一系列類似文本。王德威說，這本書的「底蘊源於一種關於事後 —— 或後事 —— 的美學」[192]。這個論斷至少說明從美學視角審視《東京夢華錄》不失為一條探索古代開封的可行路徑。

歷史原來也可以很藝術，也可以以「夢華」「夢錄」的審美形式加以呈現。夢原本來自過往刻骨銘心的記憶，關於這一點，上述述夢文字可為見證。但夢也可以指向未來，所謂「收復河山」「振興中華」等，當屬指向未來的誓願類夢想。從一定意義上說，藝術則是兼顧歷史與未來的「美夢」。有人說，「藝術是弱者的選擇」。但更多的人認為，「藝術者將自己絢麗的才華智慧，轉化成藝術穿越時空的力量。 —— 人們只有在藝術天地裡，才能找到原真的自己，才能呼吸到清新至純的空氣，才可使化妝的人性得到回歸復原，讓靈魂有了安頓的可能」[193]。

誠然，與披堅執銳的勇士相比，藝術家並非疆場克敵制勝的強者。但在時間的利刃面前，年壽有盡的勇士與藝術家實際上並無本質區別，作為個體的必朽之軀，必將化為時間的灰燼。但作為美的化身，偉大的藝術作品，卻有望追求永恆。城市的命運也和人一樣，繁華皆如過眼雲煙。用孔尚任《桃花扇》中的話來說，「俺曾見，金陵玉樹鶯聲曉，秦淮水榭花開早，誰知道容易冰消！眼看他起朱樓，眼看他宴賓客，眼看他樓塌了……

[192]　王德威：《千年華胥之夢》，陳平原、王德威、關愛和：《開封：都市想像與文化記憶》，北京大學出版社 2013 年版，第 444 頁。

[193]　聶還貴：《大同風》，作家出版社 2014 年版，第 252 頁。

那烏衣巷，不姓王；莫愁湖，鬼夜哭；鳳凰台，棲梟鳥！」興亡多天定，盛衰少有憑。正因為如此，無論是「光榮的希臘」還是「偉大的羅馬」，結果都是繁華轉瞬煙雲散，帝業飛花逐水流。到頭來還得依靠文學藝術才能確保其「光榮」和「偉大」的不朽。橫掃六合的大秦怎麼樣？雖遠必誅的強漢又如何？「傷心秦漢經行處，宮闕萬間都做了土。」然而，秦關漢月豪氣在，滿紙煙霞似舊年。從這個意義上說，沒有不朽的城市，只有不朽的藝術；沒有不朽的宮殿，只有不朽的美學。有感於斯，筆者曾寫過幾首打油詩，其中有這樣幾句：大宋興亡多少恨，東京夢華淚長流；千年帝都今安在？唯見清明上河圖！

如前所述，當美國記者克里斯托夫描述作為「世界之都」的開封時，他眼前浮現的不是趙宋皇帝的豪華金鑾殿，而是張姓畫匠的〈清明上河圖〉。眾所周知，張擇端的〈清明上河圖〉是中國十大傳世名畫之一，長期位列於最有影響的國寶級文物名錄中。作品以長卷形式，採用散點透視構圖法，生動記錄了北宋汴京的城市面貌和當時社會各階層人民的生活狀況，是汴京當年繁榮的見證，也是北宋都市景象與日常生活美學的生動寫照。正因為有《東京夢華錄》和〈清明上河圖〉在，克里斯托夫才得以「按圖索驥」，輕鬆臨摹出東京汴梁的輝煌壯麗。

美國學者凱文·林奇在《城市意象》一書中指出：「城市，無論景物多麼普通，都可以給你帶來歡樂。城市如同建築，是一種空間的結構，只是尺度更大，需要用更長的時間過程去感知。」[194] 為了有足夠長的時間過程感知大宋城市美學的魅力，我們暫且告別繁花似錦的「夢中東京」，再來看看氣象萬千的「畫上皇城」。

資料表明，張擇端的〈清明上河圖〉，在 5 公尺多長的畫卷裡安頓了數以千計的人物，比四大名著中任何一部所描繪的人物都要多。人物造像，

---

[194]　［美］凱文·林奇：《城市意象》，方益萍等譯，華夏出版社 2001 年版，第 1 頁。

形神兼備，景物營構，氣韻十足。市內郊外，草木參差；汴河兩邊，熙熙攘攘，或止或行，一切都那麼自然貼切。城中三教九流，神態各異，或悲或喜，個個呼之欲出。畫中牛童馬走、驢夫騾漢，以及引車賣漿者流，無論遠近，皆活靈活現；那些推車抬轎的，還有那些撐船搖櫓的，人人生龍活虎，幾乎讓人聽得見呼哧呼哧的叫喊聲。至於房屋、橋梁、城樓等靜物的處理，更是高低相宜，錯落有致，其形制結構，線條色調，無不體現出宋代建築含蓄內斂、纖巧秀麗的時代特徵，在描繪時代文化風貌、體現城市美學精神方面，少有與其匹敵者。

就其歷史價值和藝術價值而言，〈清明上河圖〉也是極為罕見的曠世珍品。有一種意見認為，這件作品不僅僅只是一幅反映帝京繁華景象的寫實之作，它還有超越藝術本身的政治訴求，即所謂「曲諫」：以熱鬧場面表現繁榮背後的各種危機，是一幅深藏憂患意識的「盛世危圖」。譬如說，畫作所表現的「官兵懶散」「賦稅繁重」等現象，實際上正是斷送北宋王朝的主要原因。

看一眼〈清明上河圖〉所描繪的北宋都城，我們收穫了這樣一個啟悟：城市是人的城市，美學是人的美學，所以，城市美學從根本上講，也應該是關於人的美學。我們從圖畫所表現的汴京以及汴河兩岸的自然風光和繁榮景象看，無論人物在畫面的什麼地方，其主體地位都無可動搖，無論是郊外以遠，還是汴河兩岸，抑或是街市舟橋，無不是市民日常生活景象的寫照，人，始終都是一切場景中的中心和主角。

但世間最複雜的問題就是人的問題，〈清明上河圖〉的芸芸眾生究竟在忙碌些什麼，學術界說法眾多，莫衷一是。比較流行的「上墳說」認為，「清明上河圖」實則是「清明上墳圖」。「上墳說」援引孟元老《東京夢華錄》之《清明節》說：「凡新墳皆用此日拜掃，都城人出郊……士庶填塞諸門，紙馬鋪皆於當街用紙袞疊成樓閣之狀，四野如市，往往就芳樹之

下，或圍圍之間，羅列杯盤，互相勸酬……各攜棗餬、炊餅、黃胖、掉刀、名花異果、山亭戲具、鴨卵雞雛，謂之『門外土儀』。轎子即以楊柳雜花裝簇頂上，『四垂遮映』。自此三日，皆出城上墳。」

　　這段引文所述清明節汴京人填塞諸門、到城郊去的活動，與該畫題清明、上河相一致，兩者可概括為「出郊、上河、趕集、掃墓」8個字。這8個字即應是〈清明上河圖〉的主題。打開張擇端的畫卷，只見陽氣初動的寂靜郊野，有5只小驢馱炭而來，猶如在寧靜氣氛中開啟了序幕，在嫩柳初綠的路上出現一隊掃墓人，男主人騎馬，女主人坐轎，僕人抬轎、挑祭物，轎子上插有楊柳枝條（印證了《東京夢華錄》的「楊柳雜花」），這個畫面，點明瞭「清明節」這一主題。畫中「王家紙馬」店門前有「紙衾疊成樓閣之狀」的紙馬，有「黃胖」（泥人）等祭掃之物，這些似乎都表明了這是清明節。

　　值得注意的是，張擇端所描繪的虹形橋與《東京夢華錄》甚相吻合。此處的水旱碼頭是汴京東南糧物第一大集散地，也是汴京東郊的交通中心，自然是清明節汴京人上河、趕集、掃墓的必經之地。孟元老在書中濃墨重彩地描繪了汴河與虹橋。虹橋在東水門外七裡處，「其橋無柱，皆以巨木虛架，飾以丹艧，宛如飛虹」。在張擇端的畫中，虹橋上下，顯然是整幅作品中的「核心景區」，橋上遊人如織，轎馬相撞，攤販爭售，摩肩接踵，水洩不通。橋下船來船往，絡繹不絕。一隻大船通過橋洞的調度場面驚心動魄，成為畫裡畫外人關注的中心。因此，「虹橋景區」一向被認為是「畫面高潮」。令人印象深刻的是，虹橋兩端竟然有三處出售「黃胖」等「應節之物」，畫家似乎在提醒人們，這是清明節。

　　過了虹橋汴河就拐出了畫面。向前，街上有圍觀賣藥的人群，有制車的工人，有算命的先生，有門前數僕的豪宅，有奔向虹橋的牛車轎馬……在這人馬填塞的十字街，讓人意想不到的是上方突然闖進兩輛四套運糧空

驟車,前後緊銜呼嘯而至,嚇得迎面一騎兩僕愕然,事故即在瞬間,造成懸念。就在驟車拐彎處,又有「黃胖」攤。然後畫面驟然冷落,只見上方大門旁有兩人閒坐,另有兩人站在門口,一人腳旁放一大布袋,另一人背同樣棱角分明的大布袋,手提紙物,上有「百八」二字,誠為冥幣,身手並負大物,腰身卻無吃力狀,必是「王家紙馬」祭燒之物,兩人是在等人同去上墳,作者再一次強調這是清明節。當然,「清明說」確切與否並無定論。譬如說前文所說的掃墓場面,也往往被認為是娶親場景。所謂「清明」未必是時令,也可能是地名,即「清明坊」。據《宋會要輯稿》,汴京城區共分 136 坊,外城東郊第一坊就是「清明坊」,這正是張擇端所繪地區。除時令說、地名說外,「政治清明」說也頗為流行。

其實,更多的人認為張擇端的畫是獻給太平盛世的一首讚歌,是東京汴梁日常生活圖景的真實描繪,它與上墳並無直接關係。張擇端的畫作主要由郊外、汴河、街市三個部分組成。這裡且以街市為例。街市以高大的城樓為中心,兩邊的屋宇鱗次櫛比,有茶坊、酒肆、腳店、肉鋪、廟宇、公廨等。商店中有綾羅綢緞、珠寶香料、香火紙馬等的專門經營。此外尚有醫藥門診、大車修理、看相算命、修面整容,各行各業,應有盡有。大的商店門首還紮「彩樓歡門」,懸掛市招旗幟,招攬生意。街市行人,摩肩接踵,川流不息,有做生意的商賈,有看街景的士紳,有騎馬的官吏,有叫賣的小販,有乘坐轎子的大家眷屬,有身負背簍的行腳僧人,有問路的外鄉遊客,有聽說書的街巷小兒,有酒樓中狂飲的豪門子弟,有城邊行乞的殘疾老人,男女老幼,士農工商,三教九流,無所不備。交通運載工具也是各行各色:有轎子、駱駝、牛車、人力車,有太平車、平頭車,可謂應有盡有,樣樣俱全,把一派商業都市的繁華景象生動地展現在有限的畫面之間。

畫中特別搶眼的是汴河碼頭與城門的中間地帶。在這一商貿活動的黃

金區域，因其多年安享太平，茶樓酒肆，觸目皆是，店鋪字型大小，鱗次櫛比，忙忙碌碌的車轎騾馬根本就停不下來，幾匹駱駝緩緩地向城外走去。駱駝是沙漠之舟，非中原所有，應是西域商人來汴梁的「腳力」，它們是往來於絲綢之路的國際貿易商隊的重要成員。城內更具一番特色，一家商號好似是零擔貨運的樣子，貨運物流已具雛形。隔壁又是一家香油加工作坊，香油銷售有車馬運送，看上去貨源充足，生意紅火。一棟三層樓的客棧，門前客人熙熙攘攘，裡面客人穿著講究，可能是一些大賈富商。過街的一間店鋪還有修面的，這說明城裡人特別注意儀錶。城市功能真是齊全，吃穿住用樣樣都有。一家綢緞莊店面很寬，裡面放滿各色彩綢錦帛，可見當時的養蠶織錦相當發達。送水的生意也很好，地下水好似礦泉水甘甜清爽。在城內這一小塊地方就有兩家診所，楊大夫精於瘡瘍外科，趙太丞醫術更高明，婦科、兒科，都很精通，丸散膏丹，樣樣齊全，當時醫療水準之高，由此可見一斑。

　　從內城方向走來一隊人馬，前面有儀仗開道，好不威風。常言道文官坐轎，武官騎馬，這隊人物中的主角的確是一個武官，後面還有人替他拿著一把關刀。另有兩人在碼頭兩手拉著嚼口，這是防止坐騎受驚最有效的方法。

　　與「政治清明說」對應的還有一種「曲諫說」，〈清明上河圖〉的創作意圖或隱含的動機是透過畫作達到一種「曲諫」效果，即達到《詩經》式的「美刺」目的。這種觀點認為，〈清明上河圖〉並非只是簡單地描繪百姓風俗和日常生活，在商業繁榮的表面之下暗藏玄機，明線下交織著一條令人心悸的暗線，同時又是一幅帶有憂患意識的「盛世危圖」。北宋時期的社會生活，據孟元老會議：「太平日久，人物繁富。垂髫小兒，嬉戲鼓舞，白髮老人，不知干戈。一年四季，觀燈賞月，雪景花會，七夕乞巧。重陽登高，舉目望去，盡是青樓畫閣，珠簾繡戶。雕車寶馬，川流不息；金翠

耀目，羅綺飄香……」表面歌舞昇平，實則危機四伏。在張擇端的畫裡，這種國泰民安的表像背後，隱藏著大量憂國憂民的「曲諫」資訊。透過表現驚馬闖郊市為伏筆，鋪墊出全卷矛盾的視覺中心，船與橋的險情和橋上文武官員爭道交織成的矛盾高潮，還有前後出現的軍力懈怠、消防缺失、城防渙散、國門洞開、商貿侵街、商賈囤糧、酒患成災等場景。張擇端以畫曲諫，提出對城防、安全、交通等諸多社會問題的憂慮。

明代李東陽的〈清明上河圖〉題跋指出：「上河者雲，蓋其世俗所尚，若今之上塚然，故其如此也。」這就是所謂「上河」即是「上墳」一說的重要依據。然而，還有專家認為「上河」不能作為動詞解釋，而應該作為專用名詞解釋，於是「上河」就可以被解釋為禦河。〈清明上河圖〉中展現了具有磅礡氣勢的繁盛景象，是「政治清明」的象徵。但是，〈清明上河圖〉中也描繪了乞討的乞丐，街上跑著的豬，官衙門口坐著的懶散的士兵，這些與太平盛世相悖的另一番景象又該如何解釋？因此，「政治清明」說也不無可疑之處。

我們知道，城市史家路易士・芒福德《城市發展史：起源、演變和前景》一書，完全以西方城市的發展變化為主要線索展開，但書中最後一幅插圖是收藏於紐約大都會藝術博物館的藏本〈清明上河圖〉。作者為此圖所配文字體現了其對城市作為一個缺乏人情味的機器的擔憂，他認為圖中所繪豐富多彩的城市活動是城市的活力所在。儘管芒福德對中國城市歷史並沒有更深入的研究，但他在匆匆一瞥間看到中國古代城市對現代人的吸引力和啟示。[195] 由此可見，〈清明上河圖〉不僅僅只為東京汴梁立此存照而已，它對現代城市的人文精神重建和審美藝術喚醒都具有重要的啟示意義。

---

[195]　劉滌宇：《歷代〈清明上河圖〉：城市與建築》，同濟大學出版社 2014 年版，第 3 頁。

## 三　詩意杭州：恍如天堂的「行在」

在〈清明上河圖〉這樣一幅百科全書式的風俗畫中，北宋汴京的繁榮和危機都在五光十色的市井生活中得到呈現。有學者認為該畫具有「曲諫」效果，並非空穴來風。事實上，北宋的繁榮背後，的確隱藏著嚴重的社會危機：冗官、冗兵、冗費即所謂「三冗」造成了「積貧」「積弱」即所謂「二積」趨勢，為北宋走向沒落與滅亡埋下了致命隱患。從北宋由盛轉衰直至敗亡的歷程看，「曲諫」說將〈清明上河圖〉理解為「盛世危圖」並非毫無道理。

東京陷落之後，徽、欽二帝被俘，宋徽宗第九子趙構在南京應天府（今河南商丘）繼承皇位，後遷都臨安，史稱南宋。臨安實際上從未正式獲得過都城的名分，因為終其南北宋，都城只有一個，那就是東京汴梁城。

趙構僥倖逃出虎口，倉皇登上帝位。金人鐵騎仍在肆意踐踏大宋河山，心有餘悸的小皇帝本能地想著南逃保命，在此後十餘年的逃亡中，東奔西竄的小皇帝，時而膽戰心驚，時而紙醉金迷，上演了一幕幕離奇的荒誕歷史劇。南宋小朝廷所謂的「建炎南渡」，是一段充滿傳奇的歷史，其間不乏可歌可泣的動人故事，但也有許多令人啼笑皆非的奇聞。趙構即位不久就下達「巡幸東南」的手詔，目的地是建康（今江蘇南京），被「乞回鑾」。沒過多久，高宗又下詔「巡幸淮甸」。小朝廷逃到揚州，暫把這個煙柳繁華之地作為「行在」。建炎三年（1129）二月，金兵奔襲揚州，高宗正在行宮尋歡作樂，乍聞戰報，大受驚嚇，據說自此喪失了生育功能。高宗從鎮江逃往杭州，升杭州為臨安府，打算將這裡作為臨時安樂窩。但金人亡宋之心不死，驚魂未定的高宗傳書向金兵主帥兀術哀哀求告：「天網恢恢，將安之耶？是某以守則無人，以奔則無地，一身彷徨，蹐天蹐地，而

無所容厝，此所以朝夕鰓鰓。惟冀閣下之見哀而赦己。」如此國書，可謂極盡奴顏婢膝之能事。但兀術「必得高宗而已」，完全不理睬高宗趙構的搖尾乞憐，一舉突破了長江防線，占領建康，直撲臨安。於是高宗又從臨安逃到越州（今浙江紹興），再逃到明州（今浙江寧波），後又乘船逃往定海（今浙江鎮海），進而渡海到昌國（今浙江定海）。建炎四年正月初三，高宗船隊落碇台州章安鎮（今浙江黃岩東北），半個月後移向溫州沿海，後獲悉金軍北撤，才從溫州泛海北上，回越州，並升越州為紹興府，擬作行在，但因漕運不便而作罷。最終，高宗把小朝廷遷回臨安，於是這裡就成了南宋永久的「行在」。

什麼叫「行在」？《漢語大詞典》解釋為「天子所在的地方」，或「天子巡行所到之地」。關於後一義項，舉兩個例子：（1）宋李綱《編類建炎制詔奏議表劄集敘》：「某建炎初，自領開封府事，蒙恩除尚書右僕射兼中書侍郎，以六月一日至南京（今河南商丘）行在所供職。」（2）陸遊《老學庵筆記》卷四：「已而大駕幸建康（今江蘇南京），六宮留臨安，則建康為行在，臨安為行宮。」根據前文交代的歷史背景可知，李剛所稱「南京」為今河南商丘，而陸遊所說「建康」才是今天的江蘇南京。可見，南宋初年被稱為「行在」的地方實在不少。但最後說到「行在」的，往往專指「杭州」，因為只有杭州才是南宋一代真正意義上的首都，儘管它直到南宋滅亡都沒有得到這個名分。

據與《東京夢華錄》齊名的《夢粱錄》說：「杭城號武林，又曰錢塘，次稱胥山。隋朝特創立此郡城……高廟於紹興歲南渡，駐蹕於此，遂稱為『行在所』。其地襟江抱湖，川湊□□□□□衍，民物阜蕃，非殊方下郡比也。」以皇宮大門為例：「大內正門曰麗正，其門有三，皆金釘朱戶，畫棟雕甍，覆以銅瓦，鐫鏤龍鳳飛驤之狀，巍峨壯麗，光耀溢目。左右列闕，待百官侍班閣子。登聞鼓院、檢院相對，悉皆紅杈子，排列森然，門禁嚴

甚，守把鈐束，人無敢輒入仰視。」[196]

　　隨著時移世易，作為行在的杭州，在諸多方面都遠遠超過名義上的都城汴梁。杭州的萬千氣象，催生了眾多優秀詩文。事實上，早在杭州作為行在之前，就已經有無數優秀詩篇吟詠過杭州。唐代大詩人白居易就是其中的代表人物。

　　據王遂今《白居易與杭州》一書介紹，年僅 16 歲的白居易，在羈旅蘇杭時就寫下了不朽的名句：「離離原上草，一歲一枯榮。野火燒不盡，春風吹又生。」唐穆宗長慶二年（822），白居易奉詔出任杭州刺史，時年年過半百的白居易在《長慶二年七月自中書舍人出守杭州路次藍溪作》一詩中說：「余杭乃名郡，郡郭臨江汜。已想海門山，潮聲來入耳。昔予貞元末，羈旅曾遊此。……是行頗為愜，所歷良可紀。策馬度藍溪，勝遊從此始。」白居易人生的「愜意勝遊」似乎也從此開始了，而他治下的杭州，也從此成了他永生不忘的靈魂寄居之所。

　　他在回憶往事的詩文中寫道，早年的杭州給他留下了極為深刻的印象，作為天下名郡的杭州，不但山川秀麗，而且人文薈萃，所以羨慕嚮往不已。他在《吳郡詩石記》中回憶道：「貞元初，韋應物為蘇州牧，房孺複為杭州牧，皆豪人也。韋嗜詩，房嗜酒，每與賓友一醉一詠，其風流雅韻，多播於吳中，或目韋、房為詩酒仙。時予始年十四五，旅二郡，以幼賤不得與遊宴，尤覺其才調高而郡守尊。以當時心言，異日蘇杭，苟獲一郡，足矣。及今自中書舍人間領二州，去年脫杭印，今年佩蘇印，既醉於彼，又吟於此，酣歌狂什亦往往在人口中。則蘇、杭之風景，韋、房之詩酒，兼有之矣。」白居易年幼甚賤，卻志向不凡，後來果如所願，竟然連做了杭州與蘇州兩郡的刺史。[197]

---

[196]　吳自牧：《夢粱錄》卷八，轉引自劉滌宇《歷代清明上河圖：城市與建築》，同濟大學出版社 2014 年版，第 56 頁。

[197]　謝思煒：《白居易文集校注》，中華書局 2011 年版，第 1837 頁。又見王遂今《白居易與杭州》，

資料表明，杭州在唐時已很出名，但仍比不上蘇州和會稽。蘇州是春秋吳國的都城，會稽是越國的都城。所以，雖然杭州自晉以來已出名了，但人們還是習慣於把它放在蘇州、會稽之下。白居易力排眾議，處處突出杭州，說「錢湖不羨若耶溪」，又說「更有錢塘勝館娃」，尤其是杭州西湖的美麗風光，更是蘇州、會稽所不及：「燈火萬家城四畔，星河一道水中央。」在他的詩歌中，「余杭形勝」總是勝過會稽、蘇州一籌。尤其是他的「余杭形勝四方無」等詩句，更使杭州名聲大噪。[198] 著名的《余杭形勝》一詩，用一種近乎白描的手法描述了唐代杭州的大概風貌：

> 余杭形勝四方無，
> 州傍青山縣枕湖。
> 繞郭荷花三十里，
> 拂城松樹一千株。

王遂今指出，杭州風景，歷來詩人往往吟其春景者為多，獨有白居易把四季都吟遍了。他觀察得很細，用詞通俗易懂，不但描寫風景富有詩情畫意，而且還寫出杭州頗有風趣的生活情調。開春時節：「燈火家家市，笙歌處處樓。無妨思帝裡，不合厭杭州。」（《正月十五日夜月》）。春意漸濃：「望海樓明照曙霞，護江堤白踏晴沙。濤聲夜入伍員廟，柳色春藏蘇小家。紅袖織綾誇柿蒂，青旗沽酒趁梨花。誰開湖寺西南路，草綠裙腰一道斜。」（《杭州春望》）

杭州的夏天更是如詩如畫：「海天東望夕茫茫，山勢川形闊複長。燈火萬家城四畔，星河一道水中央。風吹古木晴天雨，月照平沙夏夜霜。能就江樓銷暑否？比君茅舍較清涼。」（《江樓夕望招客》）

杭州的秋天，樂事更多。正如王遂今所說的，詩人此時尋桂，看潮，

---

浙江人民出版社 1986 年版，第 5～6 頁。

[198]　王遂今：《白居易與杭州》，浙江人民出版社 1986 年版，第 56 頁。

賞月，登高，忙得不亦樂乎。那些寫秋天的詩句也最為動人，如「山寺月中尋桂子，郡亭枕上看潮頭」（《憶江南》）等，就是最為人們所熟知的經典。

杭州的初冬也頗有情趣：「十月江南天氣好，可憐冬景似春華。霜輕未殺萋萋草，日暖初乾漠漠沙。老柘葉黃如嫩樹，寒櫻枝白是狂花。此時卻羨閒人醉，五馬無由入酒家。」（《早冬》）在雪映梅花的時節，詩人邀請詩友歌妓，踏雪賞梅、飲酒聽歌、吟詩作賦，好不快哉！據說詩人離開杭州多年之後，總是念念不忘這段美好時光：「三年閒悶在余杭，曾為梅花醉幾場。伍相廟邊繁似雪，孤山園裡麗如妝。蹋隨遊騎心長惜，折贈佳人手亦香。賞自初開直至落，歡因小飲便成狂。薛劉相次埋新壟，沈謝雙飛出故鄉。歌伴酒徒零散盡，唯殘頭白老蕭郎。」（《憶杭州梅花因敘舊遊寄蕭協律》）

對於白居易來說，三年一覺杭州夢，轉眼即是別離時。在即將離開杭州的日子裡，即便天天詩酒相伴，也難遣依依惜別之情：「喝不盡的送別酒，唱不完的留別詩。動身那天，一步一回頭，處處盡堪戀，行過西湖邊時，更使他珍惜那對西湖的最後一瞥。」[199] 他在《西湖留別》詩中寫道：

> 征途行色慘風煙，
> 祖帳離聲咽管弦。
> 翠黛不須留五馬，
> 皇恩只許住三年。
> 綠藤陰下鋪歌席，
> 紅藕花中泊妓船。
> 處處回頭盡堪戀，
> 就中難別是湖邊。

---

[199]　王遂今：《白居易與杭州》，浙江人民出版社 1986 年版，第 98 頁。

白居易離別杭州後，取道汴河，西去長安，途經洛陽時，他改變了主意，決定留住東都。他上書朝廷，得遂心願。終日與他相伴的是從杭州帶回的「一隻華亭鶴，兩片天竺石」。但隨著時間的推移，歲月的流逝，他懷念杭州之情不但沒有淡下去，反而與日俱增，到了憫憫若有所失的地步。當他得知有人乘船回杭州時，他又寫了《杭州回舫》的詩讓他捎往杭州的親友：「自別錢塘山水後，不多飲酒懶吟詩。欲將此意憑回棹，報與西湖風月知。」

每逢佳節，思念更切。重陽節那天，白居易想起去年今日在西湖南山歡宴的場景，於是作詩《九日思杭州舊遊寄周判官及諸客》，寄給杭州舊友，情意綿綿，回憶的是樂事，寄託的是悲懷：「忽憶郡南山頂上，昔時同醉是今辰。笙歌委曲聲延耳，金翠動搖光照身。風景不隨宮相去，歡娛應逐使君新。江山賓客皆如舊，唯是當筵換主人。」[200]

825 年，白居易流寓洛陽不到 10 個月，便又奉詔去蘇州任刺史，在蘇州任職不到一年，因眼病返回洛陽養病。在《答客問杭州》中，他談到自己為什麼如此眷念杭州：「為我蜘蹰停酒盞，與君約略說杭州。山名天竺堆青黛，湖號錢塘瀉綠油。大屋簷多裝雁齒，小航船亦畫龍頭。所嗟水路無三百，官系何因得再遊？」杭州的山光水色，令人無法割捨；杭州的雅舍畫船，讓人夢繞魂牽。

9 年之後，即 834 年，白居易得知著名詩人姚合去杭州任刺史，不禁感慨萬千，當即便寄詩送行：「與君細話杭州事，為我留心莫等閒。閭裡固宜勤撫恤，樓臺亦要數躋攀。笙歌縹緲虛空裡，風月依稀夢想間。且喜詩人重管領，遙飛一盞賀江山。」他忘不了杭州的樓臺和閭裡，更懷念那裡的笙歌與風月。838 年，66 歲的白居易在洛陽遙望杭州，寫下了讓世人深深為之動容的不朽詩篇《憶江南》：

[200]　王遂今：《白居易與杭州》，浙江人民出版社 1986 年版，第 106 頁。

江南好，風景舊曾諳：
日出江花紅勝火，
春來江水綠如藍，
能不憶江南？
江南憶，最憶是杭州：
山寺月中尋桂子，
郡亭枕上看潮頭。
何日更重遊？

　　但遺憾的是，白居易至死都未能實現他念念不忘的「重遊杭州」的心願。841 年，年過 70 高齡的白居易，得知詩人裴夷直出任杭州刺史，他又覺心潮澎湃，忍不住賦詩為賀，並要裴夷直把他的贈詩題在望濤樓的牆上去。他要將自己的魂魄託付給詩意的杭州：

官曆二十政，宦遊三十秋。
江山與風月，最憶是杭州。
北郭沙堤尾，西湖石岸頭。
綠觴春送客，紅燭夜回舟。
不敢言遺愛，空知念舊遊。
憑君吟此句，題向望濤樓。

　　如今，「江山與風月，最憶是杭州」這句感人的詩句，已成為杭州旅遊業的一句有名的廣告詞。前些年筆者遊杭州時，注意到年輕的導遊在吟誦白居易描寫杭州的詩句時，臉上洋溢出了一種腹有詩書氣自華的自豪感。

　　關於詩人與杭州，素有「杭州巨美得蘇白[201]而益彰」的美談。「蘇」即蘇軾，「白」即白居易，此二人都為杭州西湖留下了一條美麗的湖中

---

[201]　「蘇白」並稱，將唐代白居易置於宋代蘇軾之後，顯然不合情理，但出於音韻美學上的考慮，人們在讀音上習慣將第一聲的「蘇」置於第二聲的「白」之前。這與「元白」「蘇杭」並置的道理一樣。

路——即蘇堤與白堤。作為詩人，他們留給杭州最寶貴的當然還是那些有關杭州的詩句。白居易前文約略說過，這裡說說蘇軾與杭州。

蘇軾曾有詩說：「居杭積五歲，自意本杭人。故山歸無家，欲蔔西湖鄰。」他和白居易一樣，自從做過杭州父母官以後，他就把美麗的杭州當作自己心靈的故鄉了。

據《蘇東坡和杭州》一書介紹，蘇東坡曾在杭州做過兩次地方官，為杭州地方史留下光輝燦爛的一頁。他第一次來杭時是 36 歲，3 年後移知密州。15 年後，已 54 歲的蘇東坡再次出仕杭州，元祐六年（1091）三月，再度離杭。蘇軾兩次在杭任職，先後共計 5 年。

莫高《蘇東坡和杭州》一書提出了一個有趣的說法：蘇東坡與杭州西湖有一種近乎神祕的「前緣」，他在《答陳師仲書》中說：「在杭州嘗遊壽星院，入門便悟曾到，能言其院後堂殿山石處。」在《和張子野見寄》三絕中一首《過舊遊》中又說：「前生我已到杭州，到處長如到舊遊。」和白居易一樣，蘇軾離開杭州後，仍對西湖念念不忘，時常夢見西湖。他在《答陳師仲書》中這樣說：「軾於錢塘人有何恩意，而其人至今見念？軾亦一歲率常四五夢至西湖上，此殆世俗所謂前緣者。」他在詩詞中也一再記述夢遊西湖之事。他在《杭州故人信至齊安》詩中說：「昨夜風月清，夢到西湖上。」在另一首《次韻杭人裴維甫》中又寫道：「寄謝西湖舊風月，故應時許夢中遊。」蘇軾對杭州的喜愛甚至到了死後願葬於斯的程度。他在《喜劉景文至》一詩中說：「平生所樂在吳會，老死欲葬杭與蘇。」其對杭州感情之深，由此可見一斑。[202]

蘇軾寫杭州最著名的詩句大約是寫於熙寧六年（1073）的《飲湖上初晴後雨》二首。

---

[202]　莫高：《蘇東坡和杭州》，浙江人民出版社 1985 年版，第 7～8 頁。蘇軾《過舊遊》的「前生說」在《喻世明言》第 30 卷《明悟禪師趕五戒》中得到了戲劇性演繹。其實，蘇軾提到的這種似曾相識的記憶幻覺是一種客觀存在的生理現象，被稱為「既視感」，也叫「海馬效應」。科學實驗證明，這種現象緣於聯想力，與人們常說的「靈異事件」無關。

其一：朝曦迎客豔重岡，晚雨留人入醉鄉。此意自佳君不會，一杯當屬水仙王。

其二：水光瀲灩晴方好，山色空濛雨亦奇。欲把西湖比西子，淡妝濃抹總相宜。

其中「其二」最為著名，是各種版本的語文教材的必選之作。這首堪稱千古名篇的七絕，如果只停留在將美湖比美人的層面，則終歸沒有跳出應景詩的豔俗之套，但詩人最後的警句，將天生麗質的西湖四時各有其美的品質一語道破，輕鬆自然，毫不做作。有人說這首詩的詩學技巧達到了爐火純青的境界，堪稱是讚美西湖的千古絕唱，這一評價可謂恰如其分。

蘇軾寫了大量讚美西湖的詩句，除了上述二首，還有許多其他篇什。如這首《絕句》：「春來濯濯江邊柳，秋後離離湖上花。不羨千金買歌舞，一篇珠玉是生涯。」詩是蘇軾的至愛，他時時以詩為友、以詩為樂，有時甚至到了以詩為業、以詩為命的程度。在詩人蘇東坡眼裡，西湖的春夏秋冬四時景色，都可入畫入詩：「夏潦漲湖深更幽，西風落木芙蓉秋。飛雪暗天雲拂地，新蒲出水柳映洲。湖上四時看不足，惟有人生飄若浮。解顏一笑豈易得，主人有酒君應留。」（《和蔡准郎中見邀遊西湖》）。杭州的春樹、秋風、夏雨、冬雪，對於蘇軾而言，都有如親友與情人一樣親切。[203]

從蘇軾的詩文中不難看出，他不僅對杭州的山山水水鍾愛有加，對杭州歷代名勝古蹟更是情深意篤，而且幾乎所到之處，都要作詩志之。他的弟弟蘇轍甚至不無調侃地評論過他的這一雅好：「昔年蘇夫子，杖屨無不之。三百六十寺，處處題清詩。」

如前所述，「杭州巨美得蘇白而益彰」，但描寫杭州之美的詩詞並非蘇白之專利，在描寫杭州的詩詞中，也未必就沒有足以與蘇白媲美者。譬如說柳永的《望海潮》，與蘇白詩詞相比，柳詞中的杭州別有一種情調：

[203]　莫高：《蘇東坡和杭州》，浙江人民出版社 1985 年版，第 7 ～ 8 頁。

東南形勝，三吳都會，錢塘自古繁華。煙柳畫橋，風簾翠幕，參差十萬人家。雲樹繞堤沙，怒濤卷霜雪，天塹無涯。市列珠璣，戶盈羅綺，競豪奢。

　　重湖疊巘清嘉，有三秋桂子，十里荷花。羌管弄晴，菱歌泛夜，嬉嬉釣叟蓮娃。千騎擁高牙，乘醉聽簫鼓，吟賞煙霞。異日圖將好景，歸去鳳池誇。

　　柳永的這首《望海潮》大開大闔，波瀾起伏，濃墨重彩地鋪敘，展現了杭州的繁榮而壯麗的景象。陳振孫《直齋書錄解題》稱其「承平氣象，形容曲盡」，可以說是中肯之評。有評論認為，柳永這一慢聲長調和所抒之情起伏相應，音律協調，情致婉轉，起句入手擒題，以博大的氣勢籠罩全篇。首先點出杭州位置的重要、歷史的悠久，揭示出所詠主題。「形勝」「繁華」4字，堪稱點睛之筆。「煙柳畫橋」，寫街巷河橋的美麗；「風簾翠幕」，寫居民住宅的雅致。「參差十萬人家」一句，轉弱調為強音，表現出整個都市戶口的繁庶。「市列」三句，只抓住「珠璣」和「羅綺」兩個細節，便把市場的繁榮、市民的殷富反映出來。珠璣、羅綺，又皆婦女服用之物，並暗示杭城聲色之盛。「競豪奢」3個字明寫肆間商品琳琅滿目，暗寫商人比誇爭耀，反映了杭州這個繁華都市窮奢極欲的一面。尤為被評家推重的是「三秋桂子，十里荷花」這兩句，堪稱描摹西湖以至整個杭州最美特徵的點睛之筆，具有撼動人心的藝術力量。

　　資料表明，《望海潮》詞調始見於《樂章集》，為柳永所創的新聲。這首詞寫的是杭州的富庶與美麗。在藝術構思上匠心獨運，上片寫杭州，下片寫西湖，以點帶面，明暗交叉，鋪敘曉暢，形容得體。其寫景之壯偉、聲調之激越，與東坡亦相去不遠。有評論者對詞中數字片語的妙用做出了極高的評價，認為「三吳都會」「十萬人家」「三秋桂子」「十里荷花」「千騎擁高牙」等數量詞的運用，或為實寫，或為虛指，無不具有誇張的語

氣，使柳永詞風平添了一股豪放之氣。

　　詩人柏樺曾盛讚柳永這首《望海潮》寫盡了杭州富麗氣象。「難怪：『此詞流播，金主完顏亮聞歌，欣然有慕於「三秋桂子，十里荷花」，遂起投鞭渡江之志。』金兵直下江南，很可能就與這首詞有關，與『自古繁華』的錢塘有關。須知『江山如此多嬌，引無數英雄競折腰』。不是嗎？那可正是蒙元入侵前夜我們造極兩宋的時代啊！而柳永此詞又正好為我們全景地展開了宋朝的輝煌與燦爛。那也是一個物極必反的時刻：『蒙古人的入侵形成了對於偉大的中華帝國的沉重打擊，這個帝國在當時是全世界最富有和最先進的國家。在蒙古人入侵的前夜，中華文明在許多方面都處於它的輝煌頂峰，而由於此次入侵，它卻在其歷史中經受著徹底的毀壞。』杭州是一個一晌貪歡，視審美境界為人生最高境界的南宋大邑。它雖然注定了要被毀壞，但在它的造極之時，也注定了要遴選出一位詩人為其歌詠代言，柳永正恰逢其盛，應運而生。」[204]「金主聞歌」而「起渡江志」的傳說流傳甚廣，羅大經《鶴林玉露》（卷十三）言之鑿鑿，但「聞歌起志」，十有八九是文人杜撰的故事，而錢塘自古繁華卻是有案可稽的論斷。

　　據考證，西元前210年，秦始皇出巡東南，他登上會稽山，樹了一塊大石碑，頌揚他的勝利與功績，史稱「會稽刻石」。據《史記·秦始皇本紀》記載，當年秦始皇「過丹陽，至錢唐，臨浙江，水波惡，乃西百二十里，從狹中渡」。這就是「錢唐」之名第一次出現在文書上。傳說今寶石山下，還有秦始皇纜船石的遺跡。[205]

　　錢塘變為杭州，是從隋代開始的。隋文帝楊堅開皇九年（589）平陳之後，結束了南北朝長期分裂的局面，中國複歸統一。隋文帝罷郡置州，廢錢塘郡改為杭州。杭州之名，由此而來。隋代杭州城市的發展，與隋煬帝大業六年（610）開鑿江南運河有很大的關係。江南運河北起京口（今江

[204]　柏樺：《〈望海潮〉裡夢杭州》，《大公報》2012年10月26日。

[205]　馬曉京、田野編著：《東南形勝第一州：杭州》，中國地質大學出版社1997年版，第4頁。

蘇鎮江），南迄余杭（今杭州），長八百餘里，寬十餘丈，溝通了海河、黃河、淮河、長江和錢塘江五大水系，極大地促進了我國南北經濟、文化的交流，為杭州的發展與繁榮奠定了良好的基礎。從此，杭州成為東南交通的樞紐，並因此成為一個頗具規模的商業城市：「川澤沃衍，有海陸之饒，珍異所聚，故商賈並湊。」[206] 直到今天，蘇杭運河，在交通運輸方面仍然具有重要意義。至唐宋之際，杭州已發展為「咽喉吳越，勢雄江海」的東南名郡。尤其是五代十國期間，吳王錢鏐以杭州為都，三擴其城，為南宋建「行在」奠定了基礎。北宋嘉祐二年（1057），宋仁宗在賜給杭州太守梅摯的詩中，說杭州是「地有湖山美，東南第一州」。陶穀也說：「輕清秀麗，東南為甲，富兼華夷。余杭又為甲，百事繁庶，地上天宮也。」[207]

到了南宋，杭州被說成是「世界上最美麗華貴的城市」實不為過。明代學者認為「南宋都臨安，不過是貪圖西湖之繁華耳」。這話公允與否姑且不論，但它至少從一個側面坐實了杭州之無上繁華。《夢粱錄》說：「大抵杭州勝景，全在西湖，他郡無此。更兼仲春，景色明媚，花事方殷，正是公子王孫，五陵年少，賞心樂事之時，詎宜虛度？」《武林舊事》中也說，「西湖天下景，朝昏晴雨，四序總宜，杭人亦無時而不遊……日麋金錢，靡有紀極」，南宋君臣成天嬉遊逸樂，流連徜徉於湖山之中，將收復中原，統一祖國的大業拋到九霄雲外。南宋士人林升寫詩諷諫道：「山外青山樓外樓，西湖歌舞幾時休？暖風熏得遊人醉，直把杭州作汴州。」[208]

中國文人，少有不喜歡唐宋者。因為唐有唐詩，宋有宋詞。在中國這樣一個崇尚詩書教化的國度，代表詩歌藝術之巔峰的唐詩宋詞，在人們心目中占有極高的地位。當人們說到唐詩的時候，想像中萬國來朝的大唐氣

---

[206]　倪士毅等：《隋唐名郡杭州》，浙江人民出版社 1990 年版，第 1 ～ 2 頁。

[207]　陶穀：《清異錄》卷上「地理門」。轉引自馬曉京、田野編著《東南形勝第一州：杭州》，中國地質大學出版社 1997 年版，第 24 頁。

[208]　轉引自馬曉京、田野編著《東南形勝第一州：杭州》，中國地質大學出版社 1997 年版，第 46 頁。

象和霓裳羽衣的醉死夢生，似乎多與長安與洛陽有瓜葛。而說到宋詞時，奢華繁盛的市井風流與風月無邊的江南氣韻，則多見於汴京和臨安的聯想。

宋朝，有種亦真亦幻的感覺，回眸之間，千萬繁華已落盡。沉澱了千年的孤獨，在霧靄沉沉之中遁無行跡。金庸的小說，好幾部都是以宋朝為背景的，如《天龍八部》、《射雕英雄傳》，這些發生在宋朝背景下的故事，雖然是虛構，但這是我最喜歡的。因為，宋朝隱含了太多的魅力，那種氣韻，那種凝重與低沉，是一壺用了足夠多的時間和空間來陳釀的醇酒，甘甜微澀，直讓人醍醐灌頂。[209]

宋與唐以及此前的時代有何不同呢？我們認為，宋代最大的特點之一，是在不忽視「三農」的前提下，對工商業的高度尊重和大力扶持。眾所周知，中國是一個農業國，重農抑商是歷代王朝的基本國策，宋朝雖然也一樣重視農業、農民，但對商業、商人卻並不像秦漢隋唐時期那樣壓制，秦漢「七科謫」中有四科涉「市籍」，隋唐時期，對商人的限制也甚為苛刻，商人及其子弟連科舉考試都無權參加。到了宋朝，對商人的限制就寬鬆多了，大批的手工業者、商人、小業主構成了宋朝的中產階級，市民階級迅速崛起，成了國民經濟的生力軍。市民的富裕閒暇的生活及審美趣味和生活情趣促成了宋朝文化的高度繁榮，戲曲、雜技、音樂、詩歌、小說等都在宋代高度繁榮發展。

自宋代開始，中國才真正出現了有規模的城市化。有學者指出，中國較早出現的主要以商業，而不是以行政為中心的大城市，當首推杭州。宋朝發達的交通為人類封建史之最。宋朝每 10 裡設一郵亭，每 30 裡設一驛站。各地的官道星羅棋布、四通八達。宋政府對郵驛是十分重視的，「以法治郵」的做法，保證了郵驛的正常運行。「白塔橋邊賣地經，長亭短亭驛分明。」地經就是地圖，宋朝的地圖已經相當精確。《東京夢華錄》的作者

---

[209]　唐欣主編：《我願意活在宋朝：宋詞的三十七種讀法》，光明日報出版社 2006 年版，第 1 頁。

想必有詳細的「地經」，如果沒有，單靠「夢」與記憶，則必然會破綻百出。

　　相關研究成果表明，和北宋首都汴梁一樣，南宋首都臨安也是一個超過百萬人口的大城市。南宋末期西方最大最繁華的城市是威尼斯，只有 10 萬人口。北宋富強 160 多年，京都汴梁「比漢唐京邑，民庶十倍」，汴梁城不僅旱路暢通發達，水運也十分發達。「舳艫歲歲銜清汴」，「聯翩漕舸入神州」，「汴都數百萬家，盡仰石炭，無一家燃薪者」。宋朝的汴梁城已經用煤而不是用木材生火做飯取暖了，而當時西方都是用木頭劈柴生火做飯取暖。1949 年中華人民共和國成立後，中國的各大城市都沒有達到這一點。新興市民階層的誕生，富庶安逸的生活使宋人的消費意識濃烈，極大地刺激了茶坊酒市、娛樂業等第三產業的繁榮發展。宋朝的城市不像唐朝的城市一到黑夜就一片黑暗，宋城即使在黑夜裡也是燦爛的光明之城。因為宋朝不像唐朝那樣實行宵禁，宋人熱衷於夜生活。尤其是節日的臨安，堪稱不夜之城。在夜晚趕路遊玩的人們都拿著各種各樣的燈籠，因此，夜晚的臨安，整個城市都在閃爍。夜市裡燈火通明，叫賣聲通宵達旦。在「瓦子」「勾欄」等固定娛樂場所，百戲伎藝競演，市民歡欣鼓舞。夜間飲食店鋪生意興隆，直到太陽重新升起，街上照樣車水馬龍。「大街一兩處麵食店及市西坊西食面店，通宵買賣、交曉不絕」，「其餘橋道坊巷，亦有夜市撲賣果子糖等物，亦有賣卦人盤街叫賣，如頂盤擔架賣市食，至三更不絕。冬月雖大雨雪，亦有夜市盤賣」。「酒壚博簺雜歌呼，夜夜長如正月半。」「梁園歌舞足風流，美酒如刀解斷愁。憶得少年多樂事，夜深燈火上樊樓。」「驀然回首，那人卻在燈火闌珊處。」遊人不只是皇親國戚、達官貴人，還有城裡的廣大市民、普通百姓。宋人生活得如此富足幸福。宋朝沒有「路有凍死骨」的貧窮與「國破山河在，城春草木深」的悲觀絕望，只有「西湖歌舞幾時休」的醉生夢死的樂觀、繁華。[210]

---

[210]　參見未署名文章《如夢如幻的大宋王朝》，以及 123guyanfeng 的博客《兩宋衰亡之啟示》。

說到「如夢如幻的大宋王朝」，最為人津津樂道的是其人文天幕上群星璀璨的景象，出現了寇准、包拯、歐陽修、范仲淹、王安石、蘇東坡、沈括、岳飛、朱熹、李清照、辛棄疾、文天祥等一大批在中國乃至世界史中光彩奪目的人物。宋朝因為極其重視文教，學術文化的成就極高，中國文化至此更趨精深成熟，所以傑出人才層出不窮。明人宋濂說：「自秦以下，文莫盛於宋。」唐宋八大家，宋朝占了6位，除「三蘇」蘇洵、蘇軾、蘇轍外，還有王安石、曾鞏、歐陽修，他們革新詩文，澤被後世。宋四大書法家：蘇東坡、黃庭堅、米芾、蔡襄承唐繼晉，開創新風。理學家北宋二程：程頤、程顥，承孔孟道統，創「天理」學說。南宋東南三賢：朱熹、張栻、呂祖謙，完善理學體系，成就一代宗師。南宋四大家：陸遊、楊萬里、范成大、尤袤，堅守民族氣節，厚植愛國情懷。值得注意的是宋朝許多文化大家，都是苦寒出身。范仲淹、歐陽修都是單親家庭出身，自幼貧寒。范仲淹一歲時父親就去世了，母親謝氏帶著尚在繈褓中的范仲淹改嫁朱姓人家。范仲淹從小生活極其艱苦，喝粥度日。歐陽修年少時家裡買不起紙筆，他母親用蘆稈畫地教他識字。這兩人最終都透過自己的努力，成為文化大家，朝廷重臣，國之棟梁。范仲淹、歐陽修或許因命運相近，兩人成為真正的朋友。王安石、蘇洵、蘇軾、曾鞏都是歐陽修培養扶植起來的文化大家。蘇軾又培養了著名的蘇門四學士：黃庭堅、秦觀、晁補之、張耒。陸游是曾鞏的學生，陸游、辛棄疾是好朋友，他們的交往唱和是中國文學史上的一道光耀千秋的靚麗風景線，總之宋朝是文化人的天堂。[211]而南宋的杭州則可以說是詩人畫家等文人雅士心中的天堂中的天堂，她同時也是車馬勞頓之羈旅客商的天堂，恣情快意之五陵少年的天堂。出人意料的是，她竟然還是西方人眼中的中國第一「天城」。

　　人們常說杭州是「東方的威尼斯」「東方的日內瓦」，但在真喜歡杭州

---

[211]　參見未署名文章《如夢如幻的大宋王朝》。

的人看來，杭州比威尼斯、日內瓦還要美得多。杭州的景色之美，在全世界都是獨一無二的。杭州自古就享有「人間天堂」之美譽，阡陌交錯，江河縱橫，是名副其實的「魚米之鄉」。早在西元 6 世紀，她就和揚州、廣州並列為中國三大商埠。隋煬帝開鑿運河後，它的經濟、文化得到進一步的發展，成為「珍異所聚、商賈並輳」的東南大郡。到了唐初，更是呈現出前所罕見的繁華盛世之貌：「東眄巨浸，輳閩粵之舟櫓；北倚郭邑，通商旅之寶貨……駢檣二十里，開肆三萬室。」因此，五代、南宋兩個朝代，先後有 14 位帝王在這裡建都，時間長達 237 年；這一時期，杭州迎來了一個輝煌燦爛的黃金時代。此外，杭州還素有「絲綢之府」的稱號，1300 年前，它的絲綢產品就被列為朝廷貢品，並由此開通了「海上絲綢之路」，來自中國的貨物由此遠銷海外。[212]

　　值得一提的是，杭州還是中國最早產生世界影響的國際文化名城。關於這一點，西方旅行家的一本《馬可·波羅遊記》可謂功不可沒。這本遊記一經問世，當即大獲成功，它使歐洲人第一次對東方有比較全面的了解，因為此前的所有記述都沒有這麼全面。馬可·波羅穿越了整個亞洲大陸，回國時水陸兼程。他描述了沿途的地方習俗、自然風物、奇異景象、歷史傳奇、政治形勢，全書充滿奇聞異見。在描寫杭州的章節裡，馬可·波羅說，離開了吳州後的三天路程中，經過許多人口眾多的富饒城鎮、城堡和鄉村，人民豐衣足食。到了第三天的晚上，便到達雄偉壯麗的行在市。這個名字是「天城」的意思。因為，這座城市的莊嚴和秀麗，堪稱世界其他城市之冠。這裡名勝古蹟非常之多，使人們想像自己仿佛生活在天堂，所以有「天城」之名……據一般人說，各種大小橋梁的數目達到 1.2 萬座。那些架在主要運河上用來連接各大街道的橋，橋拱都建得很高，建築精巧。同一時間內橋拱下可以通過豎著桅杆的船隻，拱橋上面，又可行

---

[212]　陳潔行：《「天堂之旅」：杭州導遊》，上海文化出版社 1990 年版，第 2 頁。

駛車馬。而且，從街道到橋頂坡度的遞減設計，恰到好處。要是沒有這麼多的橋梁，就不可能構成縱橫交叉的十字路。[213]

　　義大利人路易吉·布雷桑在談到馬可·波羅這段話時指出，他把「行在」理解為「天城」，這表明，就其宏偉壯麗以及所提供之快樂而言，這座城是世界上任何其他城市都無法比擬的，生活於其中的人們「恍如置身天堂一般」。按照通常的估計，這座城市方圓 100 英里。它的街道和運河十分寬闊，還有廣場或集市。因為要和時常趕集的龐大人群相適應，這些市集占地很廣。這座城市的位置，一邊有一個清澈澄明的淡水湖，一邊有一條寬闊的大河，河水經由大小運河引導，流入全城各處，將所有汙物帶入湖中，最終歸流入海。城內除了陸路交通外，還有四通八達的水上通道。運河和街道足夠寬闊，船隻和車輛在其間方便地來往穿梭，運載居民所必需的物品。但布雷桑對「城中有各種大小橋梁 1.2 座」的說法表示懷疑，認為這個數字有過分誇大之嫌。[214]

　　馬可·波羅對杭州街頭的妓女進行了比較詳細的描繪，他說她們人數之多，簡直使人難以啟齒。這些花枝招展的女子坐在方形市場附近，而且，在城裡的每個角落，都有她們鬼魅般的行蹤。她們濃妝豔抹，香氣襲人，住在陳設華麗的住所，還有許多女僕跟隨左右。這種女人，拉客的手段十分高明，獻媚賣俏，施展千媚百態，去迎合各種嫖客的心理。遊客們只要一親芳澤就會陷入她們的迷魂陣中，弄得如癡如醉，銷魂蕩魄，聽憑擺布，流連忘返。他們沉湎於眠花宿柳的溫柔鄉，真有樂不思蜀之嘆。回到他們自己家裡，他們總說自己曾經遊過杭州，或者說遊過天堂。並且，希望有朝一日，能重登這種人間仙境。[215]

---

[213]　［意］馬可·波羅：《馬可波羅遊記》，露絲梯謙筆錄，陳開俊等譯，福建科學技術出版社 1981年版，第 175 ～ 176 頁。

[214]　［意］路易吉·布雷桑編著：《西方人眼裡的杭州》，學林出版社 2010 年版，第 12 頁。

[215]　［意］馬可·波羅：《馬可波羅遊記》，露絲梯謙筆錄，陳開俊等譯，福建科學技術出版社 1981年版，第 178 頁。

　　湖的周圍有很多美麗寬敞的建築，這些都是達官貴人的宅邸。湖邊還有許多寺院廟宇，裡面住著很多虔心禮佛的僧侶……湖中還有大量的遊船或畫舫，每只可坐 10 人、15 人到 20 人，這些船的長度約 15 至 20 步，船底寬闊平坦，航行時不會左右搖晃。喜歡泛舟行樂的人，或攜帶女眷，或招呼同伴，雇上一條畫舫，蕩漾在碧波間遊樂。這些打理有致的畫舫，桌椅以及宴會所必需的各種器具無不整潔有序……船艙內油彩斑潤，繪有各種圖案；船上各處也同樣飾有圖畫。船身兩側裝有窗戶，可隨意開關，便於遊客坐在桌旁，依窗眺望，飽覽沿途各色美景。這樣一種縱情水上的樂趣，的確勝過陸地上的任何娛樂；因為湖面寬廣，相當於全城的長度，站在離岸一定距離的船上，你可以觀賞到全城的宏偉壯麗，它的宮殿、寺觀、廟宇、花園以及長在水邊的參天大樹也都可以盡收眼底，與此同時，你還可以欣賞到其他畫舫載著遊湖行樂的男男女女，在你面前穿梭而過。事實上，這裡的居民在一天的勞作或交易結束後，除了希望帶上自己的妻子或情人在畫舫或街車上聚會享樂打發時間之外，不作他想。[216]

　　路易吉‧布雷桑說，他也不清楚為什麼波羅與鄂多立克一樣，把杭州叫作「天城」。也許是因為「上有天堂，下有蘇杭」這句中國諺語之故。而「身處行在的波代諾內修士鄂多立克（1326）眼裡的杭州」是什麼樣子呢？鄂多立克於 1325 年至 1326 年乘中國船隻作長途航行並造訪印度、東南亞群島。之後他經過中國的南大門廣州進入帝國，立刻被中國城市的規模所打動。他去泉州拜訪了兩位方濟各會修士，隨後途經杭州、南京、揚州，最終來到汗八裡，並在此定居差不多 3 年。在此之後，他經陸路返回歐洲，向歐洲人講述了中國見聞。鄂多立克對中華帝國情形的著述，其影響僅次於馬可‧波羅的書。作為一個中世紀的人，他被博大精深的亞洲文明所震撼，他容易相信一些傳說，但總體而言，他還是會謹慎地區別親眼所

---

[216]　［意］路易吉‧布雷桑編著：《西方人眼裡的杭州》，學林出版社 2010 年版，第 27～30 頁。

見與道聽塗說。

引人注目的是關於杭州的描述。和馬可·波羅一樣，鄂多立克為這座城市所傾倒，他對城市規模的誇張描寫甚至超過了前者：「它是世上所存的最大城市……任何人想要描繪它都要花上整本書的篇幅。」鄂多立克說：「這個偉大而奇妙的城市叫行在，即『天城』，那裡有一萬二千座橋和很多新事物。」「我來到大而令人稱奇的行在城 —— 用我們的語言來說就是『天城』。它是全世界最大的城市，人口稠密。那裡有很多房子，每所房子裡住著十戶或十二戶人家，還有他們的全部財物。城市的郊區很大，其人口比城內還多。城開十二座大門，每座相距八英里，那裡的城區比帕多瓦或威尼斯都要大。我們在某個城區走了六七天，但就像根本沒有走動過一樣。與威尼斯相同，這個城市位於一片湖上，城內有一萬二千多座橋。每座橋上設有崗哨，他們為大汗守衛此城。」[217] 這座城市的偉大和在那裡發現的奇跡，整本書也寫不完，因為它是世上最好、最富饒的城市。作者在注釋中說：和馬可·波羅一樣，鄂多立克傾向於誇大這些數字。[218]事實上，城內的橋梁應為 100 座左右，郊外略多於 100 座；根據另一項調查則有 300 座。[219]

另一位傳教士馬黎諾裡寫了一本旅行日記《馬黎諾裡遊記》談到漢地的「蠻子王國」時，他說：蠻子是一個有無數城市和民族的國家……其中非常有名的一個地方叫行在（杭州的別名），這是最好、最大、最富饒、人口最多，總之是最絕妙的城市；這是世界上最富有的城市，遊玩、娛樂活動別具一格，有非常壯麗的建築（尤其是崇拜偶像的寺廟，加起來的話，裡面共有 1000 甚至 2000 名僧侶），比其他任何一個城市都令人稱奇。一些作者斷言，這個城裡有 1 萬座石橋，上面刻有各種全副武裝的王子們

[217]　［意］路易吉·布雷桑編著：《西方人眼裡的杭州》，學林出版社 2010 年版，第 50～51 頁。
[218]　參見慕阿德《行在的一萬座橋》，《中國新論》1921 年摘本。
[219]　［意］路易吉·布雷桑編著：《西方人眼裡的杭州》，學林出版社 2010 年版，第 58～59 頁。

的雕像。對於那些沒有到過行在的人來說，這些作者的話似乎令人難以置信，但他們所言非虛。

隨後，在回味自己在中國的這段不同尋常的經歷時，馬黎諾裡再三強調，蠻子是「世界上最偉大、最高貴的地區，擁有無與倫比的美景、快樂和麵積」，並再次提到「高貴的行在城」。他還稱，在旅行途中，為了了解每件事物，他「極富探索精神，每時每刻都沉溺於好奇的詢問中，頭腦中幾乎沒有別的東西」。[220]

烏戈·康圖伯爵用義大利文描述過行在城，其作品《偉大的行在城和中國君王的關係》之「獻詞」所記載的日期是 1583 年。他描述的「行在」所在的蠻子省令人印象深刻：河水在一些地方流淌，幽深、清澈、新鮮，美妙極了；星羅棋布的草坪、令人愉悅的花園和噴泉把河岸裝點得綠意盎然、欣然適宜；來自印度和其他地方的無數花卉、香料使周圍芳香撲鼻，特別是北部，小山丘連綿不斷，上面覆蓋著各類樹木，樹上長滿綠葉，漂亮的鳥兒棲息於此，它們甜美的歌聲讓路人備感歡喜。[221]

城裡的主要街道都是貫穿全城，從一端到另一端的。街道的兩邊，有許多深宅大院和花園，鱗次櫛比，連成一片。工匠的住宅也在附近，他們在自己的家裡或鋪子裡，從事自己本行業的工作。從早到晚，每時每刻，都有大群的人，忙於自己的本職，往返奔波、川流不息地供應他們充足的食物，維持他們的生活。這種事，也許你們認為是不可能的。然而人們都看到，每逢市集日，市場上摩肩接踵、熙熙攘攘的小商販滿地擺著各種用船運來的貨物。所有這些貨物都能找到顧主。僅僅從胡椒這一小宗物品銷量為例，你就會對杭州居民的肉、酒、雜貨和其他各種食品的消費量得到某種概念……杭州人民的住宅，建築華麗，雕梁畫棟。他們對於這種裝飾、畫圖以及富有想像力的建築物表現了極大的愛好。所以，在這方面耗

---

[220]　[意] 路易吉·布雷桑編著：《西方人眼裡的杭州》，學林出版社 2010 年版，第 62 ～ 63 頁。
[221]　[意] 路易吉·布雷桑編著：《西方人眼裡的杭州》，學林出版社 2010 年版，第 92 頁。

費的錢財，是極其可觀的。[222]

行在的所有道路、廣場和房屋，都是氣味芬芳、設計精巧的，以至於行走其間欣賞它們，簡直就是一種令人難以想像的享受，而幸運地居住在這個城市裡的人們又是何等幸福。人們全身的感官都是愉悅的：眼睛看著美麗的事物；耳朵聽著鳥兒甜美的歌唱，還有水流輕快的聲音，它們交織出一曲和諧悅耳的新樂章，有著眼所不能見的美妙；還有幾乎無處不在的美妙芳香讓人愉悅不已；再品嘗一下各類可口水果、食物、飲料和其他美味的東西，簡直令人完全陶醉。更多的滿足還來自優雅美麗的女子，她們竭盡全力誘惑男人，令他們為其美貌溫柔而神魂顛倒，以致流連忘返、不能自已；他們不僅不為此懊悔，相反，還渴望永遠成為女人的囚徒和奴隸……

毫不奇怪，這個城市空氣宜人，位置優越，這都是因為有繞城的水源以及不受敵人侵犯的無數人口；這一地區各類商品供應充足，各種昂貴的稀世珍品琳琅滿目，它們是許多人富足而舒適的生活方式的一部分。因此，根據韃靼皇帝的描述，僅行在本身就有 160 萬所房屋；每所房屋居住著 12 至 15 人，當然，有些人所記載的數位還要大。行在是一個商業城市，萬物應有盡有，居民善良仁慈，地理位置便利，無數人通過陸路和海路，從四面八方朝這裡聚集並居住於此，他們有來自印度群島和中國東部諸島的，有來自約旦和波斯的，也有來自阿拉伯半島和中國其他地方的，還有來自蠻子本地的……[223]

但不幸的是，上述西方人所看到的「行在」杭州，對於大多數中國人來說，卻銘刻著一段令人傷心的民族歷史記憶。

---

[222]　［意］馬可·波羅：《馬可波羅遊記》，露絲梯謙筆錄，陳開俊等譯，福建科學技術出版社 1981
　　　年版，第 179 頁。

[223]　［意］路易吉·布雷桑編著：《西方人眼裡的杭州》，學林出版社 2010 年版，第 94 ～ 95 頁。

# 第九章
# 悲情南京：因水而美的十朝都會

　　南京並無多少女人氣，卻多文人氣。自古江南出才子，而才子又多半喜歡南京，即便這些才子不是南京人。這大約與所謂「六朝人物」和「魏晉風度」有關。

—— 易中天

南京是「最傷感的城市」。

——《新週刊》之《中國城市魅力排行榜》

　　南京，是一個有太多故事且承載了太多悲傷的地方。古老的明城牆讓人肅然起敬，秦淮河畔的繁華更是如詩如夢，亦真亦幻，讓月下遊人無端生出今夕何夕之嘆。夫子廟的燈紅酒綠讓人依稀想見代代紈絝的紙醉金迷與百無聊賴，頹敗的故宮遺址依舊默默守護著悠悠歲月的無盡滄桑。南京是個值得細細品讀的城市。六朝金粉，十朝都會，縱然「金陵王氣黯然收」，但兩千多年的歷史風雲仍給這座城市留下了厚重的印記。

　　南京實在太像一個風雲變幻的舞榭歌台，數不清的帝王將相、達官顯要、文人雅士、名姬佳麗在這裡上演過或悲壯雄武、或哀婉悱惻的人生戲劇。南京是一本最好的歷史教科書，閱讀這個城市，就是在回憶中國的歷史。南京的每一處古蹟，都帶有濃厚的人文色彩，憑弔任何一個遺址，都意味著與沉重的歷史對話。以風景論，南京有山有水，足以和國內任何一個城市媲美，然而這座城市的長處，還在於它的歷史，在於它獨特的人文。「金陵自古帝王州」，從中古到近現代，繼孫吳之後，東晉、宋、齊、梁、陳、南唐、明朝、太平天國以及中華民國先後定都南京，共 455 年，

史稱「十代故都」，留下了豐富的遺產。[224]

　　歷史上南京既受益又罹禍於其得天獨厚的地理位置和氣度不凡的風水佳境，過去曾多次遭受兵燹之災，但亦屢屢從瓦礫荒煙中重整繁華。尤為值得注意的是，每當中原被異族占領，漢民族即將遭受滅頂之災時，漢民族就有可能選擇在南京休養生息，立志北伐，恢復華夏。明朝、民國二次北伐成功；東晉、蕭梁、劉宋三番北伐功敗垂成。南宋初立，群臣皆議以建康為都以顯匡複中原之圖，可惜宋高宗無意北伐而定「行在」於杭州，但迫於輿論仍定金陵為行都。太平天國以南京為都，也以驅除異族統治為動員基礎和合法性之一。所以南京被視為漢族的復興之地，在中國歷史上具有特殊地位和價值。故朱偰先生在比較了長安、洛陽、金陵、燕京四大古都後斷言：「此四都之中，文學之昌盛，人物之俊彥，山川之靈秀，氣象之宏偉，以及與民族患難相共、休戚相關之密切，尤以金陵為最。」文化是南京這座城市的底色和靈魂。南京文化有別於「京派」的古典和「海派」的浪漫，也有別於長安文化的雄渾，嶺南文化的務實和天府文化的樂觀。南京文化的特質可概括為「勇於創新、海納百川、堅韌不拔、崇文尚讀、開放進取和捨生取義。」[225]

　　當年朱元璋由於政治和經濟上的原因，想控制江淮，仰仗江南人力和財力，曾於洪武二年決定在他的家鄉臨濠興建中都，於是召集群臣召開「動員大會」，《明太祖實錄》的「會議記錄」如下：

　　「初，上召諸老臣問以建都之地。或言關中險固，金城天府之國；或言洛陽天地之中，四方朝貢道裡適均；汴梁亦宋之舊京；又或言北平元之宮室完備，就之可省民力者。上曰：所言皆善，唯時有不同耳。長安、洛陽、汴京實周、秦、漢、魏、唐、宋所建國，但平定之初，民未蘇息。朕若建都於彼，供給力役悉資江南，重勞其民；若就北平，要之宮室不能無

[224]　冉冉：《金陵帝王州、江南佳麗地》。

[225]　盧海鳴：《讀懂「南京文化」，讀懂這座城市的底色和靈魂》，《南京日報》2022 年 1 月 21 日。

更作，亦未易也。今建業長江天塹，龍蟠虎踞，江南形勝之地，真足以立國；臨濠（鳳陽）則前江後淮，以險可恃，以水可漕，朕欲以為中都，何如？群臣皆稱善！」

這篇官樣文章，以群臣稱善結束，其結果是新王朝動用舉國之力，在鳳陽營建中都城，從洪武二年至洪武八年，忙活了 6 年之久，終因「役重傷民」招致怨懟，他只好「詔罷中都役作」，又開始把注意力轉向南京，「詔建南京大內」。洪武十一年（1379）又罷北京（開封），鳳陽成為陪都，自此南京的京師地位才得以鞏固。洪武年間興建的南京故宮，殿宇重重，樓閣森森，雕梁畫棟，金碧輝煌，其氣勢恢宏，不在北京紫禁城之下。曾作為明初洪武、建文、永樂三代皇宮，長達 54 年之久。直到明永樂十九年（1421），明成祖朱棣遷都北京，南京故宮才正式結束王朝皇宮的使命，但仍由皇族和重臣駐守，在整個大明王朝，南京始終享有極為尊崇的地位。

# 一　十朝都會：「一座熟悉的陌生城市」

1982 年春夏之交，筆者在大學畢業前去馬鞍山實習期間路過南京，那是筆者第一次造訪南京。算起來，那次南京之行已是 40 餘年前的陳年舊事了，但至今依稀記得當時入住的是挹江賓館。除長江大橋、明孝陵、中山陵、莫愁湖等少數著名景點外，南京的其他印象，如今已相當模糊。此後曾經多次到過南京，但每次都是行色匆匆，沒有機會像遊人一樣體驗這座歷史名城的豐富文化內涵和獨特的審美意味。撰寫本書終於為筆者提供了一個「圖繪南京」的機會，為此，筆者計畫了這次「說走就走的旅行」，目標直指南京。

古人說「畫圖臨出秦川景，親到長安有幾人？」但那畢竟是古時候的事情，今天的情況似乎完全反過來了。親到南京易，圖繪金陵難。吃過

早餐，踏上北京到南京的高鐵，5 小時的路程就來到了南京。一下火車，就看到這樣一則廣告詞——「南京，伴隨著緩緩流淌的秦淮河水，從古走到今，在這裡，你可以看盡王侯將相、榮辱成敗、六朝金粉、潮起潮落……金陵城，承載了太多的歷史，這裡沒落過、繁華過，更悲傷過，在這個曾經繁華曾經頹敗、曾經姹紫嫣紅曾經淒風苦雨的城市，必將會帶給你一段不一樣的記憶。」

這段話讓人想起了 70 多年前朱自清的一篇小文章《南京》，在這篇文章中，這位美文聖手寫道：「逛南京像逛古董鋪子，到處都有些時代侵蝕的痕跡。你可以揣摩，你可以憑弔，可以悠然遐想：想到六朝的興廢，王謝的風流，秦淮的豔跡。這些也許只是老調子，不過經過自家一番體貼，便不同了。」[226] 今天看來，朱自清的美文似乎比上面的廣告更像一則旅遊廣告。正是為了尋找「自家一番體貼」，我這才啟程來到了南京這座熟悉而又陌生的城市。

作為遊客，筆者首先清點了一下這座古城的著名景點。有資料說，南京是首批中國優秀旅遊城市、國家歷史文化名城，截至 2016 年，南京有世界文化遺產 1 項（9 點）；世界文化遺產預備名單 2 項；全國重點文物保護單位 49 處（103 點）；江蘇省文物保護單位 109 處；市級文物保護單位 516 處。鐘山風景名勝區、夫子廟秦淮風光帶為國家 5A 級旅遊景區、中國旅遊勝地四十佳。年遊客上千萬，旅遊總收入直逼兩千億！國際旅遊創匯 6 億美元！

這些資料多少有些乏味，但下面這一串名聞遐邇的名勝卻正是千萬遊人的心神嚮往之所。如：台城、六朝博物館、雞鳴寺、玄武湖、南唐二陵、白馬石刻公園、古林公園、清涼山、石頭城、莫愁湖、朝天宮、棲霞山、永寧陵石刻、蕭宏墓石刻、高淳老街、姚徐老街等。當然，最讓南京

---

[226]　朱自清：《南京》，1934 年 10 月 1 日《中學生》第 48 號。

人引為自豪的還是那些所謂的「大明勝跡」，如：明孝陵、明城牆、明故宮遺址、靈谷寺、玄武湖、鼓樓、閱江樓、朝天宮、中華門、天生橋、胭脂河、清涼門、鬼臉城、獅子山、儀鳳門、神策門、台城、武廟闡、琵琶湖、前湖、中山門、午朝門公園、東華門、西安門、東水關、陽山碑林等。南京之所以被稱為南京，或許只有在「大明王朝」名副其實。因為明朝是唯一建都南京且統一全國的政權。

眾所周知，早在戰國時期（前 333），楚威王就開始在南京設置金陵邑了，並認為此處堪為「王之地」。相傳秦始皇曾察覺此地有王者之氣，於是特意派人破風水，掘龍脈，洩王氣，這項「洩氣工程」的「結項成果」便是美麗的秦淮河。

有了秦淮河的滋養，金陵更加繁華，王氣因而更盛。小小的金陵邑，在此後兩千年間居然有十大王朝或政權以此為都會。秦始皇掘斷山岡原本是為了洩王氣，其結果反倒像是聚王氣。據說秦始皇此舉也為此後在南京建都的歷代王朝埋下了可怕的「短命魔咒」。如果秦始皇在天有靈，他聽到這些傳聞後不知會做何感想？

隋文帝時期，南京遭遇過如同羅馬人破壞迦太基一樣被毀棄的命運，開皇九年（589）隨軍兵分八路滅建康，文帝下詔「平蕩墾耕」城邑，並將高貴的「建康」改名為卑賤「秣陵」。自此，宮殿被夷為平地，城市被改為田園，百姓被遷往異地。以至百餘年後李白遊金陵發出這樣的感嘆：「吳宮花草埋幽徑，晉代衣冠成古丘。」為什麼？「蓋因其有王氣也」。此後南唐王朝的傾覆、洪楊天國的毀滅，都是驚心動魄的歷史悲劇。最為悲慘的一幕發生在 1937 年，日軍攻陷南京，屠殺我 30 萬同胞，這一血寫的歷史，我們永遠都不應該忘記。今天的南京是「中國四大古都」之一，還享有「六朝古都」或「十代都會」[227] 之美譽。

---

[227] 　在南京建都的 10 個王朝或政權分別是：孫吳、東晉、宋、齊、梁、陳、南唐、明初、太平天國、孫中山建立的中華民國。孫吳在建業（今南京）建都，揭開了南京建都的第一頁，共歷 4

南京作為長江下游最負盛名的濱江文化大都市，是著名的長三角地區重要的產業城市和經濟中心，中國重要的文化教育中心之一，也是華東地區重要的交通樞紐……大名鼎鼎的南京，似乎是個人人都很熟悉的城市，但筆者想以「城市美學」的視角審視這座城市時，卻發現她對我來說竟然是如此陌生！

　　要了解南京這樣一個「熟悉又陌生」的城市，首先要破解的第一個謎團是 —— 南京何以成為「六朝古都」和「十代都會」？她究竟在哪些方面與眾不同？

　　先看看離我們最近的「蔣家王朝」為何定都南京。資料表明，從 1927 年 4 月 18 日國民黨政府定都南京，直到 1949 年 4 月 23 日南京解放，22 年間，國民黨政府曾兩次「遷都」：1932 年「一・二八」事件爆發，1 月 30 日，國民黨政府便匆忙遷往洛陽（行都），同年 12 月還都南京；1937 年 11 月 20 日，侵華日軍逼近南京，國民黨政府遷往重慶（陪都），日本投降後，於 1946 年 5 月 5 日還都南京。國民黨政府兩次遷都屬迫不得已。總的來說，國民黨還是定都南京時間長。國民黨政府為何定都南京呢？大多數研究者認為主要原因有三：其一，歷史上南京多次建都；其二，南京是孫中山生前指定的中華民國首都；其三，蘇、浙、皖的工農運動不像兩湖那樣高漲。

　　資料表明，西元 222 年，東吳大帝孫權自立為帝，開啟了南京建都的先河。自此之後東晉、宋、齊、梁、陳、南唐、明初、太平天國，直至孫中山都將政權中心安置在南京。孫中山死後，蔣介石以孫中山忠實繼承人的姿態奪取了國民黨最高權力，為此，凡事表現出「謹遵遺訓」的態度是

---

帝、51 年；東晉建都建康（為避湣帝司馬鄴之諱，故改建業為建康），歷 11 帝、103 年，是建都南京王朝中最長的一個；劉宋建都建康，歷 7 帝、59 年；南齊建都建康，歷 10 帝、23 年；南梁建都建康，歷 6 帝，56 年；南陳建都建康，歷 5 帝、33 年；南唐建都南京，歷 3 主、38 年；明初建都南京，歷 3 帝、54 年，明朝是唯一建都南京統一全國的政權；太平天國在南京建都 11 年；以孫中山為首的中華民國在南京建都只有 3 個多月。

他獲得支持者的重要手段。孫中山生前非常重視建都問題，他曾說過：
「南京是民國開基，長此建都，好作永久紀念。」國民黨的元老們，都以孫
中山的信徒自居，皆主張建都南京。吳稚暉說：「以言外交，南京為江漢
中心，較他處易為辦理，且中山三民主義重民生，民生做到，革命成功，
江蘇蠶桑之區，可以實現三民主義。」胡漢民認為：「非建都南京，不能實
現三民主義，國民黨內無論任何人必須服從黨意，不能允許跨黨分子搗
亂。」蔡元培甚至斷言：「如早在南京建都，三民主義定早實現。」孫中山
和國民黨元老們主張定都南京，也是國民黨政府定都南京的一個重要原
因。國民黨定都南京前，雖然蘇、浙、皖三省的工農群眾運動已蓬勃興
起，但其勢力遠不像兩湖地區那樣強大，蔣介石認為，撲滅蘇、浙、皖的
工農運動較易，而兩湖工農運動高漲，不宜在兩湖的武漢、長沙等地建
都。當時蘇、浙、皖的工農運動相對薄弱，也是國民黨政府定都南京的一
個重要原因。[228]

　　極為吊詭的是，歷史上幾乎所有定都南京的王朝，都未能逃脫「短
命」的魔咒，孫吳如此，東晉亦然，六朝竟然沒有一個朝代超過花甲之
年。有人說，明朝打破了短命魔咒，但明朝在南京的建文王朝也不過區區
4 年，即便加上洪武和永樂在南京的時間，也不過三十幾年，朱棣遷都北
京，明朝才得以僥倖解除魔咒。後來的太平天國和中華民國，又陷入了短
命王朝的厄運。

　　南京歷代王朝國祚過短的命運，令不少文人雅士唏噓不已。但作家宋
羽的看法似乎與眾不同，在他看來，雖然金陵春夢總是太過短暫，但中華
大地上，有幾座城市能如此受到帝王的鍾愛呢？朝朝暮暮，歲歲年年，不
斷有勝利者以天子的姿態臨幸於此。每一次天子垂青後，即便榮光散盡，
也總會留下一些依稀可辨的歷史遺跡。「江雨霏霏江草齊，六朝如夢鳥空

---

[228]　參見百度百科詞條「南京」。

啼。無情最是台城柳，依舊煙籠十里堤。」世事如夢，夢醒無痕，誰人解得其中的滄桑？

有關王朝命數的非理性說法，並不是迷信天命的古人的專利，現代文明人似乎也相信這種神祕主義的說法。當代作家蘇童有篇題為《在明孝陵撞見南京的靈魂》的文章，被收入《中學生活頁文選》。在這篇文章中，蘇童說，南京「是一個傳說中紫氣東來的城市，也是一個虛弱的淒風苦雨的城市，這個城市的光榮與恥辱比肩而行，它的榮耀像露珠一樣晶瑩而短暫，被寵信與被拋棄的日子總是短暫地交接著，後者尤其漫長」。誠如所言，南京作為一國之都，大多就像花開花落、雲聚雲散，不經意間便走完一道榮枯之輪回。在好做懷古之幽思的讀書人看來，這個城市的確像蘇童所說的是一本打開的舊書，書頁上飄動著六朝故都殘破的旗幟，文人墨客在讀它，江湖奇人也在讀它，所有人都感覺到了這座城市尊貴的氣息，卻不能預先識破它悲劇的心跳。

迷信的後人有時為明朝感到慶倖，即使是建文帝的冤魂在詛咒叔叔朱棣的不仁不義的同時，也應該感激朱棣的遷都之舉，也許這一遷都將朱明江山的歷史延長了 100 年甚至 200 年。蘇童自己的這番話是否也有些迷信色彩？

多少皇帝夢在南京灰飛煙滅，這座城市是一個圈套重重的城市，它從來就不屬於野心家，野心家們對這王者之地的鍾愛結果是自討苦吃。似乎很難說清楚這城市心儀誰屬於誰，但是它不屬於誰卻是清楚的。

在南京生活了多年的蘇童說，選擇南京作為居留地是某種人共同的居住理想。這種人所要的城市上空有個燦爛的文明大光環，這光環如今籠罩著十足平民的生活。這城市的大多數角落裡，推開北窗可見山水，推開南窗可見歷史遺跡。由於不做皇帝夢，不是什麼京城，所以城市不大不小為好，在任何時代都可以安步當車。這一類人不愛繁華喧鬧也不愛沉悶閉

塞，無法擁有自己的花園但希望不遠處便有風景如畫的去處。這類人對四周的人群默默地觀察，然後對比著自己，得出一個結論，自己智商超群，而周圍的人淳樸厚道容易相處。蘇童認為，他自己就是這樣的人，他身邊還有很多朋友，其職業幾乎都是一種散漫的以自我為中心的職業，寫作、繪畫，他們在這裡生活得非常自得，這局面似乎是一種不勞而獲的勝利，皇帝們無奈放棄的城市，如今成為這類人的樂園。[229]

　　有一本名為《南京城事》的書，似乎與市場上常見的旅遊類書刊並無不同，但只要隨手翻翻，就有一種不忍釋手的感覺。該書「以人文的視角與南京對話，一層層剝蝕歷史的迷蹤，透過觸手可及的山水景致和人文遺跡，探求城市內在的精神與氣質，同時收錄了 100 個年輕的南京人不了解的老典故，提供了 200 張作者親自拍攝的精品私房照片，描繪了數十條資深導遊未曾走過的城市旅行線路，為您呈現出一個與眾不同的六朝古都。」[230] 圖書策劃者將這樣一部以追求藝術品位的精美之作與旅遊指南之類的實用書籍相比附，多少有點明珠暗投或「珠混魚目」之憾。

　　在筆者看來，這部盡顯南京美學品格的作品，是一本以審美心態解讀城市內在精神氣質的優秀散文詩集。作者以南京城的風土人情與市井文化為中心，以隨筆手法，即興塗抹，有如信步街巷的老住戶不經意拍下的尋常風景，物我相親，心目俱在，文字接地氣，圖片有質感，非久住南京者難以為之。尤為可貴的是，作者傾情如潮，用墨如潑，對南京的「愛恨情仇」滔滔汩汩，一同流出。但作者絲毫沒有怠慢表達方法和呈現方式。事實上該書構思之精巧，文字之優美，插圖之曼妙，皆為同類作品所不及。有論者以「厚重而不沉重，輕快而不輕佻」來形容，可謂切中肯綮。

　　蘇童說，南京這座城市是一條奔流著的卻很安寧的河流。這只是一個比喻的說法，該怎麼理解，大約會因人而異。但若有人將南京看作長江和

[229]　蘇童：《在明孝陵撞見南京的靈魂》。

[230]　宋羽：《南京城事》，中國社會出版社 2012 年版，第 1 頁。

秦淮河的饋贈，我們就不會認為這只是一個比喻了。眾所周知，上海建於黃浦江與長江交匯處；重慶建於嘉陵江與長江交匯處；瀘州建於永甯河與長江交匯處；武漢建於漢江與長江的匯合處；宜賓建於岷江與長江匯合處；枝城建於清江與長江匯合處……南京也是「長江兒女城」中的一員，她坐落在秦淮河與長江匯合處。作為濱江城市，她的美麗和魅力都與這一江一河有著千絲萬縷的關聯。

在作家宋羽筆下，南京是一座「因水而美」的性靈之城。下面這段抒情的文字，讓我們再一次清晰地看到了城與水之間天然存在著一種美美與共的互益關係：「流水，是南京脈絡，更是江南柔情的脈絡和詩的脈絡，煙花長夜，一水碧波，水中映著城市的街燈，那一片流彩的天空，裝點的是今人的繁華，卻照不明古人的舊夢。明月遙掛，波光隱隱，流淌在水中的人和故事依然清晰可見。」[231]

千百年來，南京素以文風熾盛、翰墨流香著稱。單以清朝為例，在皇帝輕點的 114 位狀元中，江蘇就占有 49 人，故有天下英才半數出江南之說。當年康熙派酷愛詩文不通政事的曹寅任江甯織造，「名義上是替皇家採辦服飾，實為廣結江南文人學士；自己六下江南，有巡視河工、考察民情吏治之意，但其最主要的目的，還是為了看看這天下的半數英才」[232]。

作家筆下的南京與學者描繪的南京往往更有人情味，更有煙火色。宋羽描繪的南京，有如一首首跌宕起伏的詩詞，字裡行間，鐫刻了無盡的前朝舊夢：紫氣東來，虎踞龍盤，秦淮煙雨，六朝遺風，南唐詩畫，明清繁華，民國風情……直到今朝，數不盡的風流人物，在這座美麗的城市，留下了許許多多形形色色的傳奇故事。

掩卷之際，筆者長久沉浸在有關南京形勝的浮想之中。如果有機會到南京生活一段時間，我願像宋羽說的那樣細品漫泡這座詩意的城市：或撐

---

[231]　宋羽：《南京城事》，中國社會出版社 2012 年版，第 3 頁。

[232]　田飛、李果：《尋城記·南京》，商務印書館 2012 年版，第 4 頁。

一把紙傘，漫步在多情的煙雨中，尋覓昔日遺失在秦淮的舊夢。或撫一張古琴，端坐在台城上靜靜地眺望，獨自等待玄武湖畔的柳綠。抑或乘一葉扁舟，在明月如水的霜天，磨洗江水中前朝往事的年華。還可以折一枝桃紅，收藏風華絕代的暗香，低吟淺唱胭脂井旁俊逸風流的詩篇。美麗的南京，「處處有詩情，步步皆畫意」，每一處名勝古蹟都具有無法阻擋的人文魅力。但是，假如有人要我從因水而美的南京挑選一處最能體現其城市審美風貌的名勝，那我會毫不猶疑地選擇詩情畫意的秦淮河。

## 二　因水而美：「槳聲燈影裡的秦淮河」

南京是一座多水的城市。她的北面沿長江一帶以及東郊、南郊都是連綿起伏的低山丘陵，對市區形成三面環抱的形勢。南京就在這低山丘陵環抱的盆地之中。它的東面有寬廣的秦淮河谷地與市區相連，西南部是長江和秦淮河匯合發育而形成的地勢低平的河漫灘，江中還有綿亙的沙洲。氣勢磅礴的長江自西南滾滾北流，到南京附近折而向東，奔流入海。千古名河秦淮河像一條飄帶橫貫市區，玄武湖和莫愁湖則像兩顆明珠分別鑲嵌在河的左右。[233] 穿城而過的秦淮河，因此也被認為是南京城的母親河。

無論翻翻辭書，還是查查百度，我們都可以看到下面這樣一些常識性的說法：秦淮河位於南京的城南和南郊一帶，全長 110 公里，流域面積 2600 平方公里。它的上游分別在句容市和溧水區境內，經過句容市時彙集赤山湖水，再流經湖熟街道到方山附近與南源之水相合。流經深水區和秣陵關等地，兩源匯合以後，水量增大，直抵南京城下。河水在通濟門外又分兩支：一支為「內秦淮」，從東水關入城，經夫子廟、鎮淮橋（在中華門內）出西水關（在水西門稍南），長約 5 公里；另一支為「外秦淮」，也就是明朝南京城南的護城河。

---

[233]　流連編著：《江南佳麗地：南京》，中國地質大學出版社 1997 年版，第 4 頁。

如前所述，秦淮河的南京河段，相傳是秦始皇三十七年（前210）開鑿的人工運河，秦淮河的得名也由此而來。據說，當時所開鑿的地點，就在今南郊方山附近的石𥔙山。[234] 但蔣贊初在《南京史話》中指出，秦始皇鑿地以洩王氣的說法，僅僅是一種傳說而已。蔣贊初的理由是，秦淮河自遠古時起就是長江下游的一條支流，它的疏浚和拓寬主要是從東吳孫權時期開始的。而且，秦淮河流域自古以來就是南京地區的農業基地，從五六千年前的新石器時代開始，一直是人煙稠密的地方，與南京城市的發展有著密切的關係。

秦淮河的下游兩岸，在六朝時代主要是居民區和商業區的所在，也是建康都城南面的門戶，河上曾經設有24座浮橋。南朝的陳代亡國以後，建康都城和宮殿雖被拆毀，但秦淮河上仍很繁華。唐代詩人杜牧在他的一首名詩《泊秦淮》中曾經描寫道：「煙籠寒水月籠沙，夜泊秦淮近酒家。商女不知亡國恨，隔江猶唱後庭花。」明太祖朱元璋建都南京以後，內秦淮的兩岸「河房」密集，都是雕欄畫檻，絢窗珠簾，酒樓妓院林立。入晚，河中燈船來往，笙歌不絕，形成了一種畸形的繁榮。這也就是清朝初年著名傳奇《桃花扇》和小說《儒林外史》描寫秦淮河時的背景。這種畸形繁榮的情況一直延續到清朝以至民國年間，使得夫子廟一帶成為舊南京著名的藏垢納汙的場所，只是到了中華人民共和國成立後才得到徹底的改造。河身經過疏浚和整治後，也發揮了更大的作用。[235]

必須指出的是，我們之所以強調「因水而美」，主要是因為「南京的水」確實有著豐富的個性與深沉的情懷，一如它滋養著的這座城市。正如

---

[234] 秦淮河，古名龍藏浦，漢代起稱淮水。相傳，秦始皇東巡會稽過金陵時，有望氣者進言「五百年後此地必有王者出」，始皇聞言大怒，下令鑿斷連岡，導龍藏浦北入長江，以洩王氣，並貶金陵為秣陵。到唐代，根據這一傳說，改龍藏浦為秦淮。江蘇省地方誌編纂委員會的《江蘇省志·地名志》（江蘇人民出版社2003年版）採信了這一名稱來由之說。另據《六朝事蹟編類》說淮水「分派屈曲，不類人工，疑非始皇所開」，且經地質、考古學者證實，秦淮河屬自然河道，非人工所開。但也不能就此排除某些地段有人工開鑿的可能。

[235] 蔣贊初：《南京史話》，江蘇人民出版社1980年版，第16～17頁。

一位詩人所讚美的：「南京的水是剛陽雄健的。不信，你到燕子磯。站在磯頭臨風眺望，滾滾長江自天際而來，浩浩蕩蕩奔東方而去，向你展現著水最博大的胸懷最宏闊的氣度。而俯視磯下，驚濤拍岸，浪花飛雪，更將水的激情與強悍演繹得淋漓盡致。當夜色降臨，新月如鉤掛在大江盡頭，兩串晶瑩的珠鏈飄懸江面，那是長江大橋和二橋的燈光，橋上淌著的是江水一樣不息的車流。」[236]

　　除了長江外，詩人還讚美那有如淵博寬厚長者的玄武湖。開闊的水面，倒映著紫金山的雲霞和古城牆頭的柳色，環抱著湖心諸洲上的綠蔭花海，回蕩著雞鳴寺的暮鼓晨鐘。相比之下，幽靜的莫愁湖更像一位溫婉恬靜的少婦。那泊小小的湖水，儘管留下了與帝王將相有關的傳說，也改變不了它恬靜單純的氣質。遊廊回轉，花影扶疏，那個傳說中的女子的塑像靜靜地佇立在小小的庭院裡。是的，南京多水，但詩人認為南京最美麗的水域在紫霞湖：那一汪清亮通透的水默默地躺在紫金山深處，很少為外地的遊客知曉，但「它是那麼幽靜，靜得本色，靜得自然，讓你不敢相信它與那些赫赫有名遊人如織的景點其實只是一林之隔。它是那麼清澈，清澈得如同山的眼睛。垂柳與蒲草編就了它濃密的睫毛。從它的眸子你可以看見藍天上的流雲，林間的飛鳥，春天的野花，夏天的濃蔭。」[237] 這些優美質樸的詩句，有如清風明月一樣賞心悅目，令人一讀難忘。

　　相比之下，筆者印象最為深刻的是下面這段文字：「南京的水是柔媚多情的。不信，你去夫子廟。秦淮河的碧波裡流淌著千姿百態的風華，煙月槳聲燈影，映著烏衣巷口的斜陽、媚香樓前的月色，多少悲歡離合家仇國恨，數不盡的風流逸事，道不完的千古傳說。但你若以為秦淮河的碧波裡只有桃花金粉，那你就錯了。乘上畫舫到整治一新的外秦淮河上漂一遭吧，那開闊的綠化帶，嶄新的城市景觀，定會增添你對百里秦淮新的認

[236]　晨曦：《南京的水》。
[237]　晨曦：《南京的水》。

識。」[238] 或許柔媚多情的秦淮河最符合我們對南京的想像。

我們感慨過西安和洛陽在漢唐盛世的恢宏壯麗，以及其西風殘照漢家宮闕的淒迷；我們也見識過《東京夢華錄》與〈清明上河圖〉所描繪的汴京繁華，還有馬可‧波羅筆下那「行在」的紅男綠女忘情西湖的奢靡場景……但秦淮河濃郁的江南氣韻和別樣的人文情懷，以及那一幕幕盪氣迴腸的歷史悲劇，可謂刻骨銘心，叫人無法釋懷。與其他古都相比，同樣的江山風月，同樣的詩酒風流，秦淮河的慷慨悲愴與明媚豔麗卻具有更多攝人心魄的內涵。簡言之，秦淮河這條熟悉而又陌生的河流包含著太多文史風流和傳奇故事。

如前所述，秦淮河作為南京的地標性名勝，無疑是我們深入理解南京的一把鑰匙。和許多當代讀書人一樣，我們對秦淮河的認識，最初得益於朱自清的一篇題為《槳聲燈影裡的秦淮河》的文章。

朱自清的這篇名文被選入多套教科書裡因而益發譽滿天下。他在文章中講述了和俞平伯同船遊覽秦淮河的經歷。在他看來，秦淮河裡的船，比北京萬牲園、頤和園的船好，比西湖的船好，比揚州瘦西湖的船也好。這幾處的船不是覺著笨，就是覺著簡陋、局促，都不能如秦淮河的船一樣引起乘客們的情韻。

在朱自清眼裡，秦淮河的船燈也具有別樣的情韻：「艙前的頂下，一律懸著燈彩；燈的多少，明暗，彩蘇的精粗，豔晦，是不一的。但好歹總還你一個燈彩。這燈彩實在是最能鉤人的東西。夜幕垂垂地下來時，大小船上都點起燈火。從兩重玻璃裡映出那輻射著的黃黃的散光，反暈出一片朦朧的煙靄；透過這煙靄，在黯黯的水波裡，又逗起縷縷的明漪。」

在朱自清筆下，秦淮河上的「大中橋」尤為精彩：「橋磚是深褐色，表明它的歷史的長久；但都完好無缺，令人太息於古昔工程的堅美。橋上兩

---

[238]　晨曦：《南京的水》。

旁都是木壁的房子，中間應該有街路？這些房子都破舊了，多年煙熏的跡，遮沒了當年的美麗。我想像秦淮河的極盛時，在這樣宏闊的橋上，特地蓋了房子，必然是髤漆得富富麗麗的；晚間必然是燈火通明的。現在卻只剩下一片黑沉沉！但是橋上造著房子，畢竟使我們多少可以想見往日的繁華；這也慰情聊勝無了。過了大中橋，便到了燈月交輝、笙歌徹夜的秦淮河；這才是秦淮河的真面目哩。」

但是，秦淮河真正的魅力卻源於歷史：「在這薄靄和微漪裡，聽著那悠然的間歇的槳聲……模模糊糊的談著明末的秦淮河的豔跡，如《桃花扇》及《板橋雜記》裡所載的。我們真神往了。我們仿佛親見那時華燈映水，畫舫凌波的光景了。於是我們的船便成了歷史的重載了。我們終於恍然秦淮河的船所以雅麗過於他處，而又有奇異的吸引力的，實在是許多歷史的影像使然了。」朱自清的這個「秦淮因史而美」的結論，對南京來說也一樣適用 —— 南京所以雅麗過於他處，實在是許多歷史的「重載」使然。

具有反諷意味的是，今天的讀者，或許對朱自清醉心的「薄靄和微漪」有完全相反的看法。因為在今人看來，這裡的槳聲燈影之奇異處實則是人為造成的雜訊和霧靄。那些昏暗的燈光，在月光的清輝映襯之下，一團光霧，模模糊糊，渺渺茫茫。這實際上就是人造霧靄形成嚴重污染的結果。只是當時沒有人提出 PM2.5 的概念，所以朱自清仍然以詩情畫意的心態面對這種場景。所謂渺渺的靈輝，與月竟能並存著，「這正是天之所以厚秦淮河，也正是天之所以厚我們了」。今天的讀者如果見到這種景象，恐怕再也不會有朱自清那份雅興了。

當然，朱自清也承認「秦淮河確也膩人」：「即如船裡的人面，無論是和我們一堆兒泊著的，無論是從我們眼前過去的，總是模模糊糊的，甚至渺渺茫茫的；任你張圓了眼睛，揩淨了眥垢，也是枉然。這真夠人想呢。在我們停泊的地方，燈光原是紛然的；不過這些燈光都是黃而有暈的。黃

已經不能明瞭，再加上了暈，便更不成了。燈愈多，暈就愈甚；在繁星般的黃的交錯裡，秦淮河仿佛籠上了一團光霧。光芒與霧氣騰騰的暈著，什麼都只剩了輪廓了；所以人面的詳細的曲線，便消失於我們的眼底了。但燈光究竟奪不了那邊的月色；燈光是渾的，月色是清的，在混沌的燈光裡，滲入了一派清輝，卻真是奇跡！」

　　我們注意到，朱自清當年寫《槳聲燈影裡的秦淮河》時，只有 23 歲，同行的俞平伯 21 歲。那時他們青春年少，寫什麼都洋溢著詩情畫意，所謂「少年情懷盡是詩」，以此觀之尤信然。十多年後，秦淮河在朱自清筆下完全失去了光彩。他在《南京》一文中說：「現在（的秦淮河）已大變了……秦淮河水，差不多全黑了，加上巴掌大，透不出氣的所謂秦淮小公園，簡直有些厭惡，再別提做什麼夢了。貢院原也在秦淮河上，現在早拆得只剩一點兒了。」[239]

　　記得讀中學的時候，有位同學從朱自清的這篇文章中集句組織了大量對聯，得到了語文老師極度誇張的讚賞。至今依稀記得其中的一些句子，如「荒江野渡無邊暗，淡月疏林藍蔚天」「笙歌徹夜桃花扇，槳聲燈影秦淮河」等，當年年輕氣盛，對這些集句遊戲頗不以為然，認為他拼湊的這些所謂「對聯」連對偶句都算不上，現在反倒覺得這類集句還是有些意趣的，對仗工整與否並不能說明什麼。聯想到朱自清的白話美文一再被用作新文學攻擊古典文學的炮彈，心中也多有疑惑。如果將朱自清散文中的舊文學因素剔除乾淨，朱自清的白話美文還能剩下什麼？

　　一座城市也是這樣。如果新建一座完全與歷史隔絕的城池，縱然是「平地起蓬瀛，城市而林壑」，且無論多麼極盡奢華，無論多麼雄奇壯闊，它們或許能讓人感受到權力的震撼、財富的震撼、技術的震撼，但難以讓人發自內心地感覺到歷史的震撼、文化的震撼、審美的震撼。因為這樣的

---

[239]　朱自清：《南京》，1934 年 10 月 1 日《中學生》第 48 號。

城市，缺少古典遺跡、人文氣韻等歸屬於靈魂層面的東西。譬如說，當前中國大地上雨後春筍般崛起的新城，無論其多麼氣勢恢宏，多麼奢華壯麗，就其文化意蘊和美學意義而言，它們在博大精深的古都面前，在那些殘垣斷壁和千年廢墟面前，都只有甘拜下風俯首稱臣的資格。這就是為什麼有的美學家會認為，阿克羅波利斯城一根殘損的石柱，比十座新城更有美學價值。

以南京為例。「金陵自古帝王州」，從中古到近現代，「十代故都」共455 年，留下了多麼豐富的歷史遺跡和文化遺產，如此悠久的歷史文化、如此深厚的人文底蘊，無論房地產開發商們多麼有商業智慧也無法建造這些精神層面的文化殿堂。

如果撇開金陵王氣、虎踞龍盤，沒有秦淮煙雨、六朝遺風，沒有南唐詩畫、明清繁華……南京就不是南京了。就經濟而論，南京遠不如北上廣深，它甚至對轄內的蘇州、無錫都自愧不如；論城市景觀，即便它所引以為傲的「因水而美」，在眾多江南城市面前它也並非出類拔萃。但是，六朝薰染的遺風，十代都會的氣韻，多少英雄人物在這個舞臺上起起落落，上演過多少驚天地、泣鬼神的人間大戲，可以說，南京古城的一磚一瓦，都有說不盡的人情冷暖和世道滄桑。由此可見，南京的「因水而美」並非專指山川形勝、市井煙雲，就其內在精神而言，南京之美更應該到歷史長河或時代潮流中去找尋。

如前所述，朱自清認為秦淮河的船雅麗過於他處，是許多歷史的影像使然。我們說南京城的美勝過許多其他城市，而且又有它奇異的吸引力，同樣也正是許多歷史的影像使然。城史大家朱偰先生在 1934 年上海商務印書館出版的《金陵古蹟圖考》一書中說：「嘗以為中國古都，歷史悠久，古蹟眾多，文物制度，照耀千古者，長安、洛陽而外，厥推金陵。北京雖為遼金以來帝王之都，然史跡不過千年，非若金陵建都之遠在南北朝以前

也。他若汴京、臨安，一開都於五代，繼於北宋；一肇建於吳越，偏安於南宋，其為時較短，而歷史遺跡，亦不若長安、洛陽、金陵、北京之眾。而此四都之中，文學之昌盛，人物之俊彥，山川之靈秀，氣象之宏偉，以及與民族患難相共休戚相關之密切，尤以金陵為最。」[240]

作為江南名士的朱偰先生的這番話，是否隱含著對家鄉的偏愛或許人各有見。但有一點是可以肯定的，那就是在中國歷代古都中，南京確實是一本最有借鑑意義和警示意義的「歷史教科書」。人們閱讀這個城市，就是在回憶中國的歷史。南京的每一處古蹟，均帶有濃厚的人文色彩，憑弔任何一個遺址，都意味著與沉重的歷史對話。以風景論，南京有山有水，足以和國內任何一個城市媲美，然而這座城市的長處，還在於它的紛繁複雜的歷史，在於它獨特的人文氣質。[241]

## 三 守望美麗：南京的舊都記憶與新城氣局

南京這個因水而美的城市，像大多數文化名城一樣，在當下市場經濟大潮和數位化生存的大環境中，正面臨著國際化和現代性的雙重考驗。如何在實現國際化與現代性轉身的過程中，保護好既有傳統文化生態，營造出無愧於美麗南京的文化景觀，對當代南京人來說，這既是悠久歷史賦予的文化使命，也是時代快速發展帶來的審美挑戰。從某種意義上講，這是一場「守望美麗」的文化保衛戰。

在這場文化保衛戰的前沿陣地上，政府文化部門的管理者和相關機構的知識份子無疑是主力軍。事實上，南京在建設「美麗城市」方面做出了許多可圈可點的努力，尤其是在相關研究領域，可以說走在了中國城市美學研究的前列。

---

[240]　朱偰：《金陵古蹟圖考》「自序」，商務印書館 1934 年版。

[241]　冉冉：《金陵帝王州　江南佳麗地》，「中華網」，引用日期 2015 年 1 月 13 日。

例如，青年學者周瑋等人以南京夫子廟秦淮風光帶為研究個案，對「城市傳統文化旅遊地景觀格局與景觀審美耦合」進行研究，作為「國家自然科學基金項目」成果，為南京城市審美景觀的研究提供了迥異於傳統人文研究的新視野。周瑋所在的團隊參考地理學、景觀生態學、景觀美學等相關學科的理論和方法，以景觀格局為景觀生態價值的評判依據，以 BIB-LCJ 法（Balanced Incomplete Block design-Law of Comparative Judgment，平衡不完全區組比較評判法）作為景觀美學價值的測量方法，選取南京夫子廟秦淮風光帶作為城市傳統文化旅遊地的典型個案，就景觀格局與景觀審美之間的耦合關係開展實證研究，以期為厘清景觀美學價值和生態價值的關係，優化城市景觀格局，促進城市傳統文化旅遊地的健康發展，提升審美者的景觀感知和評價，推動「美麗城市」形象工程建設等提供參考依據。

　　研究者們透過將受試者對秦淮河景區 49 張照片「美景度評價正值和負值」的比較進行分析，結果表明，美景度評價為正值的採樣點大多是包含秦淮河、歷史街巷、建築景觀、江南古典園林等富有地方特色和歷史文化內涵的特色景觀照片，且大多保存得較好，這在一定程度上反映出審美者偏好歷史悠久、文化底蘊深厚的景觀；此外，「夜泊秦淮·大型實景演出」的實景拍攝照片、夫子廟夜間燈光亮化的拍攝照片等夜景觀的美景度評價值也多為正值，說明審美者對案例地的夜景觀感知較好；而美景度評價值為負值的採樣點大多是商鋪林立、現代居民社區混雜等一些與古樸建築風貌相異的景觀照片，說明審美者對這些景觀元素的偏好性不強，認可度較低。這些結論看似毫無新意，但其透過實證方法使審美感知上升到理性分析高度卻具有重大實踐價值，它不啻為「美麗城市」建設的學術研究插上科學的翅膀。

　　研究者指出，多數受試者「更偏好自然優美的秦淮風光及凸顯地域文

化特色、存續古樸風貌和豐厚記憶內涵的歷史建築、老街老巷及文化景觀。秦淮河作為水域景觀，雖然在夫子廟秦淮風光帶中占據的景觀板塊面積不大，但其存留的歷史和文化價值卻彌足珍貴；相反，周邊的居住用地多為現代商品住宅及高檔社區，其高樓林立、密集分布的景觀與夫子廟傳統而古樸的民居建築風格大相徑庭，審美者對其並無太大的興趣。因此，景觀規模並不能決定景觀的美學價值，相反，景觀中融入的歷史文化和城市記憶要素往往成為景觀審美的重要評判因數。」[242] 這些基本判斷，與世界文化名城的相關美學研究的結論高度吻合。

2016 年 9 月 27 日，由南京市規劃局、東南大學建築學院和歌德學院（中國）等聯合舉辦的「城市願景 1910 ／ 2010 柏林 · 巴黎 · 倫敦 · 芝加哥 · 南京」城市設計展暨「守望城市：2016 南京城市設計實踐展」，在南京市規劃建設展覽館正式開幕。

城市設計尤其關注城市空間，旨在為人們創造舒適、有序、和諧的城市生活。具體地說，城市設計就是統籌城市歷史人文、環境風貌、地區特色、產業、社會發展、建築功能和形態等因素，使人、建築、城市環境的關係實現最優化。[243]

南京作為著名的文化古城，在其現代化改造過程中，其美學設計方面存在一些缺失，曾經受到城市美學研究者的點名批評。有學者批評說南京火車站重建過程中明顯存在著「微笑表情」的缺失。批評者認為，南京火車站所處的地理位置優越，前臨玄武湖，後枕小紅山，景觀環境優美，正是這樣本該充滿微笑表情的「點」，其重建過程卻有待商榷。火車站的重建在相當長的一段時間裡，使站前廣場成為一個露天的大工地。由於廣場施工，進站路線變長，出站頻繁改道，道路交通和方向指示性極差，大大

---

[242]　周瑋等：《城市傳統文化旅遊地景觀格局與景觀審美耦合研究：以南京夫子廟秦淮風光帶為例》，《熱帶地理》2015 年第 6 期。

[243]　未署名：《守望美麗的南京城》，《南京日報》2016 年 9 月 30 日。

延長了出站時間。站前廣場治安狀況堪憂，整體環境惡劣，長期堵車造成的交通問題更是不計其數。南京火車站的重建給予了民眾「非微笑」的印象。相比南京火車站而言，深圳火車站建設工期短、品質高、技術先進，當時內地很多省、市主管領導和鐵路部門來觀摩學習。深圳站整體設計在功能、流線和出站交通等方面都非常周密和人性化，地鐵、計程車、公車站都有明確的標識，交通流線明確，建築內外環境整潔優美。無論是員工或是旅客都心情舒暢，微笑無處不在，充分展現了深圳的城市美。誠如批評者所言，火車站作為城市設計美學重要的「節點」，是城市的視覺中心或印象埠，是理解城市的入口，因而具有十分重要的美學意義。[244]

林奇在他的《城市意象》一書中提出城市設計的主題：美好的城市是一個有市民共識的城市，城市設計應該使市民有安全、舒適的感覺。[245] 在批評者看來，南京火車站缺乏「微笑表情」的原因在於，城市設計師、建築師沒有像藝術家那樣深入現實生活，並從中獲得社會體驗和生活體驗，在生機勃勃的現實生活中去尋找美、發掘美、創造美。無論是從城市美學還是從日常生活美學的視角看，城市設計都是一種具有強烈審美意味的藝術創造。

從一定意義上說，前文所說的「守望城市：2016南京城市設計實踐展」可以被視作南京有關方面對城市設計美學缺失的一種改進。這一點從該活動新聞群組以「守望美麗的南京城」為題向全社會發布其設計目標和願景就可以看出。據介紹，現代城市設計起源於 19 世紀末以德國為代表的歐美主要工業化國家。1910 年在德國柏林舉辦的「一般性城市設計展」，成為西方城市設計史上的重要事件，具有劃時代的影響。一個多世紀來，以柏林、巴黎、倫敦和芝加哥為代表，許多歐美國家的城市推動實施了一系

---

[244]　陳選、王珍吾：《城市設計美學中的「微笑表情」：以南京市和深圳市為例》，《井岡山大學學報》
　　　　（自然科學版）2011 年第 4 期。

[245]　［美］凱文・林奇：《城市意象》，華夏出版社 2006 年版，第 89 頁。

列城市設計專案，並隨著社會、城市和經濟的發展不斷變化和演進。在城市設計的百年歷程中，這 4 個世界大都市透過城市中心區、舊城區和成片舊街道的重建和改建，各種類型的新城、新居住區、城市廣場和公共活動中心、大型交通運輸樞紐、大型綠化地帶等城市設計，回應了 20 世紀初伴隨工業革命和城市化的無序增長的挑戰，並展示了今天在氣候變遷背景下後工業社會的現代大都市形象。在一定程度上，這些豐富的城市設計案例也為我們勾勒出西方城市設計發展的清晰脈絡。

資料表明，1929 年公布的民國《首都計畫》作為現代意義上的中國首次城市規劃，不僅真實記錄了中國城市開始走向現代規劃、建設的歷史，也開創了我國現代城市設計實踐的先河。《首都計畫》融匯了當時國際先進的城市設計理念，以「本諸歐美科學之原則」規劃衛星城、鄰裡單元和環城大道，同時在中央政治區、文化區、住宅區、工業區和城市道路等城市設計中，宣導以「中國固有之形式」，力求「以中國之裝飾方法，施之於我國建築之上」。用材於外，固本其中，南京城市設計在 20 世紀之初，即以開闊的國際視野和鮮明的本土經驗留下了濃墨重彩的一筆。

當代南京的城市設計者，站在南京城市設計的時空交叉點上，回首過去，展望未來，為當下的建設找准前進的方向。我們認為，對南京這樣的文化名城的所謂「設計」，不能只是追求現代意識和所謂的「國際接軌」，把設計成果作為展望未來「美好南京」的視窗還不夠，還應該讓未來的城市成為輝映古城數千年文明史的一面明鏡。

毫無疑問，隨著城市建設的高速發展，古城的審美設計具有前所未有的「文化發展空間」和「審美提升空間」。要使新南京的城市空間成為南京人引以為豪的家園，在審美城市的詩意棲居中獲得更加美好的生活感受，未來南京的城市設計工作「將繼續以城市總體設計確定的南京空間特色和景觀美學為共識，強調生態、低碳的發展理念，堅持以人為本，建立完善

的城市設計制度體系、標準體系，實現城市設計全覆蓋，初步建立城市設計管控體系；進一步開闊眼界，提升標準，塑造更具活力、開放和包容性的城市空間，更加尊重和聆聽市民的生活和願景，以更好的規劃和城市設計，守望功能完善、特色鮮明、內涵豐富、開放多元、交通便捷、空間宜人的『山水城林』交融的美麗南京」[246]。

誠然，這種具有全球化和現代性意識的設計理念是無可非議的，但對於南京這樣一座具有深厚歷史文化積澱的名城，其「山水城林」無論做何種改造，也無非是在身材和相貌層面做文章。大興土木，廣置樓宇，未必有益於古城審美文化精神的守護，如果我們不能像希臘人愛護古代神廟、像羅馬人保護千年廢墟那樣呵護歷史文化遺跡，聽任開發商肆意開挖拆建，千年古城的文化精魂必然會喪失殆盡。

眾所周知，南京之所以為南京，因其歷史悠久而具有濃郁醇厚的文化氣息，因其傳奇人物而賦予尋常巷陌千古風流，因其山川形勝而深得歷代文人墨客的傾心仰慕。儘管她的高樓大廈或許不如上海、重慶那麼恢宏壯麗，它的街區街道或許不如天津、深圳那麼井然有序，她的山水林園或許不如蘇州、桂林那麼譽滿天下，但南京素有「江南佳麗地，自古帝王州」的美譽，便足以使上述名城為之禮讓三分。

南京，這個曾經被稱為金陵的城市，具有說不盡的無窮魅力。她的魅力足以使浪子回頭，叛將歸國。對此，凡是讀過丘遲《與陳伯之書》的人一定會深有感觸。南北朝時的梁國將軍陳伯之曾叛梁投魏，梁國司空丘遲為了勸叛將迷途知返，回歸故國，便以詩一樣的語言寫了一封信：「暮春三月，江南草長，雜花生樹，群鶯亂飛。見故國之旗鼓，感平生於疇日，撫弦登陴，豈不愴悢！」陳伯之讀完書信，幡然悔悟，頓生思鄉之情，「乃於壽陽擁兵八千歸降」。信中對江南美景的描繪，千載以下，這「江南草

---

[246]　未署名：《守望美麗的南京城》，《南京日報》2016 年 9 月 30 日。

長，雜花生樹」的景象，令讀之者無不心神嚮往，當年陳伯之冒死還鄉，不能說沒有山川之美的一份功勞。

有研究者指出，地域文化和歷史人物是一座城市的魂魄。南京作為群英薈萃之地，天下文樞之所和禮樂隆盛之邦，其綿綿不絕的文化底蘊即便是西安、洛陽或開封、杭州這樣的文化古都，也未必處處都能與之一較高低。南京眾多美譽，幾乎都有莊嚴崇高的出處，例如「天下文樞」的美譽就源於真龍天子的金口玉言。清代乾隆皇帝親筆書寫了「天下文樞」牌坊立於秦淮河邊的夫子廟前，牌坊的抱柱上還刻有皇帝的一副對聯：「允矣斯文，為古今中外君民立之極；大哉夫子，會詩書易禮春秋集其成。」唐代詩人李白在《留別金陵諸公》中對金陵文章之盛也曾大加讚賞：「六代更霸王，遺跡見都城。至今秦淮間，禮樂秀群英。地扇鄒魯學，詩騰顏謝名。」

近代著名人物對南京的讚美與褒獎言論則更是不勝枚舉。如孫中山曾這樣評價南京：「其位置乃在一美善之地區。其地有高山、有深水、有平原，此三種天工，鐘毓一處，在世界之大都市中，誠難覓此佳境也。」事實上，孫中山也將自己最後的歸宿選擇在南京。據說先生生前就留下了這樣的遺囑：「吾死之後，可葬於南京紫金山麓，因南京為臨時政府所在地，所以不忘辛亥革命也。」人們緬懷這位先行者的思想和功績，如其所願，將他安葬在南京。如今，「中山」兩個字，已成了南京文化精神的不可或缺的組成部分。南京城內有許許多多用以懷念這位民主先驅的名字命名的地方，如中山門、中山路、中山北路、中山東路、中山南路、中山碼頭、中山橋、中山陵、中山植物園、逸仙橋、逸仙小學……

朱自清說：「南京的新名勝，不用說，首推中山陵。中山陵全用青白兩色，以象徵青天白日，與帝王陵寢用紅牆黃瓦的不同。假如紅牆黃瓦有富貴氣，那青琉璃瓦的享堂，青琉璃瓦的碑亭卻有名貴氣。從陵門上享

堂，白石臺階不知多少級，但爬得夠累的；然而你遠看，決想不到會有這
麼多的臺階兒。這是設計的妙處。」[247]

中山陵在不少遊客的心目中「永遠處於王者地位」。當你登上朱自清
所謂出人意料的眾多臺階極目遠眺，方圓十里之內一片林海，綠意蒼茫，
也無怪乎人們會對當年料理孫先生後事的班子深表嘆服。因為這裡的確是
一個最適合偉人靈魂安息的地方：「南京城總是顯得很休閒的樣子，而東
郊的森林好像一隻枕頭，一個城市靠在這枕頭上，以一種自得的姿勢開始
四季酣暢的午後小憩。」[248]

中山陵的建築布局十分精巧：陵墓建築按南北向中軸線對稱布置在中
茅山南麓的緩坡上，從空中往下看，中山陵像一座平臥的「自由鐘」，取
「木鐸警世」之意。山下孝經鼎是鐘的尖頂，半月形廣場是鐘頂圓弧，而
陵墓頂端墓室的穹隆頂，就像一顆溜圓的鐘擺錘，含「喚起民眾，以建民
國」之意。

陵墓入口處有孫中山手書的「博愛」二字，這兩個金光閃閃的大字給
人留下了極為深刻的印象。據資料介紹，從博愛牌坊為起點，直到祭堂的
一段路共有石階 392 級，代表著當時中國的 3.92 億同胞；這段臺階共有 8
個平臺，象徵著三民主義和五權憲法。整個陵墓都用的是青色的琉璃瓦、
花崗石牆面，顯得莊重肅穆。青色象徵青天，也符合中華民國國旗的顏
色 —— 青天白日滿地紅。青天象徵中華民族光明磊落、崇高偉大的人格
和志氣。

從城市美學的視角看，保存相對完好的世界文化遺產明孝陵，是否最
能代表南京人文底蘊的古建築群呢？眾所周知，明孝陵，坐落於南京市玄
武區紫金山南麓獨龍阜玩珠峰下，東毗中山陵，南臨梅花山，位於鐘山風
景名勝區內，它無疑是中國規模最大的帝王陵寢之一。

[247]　朱自清：《南京》，1934 年 10 月 1 日《中學生》第 48 號。

[248]　蘇童：《在明孝陵撞見南京的靈魂》。

明孝陵繼承了唐宋帝陵「依山為陵」的傳統，但也並非完全沿襲舊制，譬如說，孝陵「棄方墳而建圓丘」，即放棄了所謂「方上」制的封土，而採用了「寶城寶頂」規制。後代文人稱讚明孝陵達到了人文與自然的和諧統一，具有天人合一的完美境界，是中國傳統建築藝術與環境美學相結合的優秀典範。這些讚譽與孝陵設計者的大膽「改制」不無關係。

有文章稱，整個孝陵的營建過程，歷時長達 30 餘年。規模宏大，建築雄偉，形制參照唐宋兩代帝王陵墓而有所增益。建成時圍牆內享殿巍峨，樓閣壯麗，南朝 70 所寺院有一半被圍入禁苑之中。當時從朝陽門（今中山門）至孝陵衛到陵墓西北所築的皇牆約有 23 公里，護陵駐軍人數超過 5000，園內放養的「長生鹿」多達千頭。那時候陵園內亭閣相接，享殿中煙霧繚繞，松濤林海，氣勢非凡，有如人間仙境。人們稱明孝陵為中國明皇陵之首，這固然與開國皇帝朱元璋的特殊身份有關，但孝陵在不少地方開明清皇家陵寢之先河也是不爭的事實。尤其是其精美絕倫的建築和石刻，堪稱古代帝王陵寢藝術品中的佼佼者。相關資料指出，明孝陵直接影響明清兩代 500 餘年間的 20 多座帝王陵寢的形制。依歷史進程分布於北京、湖北、遼寧、河北等地的明清皇家陵寢，均按南京明孝陵的規制和模式營建，在中國帝陵發展史上有著特殊的地位，可見明孝陵的「明清皇家第一陵」之美譽，確乎實至名歸。

2003 年 7 月，聯合國教科文組織世界遺產委員會第 27 屆會議將明孝陵和北京十三陵作為明清皇家陵寢的擴展項目正式列入《世界遺產名錄》。明清皇家陵寢分布於北京、湖北、河北、遼寧、安徽、江蘇等地，是中國明清兩朝皇帝陵寢建築群，按照嚴格的等級規制營建，具有完整的地上、地下建築體系，布局嚴謹，規模宏大，建築華美，工藝精細，體現了中國封建社會最高的喪葬制度。2000 年，聯合國教科文組織世界遺產委員會認定其符合世界文化遺產的標準，並將明顯陵、清東陵、清西陵作為

明清皇家陵寢列入《世界遺產名錄》。[249]

有明一代，孝陵一直是其祖宗本根之地，備受尊崇。每年都有風雨不移的三大祭、五小祭。凡遇國之大事，皇帝必遣勳戚大臣祭告太祖。清代前期在滿漢矛盾衝突之下，康熙、雍正、乾隆等幾代之君臣，出於懷柔政策的需要，巧妙地把孝陵變成了籠絡民心的平臺，他們依照漢文化傳統，對明陵實施保護政策，取到了緩和和化解滿漢矛盾的良好效果。

例如，清順治元年（1644）五月，全國局勢未穩之際，攝政王睿親王多爾袞「遣大學士馮銓，祭故明太祖及諸帝」。清順治二年（1645）五月初，豫親王多鐸平定江南，本月中旬進駐南京城，二十七日就「謁明陵，命靈谷寺僧修理」。七月，又「遣內官正副二員，陵戶四十名，守明陵」。清康熙二十三年（1684），康熙帝首次南巡到達金陵，親往孝陵拜祭。「上由甬道旁行，諭扈從諸臣皆於門外下馬。上行三跪九叩頭禮，詣寶城前行三獻禮；出，複由甬道旁行。賞賚守陵內監及陵戶人等有差。諭禁樵採，令督撫地方官嚴加巡察。」其謁陵態度之恭敬，禮數之尊崇，出乎大多數人的意料。「父老從者數萬人，皆感泣。」清康熙三十八年（1699），玄燁下江南拜謁孝陵，題「治隆唐宋」碑於碑亭。明清鼎革，明孝陵仍享有崇高的地位。尤其是康熙、乾隆年間，康熙南巡，6 次遣官拜祭，5 次親往謁陵；乾隆 6 次南巡，更是次次至明孝陵「拈香奠酒」。尤為意外的是，康乾二帝祭拜時均行三跪九叩之大參禮，可謂優渥至極，被時人譽為「禮文隆渥，逾於常祀，是乃千古盛德之舉」。雍正元年九月，下發據稱是康熙帝未曾頒發過的遺留諭旨：

明太祖崛起布衣，統一方夏，經文緯武，為漢唐宋諸君之所未及，其後嗣亦未有如前代荒淫暴虐亡國之跡，欲大廓成例，訪其支派一人，量授官職，以奉春秋陳薦，仍令世襲。朕伏讀之下，仰見我聖祖仁皇帝海涵天

---

[249]　《世界文化遺產：明清皇家陵寢·明孝陵》，中央政府門戶網站 www.gov.cn 2006 年 3 月 29 日。

覆，大度深仁，遠邁百王，超軼萬古。朕思史載東樓，詩歌白馬，商周以來，無不推恩前代。後世類多疑忌，以致歷代之君，宗祀殄絕。朕仰體聖祖如天之心，遠法隆古盛德之事，謹將聖祖所貽諭旨頒發，訪求明太祖支派子姓一人，量授職銜，俾之承襲，以奉春秋祭享。但恐有明迄今，年代久遠，或有奸徒假冒，致生事端，爾內閣大學士，即會同廷臣，詳明妥議，以副聖祖仁皇帝寬仁矜恤之至意。[250]

相關研究尤其注意到，「清代統治者發揮了高超的統治技巧，主動利用漢文化的核心價值為己所用，成功地收編了江南士大夫的歷史與價值觀，使之成為『大一統』統治模式的合法性資源」[251]。

當然，清代皇帝對明孝陵如此禮敬，原因極為複雜，「遠非一句『籠絡人心』所能概括。它包含了清帝對自身正統地位的昭示、對滿漢認同的訴求、對『清承明制』的認同等諸多深刻原因」[252]。

2009 年 2 月，明孝陵博物館正式對公眾免費開放，是關於明太祖朱元璋、世界文化遺產明孝陵和南京明文化的專題展館，新館外觀採用了明清時期江南地區的建築風格，白牆、灰瓦、雕花木門、坡頂屋面、馬頭牆、花格窗等典型元素的運用，使得整體建築與周邊明孝陵遺存的大金門、四方城等文化遺址和草木蔥郁的自然環境相協調，這也與 600 多年前明孝陵「天人合一」的建造理念不謀而合。

明孝陵石像生共 16 對，其中文臣 2 對、武將 2 對、站臥馬各 1 對、站坐麒麟各 1 對、站臥象各 1 對、站臥駱駝各 1 對、站坐獬豸各 1 對、站坐獅子各 1 對。另有望柱 1 對。所有石雕像均以整塊石料雕成。不刻意追求形似，而注重神似，其風格粗獷、雄渾、朴拙、威武，氣度非凡。這組

[250]　《世宗憲皇帝聖訓》卷十一，雍正元年九月乙未。

[251]　李恭忠：《康熙帝與明孝陵：關於族群征服和王朝更替的記憶重構》，《南京大學學報》2014年第 2 期。

[252]　鄭玉超：《康乾二帝拜謁明孝陵原因探析》，《中國石油大學學報》(社會科學版) 2008 年第 5 期。

石雕對稱地排列在神道兩側，南北長 800 多米，構成威武雄壯的長長佇列，使皇陵顯得更加聖潔、莊嚴、肅穆。孝陵石像生是明代陵寢中規模最大、最具特色的一組。

明孝陵的開創性地位還體現在其依山勢地形蜿蜒曲折的陵墓神道。明孝陵的神道石刻是中國帝王陵中唯一不呈直線，而是環繞建有三國時代孫權墓的梅花山形成一個彎曲的形狀，形似北斗七星。由衛崗的下馬坊至文武方門的神道長達 2400 公尺左右。此外，孝陵還確立了第一代皇帝陵寢的神道作為後世子孫陵寢共用神道的制度。神道兩邊分布的 12 對石像生和 4 對石人，石刻風格多樣，造型厚重簡樸，融整體宏大與局部精細為一體，也代表了中國明初石雕藝術的最高水準。[253]

關於帝陵之美，下一章專設《明清帝陵：日漸遠逝的帝國麗影》一節進行比較深入的探討。

---

[253]　參見老胡《穿越南京最大的帝王陵墓》，新浪江蘇 2012 年 6 月 25 日。

# 第十章
# 壯美北京：城市美學的百科全書

雄關疊翠望居庸，瓊島春蔭綠正濃。

盧溝千年題曉月，金台幾度夕照紅。

薊門殘垣佇煙樹，太液禁城起秋風。

垂虹玉泉凝空碧，晴雪西山唱晚鐘。

—— 京韻大鼓

　　北京是中國歷史名都，世界文化名城。形形色色的「百科全書」對北京的定義可謂五花八門：首都、直轄市、中心城市、超大城市；政治中心、文化中心、外交中心、科創中心；黨中央、國務院、人大、政協和中央軍委所在地。在某些學術文章中，北京也被認為是文化創新的試驗田、審美潮流的發源地……不難看出，北京，是一座無法定義的城市。它具有亞歷山大《永恆城市之道》所描述的那種典型的「無名」特質，因為對於北京這樣的超大城市而言，任何具體詞語總是顯得偏狹或含混，總是顯得詞不達意或言不及義。套用亞歷山大的話來說，像北京這樣的「永恆之城」必有某種「無名」特質，這種特質無以名狀，卻又無處不在，它是蘊含於「永恆之城」的每個角落的最重要的品格。

　　這種神祕的特質，有如蘇格拉底所謂的「美本身」，也類似於老子、莊子所謂的「道」。老子說：「無名天地之始。」莊子說：「夫大道不稱。」對此不可言說的「道」和「無名」，我們最好的選擇或許就是「保持沉默」。為此，我們權且學學司馬遷，記住孔子的告誡：「載之行事」、「不托空言」，從具體文物和可考文獻出發，只說所見、所聞、所思、所感，至於那些「無名」或「不稱」的「城市之美」，請讓我們姑且「保持沉默」吧。

# 一　帝裡皇都：城門城牆的百年滄桑

十丈豐碑勢倚空，風雲猶憶下遼東。

百年功業秦皇帝，一代文章太史公。

石斷雲鱗秋雨後，苔封鼉背夕陽中。

行人立馬空惆悵，禾黍離離滿故宮。

——〔宋〕宇文虛中《題平遼碑》

考古資料證明，早在 70 萬年前，北京周口店地區就出現了原始人群部落「北京人」。此後，20 萬年前的「新洞人」，1.8 萬年前的「山頂洞人」，一萬年前的「東胡林人」，五六千年前的「雪山人」，都留下了大量遺跡。直到 4000 多年前，北京地區居民已進入新石器時代的晚期，當地人已從原始狀態跨入了文明時代的門檻。[254] 自夏代開始，在燕山山脈之南，永定河東岸，也漸漸升起了城市文明的曙光。此後的商、周、秦、漢、魏晉南北朝至隋唐五代，這裡一直是雄踞中國北方的重鎮，自遼建南京 (938) 開始，這裡先後成為金中都、元大都、明清之京城直到今天的首都北京。

## (一) 到過許多名城，還是最愛北京

北京是首批國家歷史文化名城和全球擁有世界文化遺產數量最多的城市之一，3000 多年的歷史孕育了故宮、天壇、頤和園、八達嶺長城等眾多名勝古蹟。北京的建城史，至少可以追溯到西元前 1045 年興建的薊城 [255]，

[254]　閻崇年等：《中國歷史名都》，浙江人民出版社 1986 年版，第 3 頁。

[255]　西元前 1045 年興建薊城的說法被諸多學者認可，如朱祖希《北京的城牆》。參見梁思成《名家眼中的北京城》，文化藝術出版社 2007 年版，第 107 頁。但也有不同意見，如常征在《北京城始建非西元前 1045 年》一文中認為：「北京城前身應為堯後薊國的薊城。至於該城始築於何年，則須考證，不宜草率而定。」參見《北京社會科學》1996 年第 4 期。2002 年北京宣武區政府在廣安門北護城河西岸設立「薊城紀念柱」，柱上鐫刻十六字銘文：「北京城區，肇始斯地；其時惟周，其名曰薊」。紀念柱的西邊數百米處即是著名的天寧寺，西北千余米出為全真道龍門派祖庭白雲觀。

此後成為燕都更是聲名顯赫。今天，我們仍然可以在歷史文獻中找到有關「薊」、「燕」的大量記載。如《史記‧周本紀》：「武王追思先聖王，乃褒封神農之後於焦，黃帝之後於祝，帝堯之後於薊，帝舜之後於陳，大禹之後於杞。」《禮記‧樂記》：「武王克殷，反商。未及下車，而封黃帝之後於薊。」酈道元《水經注‧漯水》：「昔周武王封堯後於薊。今城內西北隅有薊丘，因丘以名邑也。猶魯之曲阜、齊之營丘矣。武王封召公之故國也。」

　　從自然地理位置看，北京位於華北平原的北端，北倚燕山，南襟河濟，東環滄海，西擁太行，處於華北平原與蒙古高原、熱河山地和松遼平原的交通孔道，戰時是兵家必爭之地，平時如過往商旅之家。《漢書‧地理志》載：「昔周公營雒邑，以為在於土中，諸侯藩屏四方，故立京師。」北京南北位置居中，是建立都城的理想之所。「誠萬世帝王之都。」

　　眾所周知，北京作為城市的歷史大約可以追溯到3000多年前，在不同的朝代有著不同的稱謂，大致算起來有20多個別稱，其中最早的大約要算「燕都」了。據史書記載，西元前1122年，周武王滅商以後，在燕封召公。燕都因古時為燕國都城而得名。戰國七雄中有燕國，據說是因臨近燕山而得國名，其國都被稱為「燕都」。稍後比較著名的稱謂是「幽州」。幽州之名，最早見於《尚書‧舜典》：「燕曰幽州。」兩漢、魏、晉、唐代都曾設置過幽州，所治均在今天的北京一帶。至前文所說的都城或京城時，也有1000多年的歷史。遼太宗會同元年（938），耶律德光將原來的幽州升為幽都府，建號南京，又稱燕京，作為遼的陪都。元世祖至元九年（1272），忽必烈將遼的陪都改稱大都，蒙古人稱之為「汗八裡」。明代洪武元年（1368），明軍攻占北京，驅逐了蒙古人，元大都被改名為「北平」。直到明永樂元年（1403），明成祖朱棣取得皇位後，將他做燕王時的封地北平府改為順天府，建北京城，並準備遷都城於此，這是正式命名為北京的開始。明成祖於永樂十八年（1420）遷都北京，改稱京師，直至清

代。民國二年（1913）廢順天府，翌年置京兆地方，直隸中央，其範圍包括今天的北京大部分地區，民國十七年（1928）廢京兆地方，改北京為北平。新中國成立後，定都北平，於是北平又改名為北京。

不言而喻，北京作為中國歷史上最著名的封建王朝的都城，其設計規劃體現了中國古代城市規劃的最高成就，被美國權威建築學家貝聿稱為「地球表面上，人類最偉大的個體工程」。類似的眾多常識一向被各路媒體和通俗讀物所津津樂道。不過，也有些與「北京」相關的趣事，卻未必能受到大眾的關注，譬如說，在中國歷史上，曾經出現過很多被稱為「北京」的地方，其中至少有如下 8 個曾經或依舊聲名赫赫的「北京」：(1) 西晉時的洛陽；(2) 十六國時的統萬城（陝西榆林靖邊紅墩界白城子）；(3) 北魏時的平城（山西大同）；(4) 唐朝時的太原府；(5) 北宋時的大名府；(6) 金朝時的臨潢府（內蒙古巴林左旗）；(7) 明朝初年的開封府；(8) 明清至今的北京。指出這一點，並非毫無必要，因為我們在檢索電子文檔時，稍不留意就有可能造成張冠李戴的訛誤。此外，我們討論「北京」固然繞不開老生常談，但既然要以全新的美學視角審視這座古老的城市，則必然會對某些人習以為常的事物作出些有別於傳統的「闡釋」。

我們注意到，在描述北京都城史的浩如煙海的文獻中，廖奔的《北京賦》對北京建都史的概括最為簡明扼要。該賦以百餘字述千年史，堪稱惜墨如金：「城先建為遼南京，繼為金中都，再為元大都，熠熠耀耀，金碧漸煥彩，赤赤炎炎，紫氣日蒸騰。大都彙聚天下奇珍異寶於內，麋集寰宇物產人才其中，華夷雜處，市聲喧鬧，天下一統，萬國來朝，馬可‧波羅詫為東方巨都也。若乃燕王靖難，永樂登極……大明之都於茲而定，華夏中心因以北遷。時光荏苒，朝代更替，燕之為京，綿延至今。」[256]

必須指出的是，廖奔的《北京賦》是今人所理解的北京。北京在今天

---

[256]　廖奔：《北京賦》，光明網，2012 年 9 月 11 日。

的中國人心目中具有極為特殊的地位，這種特殊的地位，究竟特殊在何處，向來言人人殊，總覺得言之不足。古人說：「言之不足，故詠歌之。」在此，我們也姑且聽人「詠歌」一回吧。1989 年元旦前夕，央視舉辦了一場名為「難忘 1988」的文藝晚會。晚會上李谷一演唱的《故鄉是北京》成了一首真正令人難忘的歌曲。閻肅歌詞的京風京韻和姚明曲譜的京腔京味，給億萬電視觀眾留下了極為深刻的印象：

> 走遍了南北西東，也到過了許多名城，
> 靜靜地想一想，我還是最愛我的北京。
> 不說那，天壇的明月，北海的風，
> 盧溝橋的獅子，潭柘寺的松。
> 唱不夠那紅牆碧瓦太和殿，
> 道不盡那十里長街臥彩虹。
> 只看那紫藤、古槐、四合院，
> 便覺得甜絲絲，脆生生，京腔京韻自多情，
> 不說那高聳的大廈，旋轉的廳，
> 電子街的機房，夜市上的燈。
> 唱不夠那新潮歡湧王府井，
> 道不盡那名廚佳餚色香濃，
> 單想那油條豆漿家常餅，
> 便勾起細悠悠，密茸茸，甘美芬芳故鄉情。
> 走遍了南北西東，也到過了許多名城，
> 靜靜地想一想，我還是最愛我的北京。

筆者不敢說「走遍了南北西東」，但確實也「到過許多名城」。古老而年輕的北京，歷史悠久，發展神速，雖然長年置身其中，但筆者至今仍有陌路之感。儘管如此，如果有人問筆者最愛哪座城市，筆者會毫不猶豫地選

擇北京。作為一個在北京生活了 20 年的外地人，少不了在北京招待親朋故舊，每當外地訪客問及北京哪裡好玩時，筆者就想起了李谷一的這首歌，於是就聊起了天壇、北海、故宮、王府井⋯⋯這套說辭，對那些讀書不多的姑姨叔伯倒也管用，但要是與某些心儀北京的外地朋友如此閒聊，則往往會叫人大跌眼鏡。有時甚至連筆者本人也會感驚訝，自己對朝夕相守的北京為什麼會如此陌生！且不說聊起政要傳奇和明星八卦常常無以置喙，聊起北京的歷史掌故與風土人情時，竟被某些外地人舌燦蓮花的神侃驚掉下巴。譬如說，2015 年冬，有位近 20 年未見面的老同學來京出差，約我一見。閒聊之間，話題自然而然地轉移到了北京的風土人情上來。原本以為這是自己作為「京城居民」展示文化優越性的好機會，誰知這位昔日的同窗竟然繪聲繪色地為筆者上了一堂北京文史知識課，尤其是他聊起北京的「門樓」來，如數家珍，讓筆者這位住在地壇邊的「老北漂」無地自容。或許他覺察到了筆者的疑惑與難堪，便以調侃的口吻說：「呵呵，北京不只是北京人的北京喲！」當筆者得知他正在寫一本北京城市文化的著作時，便誠心向他請教。他不假思索，脫口而出說了 8 個字 ——「九門內外，中軸兩邊」。這個「八字訣」確實是一個不錯的大寫意的視角，以此描繪一幅「北京全景圖」，應該說是一種不錯的選擇，頗有些長焦遠景的意味。

是的，這位朋友說得好，北京是所有中國人的北京。畢竟，北京不只是歷史悠久的現代都市，對於每個中國人來說，北京還包含著太多城市之外的意蘊。著名歌唱家李雙江有一首歌是這樣唱的：

「北京啊北京，祖國的心臟，團結的象徵；人民的驕傲，勝利的保證。各族人民把你讚頌，你是我們心中一顆明亮的星。」

從城市文化的視角來說，北京是個包羅萬象的城市，任何對它的介紹都是不夠的，尤其在日新月異、快速發展的今天。但要從審美與情感的視角看，北京神聖如天上之城，任何介紹都是多餘的。因為對於北京這樣的

「永恆之城」，任何詞語都會顯得言不及義；北京的聖潔和美麗，只能在腳踏實地的在場體驗中才會得到真切的感受，任何解釋都無法代替切身體驗。從這個意義上講，每個人心中都有一座屬於自己的北京城。

　　歷史知識可以傳遞，審美體驗難以分享。令筆者甚為尷尬與遲疑的是，在「遊歷」過古今中外眾多名城之後，終於回到了似乎千言萬語說不盡的北京時，沒料到竟會有一種無話可說的失落感。或許是因為北京實在太大，千頭萬緒不知從何說起；或許是在北京經受的酸甜苦辣太多，早已身心疲乏？總之，北京似乎有一種「不可說之神祕」。北京作家劉一達說得好，要想深入了解北京，最好是以一種如同旅遊一樣的審美心態來「逛北京」，我們欣賞自然風景也好，觀看人文景觀也罷，不就是為了獲得一種感官的愉悅，感受一種恬淡的心境嗎？因此，要了解北京，「您得逛！」這位北京本地作家說得有理，要想感知北京的美，就應該有一種逛的心態，「在閒適的溜達中，放鬆自己。在漫無目的的閒庭信步中，與自然風光或名勝古蹟達到情感上的相互交融，在物我兩忘之中，達到物我合一……北京城，只有逛，才能真正體會到她的神韻；只有逛，也才能品出它的韻味來。走馬觀花，到一個景點，聽導遊照解說詞簡單地講幾句，照幾張相，就抬腿走人，能品出什麼味兒來呢？就如同外地人在北京喝豆汁兒，喝一口覺得有一股餿了吧唧的味道，立馬放下碗，搖搖腦袋說，這破玩意兒有什麼可喝的，恨不得馬上把它倒掉。其實，喝豆汁兒也講究類似『逛』的那種心境，不能急，要慢慢細品，喝茶講究小啜，喝豆汁講究咂摸。喝一口豆汁兒，就著焦圈兒和切得如頭髮絲兒般細的疙瘩絲兒，慢慢咂摸，這才能品出豆汁獨有的味道。旅遊也如是，必須得慢慢逛，才能觸摸到她的神韻。」[257]好吧，逛吧，讓我們首先逛逛北京的城門和城牆吧。若「不得其門而入，不見宗廟之美」，即便自詡「美學散步」，想必也是無美可言。

---

[257]　劉一達：《在北京旅遊，您得逛！》，《北京旅遊》2015 年第 8 期。

## （二）高高的前門，仿佛挨著我的家

　　要逛北京城，若想「得其門而入」，最好的選擇是「前門」。關於前門的書籍和文章可謂數不勝數，但仍舊讓人有「言之不足」的遺憾，於是，我們又想起了那些關於前門的歌曲。在有關前門的眾多歌曲中，著名歌手杭天琪的一首《前門情思大碗茶》大約是最令人難忘的：

　　我爺爺小的時候，常在這裡玩耍，

　　高高的前門，仿佛挨著我的家，

　　一蓬衰草，幾聲蟈蟈兒叫，

　　伴隨他度過了那灰色的年華。

　　吃一串冰糖葫蘆就算過節，

　　他一日那三餐，窩頭鹹菜就著一口大碗兒茶。

　　世上的飲料有千百種，也許它最廉價，

　　可誰知道，誰知道，

　　誰知道它醇厚的香味兒，

　　飽含著淚花，它飽含著淚花。

　　如今我海外歸來，又見紅牆碧瓦，

　　高高的前門，幾回夢裡想著它，

　　歲月風雨，無情任吹打，

　　卻見它更顯得那英姿挺拔。

　　叫一聲杏仁兒豆腐，京味兒真美，

　　我帶著那童心，帶著思念麼再來一口大碗兒茶。

　　世上的飲料有千百種，也許它最廉價，

　　可為什麼，為什麼，

　　為什麼它醇厚的香味兒，

　　直傳到天涯，它直傳到天涯。

歷史上的城市，大都有一部各具特色的門與牆演繹的悲喜劇。從一定意義上說，城門與城牆的「愛恨情仇」，就是一部銘刻城市之興衰榮辱的史詩。古人所謂的築城，說到底無非是建造一堵有門的圍牆而已。所謂「匠人營國」，其實就是圈地為王，壘一道牆，標明王的領地。牆內是「國人」「行畦田」。牆外是「野人」「行井田」。從一定意義上說，牆的功能是分類與區隔，使物聚以類，人分以群；牆的區隔功能，或可視為對「階級」直觀的解釋。相較而言，門之功用更多的是交流與溝通，或使出入有序，或使往來有「道」。戰爭期間，城市的門和牆是「國人」生命與財產安全的最後屏障。和平年代，它們又是維繫日常生活秩序的重要依憑。對於一座名副其實的城市來說，城門和城牆無疑是最具標示性意義的建築。當現代武器使得再堅固的城牆也形同虛設時，城牆的防禦功能也就隨之消亡，「無城之市」也隨之成為時代潮流。儘管有些人對北京城牆被拆痛心疾首，但歷史潮流滾滾向前，這是誰也無法阻擋得了的。曾被稱為「永恆之城」的古羅馬城牆如今安在？曾經讓匈奴王阿提拉繞道而走的巴黎城牆又在哪裡？可以說，歷史上大多數偉大的城牆，如今除了觀賞價值外，似乎很少再有其他的重要功能了。

　　眾所周知，「前門」是「正陽門」的俗稱，但「現在的前門」與「原來的正陽門」究竟有什麼不同卻少有人關注。現在的北京人說前門，至少有兩個含義，一是指正陽門城樓、甕城和箭樓。二是指正陽門附近的前門大街，西河沿兒，東河沿兒，廊坊頭條、二條、三條，大柵欄，珠寶市，糧食店，打磨廠，鮮魚口，肉市和布巷子等一帶。如今，「前門」比起「正陽門」來，知名度要高出許多。不僅現在許多人會把前門當作北京的象徵，即便在過去，由於它位於北京的中軸線上，作為老北京外城的入口，也被認為是「九門之首」。更重要的是，「前門一帶店鋪鱗次櫛比，老店鋪集聚，比如全國聞名的同仁堂藥鋪、六必居醬園、全聚德烤鴨店、都一處燒

麥館、瑞蚨祥綢布店、內聯升鞋店、月盛齋醬牛羊肉鋪等幾十個老店鋪都集中在前門一帶」[258]。

由於上述種種原因，眾多遊人「逛北京」都喜歡從前門開始。事實上，大多數人文學者在描繪北京時，也都喜歡從前門開筆。例如，當代學者許苗苗的《北京都市新空間與景觀生產》一書就是以前門開頭的。在她看來：「前門不僅指城門樓這一建築實體，也包括周邊的居民生活空間。它的形象曾出現在北京城古老傳說、舊京文人典故、平民影視劇中，並與香煙、大碗茶百姓生活細節相連繫。與天安門、紫禁城等北京標誌性建築不同，前門的政治色彩相對薄弱，是一個文化、民俗的標誌，可以看作普通民眾集體記憶中文化鄉愁的落腳點。經過時間的歷練及其在民族記憶中的文化價值，前門具象的實體性逐漸褪去，作為平民的城市紀念碑的性質則慢慢凸顯出來。」[259]

1920 年，瑞典學者奧斯伍爾德‧喜仁龍（Osvald Siren，1879-1966）來北京，北京的城牆與城門的美，使這位西方藝術史家深受震撼。這種審美震撼，催生了一本名著——《北京的城牆和城門》（The Walls and Gates of Peking，1924）。喜仁龍的這本書雖然先寫城牆後寫城門，但在描寫城門的章節中，他也是從前門開始著筆的。喜仁龍這部「另眼看北京」的著作，收錄了百餘幅老北京城牆和城門的珍貴照片，而且有 50 張測繪圖以及工程勘察記錄。侯仁之先生在該書的中譯本序言中稱讚喜仁龍，「為我們提供了在所有的有關資料中最為翔實的記錄，有文、有圖、有照片，還有作者個人在實際踏勘中的體會與感受。作為一個異邦學者，如此景仰中國的歷史文物，僅這一點也是足以發人深省的」[260]。喜仁龍自 1920 年至 1956 年間，曾先後 5 次訪問過中國，這本關於北京的城牆與城門的著作，

---

[258]　王永斌：《話說前門》，北京燕山出版社 1996 年版，第 1 ～ 2 頁。

[259]　許苗苗：《北京都市新空間與景觀生產》，中國社會科學出版社 2016 年版，第 3 頁。

[260]　引自侯仁之為中譯本《北京的城牆與城門》所作的序言，北京燕山出版社 1985 年版，第 3 頁。

是他第一次（1920-1921）來華考察北京當時尚在的城牆和城門的結果。喜仁龍是中國文化迷，有關中國的著作還有《中國雕刻史》、《中國繪畫史》、《中國花園》、《北京故宮》等，這些著作，對中國文化走向西方發揮了極為重要的作用。一個外國學者，緣何對北京的城門如此鍾情？喜仁龍在自己的書中開宗明義地指出：

> 我所以撰寫這本書，是鑑於北京城門的美。

這是喜仁龍《北京的城牆和城門》開篇的第一句話。

他接著說：「鑑於北京城門在點綴中國首都的某些勝景方面所起到的特殊作用，鑑於它們對周圍古老的建築、青翠的樹木、圮敗的城壕等景物的美妙襯托，以及它們在建築上所具有的裝飾價值。無論從歷史的還是地理的角度看，這些城門中仍有一部分可以視為北京的界標，它們與毗連的城牆一起，在很大程度上反映了這座偉大城市的早期歷史。它們與周圍的景物和街道，組成了一幅幅賞心悅目的別具一格的優美圖畫。」[261]

是的，老北京古城牆的魅力是令人難忘的。「想想吧，開闊的北京平原上，連綿著幾十里的高大城牆，其間點綴著一座座挺拔偉岸的城樓、箭樓、角樓，尤其秋季，長天、白雲、紅葉、西山把城牆襯托得更加雄麗多姿。它是一首恢宏的史詩，描繪了幾百年的滄桑風雨、風物民情；它是一首雄壯的交響樂，奏響了甘苦榮辱交織無盡的樂章；它是建築史上的瑰寶、卓越的標本；它是中國古城最傑出的代表作，它是北京的象徵。」[262]

古城牆與城門的具體形制與構造也不應該被我們忘卻。喜仁龍的可貴之處在於，他詳細記載了北京「內九外七」16 座城門的格局、形態和各種資料，甚至對城牆重要部分進行分段標號，記錄下各段城牆的修建年代和磚石上的文字。喜仁龍還在書中刊載了他親自拍攝的 109 幅精美照片、50

---

[261]　[瑞典] 奧斯伍爾德·喜仁龍：《北京的城牆與城門》，許永全譯，北京燕山出版社 1985 年版，第 1 頁。

[262]　白坤峰：《撫不平的心痛：梁思成和他的老北京城》，《北京文學》2004 年第 3 期。

幅測繪圖紙，以及大量工程勘察記錄。在他之前，中國古人不曾以現代科學方法記錄過城牆；在他之後，忙於建設新中國的人們無暇理會作為封建象徵的城牆；再以後，北京城牆灰飛煙滅。他的這些工作，可謂前無古人後無來者。因此，他的這本書也被說成是一本至今無人超越的蓋棺之作。

眾所周知，北京的城門大體上可分類與排序如下：內城 9 門（正陽門、崇文門、宣武門、朝陽門、阜成門、東直門、西直門、安定門、德勝門）；外城 7 門（永定門、左安門、右安門、廣渠門、廣安門、東便門、西便門）；皇城 4 門（天安門、地安門、東安門、西安門）。以上三類城門即老北京順口溜中的所謂「內九外七皇城四」。除此之外，北京的「名門」還有：龍脈口 4 門（中華門、端門、長安左門、長安右門）；宮城 4 門（午門、神武門、東華門、西華門）；近代城門（和平門、復興門、建國門、水關門）。

必須指出的是，北京的城門是一門極為複雜的學問，各朝各代城門及其名稱變化都包含著豐富的文化意蘊，命名和改名都不可草率行事。譬如說元大都有 11 座城門，其命名幾乎全部來源於《周易》六十四卦的爻辭或彖傳、象傳。南垣正中為麗正門，取《周易‧離卦‧彖傳》「重明以麗乎正，乃化成天下」之意；其東為文明門，取《周易‧大有卦‧彖傳》「其德剛健而文明」之意；其西為順承門，取《周易‧坤卦‧彖傳》「至哉坤元，萬物滋生，乃順承天」之意（根據「後天八卦」，坤位於西南方位）。東垣正中為崇仁門，取《周易‧乾卦‧文言傳》「君子體仁足以長人」之意；其南為齊化門，取《周易‧說卦傳》「齊乎巽，巽東南也」之意（根據「後天八卦」，巽位於東南方位）；其北為光熙門，取《周易‧艮卦‧象傳》「艮，止也……其道光明」之意（根據「後天八卦」，艮位於東北方位）。西垣正中為和義門，取《周易‧乾卦‧文言傳》「利物足以和義」之意；其南為平則門，取《周易‧謙卦‧象傳》「無不利，撝謙，不違則也」之意；其北為

蕭清門，有蕭殺之意。北垣東為安貞門，取《周易・訟卦》「不克訟，複即命；渝，安貞吉」之意；西為健德門，取《周易・乾卦・象傳》「天行健，君子以自強不息」之意。[263] 其實遼金時期的城門就已經頗為講究了，至於明清時期的城門，其寓意之豐富與深刻就可想而知了。

在喜仁龍筆下，北京「南面是北京城的門戶地帶，擁有最大的交通中心和商業中心，聳立著 3 座雄偉城門。正門是正陽門，比其他兩門高大得多，從前僅供皇帝出入，現在常稱為『國門』。儘管它的富麗堂皇的建築和古色古香的環境已受到很大摧殘，仍然是京城悸動著的生活中心所在」[264]。今天的大多數中國年輕人對北京城南的了解，主要是透過一篇著名的小學課文，即林海音《城南舊事》中的《冬陽・童年・駱駝隊》。《城南舊事》是出版於 1960 年的一篇小說，那時，作者已離開北京 12 年了。她在回憶北京城南舊事時寫道：「站在駱駝的前面，看它們吃草料咀嚼的樣子：那樣醜的臉，那樣長的牙，那樣安靜的態度。它們咀嚼的時候，上牙和下牙交錯地磨來磨去，大鼻孔裡冒著熱氣，白沫子沾滿在鬍鬚上。我看得呆了，自己的牙齒也動起來⋯⋯夏天過去，秋天過去，冬天又來了，駱駝隊又來了，但是童年卻一去不還。冬陽底下學駱駝咀嚼的傻事，我也不會再做了。可是，我是多麼想念童年住在北京城南的那些景色和人物啊！我對自己說，把它們寫下來吧，讓實際的童年過去，心靈的童年永存下來。就這樣，我寫了一本《城南舊事》。我默默地想，慢慢地寫。看見冬陽下的駱駝隊走過來，聽見緩慢悅耳的鈴聲，童年重臨於我的心頭。」[265]

城南的繁華與熱鬧，與城南的正陽門關係密切。在老百姓眼裡，正陽門比所有其他城門似乎都更重要。為什麼這樣說呢？「聽聽規矩就曉然

---

[263]　夏楓荻：《元大都城門命名與周易》，《光明日報》2015 年 6 月 5 日；王徽：《中國國粹藝術讀本・古代城市》，中國文聯出版社 2009 年版，第 83 頁。

[264]　梁思成等：《名家眼中的北京城》，文化藝術出版社 2007 年版，第 54 ～ 55 頁。

[265]　林海音：《城南舊事》序，人民文學出版社 2008 年版。

了 —— 京師正陽門，唯蹕路所經，始一開啟；平時唯從兩掖門出入⋯⋯
不但如此，就連每日啟閉的時辰，也規定嚴格，與別門不同：蓋必日出始
可開城，而正陽門則醜刻專為趨朝者開放其半，又許入不許出也。路者，
皇帝出入之所經。醜刻，相當於今之午夜才過的一點到三點鐘。可見彼時
此門的威嚴莊重，是整個京師的『咽喉』，比喻不為無理⋯⋯庚子拳亂，
正陽門災，兩巷遂為灰燼。後稍修葺治，未及修復，遽以鐵路改築車站，
廓而平之。民國初，毀去兩掖門，改辟四孔，以便車馬 —— 自此陵遷谷
變，帝城風物，不可復睹矣。」[266] 但唯有正陽門碩果僅存。它「作為老北
京歷史文化的象徵，在歲月流光的磨洗中歷久彌新，以偉岸的身姿屹立在
首都天安門廣場上，與故宮建築群相映生輝，崇光泛彩」[267]。

　　相關研究表明，正陽門的繁華與顯赫不僅與其區位優勢有關，還與特
殊時期的政治經濟形勢關係密切。與其他城門相比，前門擁有眾多有利條
件。首先，從史地優勢看，北京是中原與草原部落往來的要衝，北京城外
廣安門西南的盧溝橋一帶，自古以來就是東西貿易、南北交通的重要渡
口。早在戰國時期，這條通道就把山西、陝西等西北各地和華北大平原同
北京地區連接在一起了。在文人墨客的詩文中，當年商旅遊客足跡至今依
稀可辨，金人趙秉文在《盧溝》詩中就有「落日盧溝溝上柳，送人幾度出
京華」的詩句。盧溝橋到北京走廣安門最方便。從廣安門到虎坊橋，再從
虎坊橋沿李鐵拐街到正陽門，對古人而言，這可謂是一條輕車熟路的黃金
古道。

　　其次，正陽門是明清時期北京的鎮南大門，位於北京的中軸線上，所
以又稱前門。北京的其他各門都不能與之相比，明清的吏、戶、禮、兵、
刑、工六大部的機關都設在前門內的東西兩側。外省進京述職辦事的官
員，住在前門外一帶就比較方便，因此，在前門外一帶設立了 140 多個會

---

[266]　周汝昌：《北斗京華：北京生活五十年漫憶》（網路版）。

[267]　北京市正陽門管理處編撰：《北京正陽門》，北京燕山出版社 2009 年版，第 131 頁。

館，如果將崇文門外和宣武門外的會館加在一起，前門街一帶的會館就多達500多個，每逢鄉試和會試之時，每一個會館都住滿了應試學子。年復一年都有此類盛事，必然會使得前門一帶人流增大，生意興隆。

再次，大運河終點碼頭南移也是促成前門興盛的一個重要原因。元朝時，北京的商業中心在鼓樓、鐘樓和積水潭一帶，積水潭當時是個大碼頭，往來的船隻很多，因此，這一帶布滿了酒樓歌台，積水潭一帶有牛馬市、駱駝市、米麵市等，很是繁榮。到了明代，船隻不到積水潭，只到北京城的東南角外的大通橋下，由於大運河終點碼頭的南移，北京的商業中心，也從元代的積水潭、鼓樓一帶，南遷至前門外一帶。與此類似的另一個有利條件是，京奉火車站（即前門東站）和京漢火車站（即前門西站），都設在前門，前門實際上成了全國交通的樞紐。各地來北京人員必須先到前門，所以前門一帶客流量大，人煙稠密。

其實，早在明成祖建都北京之初，明廷就考慮到「商賈未集，市廛尚疏」不利於城市發展，因此詔命京師各門內「建造鋪房，以召民居住、召商居貨」。當時的前門內外建了許多鋪房，其中正陽門內與大明門中間的「千步廊」，被稱為棋盤天街或棋盤街，修建了許許多多的商鋪。由於朝廷宣導經商，棋盤街一帶很快興旺起來：「每日萬人雲集，摩肩接踵，不僅百貨雲集，而且百戲競陳，成為京城第一等繁華熱鬧的去處。《查浦詩鈔》詩云：『棋盤街闊靜無塵，百貨初收百戲陳。向夜月明真似海，參差宮殿湧金銀。』」[268]《查浦詩鈔》是查慎行之弟查嗣瑮的作品，所描述的當時康熙年間的景象。

前門一帶的商業氣息，萌生與元，形成於明，繁盛於清。有明一代這裡就是老店鋪雲集之地，像明代嘉靖年間開業的六必居醬園、聞名京城的都一處、月盛齋、一條龍，正陽樓酒鋪、肉鋪和飯館等，大都在前門大街

兩側。當年北京人就連喝口茶水，也是講究喝前門大街的森泰和大柵欄裡的張一元。總之，前門大街一帶，老店眾多，吃的、穿的、住的，一應俱全。人們都喜歡到這裡來購買物品，品嘗佳餚或沿街漫步，因此，前門大街一帶成了商人的「風水寶地」也就不足為奇了。

此外，還有一個不容忽視的原因，那就是前門大街一帶是秦樓楚館、舞榭歌台的萃聚之地。清政府發布了內城逼近宮闕，禁止開設戲園、會館、妓院的大清條律。正陽門的繁華景象一直持續到清末庚子事變之前。清人楊靜亭《都門雜詠》描寫過當時的商業盛況：「五色迷離眼欲盲，萬方貨物列縱橫。舉頭天不分晴晦，路窄人皆接踵行。」史學家鄧之誠《骨董瑣記》中有一副對聯描寫了大柵欄慶樂園的繁華景象：「六千秋色在眉頭，看遍翠暖珠香，重遊贍部。五萬春華如夢裡，記得丁歌甲舞，曾醉昆侖。」[269] 據《大清會典事例》記載，清朝初年，清政府懼怕老百姓借娛樂場所聚眾滋事，所以下令，京師城內「永行禁止開設戲館」，並對外城的戲園「概行禁止夜唱」。在近人崇彝《道咸以來朝野雜記》上也有類似記載，「戲園，當年內城禁止，惟正陽門外最盛」。清代中晚期京劇新盛，眾多戲迷都喜歡到前門看戲，前門也因之成了盛極一時的娛樂中心。在催生前門一帶繁榮景象的眾多因素中，上述這些有利條件，可以說是舉足輕重的關鍵因素。[270]

讓我們回頭再看看《北京的城牆與城門》。作為一個外國人，該書作者喜仁龍對老北京城門考證之嚴謹與精細，令國人驚嘆之餘不免汗顏：「與正陽門西面和東面相隔若干距離分別屹立著順治門與哈達門 —— 這是他們正式名稱以外的俗稱。此二門是南北通衢的入口，哈達門也叫景門，意即光明昌盛之門，此門人人可過，皇帝有時也幸臨此門。」書中這類看似閒散多餘的文字，往往恰好是同類中國著作中所忽略的。

---

[269]　轉引自北京市正陽門管理處編撰《北京正陽門》，北京燕山出版社 2009 年版，第 125 頁。

[270]　參見王永斌《話說前門》，北京燕山出版社 1996 年版，第 3 ～ 5 頁。

喜仁龍對北京各門的總體評介也頗具審美意味。他稱讚齊化門（即朝陽門）「楚楚動人，頗為悅目」，感嘆哈達門（崇文門）「梁枋寬厚，彩畫絢麗」。對「古色古香，端莊秀雅」的東直門，他更是讚不絕口。他寫道：「在東直門古老甕城的後部，還有幾座秀美的小關帝廟建築。廟內供有幾尊精美塑像，任其殘破而無人過問。幾位老者把這塊陰暗的地方作為棲身之處。寺內外挺立著一些槐樹、榆樹、椿樹，散發著幽香的野棗樹，在甕城的牆頂上交織成節日的花冠。箭樓雖不很古老，簷角卻已開始斷裂，它與裝點在周圍的恣意生長的草木，渾然一體，和諧自然。」在他看來，「甕城殘部中的優美的自然景色，僅僅是城外更佳景致的序曲 —— 那裡的風景在北京其他各大城門中，簡直無與倫比。孟春或初夏時，柳色青翠蔥鬱，河邊蘆葦尚嫩，是賞景的最佳時節」[271]。喜仁龍對東直門外田園詩般的風景進行了詩意的描繪，令人印象深刻：「運河般的寬闊城河，是這幅風景畫的主體。坡下有幼童像青蛙一樣地玩耍，水面上浮游著群群白鴨，濺著水花，發出嘎嘎的聲音回應著主人的呼喚。拿鐵桶下到岸邊打水的人，往往蹲上一會兒，靜靜地欣賞著這幅田園詩般的景致。南面幾步遠的對岸有一個小渡口，提供了一條從對岸到火車站的捷徑，不時可見一隻方形平底船，載著身穿夏裝的遊客，在垂拂的柳枝中劃過，組成這幅生機勃勃而又安靜和諧的畫面。畫中的各個元素無不倒映在水中，又產生出一種意境美。而這種田園詩般的情調，在鐵路和汽車尚未出現的時候，在北京各城門附近是屢見不鮮的。」[272]

　　對東直門和朝陽門的環城鐵路所造成的景觀損害，他也直言不諱地提出了批評。這兩處的甕城因其有環城鐵路從中貫穿，幾乎被全部拆毀，這讓他難以接受。而在南垣的哈達門甕城，僅為穿過城牆的京沈鐵路線就開

[271]　［瑞典］奧斯伍爾德·喜仁龍：《北京的城牆與城門》，許永全譯，北京燕山出版社 1985 年版，第 138 頁。

[272]　梁思成等：《名家眼中的北京城》，文化藝術出版社 2007 年版，第 54 ～ 55 頁。

了好幾個豁口。於是,「一面城牆優美而古老的甕城幾乎蕩然無存。箭樓門洞已失存,只有一條道路沿著鐵道旁的低矮磚牆蜿蜒而去,設有月臺的火車站占據了往日高牆的場地,這種改造,顯示出對古城門的美和特色的極端的漠視,以及鑑賞力和建築美學觀念的貧乏」[273]。

《馬可波羅遊記》中的汗八裡華麗的「大汗的宮殿」,同樣具有驚人的美:「大殿之廣,足以容六千人聚食而有餘。房屋之多,可謂奇觀。此宮壯麗富贍,世人布置之良,誠無逾於此者。頂上之瓦,皆紅黃綠藍及其他諸色,上塗以釉,光澤燦爛,猶如水晶,致使遠處亦可見此宮之光輝。亦知其頂堅固,可以久存不壞。」「山頂有一大殿,甚壯美,內外皆綠,致使山樹宮殿構成一色,美麗堪娛。凡見之者莫不歡欣。大汗築此美景以為賞心娛樂之用。」[274]

許苗苗研究員從「區域改造」的視角,對有「天街」之稱的前門大街進行了批判:作為北京中軸線的開端,其端方開闊的規劃呈現出皇城獨有的壯美,而這種「壯美」的秩序,更曾得到建築大師梁思成的讚嘆。按照規劃,對前門大街的改造以保存、恢復為主,但推土機一響就不可抗拒,大片四合院倒下,原住民、原生態經濟清理殆盡,新的「天街」充分顯示了時尚建築師的復古想像:道路兩側挺立著青磚灰瓦的民初建築,80 餘個京城老字型大小亮出面貌整齊的黑底金字招牌,路燈上裝飾鳥籠,胡同口架起牌樓,街中央來回行駛著叮叮作響的有軌電車⋯⋯老前門的魅力來源於樸素的街巷、原生態的商業,以及居民、遊客經年累月的行走痕跡。改造恢復了天街之名,把它設計成「步行街」,卻並非為行走設計 —— 天街應當稱為電車街,正中是專為鐺鐺車鋪設的軌道,它有意隱瞞了街道的實用功能,突出它的景觀性:一方面強調天街的皇家背景,一方面提醒人們封

---

[273]　[瑞典] 奧斯伍爾德 · 喜仁龍:《北京的城牆與城門》,許永全譯,北京燕山出版社 1985 年版,第 134 ～ 135 頁。

[274]　《馬可波羅行紀》,馮承鈞譯,上海書店出版社 2001 年版,第 203 ～ 204 頁。

建時代的貴族與工業時代初期的有軌電車一樣都已經過時。

　　許苗苗對這種偽景觀文化的批判可謂斬釘截鐵、擲地有聲，令人印象深刻：「可以想像，當遊人腳踏整齊的條石，背倚復古的商場，在鐵軌兩邊圍觀那龐大而昂貴的玩具車在街中穿行時，心中是怎樣的一種不真實：他們配合著環境，在假裝的古代前門，坐假裝的交通工具，假裝遊覽，假裝購物……軌道阻斷了步行街橫穿斜插的自由，所以連街道也成了假裝的！難怪街兩側的那些老字型大小在獲得了諸多扶植之後依然難以維繫，紛紛退出 —— 在這種虛置背景、人為構建意義的環境中，主張貨真價實的老字型大小也顯得那麼裝腔作勢。這個虛偽割裂時空的仿古前門，讓人聯想到頤和園古裝買賣街或是涿州影視城，以現代化主題公園的景觀替代真實生活經驗，虛置京味歷史的根基，打斷傳統文化的脈絡，將原本最值得引以為傲的資本棄之不顧。」[275]

　　周汝昌在《北斗京華》中講到正陽門時感嘆說，舊時的正陽門是個活的機體，就像京城的咽喉，極關緊要，並非如現時這樣，牆垣既毀，孤立在那裡像個積木疊成的大型玩具，誰也不去從那兒出入，已成為一個標本式的「死物」了。周先生初見正陽門的這種感覺，從某種意義上說，預示著老北京門樓被拆的命運。

　　任何超級大城市的繁榮，都必須一再忍受「因拆而興」的陣痛。許苗苗說得好：「前門象徵著民間創造力，它頑強的生命不會輕易覆滅，總是春風吹又生……前門之於北京，是一座活的紀念碑，生長、改變、衰敗……它在生長中不斷記錄，在衰敗後謀求復興，將這座城市的每一代榮華、每一次風霜、每一縷喘息烙印其上。」[276]當然，她對前門改造工程的批評，無疑具有某些不切實際的理想主義色彩，這一點與舊式人文的懷舊傳統頗為相近，但她對具有「天街」前門的未來寄予美好的願望卻並非出

---

[275]　許苗苗：《北京都市新空間與景觀生產》，中國社會科學出版社 2016 年版，第 13 頁。

[276]　許苗苗：《北京都市新空間與景觀生產》，中國社會科學出版社 2016 年版，第 14 ～ 15 頁。

自盲目樂觀。畢竟，世界上沒有一成不變的「永恆之城」，任何一座超大都城都處在永不停歇的拆拆建建的過程中，建建拆拆，修修補補，這原本就是城市的生存常態。

## （三）雄偉的天安門，壯麗的廣場

如果要讓一個中國人推舉一處「至聖之所」的話，那麼可以肯定地說，很多人首先會想到的，一定是北京天安門。尤其是新中國成立以來，從開國典禮、閱兵式、國慶日這些莊嚴隆重的儀式，到人民大會堂、歷史博物館、紀念碑、紀念堂這些神聖肅穆的建築，天安門前的一舉一動和一草一木都具有非同尋常的意義。天安門不僅是故宮和首都的象徵，它還是中華人民共和國的象徵，因此，其城樓的圖像被推舉為國徽的背景。天安門作為歷史遺產的保護規格之高不僅在國內古建中無與倫比，即便在世界範圍內也少有可比肩者。明清皇宮紫禁城是世界上現存規模最大、最完整的古代皇家高級建築群。城內與之配套的諸多皇家貴族建築和傳統民居胡同，以及城外蜿蜒巍峨的長城，完整地展示了一個東方帝都的風貌，是影響輻射整個東亞的東方文明古城。作為一個保留傳統的現代大都市，北京當之無愧為東方古都，是傳播和展示東方文化的中心。天安門廣場見證了歷史的每一個步伐。新中國成立後，天安門廣場記載了新時期的歷史和文化。天安門承載的不僅是東方古典文化，而且還有複雜的近代歷史文化。作為北京一座古老而又現代的廣場，天安門廣場從她的角度反映了北京的文化，是北京文化中心形象中不可或缺的部分。[277]

如前所述，老北京城以城牆劃分，大體可分為 4 層，即外城、內城、皇城、紫禁城，所謂「四九城」，是指皇城的 4 門和內城的 9 門。如果說內城的 9 門以正陽門為首，那麼皇城的 4 門則以天安門最尊。想想看，在新

[277]　劉歡：《宏偉天安門，氣勢北京城》、《廣告大觀》2012 年第 11 期。

中國成立以來的語文教材中，能有哪一篇課文能像《我愛北京天安門》一樣名震天下且令人難忘？如果說北京是中國的心臟，那麼天安門廣場就是北京的心臟。有一首老歌是這樣唱的：

> 雄偉的天安門，
> 壯麗的廣場，
> 各族人民衷心敬仰的地方。
> 雖然我們住在祖國各地，
> 顆顆紅心都朝著這個方向，
> 都朝著這個方向。

不少中國人一定還記得《我愛北京天安門》，不僅是語文課文中的一篇課文的標題，它還是一首著名歌曲中的主題歌詞。清史專家閻崇年先生在央視「百家講壇」演播的《大故宮》中是這樣介紹天安門的，他說，在北京宮城之外，出了紫禁城的正門午門以及午門南面的端門，沿著中軸線，排列著幾座非常重要的城門，它們分別是金碧輝煌的天安門；幾經改名、最終被拆的大明門；建制奇特、防禦外敵的正陽門。這幾座氣勢恢宏、形態多變的大門，充分展現了北京作為帝國首都的宏偉氣象。其中，身為北京皇城正門的天安門更是其中的佼佼者。天安門始建於明代永樂十五年即 1417 年，永樂十八年即 1420 年建成，當時定名為承天門。後來歷經幾毀幾建，到清順治年間重新修建，並更名為天安門。那麼，作為我國傳統建築的傑作，天安門到底有著怎樣的藝術特色？它又具有什麼樣的審美特徵？

天安門城樓用白玉石做底，然後用每塊重達 48 斤的大磚砌成十幾米高的台座，台座上是巍峨的城樓。黃色的琉璃瓦，朱紅的廊柱，加上屋簷下的城門所用的繽紛彩畫，窗門上玲瓏多姿的花紋，使整個建築顯得渾厚端莊，華麗和諧。城樓下有 5 座城門，中間一座最高大。門前一水環繞，

這就是有名的金水河，它既增加了城樓的美麗，又可以加強城樓的防禦。河上並列著幾座金水橋，橋面略呈拱形，橋身兩頭寬，中間窄，曲折多姿，與城樓的垂直端莊形成了鮮明的對照。橋的兩邊有玉石雕砌而成的欄杆。橋的東西兩邊各有一座高聳挺拔的華表。華表使用漢白玉雕成，刻有蟠桃花紋，渾圓精緻，映襯著背後的城樓，更增加了天安門的雄偉氣勢。華表頂端雕成一個蹲著的野獸，名叫犼，又叫「望君歸」，意思是盼望著外出的帝王趕快回來。

　　閻崇年在「百家講壇」中反復稱讚天安門「雄偉壯麗，金碧輝煌」，這一點令人印象深刻。應該說以「雄偉壯麗」「金碧輝煌」來概括天安門的藝術特徵和審美特徵是無可爭議的，但僅僅用壯麗輝煌之類的抽象詞彙來描述天安門的美，則難免顯得有些蒼白與空洞。因此，在「百家講壇」中，閻先生充分利用影視圖文的便利，對天安門進行了繪聲繪色的描述。所謂「雄偉壯麗」，或許我們可以理解為對天安門宏大結構的描述。根據閻先生開講前的實地考察確認，天安門建在漢白玉的台基之上，60 根支柱支撐著城樓的簷頂。東西寬 9 間，南北進深是 5 間。這裡的九五之數，源於《易經》「九五，飛龍在天」的說法，象徵著帝位之尊嚴與高貴。城門樓頂覆蓋著黃色琉璃瓦，上有龍吻，高高隆起，總高度 33.7 公尺，接近 12 層樓高。門前有金水河流過，金水河上架設的虹橋，座座精美絕倫，都是極盡奢華的藝術珍品。中間最寬的白玉橋專供皇帝御用，故名「禦路橋」。禦路橋兩邊的兩座橋是王公貴冑的通道，叫作「王公橋」。王公橋兩邊依次是高品級官員行走的「品級橋」，四品以下官員行走的「公生橋」。在等級森嚴的封建社會，各級官員，各行其道，不可僭越，不可造次。至於一般百姓，不用說漫步虹橋了，就連橋下的河水也觸碰不得，即便只是在金水河裡洗洗手也被看作是犯罪行為。在今天的天安門前和金水河邊，人們可自由自在地遊覽觀光，或漫步於河畔，或佇立於橋上，或盡興觀賞河中噴

泉飛珠濺玉的動人景觀，這在明清時期，誰也無法想像。

至於「金碧輝煌」的說法，閻崇年先生則鼓勵他的粉絲們發揮一下想像：天安門前的金水河碧波蕩漾，河上橫跨著 7 座漢白玉虹橋，橋邊赭紅色的宮牆巍峨壯麗，門樓金色的重簷頂蓋更是熠熠生輝，尤其在藍天白雲的映襯之下，真可謂雄渾壯美無比，璀璨輝煌之極！這一幅「綠水」、「紅牆」、「玉橋」、「金頂」、「藍天」、「白雲」所組成的圖畫，可謂五彩繽紛，令人心曠神怡！駱賓王《帝京篇》說：「山河千里國，城闕九重門。不睹皇居壯，安知天子尊？」這雖然是唐人遊歷長安帝都的審美感受，但今人面對北京天安門，也不免產生類似於駱賓王的感嘆。

在上述金碧輝煌的畫卷中，堪稱神來之筆的金水河所流淌的不僅僅是一泓清水，而且還洋溢著濃郁而綿長的審美意趣。據《日下舊聞考》記載：「護城河西面之水，自紫禁城西南隅流經天安門外金水橋，往南注入禦河，是為外金水河。」金水河俗稱筒子河或護城河，還有稱作玉河或禦河的。又因金水河形似玉帶，故又稱玉帶河。元代馬祖常有《玉河詩》曰：「禦溝春水曉潺潺，直似長虹曲似環。流入宮城才咫尺，便分天上與人間。」著名詩人王冕的《金水河》云：「金水河從金口來，龍光清澈淨無埃。流歸天上不多路，肯許人間用一杯？」有趣的是，有關金水河的著名詩句都出自元代詩人，明清兩代的金水河或許太過令人敬畏，所以鮮有膾炙人口的詩句流傳下來。

這裡所說的金水河，通常被稱為外金水河。其實在紫禁城午門內太和門前廣場上，還有一條內金水河。必須指出的是金水河並非專為美觀而建，所謂「金城湯池，深溝高壘」，說明其防禦作用當在首位。但不難看出，護城渠被稱為金水河，明顯包含著命名者藻飾與美化的用意，只不過，禦河的其他功用，如排水與防火等實用價值，我們也絕不能小覷。據《北京宮闕圖說》記載，金水河「非為魚泳在藻，以資遊賞；亦非故為

曲折，以耗物料。恐意外回祿之變，此水實可賴。」「回祿」是傳說中的火神，可見金水河「故為曲折」並非純為美觀，其防火功能當在優先考慮之列。皇家宮闕固然可以不計成本，但不言而喻，在皇家帝胄的生活中，非功利的審美觀念，通常只能處於附屬地位。值得一提的是，作者馬祖常所謂的「天上人間」之「界河」，金水河緣何長年清波蕩漾，此間大有奧祕存焉。「問渠那得清如許，為有源頭活水來。」那麼，金水河的源頭來自何處？據《元史·河渠志》記載：其源出於京西宛平縣玉泉山，流至和義門南水門入京城，故得金水之名。按照乾隆皇帝《麥莊橋記》的說法：「玉泉會西山諸泉之伏流，蓄極溢湧，至是始見，故其源不竭。」

紫禁城的內金水河蜿蜒曲折，形似玉帶，極盡華麗柔媚之美。內金水河兩岸，視野開闊，裝飾奢華，河岸河床均用漢白玉石砌成，兩面河沿的望柱和欄板，皆由玉石雕砌而成，豪華壯麗的仙山瓊閣，在河水若隱若現的倒影中更是平添了幾許神祕色彩。外金水河由社稷壇流出，經過天安門城樓前向東注入菖蒲河。這為雄偉的天安門城樓增添了無比莊重肅穆之感。據考，金水橋的藍本，出自元皇城的周橋。據紀錄片《故宮》提供的材料，周橋「皆琢龍鳳祥雲，明瑩如玉，橋下有四白石龍，擎戴水中，甚壯」，明皇城的建造者，照周橋的樣子建造了內外金水河上這10餘座美得不可方物的虹橋。這些虹橋的橋面、涵洞、望柱等，無不是雕琢精美的藝術品，它們與輝煌的紫禁城宮殿，古樸的華表和雄偉的石獅等，渾然融為一體，構成了這組傳世建築巍峨壯麗的景觀。這兩組內外呼應的漢白玉虹橋，為故宮豪華方陣的磚木大合唱，增添了一組石頭交響樂的清麗序曲。

與沿用元大都之名的北京眾多城門相比，天安門是明朝產物，是明代的御用建築匠師蒯祥的得意之作。天安門始建於永樂十五年（1417），600年來，天安門幾乎一直都是國家政權和政治核心的象徵，它既是明清兩代

王朝歷史的親歷者，又是封建社會由盛轉衰的見證者，它在歷史的烽煙烈火中，受盡屈辱卻從未低下高貴的頭顱，在歲月的風風雨雨中，歷盡苦難仍傲然挺立。明清之後，從五四運動到抗日戰爭，從新中國成立到改革開放，天安門始終能夠與時俱進地保持著鮮活的政治生命力和藝術審美性。

郭欣在《天安門史話》一書中把天安門說成是「歷史的寵兒」，他用整整一本書來描述天安門 600 年間的各種「幸運」與「不幸」，並以生動的筆觸將天安門前上演的形形色色的歷史悲喜劇描繪成「生死時速的大戲」，是一部頗有意趣的史詩長卷。作者以現代人的視角觀察與評介歷史上一幕幕驚人的場景，眼光獨到，言語犀利。李自成的一把火，讓城門樓子只剩下 5 個門洞，朱明帝國大廈也隨之坍塌。庚子國難期間，中華民族永遠的痛，在這裡刻下了不可磨滅的印記，不久之後的「金鳳頒詔」，為封建社會最後的王朝畫上了一個句號。1919 年的「五四運動」改變了中國的歷史走向，民國時期為交通拆改了廣場，所有這些，天安門和廣場都是親歷者與見證者。眾多發生在天安門周邊的傳奇故事的來龍去脈和歷史意義，在「史話」中都得到了藝術化的表現。其中，開國大典，讓天安門再次成為全國的政治中心。天安門廣場的 3 次擴建，既見證了新中國的自信，也見證了中華民族立志屹立於世界民族之林的決心。雄偉的天安門廣場上拔地而起的現代建築，勾勒出了一個古老時代的風姿。作者還指出，天安門，沒有忘記荒唐的歲月，也不會忘記這裡所發生的一切，以及所展現出的世事滄桑和人間百態。天安門默默地和億萬人民群眾共同積蓄力量。1976 年「金色十月」到來時，改革開放為天安門撐起了一片嶄新的藍天，為中國開拓了更加廣闊的發展空間。如今，它正伴隨著時代的腳步，續寫新的傳奇。人們有理由相信，等待它的不僅僅是光與火的色彩的盛宴，它將與億萬人民一道迎來更加美好的未來。凡此種種，使郭欣得出了這樣的結論：「在中國，恐怕沒有哪座建築像天安門一樣經歷過如此眾多天傾地裂般的

歷史大變動，經歷過如此眾多的火燒、雷打和炮擊，但它依然屹立，依然美麗，依然神聖。天安門的誕生得益於天時、地利、人和，她的長壽更得益於天時、地利與人和的難以參悟的玄機，這就是歷史，這就是歷史懷抱中讓人豔羨不已的寵兒 —— 天安門。」[278]

　　說到天安門，我們當然不會忘記與之遙遙相對的人民英雄紀念碑，因為它是新中國成立後「第一個國家級公共藝術工程」，就其當代北京城建史上的美學意義而言，無論給予多麼高的評價，它都當之無愧。事實上，由寫過《祖國的天常藍水常清》的周定舫撰寫的《人民英雄永垂不朽》這篇家喻戶曉的課文，已把人民英雄紀念碑的那一幅幅浮雕，深深地刻印在大多數中國人的腦海裡。

　　如果有人問，新中國最為神聖莊嚴的藝術品是什麼？除了人民英雄紀念碑，我們似乎很難找到其他答案。建造紀念碑的動議，由第一屆政協於開國大典前（1949 年 9 月 30 日）莊嚴宣告其決定：為了紀念在人民解放戰爭和人民革命中犧牲的人民英雄，在首都北京建立人民英雄紀念碑。

　　當天下午 6 時，毛澤東主席率領全體政協代表在天安門前廣場上舉行了建立紀念碑的奠基典禮，奠下紀念碑的基石。

　　當時，北京市都市計畫委員會向全國各建築設計單位、大專院校建築系，發出征選紀念碑各種形式的設計方案和設計修改方案。經全國廣泛討論，確定了現在的碑型圖樣，人民英雄紀念碑於 1952 年 8 月正式動工興建。人民英雄紀念碑興建委員會由北京市市長彭真任主任委員，鄭振鐸、梁思成任副主任委員。委員會下設工程處，分設計、施工、採石、美術工作等 7 個組進行工作，此外，專設一個委員會，在中國科學院現代史研究所所長范文瀾的領導下，研究浮雕畫片所需的史料題材。紀念碑於 1958 年 4 月 22 日建成，前後長達 5 年零 8 個月。

---

[278]　郭欣：《天安門史話》，當代中國出版社 2014 年版，第 4 頁。

相關研究表明，人民英雄紀念碑是新中國成立後首個國家級公共藝術工程，也是中國歷史上最大的紀念碑，會聚了鄭振鐸、吳作人、梁思成、劉開渠等一大批當時中國最優秀的文史專家、建築家、藝術家。1961 年 3 月 4 日，由中華人民共和國國務院公布為第一批全國重點文物保護單位。[279]

　　今天，當我們走進一所中小學，很有可能會聽見這樣的琅琅讀書聲：「人民英雄紀念碑落成了。我懷著萬分崇敬的心情，瞻仰了這座巍峨、雄偉、莊嚴的紀念碑。我從東長安街向天安門廣場走去，未進入廣場就望見紀念碑。它像頂天立地的巨人一樣矗立在廣場南部，和天安門遙遙相對⋯⋯」[280] 對於每個中國人來說，唯有天安門可以說是「從來不需要想起，卻永遠也不會忘記」的中華第一門！所以，天安門廣場是建立人民英雄紀念碑的不二之選。

　　一位偉人說過，中國新民主主義革命的歷史，就是從天安門到天安門。「1919 年五四運動，北京的學生在天安門遊行示威，在這次運動中無產階級登上歷史舞臺，標誌著新民主主義革命開始；1949 年 10 月 1 日，毛澤東登上天安門城樓，向全世界宣告中華人民共和國成立，標誌著新民主主義革命的勝利，天安門城樓也就成為億萬中國人民心目中的聖地。天安門成為新北京城的中心，也成為新中國的中軸線上最具代表性的建築。在新中國成立後，天安門廣場舉行了若干次閱兵儀式和民眾遊行活動，這個坐落在新中國中軸線上的廣場見證著這個國家的痛苦曲折與豪邁奮進。」[281]

　　資料表明，北京的每一座城門之命名都有相對確切的意義。例如，內城 9 門的含義大體是這樣的，(1) 正陽門：「聖主當陽，日至中天，萬國瞻仰」；(2) 崇文門：「文教宜尊」；(3) 宣武門：「武烈宣揚」；(4) 朝陽門：「迎

---

[279]　相關資料來自網路和《中國大百科全書》。

[280]　周定舫《人民英雄永垂不朽》首發於 1958 年 4 月 23 日的《人民日報》，即人民英雄紀念碑落成的第二天，後被收錄在北京教育出版社初二《語文》上學期第 15 課中和江蘇教育出版社初一《語文》下學期第 10 課中。

[281]　劉歡：《宏偉天安門，氣勢北京城》，《廣告大觀》2012 年第 11 期。

賓出日」；(5) 阜成門：「物阜民安」；(6) 東直門和 (7) 西直門：「民興教化，東至東海，西至西陸」；(8) 安定門：「文臣翊贊太平，交待而後安享」；(9) 德勝門：「武將疆場奏績，得勝回朝凱旋」。不難看出，所有城門的命名都包含著對皇城帝闕的祝福讚美之意。

　　北京城自明代後形成「內九外七皇城四」的建設格局。內、外、皇城統一劃分為東、西、南、北、中 5 個行政區。清代統治者推行民族歧視政策，將漢民全部驅至外城居住，騰出內城住八旗軍隊及所攜家眷，直至清中後期，才有極少數高級漢官被特賞內城居住，如劉墉劉羅鍋的父親劉統勳。這樣，一個北京城被人為地劃分成兩部分，內城成為軍事駐防地兼家屬區，外城則是單純的居民區。內城、外城涇渭分明，旗人、漢人界限森嚴。當時的八旗很為自身的特權地位自豪，稱自己的所居地為「四九城」，表明自己是拱衛紫禁城的高貴群體，以區別居住在外城的漢人。

　　當然，外城並非沒有可觀之處。我們注意到，喜仁龍筆下的永定門就在外城，它是《北京的城牆與城門》的「終了曲」。永定門不僅是北京外城最大、最重要的城門，對喜仁龍而言，它也是風景最為美麗、寄託最為深遠的一座城門：「從西側，全部建築一覽無餘，使你可以看到永定門最美麗、最完整的形象。寬闊的護城河旁蘆葦挺立，垂柳婆娑，城牆和弧形甕城帶有雉堞的牆，突兀高聳，在晴空的映襯下現出黑色的輪廓。城牆和甕城的輪廓線一直延伸到門樓，在雄厚的城牆和城台之上，門樓那如翼的寬大飛簷，似乎使它秀插雲霄，凌空欲飛。這些建築在水中的倒影也像實物一樣清晰，但當清風從柔軟的柳枝中梳過時，城樓的飛簷就開始顫動，垛牆就開始晃動並碎裂……這些奇妙的城牆和城門，這些北京絢麗多彩歷史的無言記錄者，它們的風姿到底還能維持多久呢？」[282]

　　面對持續了數百年之久的北京的城牆與城門，喜仁龍究竟憑什麼會發

[282]　[瑞典] 奧斯伍爾德·喜仁龍：《北京的城牆與城門》，許永全譯，北京燕山出版社 1985 年版，第 192 頁。

出有如先知宣示神諭般的疑問：「它們的風姿到底還能維持多久？」或許他已預感到北京的城牆與城門已遇到了存亡絕續的危機？喜仁龍說過，他寫北京的牆及閘，只是因為它們的美。因為它們注定會消失，所以它們才顯得美；它們最終還是消失了，所以它們的美才會因人們的追憶和懷念而不朽。

門的意義博大精深，那些只見木石磚瓦的文字無論如何精巧，都是難以詮釋其真義的。門的結構、材料、工藝、色彩等形式因素或可一望而知，但它所蘊含的政治、宗教、審美等意識形態方面的奧妙，則多為「不可說之神祕」。說到底，門因人而設，其精氣神在人不在物。這裡試舉兩則門的軼事，聊補前义「見物不見人」的缺憾。

在前門與天安門之間，曾有一道有「國門」之稱的大門，明朝時稱大明門，大學士解縉曾為其撰寫過帝心大悅的妙聯：「日月光天德，山河壯帝居。」對被「篡之鞭」抽打得遍體鱗傷的朱棣來說，解學士的妙聯無疑是一貼緩解「身份焦慮症」的膏藥。

1644 年，李自成進京，欲將「大明門」改為「大順門」，但還未來得及施工，清兵就打進北京城。順治進京，明亡清興，「大明門」順理成章地被改成了「大清門」。大清門匾是一塊極品玉石，青金石琢製成大字，鑲嵌在玉石之中。辛亥革命後，中華民國代替了大清王朝，「大清門」理所當然地改名為「中華門」。時人本想把石匾拆下來，在其背面鐫刻「中華門」，豈不是易如反掌之事，但誰也沒想到，「大清門」石匾背面竟赫然寫著「大明門」3 個字。原來，早在 268 年之前，清人就已「註冊」了這一「國門改編權」。於是，民國公民只好以木代石，拼湊了一塊注定難以長久的「中華門」木質匾額，替代了歷經明清兩朝近 600 餘年的石頭匾額。1949 年中華人民共和國成立，沿用「中華門」，可謂一字未改，名實俱在。1954 年，在天安門改造過程中，蘇聯專家建議拆除「中華門」，舊王朝的「國門」被徹底拆除。

1976 年毛澤東逝世後，在「中華門」原址上修建了「毛主席紀念堂」。從「大明門」到「中華門」，雖然只是一名廢立，卻足以見證百年滄桑。

另一則故事發生在 1521 年。這一年大明第一頑主正德帝去世，遠在湖北鐘祥的獻王朱厚熜奉太后詔繼承大統，新皇帝風塵僕僕來到北京，還沒進紫禁城，就被大臣們擋在了大明門外。當年明月在《明朝那些事兒》裡寫道：「十五歲的少年朱厚熜仰頭看著遠處雄偉的京城城牆，想到自己即將成為這裡的主人，興奮的血液沖進了他的大腦。可還沒等他激動得熱淚盈眶，一群官員就迎了上來，出乎他意料的是，這幫人其實並不只是來迎接他的。『請殿下從東安門進宮，到文華殿暫住。』朱厚熜馬上明白這是要他以皇太子身份即位，他立刻表示抗議：『我要走大明門，進奉天殿！』」這才是正牌皇帝的進京路線。一番激烈的較量之後，滿朝大臣竟然在一個 15 歲的小少年面前一敗塗地，少年走大明門，進了金碧輝煌的紫禁城，這個少年就是明世宗嘉靖帝。明成祖的北京城因他而發生了極大的改變。

嘉靖帝不僅興建北京城外城，使京城由原來的「口字形」變成「凸字形」，他還改建太廟，大修道觀，興建了天壇、地壇、日壇和月壇。北京城因嘉靖皇帝的改造而極大地改變了模樣！

## 二 紫禁之城：美輪美奐的天子宮殿

瑤峰獨立倚空蒼，雲去雲來兩不妨。
旋逐春寒生苑樹，更隨晴日度宮牆。
玉皇居處重樓擁，太史占時五色光。
若與山龍同作繪，也須能補舜衣裳。

—— 李東陽《瓊島春雲》

梁思成的《中國建築史》指出：「清代建築物，最偉大者莫如北京故宮，清宮規模雖肇自明代，然現存各殿宇，則多數為清代所建。今世界各

國之皇帝宮殿，規模之大，面積之廣，無與倫比。」[283] 談論北京，人們通常不會忘記故宮、天壇、頤和園和明清帝陵等這些舉世聞名的偉大建築。不妨設想一下，如果沒有上述標誌性的建築，北京還算是北京麼？

## （一）「天下絕無，世上僅有」的紫禁城

紅學家周汝昌在《北斗京華》中盛讚北京的「建築規格」和「人文氣象」：「天下絕無，世上僅有！」因為，這裡是「帝裡皇都」。他認為，我們談論北京，首先必須承認「帝裡皇都」的與眾不同，必須尊重這個歷史事實。「若不實事求是，又如何能真正了解與理解北京的一切？劉姥姥都懂得東便門『終是天子腳下』；林黛玉平生第一次進入『神京』，眼見的就是『其街市之繁華，人煙之阜盛，自與別處不同』。因何獨此『不同』？不同何在？要想回答此問，離開『封建思想』的『帝裡皇都』，你又有什麼樣的『反封建』的解釋？」[284] 是的，北京的建築規格和人文氣象之所以說是「天下絕無」「世上僅有」，就因為「這是皇都，這是帝城，這是『日下』『春陽』。」其境界與「塵凡」「俗世」真可謂天壤之別。

在周先生看來，「帝裡皇都」最顯著的特徵，就是建築規格的非同凡響和人文氣象的超凡脫俗。在這裡，真正具體可感的物質層面的東西顯然是建築。具體地說，是 600 年來那些依然存在或「精魂未散」的古建築，前者如故宮，後者如中華門。其中最能體現舊時北京人文氣質的重要建築大約要算是帝王的宮殿吧？關於包括帝王宮殿在內的那些倖存於世或業已消失的古建築究竟有何價值，資深建築史學家羅哲文先生有比較深入的研

---

[283]　梁思成：《中國建築史》，百花文藝出版社 1998 年版，第 289 頁。

[284]　周汝昌《北斗京華：北京生活五十年漫憶》(2001) 是一部可稱為「城市美學散步」的隨筆集。作者「每依北斗望京華」，回憶老北京，「是想記錄某些文化的痕跡，已經消失的夢寐難忘的中華藝術之大美至奇的古建築、市衢坊巷，百姓商賈擔販的人情時序、古道淳風。」隨筆字裡行間，透露出作者對於舊京風物的低回戀眷之情。舉凡舊京歲時風物、風景勝跡、市塵風俗、飲食風尚、師友雜憶，毫不因歷史塵封而褪色，鮮活歷歷如在目前，是領略老北京審美文化風尚的絕妙之選。中華書局網路版。

究。他認為，古建築的價值不外有三個方面，即歷史、藝術、科學。作為歷史文物的古建築的藝術價值主要在於它們既能反映其產生時代社會政治、經濟等方面的情況，還能反映出當時的藝術風格、技術水準和審美觀念。「像北京故宮這樣的古代藝術性建築物，都是歷史上藝術大師和勞動人民的血汗與智慧的結晶，其中有許多寶貴的經驗值得參考借鑑。此外，大多數藝術性古建築都有它永不磨滅的魅力，永遠為人們所欣賞。」[285]

著名作家趙鑫珊面對一處古羅馬鬥獸場的遺址不禁浮想聯翩，他認為，對於藝術而言，時間維度至關重要。譬如說，一處兩千多年前的古羅馬圓形劇場遺址，其雄渾古樸之美，令人心往神馳，僅僅是滄桑歲月所積澱的價值就無法估量。所以，建築藝術就如同中國古畫，它的價值是與時間的長短成正比的。2001 年夏天，趙鑫珊來到基輔，當他看到一條第聶伯河把這座著名的城市分為新老兩區時，不禁感慨萬千。老區，大多是十八九世紀古典主義建築，新區則是火柴盒式的新建築。他說：「把城市分為老區和新區，這是高明的城市規劃，只有老區的建築才是不可抗拒的藝術。」[286]

中華人民共和國成立初期有關北京城建的「梁陳方案」，其主導精神也是「新舊兩立，古今兼顧」的「平衡發展」。但由於政治、經濟等方面原因，老城區的保護受到了極大衝擊，不僅古城牆被夷為平地，就連大多數美輪美奐的老城門也未能倖免。古人說：「吹竹彈絲誰不愛，焚琴煮鶴人何肯？」想必新生政權也並不願意暴殄天物，拆除古建實「情非得已之生存之道」使然。紅學家周汝昌在回憶自己的「九門之緣」時指出：「老北京的大牆上寬可容二車對開，下基之寬可想而知。城上遍生茂草小灌木，草蟲亂蹦，別是一番景界。城如不拆，辟為環城公園，當為世界第一奇觀，堪作吸引國際旅遊的『金碗』，又何必拿著金碗討飯吃呢？」[287] 周先生的

[285]　羅哲文主編：《中國古代建築》，上海古籍出版社 2001 年版，第 8 頁。

[286]　趙鑫珊：《建築：不可抗拒的藝術》，百花文藝出版社 2002 年版，第 24 頁。

[287]　周汝昌：《北斗京華：北京生活五十年漫憶》，遼寧教育出版社 2001 年版，第 151 頁。

假設，並非事後諸葛亮式的妙算，它對今天的城建仍然有重要的啟示意義。梁思成曾用詩一樣的語言描繪古老的北京城牆，認為它是一件氣魄雄偉、精神壯麗的傑作，是舉世無匹的建築紀念物，是磊拓嵯峨意味深厚的藝術創造。梁思成曾「癡人說夢地寫下了自己的城市設想：城牆上面，可以砌花池，栽植丁香、薔薇一類的灌木，或鋪些草地，種植草花，再安放些園椅。夏季黃昏，可供數十萬人納涼遊息。秋高氣爽的時節，登高遠眺，俯視全城，西北蒼蒼的西山，東南無際的平原，居住於城市的人民可以這樣接近大自然，胸襟壯闊」[288]。

　　但那是一個以雷霆萬鈞之勢大破大立的時代。梁思成的夢想很快被時代潮流擊得粉碎。「一個灰濛濛的黎明，搞了一輩子建築設計的梁思成悄悄來到城根下，艱難地攀上北京的最後一段城牆，一尺尺，一寸寸地撫摸著城堞上的每一塊青磚，老淚縱橫，痛不禁聲。最後，他咬咬牙，哆哆嗦嗦地搬上一塊印有『嘉靖二十八年窰戶孫紫東造』的城磚，沿著曲折的小胡同背回家去。他知道，北京的明天再也不會有城牆了，他要用這塊磚去告訴他的子孫後代，告訴他們什麼是北京的城牆，告訴他們發生在城牆下的許許多多的故事。」[289]

　　當年喜仁龍對北京「最美麗、最完整的形象」的那種深深不捨之意中，或許就已包含著某種不祥預感。他在《北京的城牆與城門》的結尾處寫道：「這些建築在水中的倒影也像實物一樣清晰，但當清風從柔軟的柳枝中梳過時，城樓的飛簷就開始顫動，垛牆就開始晃動並碎裂。這些奇妙的城牆和城門，這些北京絢麗多彩歷史的無言記錄者，它們的風姿到底還能維持多久呢？」[290] 誰料一語成讖，「北京的城牆與城門」就如同喜仁龍

---

[288]　白坤峰：《撫不平的心痛：梁思成和他的老北京城》，《北京文學》2004 年第 3 期。

[289]　張樺：《京華建築沉思錄》，《三月風》1987 年第 10 期。

[290]　[瑞典]奧斯伍爾德・喜仁龍：《北京的城牆與城門》，許永全譯，北京燕山出版社 1985 年版，第 192 頁。

看到的「晃動並碎裂」的水中倒影，其美麗的風姿，沒有維持多久就永遠地消逝了。

令人欣慰的是，紫禁城在北京城的多次大拆大建中卻始終安然無恙！紫禁城得以倖存，固然是多方面的因素造成的，但它作為「不可抗拒的藝術」，其歷久彌新的審美魔力，或許是其最重要的保護傘。

不言而喻，以紫禁城為核心的「帝裡皇都」是明、清帝國的核心，而帝王的宮殿則是「帝裡皇都」當之無愧的核心。因此，要了解和理解北京，最便捷的路徑或許要到皇都的紫禁城裡去尋找，確切地說，就是要深入故宮博物院，腳踏實地地探究一番。

我們注意到，故宮博物院中的這個「宮」字，在《漢語大辭典》有21個義項，其中第一個義項是：「古代對房屋、居室的通稱。」宋人費袞《梁溪漫志·古者居室皆稱宮》：「古者居室貴賤皆通稱宮，初未嘗分別也。」「宮」這個詞專指帝王居所，則是秦漢以後的事情。《呂氏春秋·慎勢》：「古之王者，擇天下之中而立國，擇國之中而立宮，擇宮之中而立廟。」《史記·秦始皇本紀》：「作宮阿房，故天下謂之阿房宮。」在21個義項中，除了上述兩項以外，與我們所理解的「宮殿」意義相接近的義項是：「有時泛稱神殿、佛寺、道觀等廟宇。」《漢語大辭典》中「宮殿」的含義相當明晰——只有唯一的解釋——「帝王住所」。但詞典編寫者在定義之後補充一個「煙幕彈」式的說明：「亦泛指高大華麗的房屋。」詞典列舉了不少例句：杜甫《哀江頭》詩：「江頭宮殿鎖千門，細柳新蒲為誰綠？」陸游《雨晴遊洞宮山天慶觀坐間複雨》詩：「近水松篁鎖翠微，洞天宮殿對清暉。」王實甫《西廂記》：「梵王宮殿月輪高，碧琉璃瑞煙籠罩。」郭小川《西出陽關》詩：「幾千丈冰峰呀，幾千頃綠原，好像水晶宮殿突起在大海中間。」這些詩句雖然都很美麗，但它們都如同漂浮在故宮上空的雲霞霧靄，只有在我們遠眺故宮時具有裝飾天空的意義。相較而言，《現代漢語詞典》對

「宮殿」的定義可謂直截了當：「泛指帝王居住的高大華美的房屋。」[291]

不少人相信，人間無數的重大祕密，大都珍藏在著名的宮殿裡。關於這一說法，我們只要簡單考察一下所謂「中國五大宮殿」和「世界五大宮殿」就不難明白個中道理。所謂「中國五大宮殿」通常是指：(1) 秦始皇的阿房宮；(2) 漢長安未央宮；(3) 隋朝東都洛陽宮；(4) 唐代長安的大明宮；(5) 明清北京故宮。所謂「世界五大宮殿」通常是指：(1) 明清北京故宮；(2) 莫斯科克裡姆林宮；(3) 巴黎凡爾賽宮；(4) 倫敦白金漢宮；(5) 華盛頓白宮。這些宮殿中發生的廣為人知和不為人知的故事，都是中國歷史和世界歷史最重要的組成部分。住在宮殿裡的帝王們，不僅掌握著最高的政治權利，控制著國家的經濟命脈，而且還主導著時代的文化價值取向，無可爭辯地引領著藝術潮流和審美風尚。因為那些「高大華美的房屋」中的「天之驕子」們，都是其各自時代的統治者，既是物質世界的統治者，也是精神世界的統治者。馬克思說過：「統治階級的思想在每一個時代都是占統治地位的思想，這就是說，一個階級是社會上占統治地位的物質力量，同時也是社會上占統治地位的精神力量。」[292] 我們理解城市，自然有許許多多的切入點或觀景台，而作為統治者華美住所的宮殿，無疑會給我們提供一個更好的切入點或觀景台。

此外，國內外眾多著名宮殿都是故宮之「相似性家族」的成員，都是人類審美文化生動形象的親歷者和見證者，同時也是我們認識故宮審美特性的最佳參照物，它們為我們在比較與鑑別中更深入地認識故宮提供了生動直觀的佐證。

羅哲文先生在《中國古代建築》一書的序言中感嘆說：「亞歷山大的武功，大流士的改革與專制，釋迦牟尼、耶穌基督的說教，秦皇、漢武、唐宗、宋祖的豐功偉業，都隨流水，如大江之東去，一去不復返了。但埃及

[291]　中國社會科學院語言所詞典編輯室編：《現代漢語詞典》，商務印書館 2015 年版，第 455 頁。
[292]　《馬克思恩格斯全集》第 3 卷，人民出版社 1960 年版，第 52 頁。

的金字塔，希臘、羅馬的神廟、城堡、劇場，亞洲的佛寺和歐洲的教堂，秦皇、漢武的高墳巨塚，卻仍然巍巍屹立。萬里長城永不倒，成了中華民族的象徵。可以說，世界上任何一個國家，任何一個民族，都有他們每一個歷史時期的歷史精華、文明結晶。然而最能具體形象的表明每個歷史時期文明的標誌的，要算是古建築了。」[293] 古代宮殿，無疑是古建築的精華之作和傑出代表，它們不僅是國家和民族政治、經濟、宗教和文化的形象化標誌，而且也是其審美風尚和美學觀念的生動而直觀的藝術化呈現。不言而喻，蘊含著東方神韻和中國格調的北京故宮，就是一部展開的中華建築美學的不朽經典。

## （二）紫禁城的前世與今生

每當中原王朝強盛時，帝王們就可能以薊城為經略東北邊民的前進基地，相反，每當東北少數民族崛起時，其首領們就有可能以薊城為南犯中原地區的進軍據點，而從東晉至五代的 500 餘年間，北京曾先後三為都城，這是北京由北方軍事重鎮向北中國政治中心轉變的重要信號。

遼太宗耶律德光得到幽州後，升幽州為南京。南京大內在今北京的西南隅，那時的「南京」宮殿林立，堂閣櫛比。西城高處有涼殿，東北隅有燕角樓，南面有毬場。南京城內，街巷坊市，井然有序，店鋪和市集，在六街和北市，特別是六街，每當節日之夜，燈火同晝，遊人如織，連遼帝也常微行觀之。據契丹國志記載，南京戶口 36 萬，大內壯麗，城北有市，陸海百貨，聚於其中。僧居佛寺，冠於北方。錦繡組綺，精絕天下，膏腴蔬麻，果實稻粱之類，彌不畢出，而桑柘麻麥，羊豕雉兔，不問可知。水甘土厚，人多技藝。遼南京萬家星井，百貨彙集，人才薈萃，經濟繁榮，它不僅是遼的陪都，而且是北中國經濟與文化的中心。[294]

---

[293]　羅哲文主編：《中國古代建築》，上海古籍出版社 2001 年版，第 1 頁。

[294]　閻崇年等編著：《中國歷史名都》，浙江人民出版社 1986 年版，第 10 ～ 11 頁。

永樂十八年四月初八，紫禁城竣工不及百日的三大殿被雷火全部燒光，有人建議遷都，被朱棣堅決拒絕。朱棣死後，朱高熾繼位，1425 年，他宣布複都南京，並命修理南京皇城，改北京為行在。但仁宗很快死了，宣宗繼統，在位 10 年，一直稱北京為行在。直到正統六年，也就是 1441 年，修繕的乾清宮、坤甯宮和重建的奉天、華蓋、謹身三殿完成，英宗皇帝才宣諭定都北京。從永樂帝升北平為北京到正統帝定都北京，先後曆 4 帝，48 年，北京作為明代都城的地位才得以確立。

紫禁城宮殿群巍峨壯麗，金碧輝煌，凝重威武，氣勢雄偉，它坐落在北京中軸線的中間，是中國古代宮殿建築總結性的傑作，也是世界古代宮殿建築中罕見的珍品。北京中軸線縱貫南北，是全城布局的依據。中軸線南起外城南面正中的永定門，北迄皇城後門之北的鐘鼓樓。外城、內城、皇城和宮城都以這條中軸線為准對稱展開，形成完整和諧的舉世無雙的巨大建築群，以紫禁城為中心的北京城的建成，反映了當時國力的強盛和建築技術的最高水準。[295]

「日月光天德，山河壯帝居。」我們在討論北京的城牆與城門的時候，就已經充分感受到了紫禁城內外皇城的金碧輝煌與雄偉壯麗。「縱觀北京城內規模巨大的建築，無一比得上內城城牆那樣雄偉壯觀。初看起來，它們也許不像宮殿、寺廟和店鋪牌樓那樣賞心悅目，當你漸漸熟悉這座大城之後，就會覺得城牆是最動人心魂的古蹟 —— 幅員遼闊，沉穩雄勁，有一種高屋建瓴、睥睨四鄰的氣派。它那分外古樸和綿延不絕的外觀，粗看可能使遊人感到單調、乏味，但仔細觀察後就會發現，這些城牆無論是在建築用材還是營造工藝方面，都富於變化，具有歷史文獻般的價值……其中較大的城樓像一座築於高大城臺上的殿閣。城堡般的巨大角樓，成為全部城牆建築系列的巍峨壯觀的終點。」[296]

[295]　閻崇年等編著：《中國歷史名都》，浙江人民出版社 1986 年版，第 23、26 頁。
[296]　［瑞典］奧斯伍爾德·喜仁龍：《北京的城牆與城門》，許永全譯，北京燕山出版社 1985 年版，

如前所述，北京被作為都城，始於遼金，興於蒙元，盛於明清。及至今日，它已成為舉世聞名的現代國際超級大都市，是連接五洲四海的一帶一路的起點與中心。一般認為，蒙元帝國棄金中都舊址，在其東北另起爐灶興建元大都。相對於遼金的陪都而言，元大都的興建才是北京真正意義上的建都史之開端。但就建造宮殿而言，早在金代海陵王遷都之前，北京地區的宮殿建築就頗有規模了。先秦時期的燕國都城薊城就有了形制考究的宮殿，此後的西漢燕國、南北朝時期的前燕，唐代叛亂的史思明及藩鎮割據的劉守光，直到遼朝，前後斷斷續續的政權，皆建有自己的宮殿，其中燕國和遼朝的宮殿使用時間相對長一些，但是這些建造宮殿的方國或是割據政權，或者因為其政治勢力較小，或者因為其存世時間較短，都沒有在全國產生重大影響，只有到了金代中都成為北方地區的統治中心，已經具備了與南宋都城臨安相抗衡的實力，這才開始產生了較大的影響。[297]

金海陵王完顏亮於貞元元年（1153）從上京遷都燕京，改燕京為聖都，後又改為中都。自此，北京才正式成為北中國的政治中心。海陵王遷都後不久就向南面擴張，攻打南宋後，下令在汴京大興土木，建造宮殿，並且舉朝遷往汴京，不久之後海陵王在部下的叛亂中被殺。在金世宗、章宗兩朝，金中都的發展達到了鼎盛時期。章宗死後，後繼者懦弱，又恰逢蒙古人迅速崛起，中都遭遇鐵蹄踐踏，金朝君臣紛紛逃往汴京，蒙古人占據中都，並將其改名燕京。金中都的皇城裡宮殿數量眾多，遠遠超過了遼的南京，但蒙古人占領中都後，大肆掠奪百姓財物，搜刮完金朝統治者遺留的珍寶，然後又將皇宮付之一炬，經過這次巨大的災難之後，金朝輝煌的宮殿已經是面目全非了。在此後的蒙古統治時期，隨著城市經濟的逐步恢復，大片的皇宮廢墟或是被百姓占為宅第，或是被僧人、道士占為廟宇，不再有空閒之地。此後的元朝統治者在定鼎燕京之後，不得不另外選

第 28 頁。

[297]　朱士光主編：《中國八大古都》，人民出版社 2007 年版，第 20 頁。

擇城址，營建新的宮殿。[298]

　　值得注意的是，金中都遠比遼南京宏偉壯麗。中都是仿照北宋都城汴京的規制，就遼南京城改建而成的。中都分為大城、皇城和宮城 3 重⋯⋯皇城正門宣陽門內，東為文樓，西為武樓，中為寬闊的禦道，兩邊有溝，溝上植柳。北端為宮城正門應天門。應天門 11 間樓，高 26.6 公尺，四隅設角樓，琉璃瓦頂，金輔朱戶。門前為大安殿，是金帝舉行大典的地方，後為仁政殿，是金帝聽政之所。官城內有殿 9 重，樓 36 座，樓宇高敞宏麗，殿閣富麗堂皇。城外有天地日月 4 壇，分列南北東西四方。都城自豐宜門經宣陽門至應天門，有一條寬廣的禦道貫穿城外，大路寬闊平直，夾道植柳，延伸百里。今天的北海公園、頤和園、香山、玉泉山都有金朝皇帝建的行宮，釣魚臺迎賓館也曾見著金朝皇帝的行宮別院，著名的燕京八景就是從金代流行於世的。[299]

　　元金異代之際，萬間宮闕，化作丘墟，但金代明昌時期有關歷史遺跡和自然景觀的「燕京八景」[300] 卻被完好無損地保留了下來，人們可以說這是一個奇跡，但也可以視為審美意識比金城湯池更為「長壽」的一個例證。400 年後，即清乾隆十六年（1751），「燕京八景」以聖旨的形式固定下來，直到今天仍為人津津樂道。當時「燕京八景」均刻石立碑，銘詩作序，以期永志不忘。但乾隆時期的「燕京八景」，雖有真切實物，卻更像當今的「非遺」，因為「燕京八景」的精神品質和審美價值已遠在現實景觀之上。「燕京八景」的出現，對於後來的風景點建設產生了巨大影響。有人感嘆說，自此之後，十室之邑，三裡之城，五畝之園，以及琳宮梵宇，靡不有八景詩矣。現代園林、庭院綠化亦借鑑「燕京八景」建造景點，在

[298]　朱士光主編：《中國八大古都》，人民出版社 2007 年版，第 24 頁。

[299]　閻崇年等編：《中國歷史名都》，浙江人民出版社 1986 年版，第 13 頁。

[300]　「燕京八景」又稱「燕山八景」或「燕台八景」：太液秋風、瓊島春陰、金台夕照、薊門煙樹、西山晴雪、玉泉趵突、盧溝曉月、居庸疊翠。

一定程度上推動了園林建設的發展。這一說法一直延續到今天。當然，「乾隆禦制」與《元一統志》記載的八景也並非毫無差別，例如乾隆時期的「玉泉趵突」，與金人的「玉泉垂虹」就有所不同，「垂虹」在天，「趵突」在地，雖然都是自然景觀，卻有「天壤之別」。資料表明，金朝統治者在玉泉山建有行宮，人在行宮之內借著玉泉山的天然美景來觀賞垂虹的奇特景觀，這種園林藝術中的借景方法，在此達到了出神入化之境。

當然，移步換景的北京，絕非只此八景。只不過於萬千景致中以此八景作代表而已。事實上單就「八景」而言，還有以「銀錠觀山」為代表的著名「燕京小八景」[301]等，這些地方也不乏可圈可點的美好景色。直到20世紀中葉，梁思成還曾設想，將北京古城牆修葺改造成新的景觀平臺，市民走上城牆，處處都是觀賞風景的絕佳去處。例如，「秋高氣爽的十月早晨，是景色最美的時候，特別是向西瞭望，在明淨澄澈的晴空下，遠處深藍色的西山把城牆襯托得格外美麗。如果你曾在北京城牆上度過秋季裡風和日麗的一天，你絕對不會忘記那綺麗的景色 —— 明媚的陽光，清晰的萬物，以及和諧交織起來的五彩斑斕的透明色彩」[302]。

按照北京史學家王崗的說法，蒙古人占領北京之後，將中都改為燕京，但和遼金一樣，燕京仍然只是陪都，算不上真正意義上的都城。到元世祖擊敗阿裡不哥之後，改年號為至元（1264-1294），定國號為大元，金中都隨之改名元大都，只有到了這個時候，大都城才發展成為全國名副其實的首都。

元朝的宮殿群落分布在太液池兩岸，顯示了遊牧民族開放和流動的特點。與此相關的是，元朝統治者雖然把全國的政治中心從北方大草原南移

---

[301]　「燕京小八景」：「銀錠觀山」「西便群羊」「東郊時雨」「南囿秋風」「西涯晚清」「西安雙塔」「白塔晴雲」「石幢燕墩」。

[302]　[瑞典]奧斯伍爾德·喜仁龍：《北京的城牆與城門》，許永全譯，北京燕山出版社1985年版，第28～29頁。

到了中原，但是其草原情懷並沒有改變。元世祖為了避免後代子孫忘記草原文化，特意將大草原上的莎草移植到了大都的皇宮中來。所謂「黑河萬里連沙漠，世祖深思創業難，數尺闌杆護春草，丹墀留與子孫看。」這也說明成吉思汗的後代，在「只識彎弓射大雕」的基礎上有所進步，他們對「文而化之」的力量已經有了相當清醒的認識。事實上，元大都文化也頗有自信自豪的一面，譬如當時的科學技術整體上應該是居於世界先進行列的，郭守敬在天文曆法等方面的傑出成就是極佳的例證。他的《授時曆》的精確度至今令人驚嘆不已，它的準確度已與現行的西曆基本相同，但比西曆的使用要早 3 個世紀！元大都還是元代文學和戲劇的搖籃，在元曲四大家中，關漢卿、王實甫和馬致遠都是大都人，他們的作品在中國文學史上占據著不朽的地位。此外，蒙元在大都新建的國子監、孔廟和許多寺廟，如白雲觀等，這些流傳數百年的建築，都將因其文物價值和審美價值而永遠銘記史冊。

在元代的皇宮中農耕文化與遊牧文化的融合現象隨處可見，但十分可惜的是，這座極為壯觀的皇城宮殿，在明太祖推翻元朝統治之後，雖然沒有受到戰亂的損害，卻被人為地拆毀了。這是一場文化浩劫，也是北京城市發展歷程中的一次倒退，雖然這次倒退的時間比較短，但仍然是一場影響深遠的歷史災難。500 年後，在改朝換代的槍林彈雨中被千方百計保留下來的古建築，竟在和平時期被人民群眾掃蕩一空，包括城牆城門等雄偉建築幾乎未留一磚一石！此後又是數十年的大拆大建，曾經的「帝裡皇都」神話般地變成了一個「當驚世界殊」的現代化城市。今天，北京進入了一個 3000 年未見的爆炸式發展時期。這種改天換地式的城市變革，正以迅雷不及掩耳的威勢，釋放著原子裂變式的能量，且根本就沒有停下來的跡象，以致誰也無法預料，千秋功罪，究竟如何評說？唯一能肯定的是，北京城建的快車，已快得任何人都來不及理清頭緒。

當年明成祖結束靖難之役後，高瞻遠矚地把北京升為陪都，然後又不失時機地將其變為首都，這位明清北京城的「總設計師」，也曾大刀闊斧地拆毀元大都北邊的城牆，並毫不留情地毀掉了蒙元帝國最華麗的宮殿。這個第一次使北京名正言順地成為「北京」的皇帝，無疑是元大都的最兇狠的「行毀壞者」，今天的歷史學家可以說他製造了一場不亞於火燒阿房宮的文化浩劫，但他「破壞一個舊世界」是為了「建立一個新世界」，他在元大都的廢墟上重塑了北京城，打造了紫禁城。因此，後世的歷史學家們還是以「同情之理解」，對永樂皇帝的這「一破一立」給予了「理性的評價」：「在當時的情況下（是）不可避免的。這是因為在太祖朱元璋看來，北逃的元順帝隨時都可能捲土重來，威脅到大明王朝的統治。拆毀元朝的宮殿，也就是剷除了元朝的王氣，即便付出再大的代價也是在所不惜的。」[303]

　　值得注意的是，明朝興建的紫禁城並沒有被起而代之的大清王朝拆毀，大清皇帝似乎對「剷除王氣」的奧妙既缺乏足夠的理解，也沒有足夠的興趣。明清易代之際，在有關紫禁城的存亡去留問題上，樸素的唯物主義打敗了根深蒂固的唯心主義。僅從這一點也可以看出，清朝統治者要比明朝君臣更理性、更務實、更適應時代潮流的發展。清人幾乎照單收下了大明王朝留下的老北京和紫禁城！

　　多爾袞明白位於京城中軸線中心的這組宮廷建築的價值。紫禁城不僅是漢族最高政治權利的象徵，而且還是其數千年文化藝術的精華。據說當年有人鼓動多爾袞拆掉紫禁城以擴建盛京，這倒也符合中原王朝的歷史邏輯。試想，自秦及明，歷來大一統的王朝，對前朝宮城非拆即遷，或者乾脆付之一炬。但多爾袞決定遷都北京，並明智地繼承了明朝宮殿，看來，這個睥睨天下的攝政王並不懼怕漢人的「王氣」。清史學家閻崇年先生曾多次提議要給多爾袞頒發文化遺產保護勳章，這雖然只是網友們杜撰的一

---

[303]　朱士光主編：《中國八大古都》，人民出版社 2007 年版，第 34 頁。

句笑話，但多爾袞這位鐵帽子王爺在明清易代之際成功地保護了閻老鍾情的「大故宮」卻是有案可稽的事實。

順治皇帝進京後，波瀾不驚地住進了紫禁城。這是明成祖以南京紫禁城為藍本營建的人間天堂，從永樂四年（1406）動工到永樂十八年（1420）竣工，前後歷時 14 年。從朱棣到順治，紫禁城的「過戶」似乎顯得有些「低調」。「新業主」對「老房主」的裝修和陳設似乎並不太挑剔，數百年間，主體建築幾乎沒有實質性的改建，譬如說著名的三大殿，雖然在明清兩朝都遭遇過屢毀屢修的尷尬，但三大殿的中心地位一如初建。尤為可貴的是，紫禁城的近百座大小宮殿和近萬間房屋的規模，數百年間都只在一個不易覺察的區間溫和地波動著。

《大清一統志》說，清初「定都京師，宮邑維舊」。這是官方文獻對京師建制沿襲明代的正式表述，當然這也並不是說清代近 300 年的北京城建只有「維舊」而無「創新」。譬如說，清朝的「三海五園」的營造就不乏可圈可點的大手筆。康熙、雍正、乾隆時期，生產發展，國力強盛，清廷役使大批匠師或夫役，對「三海五園」和「三山五園」進行營造和開發，對城市的整體環境的改造具有重要意義。所謂「三海」，即南海、東海、北海。如果說這些風光旖旎的迷人「海景」，多為元金皇宮的遺贈的話，那麼西郊園林的創造性開發，則是大清皇家園林營建方面的代表性成果。「北京西郊依山帶水，風景秀麗。清廷依恃國家富厚的財力，集中全國能工巧匠，在北京西郊營造了舉世聞名的『五園』，又稱『三山五園』。所謂『三山』，即指香山、玉泉山、萬壽山；『五園』，是指香山靜宜園，玉泉山靜明園，萬壽山清漪園、暢春園和圓明園。」[304]

民國年間，訪問北京的喜仁龍在書中描述過登臨城牆四望北京的印象：「循著通向城頭的馬道拾階而上，就可以踏上了一個趣味盎然、無與

---

[304]　閻崇年：《聞名中外的古都：北京》，載《中國歷史名都》，浙江人民出版社 1986 年版，第 40 頁。

倫比的散步場所。在這裡你可以……欣賞那目不暇接的奇妙景致：掩映在
萬綠叢中，金色屋頂閃閃發光的故宮和廟宇，覆蓋藍色和綠色琉璃瓦的華
美住宅；帶有前廊的朱紅色房屋，半掩於百年古樹下的灰色矮小平房，橫
跨有著綺麗牌樓的繁庶的大街，一片片牧童放羊的開闊地 —— 城內種種
景象，無不盡收眼底……如果對於北京的城牆能夠予以適當審查，使其無
聲的證據變成語言，它們無疑會比任何記載道出更有趣、更準確的故事
來。它們是一部土石做成的史書，內容一直在不斷更新和補充，直接或間
接地放映自其誕生以來直至清末的北京興衰變遷史。北京發生的重大歷史
事件，大都在城牆上留下了印記。」[305]

## （三）大美帝宮：無言的信史

　　翻翻北京城的發展史便不難發現，明清時期的紫禁城最有資格被譽為
「更有趣、更準確的史書」，有人稱其為「無言的信史」可謂恰如其分。清
朝皇帝入住紫禁城之後，他們對明代皇宮所做的主要改造或許不在具體建
築物上，而更多的是在「上層建築」方面。這座長方形城池一如其舊：南
北長 961 公尺，東西寬 753 公尺，四面圍有 10 公尺高的城牆，城外有 52
公尺寬的護城河。傳說玉皇大帝的紫微宮一共是一萬間，而人間的紫禁城
一直流傳著宮殿有 9999 間半的說法。央視 2005 年播放的《故宮》解說詞
指出：「在長達 500 多年的時間裡，紫禁城一直在變化著。根據 1973 年故
宮專家的調查，紫禁城現有的宮殿是 8704 間。」[306]

　　紫禁城的營造，有一套正大堂皇的說辭，即《周禮・考工記》營建國
都的一套規制：「匠人營國，方九裡，旁三門，國中九經九緯，經塗九軌，
左祖右社，面朝後市。」這裡的「左祖右社」是一條基本原則。宮殿建制的

---

[305]　[瑞典] 奧斯伍爾德・喜仁龍：《北京的城牆與城門》，許永全譯，北京燕山出版社 1985 年版，
　　　　第 30 頁。
[306]　中央電視臺《故宮》解說詞，2016 年 5 月 16 日引用。

另一個突出的特點是所謂的「三朝五門」。東漢鄭玄《禮記·玉藻》的注解說：「天子及諸侯皆三朝」：外朝一，內朝二（即所謂「治朝」和「燕朝」）；在《禮記·明堂位》的注中說：「天子五門，皋、庫、雉、應、路。」例如，明南京紫禁城的 5 門為：洪武門、承天門、端門、午門、奉天門，分別與上 5 門對應。3 朝為：奉天殿前的外朝、謹身殿前的內朝和謹身殿后的燕朝。成祖遷都北京，南京作為留都，北京的建設基本按照南京的布局。清朝仍然以北京為都城，順治時，將大明門改為大清門。奉天殿改為太和殿，其他沒有做太大的變動。清代 5 門為：天安門（皋門）、端門（庫門）、午門（雉門）、太和門（應門）、乾清門（路門）；內朝三大殿為：太和殿、中和殿、保和殿。端、午兩門之間為外朝；太和門與乾清門之間為「治朝」；乾清門內為「燕朝」。[307]

　　按照乾隆朝《日下舊聞考》的說法，紫禁城宮殿是「因勝國之舊而斟酌損益之」，其主要建築依舊分為外朝和內廷兩部分。但朱明王朝時內外殿堂的名字，卻隨著「愛新覺羅氏」的心意發生了改變。譬如 3 座大殿在明代初建時，最前面的叫奉天殿，中間的叫華蓋殿，後面的叫謹身殿。由於發生火災[308]，明代嘉靖重建以後，把它們改為皇極殿、中極殿和建極殿。我們今天所熟知的太和殿、中和殿、保和殿顯然是清代的名字，這些大殿，各司其職，都是朝廷舉行各種大典的地方。內廷的中心是乾清宮、交泰殿、坤甯宮，統稱後三宮，是皇帝和皇后居住的正宮。

　　無與倫比的故宮，其美不可方物。金學孟在其《北京賦》中讚嘆說：「故宮雄偉，熠熠閃爍，綺麗角樓，巍巍然城牆之上聳立，金水護城，灩灩然麗日之下清波。到處紅牆黃瓦，滿目棟梁雕琢，金碧輝煌，高低錯

---

[307]　劉暢：《北京紫禁城》，清華大學出版社 2009 年版，第 45 頁。

[308]　三大殿多災多難，明成祖禦殿不到百日，三殿盡被雷電焚毀，不僅雄才大略的永樂帝終生未能修復，洪熙、宣德兩朝亦愛莫能助，直到正統朝才被重修。嘉靖三十六年（1557）「三殿兩樓十五門俱災」；萬曆二十五年（1597），三殿再次遭災，「火起歸極門，延至皇極等殿」。據說後兩次火災比第一次更為嚴重。

落，塵世仙境，殿宇樓閣，兩萬余平方機巧精緻，一萬間房舍迷離撲朔。層層重重，錯錯落落，千門萬戶，紫樓紅閣。高低跌宕，浩然氣沖長天，縱橫交錯，蕩然宏偉寥廓，布局華美，驚天規模。精細繁複，嘆凡塵之瑰寶，高挺玲巧，拔世界之矍鑠。」[309]

關於故宮的建築特點，也是一個難以言說的論題。我們不妨看看建築學家羅哲文的看法。他認為，就其犖犖大端而言，中國古建築主要有以下幾個方面的特點：一是完整的木質構架和堅固的磚瓦系統，二是因地制宜和精巧實用的建造技術，三是獨特的圓融和諧的群體組合形式，四是美麗動人的藝術形象。中國古代建築的藝術創造，歷史悠久，經驗豐富，歷代匠人創造了數不勝數的無與倫比的建築傑作，這也是華夏審美精神得以傳承數千年而魅力長存的重要因素之一。故宮集中國古建築之大成，其特點特色，亦當作如是觀：木質、精巧、圓融、俊俏。

紫禁城內金碧輝煌的巍峨宮殿和熠熠閃爍的雕梁畫棟，都是中國古代建築卓越成就的典範之作，都是建築大師們別具匠心的審美創造。這些功能結構和審美精神高度統一的建築，是歷代建築師殫精竭慮的心血之作，是一代代傑出藝術家和優秀手藝人精湛的建築技術、獨特的審美眼光和不懈的創新精神沛然遇合的結果。羅哲文指出：「中國古代匠師在運用物體藝術方面取得了豐富的經驗，唐宋繪畫中反映出了很多優秀的組合形象。實例如故宮和頤和園以屋頂形式的主次分明，變化多樣，加強了藝術感染力，獲得了很高的藝術成就。」[310]

故宮作為宮殿建築之精華，具有無與倫比的典範性藝術價值。如前所述，按照辭書的定義，故宮是一組明清「帝王居住的高大華美的房屋」，更確切地說，是明清帝王的故居或遺跡。眾所周知，故宮作為明清兩朝的政治樞紐中心，它是 600 年歷史的象徵。作為中國現存最完整的木質宮殿

---

[309]　金學孟：《〈北京賦〉並序》，中國文學網。
[310]　羅哲文主編：《中國古代建築》，上海古籍出版社 2001 年版，第 122 頁。

群，它不僅是「中國五大宮殿」碩果僅存的活標本，而且還享有「現存世界五大宮殿之首」的美譽，如今它作為向全世界開放的皇宮博物館，具有極為重要的歷史研究、文物保存價值和藝術審美價值。

這裡所謂的「中國五大宮殿」和「世界五大宮殿」，大都是些非學理化且無關審美的民間說法。但前者無疑為我們提供了一個考察故宮之歷史地位的簡潔明瞭的歷時性比照；後者則使故宮「天下絕無、世上僅有」的獨特品性，獲得了一個形象直觀的國際化視野。就其審美獨特性而言，周汝昌先生所說的「天下絕無、世上僅有」並不誇張，但若將故宮置於世界名宮群體中進行宏觀的歷史性考察，譬如說，就其歷史意義、文化價值、政治功能等眾多方面的特點進行綜合考察，我們或許更願意將「絕無僅有」的說法視為一種蘊含修辭技巧的藝術性表達。

說起「中國五大宮殿」，除故宮外的頭一個宮殿，理所當然是享有「天下第一宮」之美譽的秦皇阿房宮。據說阿房宮的面積超過 20 萬平方公尺，是秦始皇窮奢極欲的象徵，這組意在流傳萬世的宮殿群，秦始皇至死也未能見到它的竣工。亡秦的胡亥在世的時候，工程從未停止作業，據說項羽一把大火，將其化為灰燼。1992 年，聯合國教科文組織就對阿房宮進行了調查和認證，將其認定為「世界上最大的宮殿基址」，認為阿房宮是當之無愧的「世界奇跡」。相傳阿房宮規模浩大，氣勢宏偉，景色壯觀，如司馬相如《上林賦》所言：「離宮別館，彌山跨谷。」傳說阿房宮「大小殿堂數百所，各殿氣候不同天」。秦始皇巡迴各宮室，一天住一處，至死時也未把宮室住遍。這些不無誇張的想像，大多拜杜牧所賜。他在《阿房宮賦》寫道：「覆壓三百餘里，隔離天日。驪山北構而西折，直走咸陽。二川溶溶，流入宮牆。五步一樓，十步一閣；廊腰縵回，簷牙高啄；各抱地勢，鉤心鬥角。」這些文學性的描寫，極盡誇飾之能事，意在借古諷今。據考古資料證實，阿房宮並未建成。從文化史的視角看，秦始皇的阿房宮

與末代王朝的紫禁城並不缺少可比性。儘管首創帝制的秦朝直到其終結，阿房宮尚未最終完工，而終結帝制的大清尚未創立時，紫禁城已是「百年老店」，但以美到極致的皇宮來襯托皇室至高無上的權威，卻是一脈相承的治國馭民之術。在這一「秦」一「清」、一「始」一「末」之間，兩千多年來的宮裡宮外，有多少興亡事，多少兒女情，或可歌可泣，或可悲可嘆，或可笑可惜，無論看上去多麼輝煌壯麗，多麼華美驚豔，但本質上無非是一部縱欲的醜史和吃人的悲劇。

其次當然是「千年不朽」的西漢長安未央宮。它是迄今中國歷史上「使用朝代最多、存在時間最長」的皇宮，其政治樞紐作用一直從西漢沿用到南北朝。未央宮作為西漢帝國的大朝正殿，始建於西元前 200 年，由劉邦重臣蕭何在秦章台的基礎上修建而成。西漢以後，未央宮仍是多個朝代的理政之地，隋唐時也被劃為禁苑的一部分，存世 1041 年。未央宮是中國古代規模最大的宮殿建築群之一，總面積是北京紫禁城的 6 倍。此外，未央宮是絲綢之路的東方起點，以其宏大的規模、等級森嚴的建築規格體系，展示了中華文明的先進水準和非凡魅力。作為漢帝國權力中心，未央宮見證了漢帝國奠定國家疆域、促進經濟發展、繁榮民族文化等重要歷史功績，見證了劉邦的「大風起兮雲飛揚」；見證了漢武帝的「罷黜百家，獨尊儒術」；見證了霍去病的「匈奴未亡，何以家為」；見證了司馬遷的「究天人之際，通古今之變」；見證了陳湯的「犯強漢者，雖遠必誅」；見證了張騫出使西域，鑿空「絲路」……見證了大漢王朝的興盛於衰敗。

從建築發展史的視角看，未央宮是中國古代規模最大的宮殿建築群之一，其規劃和設計思想對後代宮城和都城的建設規劃產生了深遠的影響，奠定了中國兩千多年宮廷建築的基本格局。早在秦代，統治者已注意到以人造山水來美化皇宮環境，如秦始皇就在咸陽宮東邊修築了蘭池，建造了蓬萊山。但在皇宮之內修建人工湖、築造假山卻是始於西漢未央宮。漢武

帝時修築的建章宮繼承了這一傳統，在宮內修了太液池，池中築了蓬萊島，這些做法和池山名稱，一直為後世帝王宮城所仿效、沿用。[311]

第三是隋唐東都洛陽宮。隋時稱紫微宮；貞觀元年，唐太宗號洛陽宮；武則天時稱太初宮。顯慶二年，唐高宗正式定洛陽為東都，把洛陽宮城當作自己的「東宅」。女皇武則天登基稱帝以後，將洛陽作為帝國的首都，稱神都，為武周王朝的第一大都城。隨著唐朝政治、經濟、文化中心的全面東移，洛陽皇宮也不斷得到擴建和修整，規模宏大，華美壯麗達到頂峰。洛陽宮總面積約為6個故宮大小。隋時宮城正門是則天門，其建築最為奢華，門上飛觀相夾，觀有二重，上重為紫微觀，左右連闕高120尺。武德四年（621）秦王李世民攻克洛陽，以其太奢，遂命拆毀。唐高宗遷洛陽時，加以重修和營建，恢復了隋時的豪華與氣派。這組建築群，充分表現出中國封建社會鼎盛時期雄偉壯觀的都城建築風格，對後代都城建設有著深遠的影響，如北宋時汴梁宮城南門的丹鳳門，明清時代北京紫禁城的午門，都是這種形式演變來的。則天門內的萬象神宮是宮城正殿，又稱「明堂」，「明堂者，天子布政之宮也」。明堂正面正對則天門，坐落在中軸線上。據歷史記載：萬象神宮高度約在88公尺左右，底層各邊長約90公尺，這無疑是中國古代建築史上最高大的木結構單體建築，同時也是唯一一座樓閣式皇宮正殿建築。李白天寶初年遊洛陽時曾作《明堂賦》，對「順春秋之左右，法天地之圓方」的「明堂」感慨不已、讚嘆有加：「大哉乾象，紫微疏上帝之宮；邈矣坤輿，丹闕披聖人之宇。聿觀文而聽政，宜配天而宗祖⋯⋯盛矣，美矣！皇哉，唐哉！」

在中國的著名宮殿中，最富有傳奇色彩的或許是唐代長安的大明宮。大明宮的來歷還有一個奇異的傳說。初建之時，從工地上曾挖掘出一面古銅寶鏡，魏徵認得是秦始皇曾經用來清除異己的鎮國之寶，叫「秦鏡」。

---

[311] 李毓芳：《漢長安城未央宮的考古發掘與研究》，《文博》，1995年第3期。

傳說它能照見人體內的五臟六腑，纖毫可見。更重要的是它還能照出群臣的忠奸、國運的興衰。大明宮竣工後，秦鏡就被懸掛在朝堂上震懾妖邪，以後也就有了「明鏡高懸」的說法。宮殿有寶鏡鎮守，自是一派的正大光明，所以被稱為大明宮。[312] 大明宮是中國乃至世界歷史上最大的宮殿群，被譽為「千宮之宮」，是古老的絲綢之路最神奇的「東方聖殿」。大明宮作為大唐帝國國力的象徵，雄踞帝國首都長安城東北的高崗之上。據說大明宮創造了中國古代宮殿的土木材料使用之最，其高超的建築技術對後世都有深刻的影響。儘管大明宮自身在「安史之亂」後屢遭劫難，到唐末896年被徹底損毀，但今天我們在包括日本在內的眾多古建中，仍然可以看到大明宮輝煌壯麗的身影。

所謂「世界五大宮殿」，即中國的故宮、法國的凡爾賽宮、英國的白金漢宮、俄羅斯的克裡姆林宮和美國的白宮。這些威嚴壯麗、氣勢恢宏的宮殿，都應該在梁思成所謂「今世之大宮殿」的行列中。這五大宮殿也無不是世界建築史上的美學典範之作。

如前所述，故宮營建於1406年，竣工於1420年。位於巴黎西南部的法國王宮凡爾賽宮，1661年動土，1689年竣工，若以竣工時間計算，故宮要比法國的凡爾賽宮早260多年。儘管這兩宮「年齡」差異較大，但在中西「今世之大宮殿」中，似乎此二者間的異同受到的關注最多。眾所周知，凡爾賽宮是法國古建築的傑出代表，其主體建築宏偉壯觀，內部陳設奢華至極，放眼四望，觸目皆是人間藝術珍品。據介紹，凡爾賽宮為古典主義風格建築，講究對稱原則，造型輪廓整齊、莊重雄偉，被認為是理性美的代表。其內部裝潢則以巴洛克風格為主，少數廳堂為洛可哥風格。建築群周邊園林都是驚世傑作，例如，正宮前面是一座風格獨特的「法蘭西

---

[312] 據考，「大明」一詞早見於《詩經·大雅》中的《大明》篇，按《毛詩序》的釋意為：「文王有明德，故天覆命武王也。」鄭箋：「二聖相承，其明德日以廣大，故曰大明。」文句裡顯然是寄寓著一種期望，當然，也是一種勉勵，更是一種追求。王瀟然：《如日之升 則日大明》，《西安晚報》2008年4月16日。

式」大花園，園內樹木縱橫有序，奇花異草錯落有致。它與中國古典的皇家園林依山傍水的「借景」風格不同，中國園林追求天人合一的境界，唯恐雕琢傷氣骨，崇尚人造若天成。凡爾賽宮則反之，整個園林景觀無不刻意雕琢，嚴整的對稱布局和完美的幾何圖形，體現了一種近乎數學公式的理性美。

有研究者指出：「故宮有高度複雜的審美要求；森嚴的門禁戒衛；繁縟的禮制和規範要求；陰陽五行、風水八卦的表徵；表現帝王唯我獨尊、江山永固的思想；創造出巍峨壯麗、富麗堂皇的藝術效果。它以水準方向伸展的布局來擁抱人間，這種布局體現出一種序列空間的美，一種人文的秩序和倫理的規定。凡爾賽宮力求運用一整套抽象的數理幾何方法，創造出一種超乎民族、國家以至時間之外的建築藝術，充分表現君權的絕對、永恆與合乎理性。建築嚴格對稱，突出統率全域的中軸線，東西側又各有層次分明的次要軸線統率局部，總體特徵是均衡、恬靜安詳、莊嚴典雅，有條不紊、秩序井然。」[313]

有學者注意到，凡爾賽宮與故宮之間，並非沒有絲毫連繫，事實上二者之間也存在明顯的相互影響。譬如房龍在《人類的藝術》中就提到了這一點：「關於中國藝術風格有一點值得研究社會學的人注意，那就是在歐洲掀起中國熱的時候，中國人也在學習歐洲，在凡爾賽宮可以看到中國的寶塔和瓷器，而中國的康熙和乾隆皇帝下令中國也要修建法國洛可哥風格的宮殿，其一切仿照凡爾賽宮設計。」[314]

至於英國的白金漢宮和美國的白宮，雖然都是世界名都中的翹楚，但從營造時間看，它們都是凡爾賽宮的晚輩；白金漢宮建造在威斯敏斯特城內，位於倫敦詹姆士公園的西邊，1703 年為白金漢公爵所建而得名。它和

[313]　於奇、莫畏：《法國凡爾賽宮和中國北京故宮的建築美學比較》，《吉林建築工程學院學報》2011 年第 3 期。
[314]　[美] 亨德里克·房龍：《人類的藝術》，陝西師範大學出版社 2008 年版，第 421 頁。

英國著名的威斯敏斯特宮、倫敦塔橋、紅色雙層巴士一樣，都是倫敦乃至整個英國的國際標誌，正如故宮標識常被用作中國的標識一樣。白宮是美國總統府所在地，坐落在美國首都華盛頓市中心的賓夕法尼亞大街。1792年始建，1800年竣工，南鄰愛麗普斯公園，北接拉斐特廣場，與高聳的華盛頓紀念碑相望。除華盛頓外，美國歷屆總統均以白宮為官邸，使白宮成了美國政府的代名詞。白宮由美籍愛爾蘭人詹姆斯‧霍本根據英國鄉間別墅風格，參照歐式造型設計而成，僅就其外觀而言，就可以看出古希臘和古羅馬神廟的影子，其廊柱和拱頂明顯模仿了文藝復興時期的巴洛克建築式樣。「白宮」是1902年希歐多爾‧羅斯福總統正式命名的。1814年，英軍攻占華盛頓時，將其付之一炬，後幾經修復和改建，才有了現今的規模。各大名宮的傳奇經歷和類似的遭遇，對我們從世界史的視角理解故宮無疑具有重要的參照意義和啟示意義。

相比較而言，始建於1156年的克裡姆林宮是五大宮殿中最古老的建築，它位於莫斯科中心，有俄羅斯「故宮」之稱，其特徵是白石牆圍繞木塔樓。宮牆內，林木蔥郁，花草繁茂，教堂聳峙，殿宇軒昂，政府大廈拔地而起，各種博物館穿插其間，其中宗教建築群如聖母升天教堂、天使報喜教堂、十二使徒教堂、伊凡大帝鐘樓等都是克裡姆林宮的著名建築，構成了一組無與倫比的美麗而雄偉的藝術建築群。作為俄羅斯的象徵，克裡姆林宮是世界上最大的建築群之一，其濃郁的宗教特色與中國故宮形成了鮮明對比。從2006年開始，中俄政府互辦「文化年」活動時，故宮博物院與克裡姆林宮博物館曾多次合作互換展覽。2014年兩大著名宮殿博物館正式簽訂戰略合作協定，要在更多領域展開合作。

正是由於這些有如日月高懸的雄偉壯麗的宮殿存在，才使其所在的城市熠熠生輝！因此，正如關注一個國家必然會關注其主要城市一樣，關注一個城市，必然會關注其最著名的宮殿（它們通常已成為現代城市的歷史

博物館）。可以毫不誇張地說，上述五大宮殿大多曾經在自己的國家發揮了舉足輕重的作用，曾經或仍然扮演著核心城市之靈魂的角色。儘管當今的大多數宮殿，有如作古的帝王一樣，在我們今天的生活中已成為茶餘飯後的談資，但我們認為，古代宮殿的文化意義和審美意義，在對當代人的文化建構和審美風尚的培養等方面，仍然具有不可替代的作用。

## 三　明清帝陵：日漸遠逝的帝國麗影

> 定陵松柏鬱青青，
> 應為興亡一拊膺。
> 卻憶年年寒食節，
> 朱侯親上十三陵。
>
> ——〔清〕王國維《頤和園詞》

中國墓葬文化源遠流長，內容博大精深，形式豐富多樣。尤其是帝王陵墓，以其特殊的歷史地位、優美的自然風光、濃郁的民族氣質、莊嚴的宗教氛圍、典雅的審美品格，將「君權神授」「天人合一」等觀念發揮到了極致。從一定意義上說，中華大地上的無數帝陵都珍藏著一部歷史縱深處的文明史和美學史。

《易經·繫辭下傳》說：「古之葬者，厚衣之以薪，葬之中野，不封不樹。」即《禮記·檀弓》所謂「墓而不墳」。「墓」者「沒」也，即平地而葬。東漢崔寔《政論》「古者墓而不墳，文武之兆，與地平齊。」到了孔子時代，為了便於祭祀，便在先人墓地上封土為丘，植樹為幟。封土為墳的極端案例是秦始皇的陵墓。資料顯示，始皇陵的封土原高約 115 公尺，現仍高達 76 公尺。規模之宏大，氣勢之雄偉，世所罕見。其高雖不及埃及胡夫金字塔（原高 147 公尺），但巨大的地宮建築絕對舉世無雙。《漢書·楚

元王傳》：「秦始皇帝葬於驪山之阿，下錮三泉，上崇山墳，其高五十余丈，周回五裡有餘，石槨為遊館，人膏為燈燭，水銀為江海，黃金為鳧雁，珍寶之藏，機械之變，棺槨之麗，宮館之盛，不可勝原。」以今人的眼光看，秦始皇陵，南依驪山之翠，北臨渭水之濱，封塚雄偉壯麗，其基本特點還是「依山環水」。

西漢皇帝，除厲行節儉的文帝的霸陵因山為陵未另起墳丘外，其餘帝陵都築有高大的覆鬥形夯土墳丘，其中最大的武帝茂陵現存殘高 46.5 公尺，在漢代帝王陵墓中，茂陵以規模最大、營造最久、陪葬最豐而聞名。陝西咸陽原共有西漢皇陵 9 座，陵墓自西向東依次排列，長近百里，甚為壯觀。初唐李淵獻陵仍然延續了平地起陵的慣例，從李世民營建昭陵開始，發展為依山為陵，極大地節省了人力物力，得到了後世帝王的認可與追隨。

李唐皇陵多以質樸雄厚著稱，但也不乏浪漫傳奇的故事。例如乾陵的「一陵兩帝」之謎，武則天的「無字碑」與「無頭石像」的傳說，洛陽唐恭陵之「太子塚裡埋帝王」的奇事，唐敬宗莊陵的「平地起塚」，唐僖宗靖陵的「積土為陵」等，無不充滿傳奇色彩。

宋代文化藝術璀璨無比，但其陵墓建築似乎與宋詩宋畫相比稍遜一籌。但總體上說，宋陵前承漢唐，後啟明清，在中華帝陵文化史上寫下了多姿多彩的一頁。宋朝帝陵史，不僅留下了太祖「一箭定吉壤」之類的浪漫傳說，也不乏太宗因隨葬過奢而屢屢遭盜這類尷尬故事。其中真宗「永定一陵除二奸」，仁宗永昭陵「拆遷致選壞風水」，英宗「名臣陪葬永厚陵」等，無不是為後世津津樂道的逸聞趣事。尤其是如日中天的宋太祖，在飛箭選陵之後，當年驟然離世，宋太祖蹊蹺之死，遂成千古之謎。

在中華帝陵史中，最大的謎團出現在蒙元時期。有一種意見認為，歷代帝王皆有陵墓，獨元朝帝王沒有。疆域空前絕後的蒙元帝國，為什麼沒

有一座帝陵流傳於後世？這一歷史之謎，至今雲遮霧罩。明朝葉子奇《草木子》中記載，元朝皇帝駕崩，遺體置於木中，然後掘溝深埋，「以萬馬蹂之使平。殺駱駝於其上，以千騎守之。來歲草既生，則移帳散去，彌望平衍，人莫知也。」就連其孝子賢孫都弄不清先王陵寢的確切位置，外人與後人就更無從知曉了。可以肯定的是，元帝必有葬身之地，只是暫未發現而已。

明清時代無疑是陵寢建設史上的一個輝煌時期。明朝的開國皇帝朱元璋對陵寢制度作了重大改革。他將地上的封土堆由以前的覆斗式方形改為圓形或長圓形，並取消寢宮，擴大了祭殿。清代沿襲明代制度，更加注重陵園與周圍山川形勝的結合，注重按所葬人輩分排列順序，還形成了帝后妃陵寢的配套序列，在祭祀制度上也更加完善、合理。明清帝陵的輝煌壯麗得益於明孝陵的繼往開來。作為明清皇陵的開山之作，明孝陵奠定了明清兩朝帝王陵寢的規制和模式。後來居上的清代帝陵，堪稱兩千年帝制最後的審美文化之絕響。

不言而喻，明孝陵當之無愧地享有「明清第一陵」的美譽，它對明清帝陵的總體布局和建築特色具有決定性的影響。據考證，明孝陵始建於1381 年前後。明人張岱《陶庵夢憶》有關於朱元璋、劉基、徐達、湯和等人為孝陵選址的記載：「鐘山上有雲氣，浮浮冉冉，紅紫間之。人言王氣，龍蛻藏焉。高皇帝與劉誠意、徐中山、湯東甌定寢穴，各志其處藏袖中。三人合，穴遂定。門左有孫權墓，請徙。太祖曰：『孫權亦是好漢子，留他守門。』及開藏，下為梁志公和尚塔，真身不壞，指爪繞身數匝。軍士舁之，不起。太祖親禮之，許以金棺銀槨、莊田三百六十，奉香火，舁靈谷寺塔之。」

陵址選定後，建陵工程順利展開，先是馬皇后入葬，不久後朱元璋也葬入孝陵，但孝陵的修建並未就此止步。背負篡逆之名的朱棣，為了收買

人心，決意要把孝陵建得盡善盡美，以便讓世人看看自己對父皇的孝心。朱棣修陵多少有些政治秀的意味，其目的之一是使建文朝倖存諸臣俯首歸心。

　　明代有 5 處帝陵：南京的孝陵，鳳陽的皇陵，盱眙的祖陵，鐘祥的顯陵，北京的十三陵。明成祖永樂七年（1409），朱棣開始在昌平天壽山營建長陵，自此明帝陵由南京移址北京。棄南就北營建皇陵的重大抉擇，固然有政治方面的考慮，但戰略方面的需求實際上更為緊要。建陵和遷都一樣，為明代北疆的鞏固奠定了堅實的根基，明代此後的歷史也證明，朱棣的深謀遠慮對大明之存亡絕續具有決定性的意義。如在「土木堡之變」以後，英宗被俘，國本動盪，人心渙散，這時，有人建議遷都南京，朝臣因之分裂為「棄城」和「守城」兩派，於謙等人決心與北京共存亡，他們義正詞嚴地指出，老祖宗定陵寢於北京的目的就是「示子孫以不拔之計也」，「若去，陵寢將誰與守？」帝陵不可棄，這是「守城派」宣示政治正確性的有力武器。帝都帝陵就是帝國根本，在國家生死存亡的危急時刻，於謙充分利用帝陵的影響，保住了大明的江山。另一有力的例證是，李自成圍困北京時，崇禎皇帝本可以南遷，至少也可以保住大明半壁江山，但他誓死坐鎮北京，由此不難想見，北京作為帝都帝陵所在地，其寧死不棄的觀念是多麼深入人心，朱棣的遷都建陵的影響由此可見一斑。

　　近 600 年後，2003 年明孝陵和明十三陵被列入《世界遺產目錄》。「世界遺產委員會評價」如下：

　　明清皇家陵寢依照風水理論，精心選址，將數量眾多的建築物巧妙地安置於地下。它是人類改變自然的產物，體現了傳統的建築和裝飾思想，闡釋了封建中國持續五百餘年的世界觀與權力觀。

　　相關資料表明，明十三陵繼承了依山為陵的古制，在規模形制、建築風格等諸多方面都以明孝陵為範本。大明王朝，從太祖朱元璋到思宗朱由

檢，歷時 276 年，共 17 朝，凡 16 帝。這 16 位皇帝中有 13 位葬於北京
昌平天壽山地區，這些帝陵依次是長陵（明成祖）、獻陵（明仁宗）、景陵
（明宣宗）、裕陵（明英宗）、茂陵（明憲宗）、泰陵（明孝宗）、康陵（明武
宗）、永陵（明世宗）、昭陵（明穆宗）、定陵（明神宗）、慶陵（明光宗）、
德陵（明熹宗）、思陵（明思宗）。明朝既然有 16 位皇帝，為何只有 13 座
陵墓？另 3 位皇帝死後為什麼沒有進入十三陵這塊風水寶地？因為：（1）
朱元璋建都南京，死後葬於南京鐘山的孝陵；（2）建文帝朱允炆在「靖難
之役」皇城淪陷後，生不見人，死不見屍，因此沒有陵寢；（3）代宗景泰
帝被廢為王，沒有資格入皇陵。1449 年發生了震動朝野的「土木之變」，
明正統皇帝朱祁鎮被蒙古瓦剌部俘虜，監國朱祁鈺搖身一變成了景泰皇
帝。一年後蒙古人因故釋放了朱祁鎮。九死一生的皇帝「北狩」回朝，不
料代宗卻無意歸還帝位，英宗被軟禁南宮長達 7 年之久。1457 年「奪門之
變」後，英宗復辟，朱祁鈺被廢為郕王，軟禁西苑，不久離世，享年 30
歲。英宗似乎還不解氣，惡謚為「戾」，葬於西山，即北京西郊金山的景
泰陵。代宗為自己營造的壽陵也因之被毀棄[315]。

　　十三陵的典範之作無疑是明長陵。長陵是明成祖朱棣和皇后徐氏的合
葬陵寢。它位於北京北面的天壽山主峰南麓，距故宮恰好 100 裡路（50 公
里）。陵區南起石牌坊，北倚天壽山主峰。四面環山，綠樹叢叢。南面又
有龍虎兩山左右對峙，勢如門戶。當中奔流不息的山水自西向東而去，好
似天然的護陵河。作為十三陵中的祖陵，長陵建築規模最大，營建時間最
早，及至今日，在十三陵所有陵墓中，長陵的地面建築仍然是整個明皇帝
陵中保存最為完好的。因此，中外遊人如果去十三陵，通常會首選長陵。

---

[315]　景泰八年（1457），代宗病重，武清侯石亨等人趁機發動奪門之變，將代宗軟禁在西內，重新
　　　　立英宗為帝。不久，景泰帝憂憤而死。英宗廢代宗為王，以王制葬西山。163 年後，當了 29
　　　　天皇帝的光宗朱常洛一命嗚呼，其時神宗朱翊鈞尚未下葬，光宗猝死，昏庸的熹宗根本來不
　　　　及選吉壤、葡壽陵，於是因陋就簡，啟用廢棄了 160 年的景泰壽陵遺址，讓光宗「代」代宗葬
　　　　入吉壤，是為慶陵。

當然，要了解皇陵內部構造，那就得去定陵地宮去一探究竟了。作為旅遊資源，十三陵目前最吸引遊客的大約只有長陵、定陵和神路了。這 3 處景觀，可謂是明朝帝陵文化最具代表性的景點。

資料表明，長陵的陵宮建築，占地約 12 萬平方公尺。其平面布局呈前方後圓形狀。其前面的方形部分，由前後相連的三進院落組成。第一進院落，前設陵門一座。其制為單簷歇山頂的宮門式建築，面闊顯五間，簷下額枋、飛子、簷橡及單昂三踩式斗拱均系琉璃構件；其下辟有 3 個紅券門。陵門之前建有月臺，左右建有隨牆式角門（已拆除並封塞）。明朝時院內建有神廚（居左）、神庫（居右）各五間，神廚之前建有碑亭一座。神廚、神庫均毀於清代中期，碑亭則保存至今。長陵的禦路石上的浮雕圖案十分精美。圖案上部，兩條巨龍，穿雲破霧，追逐火珠，圖案下部，海水江崖，雲騰浪湧，海中寶山矗立，畫上兩匹海馬，逐浪翻空，活靈活現。

十三陵中唯一一座被發掘了的陵墓是神宗朱翊鈞的陵墓，即定陵。定陵的主要建築與長陵大同小異，占地 18 萬多平方公尺。定陵於萬曆十二年（1584）開工，歷時 6 年竣工，耗銀 800 萬兩。陵墓建成時皇帝只有 28歲，直到 1620 年才正式啟用。朱翊鈞在位 48 年，享年 58 歲，是明朝在位時間最長的皇帝。他曾作為一代英主，在張居正的輔佐下，使大明王朝的經濟得到了空前的繁榮，因而史家才有「萬曆中興」一說。但萬曆皇帝窮奢極欲，橫徵暴斂，慫恿心腹掘墳盜墓，其爪牙甚至還打起了自家祖墳明顯陵的主意，如此喪心病狂的昏君，背負千古罵名也在情理之中。300多年以後，十三陵中只有他的陵墓被開掘，因此，有人認為這是朱翊鈞生前壞事做絕的必然報應。《明史·神宗本紀》：「故論者謂：明之亡實亡於神宗。」趙翼《廿二史劄記·萬曆中礦稅之害》：「論者謂明之亡，不亡於崇禎，而亡於萬曆。」乾隆對萬曆也有類似的評價：「明之亡非亡於流寇，而亡於神宗之荒唐。」

定陵的總體布局亦呈前方後圓之形。前有三進院落，後有一座寶城。城內面積約 18 萬平方公尺。清人梁份（1641-1729）的《帝陵圖說》說定陵外城：「鋪地牆基，其石皆文石，滑澤如新，微塵不能染。左右長垣琢為山水、花卉、龍鳳、麒麟、海馬、龜蛇之壯（狀），莫不宛然逼肖，真巧奪天工也。」他還說：「刻磚為斗拱，簷牙玲瓏嵌空，光瑩如玉石。甲申之變，寸寸毀之，而不能盡毀也。」讓梁份想不到的是，200 多年後，萬曆皇帝的遺骨會被人從帝陵中挖出，付之一炬。這也為萬曆這個奇葩皇帝的傳奇故事，增添了一抹淡淡的悲情色彩。

　　除孝陵、長陵和定陵外，明代還有一處帝陵頗為引人注目，那就是嘉靖皇帝的「本生父皇」的陵墓 —— 明顯陵。顯陵在湖北鐘祥市東北 7500 公尺處的純德山。筆者曾在鐘祥工作十多年，卻從未踏足這一塊風水寶地。由於熟視無睹或司空見慣，當地很少有人談起這座帝王陵墓，所謂「久居蘭室不聞其香」，其此之謂乎？有學者認為，要研究明清帝王陵墓，明顯陵實在不能繞開，否則那將是重大的失誤，因為他是明皇帝陵中承前啟後的代表作。明顯陵的設計布局、建制構造和工藝手法，都具有令人一見不忘的藝術審美特色，否則聯合國教科文世界遺產委員會的專家們在考察中，何以也對明顯陵的這些特點給予充分的肯定和驚嘆呢？它又為何能在 2000 年 11 月 30 日，成為明清皇陵的代表率先戴上世界遺產的桂冠呢？

　　在明清帝陵系列中，清東陵、西陵的地位和影響似乎並不遜色於十三陵。清東陵、西陵今雖不隸屬於北京，但建陵時都在北京範圍之內，即便今天，東陵、西陵也是北京旅遊的熱門景點。因此，大多數著作在論及京城皇陵時，都不會忽略清陵。2000 年，清東陵、西陵根據文化遺產遴選標準 C（I）（III）（IV）（V）（VI）被列入《世界遺產目錄》。也就是說，清東陵和西陵進入《世界遺產名錄》要比明十三陵早 3 年，這讓為清代皇陵創立規制的明十三陵情何以堪？但細細想來，根據《世界遺產名錄》入選標

準，清東陵和清西陵在某些方面未必沒有後來居上的表現。

先說清東陵。據清東陵網介紹，東陵位於河北省遵化市西北 30 公里的地方，離北京 125 公里，占地面積 80 平方公里。是「中國現存規模最宏大、體系最完整、布局最得體的帝王陵墓建築群」。這裡所標榜的 3 個「最」字，或許不無可爭議處，但相較於大名鼎鼎的明十三陵，無論規模、體系還是布局，清東陵確乎都有青出於藍的地方。

清東陵於順治十八年（1661）開始修建，歷時 247 年，陸續建成 217 座宮殿牌樓，組成大小 15 座陵園。陵區南北長 12.5 公里、寬 20 公里，埋葬著 5 位皇帝、15 位皇后、136 位妃嬪、3 位阿哥、2 位公主共 161 人。1961 年清東陵被列入第一批全國重點文物保護單位。

東陵吉壤，據說是順治親自選定的。順治選定的清東陵的確是一塊難得的風水寶地。北有昌瑞山做後靠如錦屏翠帳，南有金星山做前朝如持芴朝揖，中間有影壁山做書案可憑可依，東有鷹飛倒仰山如青龍盤臥，西有黃花山似白虎雄踞，東西兩條大河環繞夾流似兩條玉帶。群山環抱的「堂局」[316] 遼闊坦蕩，雍容不迫，真可謂地臻全美，景物天成。當年順治皇帝到遵化打獵，被其靈山秀水所震撼，當即傳旨「此山王氣蔥鬱可為朕壽宮」。

順治駕崩之後，康熙開始建陵。陵區四面環山，正南兩山對峙，形成寬僅 50 公尺的谷口，俗稱龍門口。清代在此以順治的孝陵為中心，陸續興建陵園，諸園排列於昌瑞山南麓，均由宮牆、隆恩殿、配殿、方城明樓及寶頂等建築構成。其中方城明樓為各陵園最高的建築物，內立石碑，碑上以漢、滿、蒙 3 種文字刻寫墓主的諡號；明樓之後是所謂「寶頂」，即停放靈柩的「地宮」之所在。由陵區最南端的石牌坊向北到孝陵寶頂，由一條約 12 公尺寬、6000 公尺長的神道連成一氣，沿途大紅門、聖德神功碑

---

[316]　堂局是風水學概念，主要是指陵墓穴前區域及建築。堂，指的是穴前的小明堂；局，指穴前的遠大場景。

樓（俗稱大碑樓）、石像生、龍鳳門、七孔橋、神道碑樓（俗稱小碑樓）、隆恩門、隆恩殿、方城明樓等建築井然有序，主次分明，在建築美學史上具有極為重要的意義。

　　再說說清西陵。據河北易縣清西陵網站介紹，清西陵位於河北省易縣城西 15 公里的永寧山下，在北京西南方 120 公里，與河北省遵化市東陵東西相對而稱西陵。這裡埋葬著雍正、嘉慶、道光、光緒 4 位皇帝及他們的後妃、王爺、公主、阿哥等 76 人。共有陵寢 14 座，還有附屬建築行宮、永福寺。這裡風景秀麗，環境幽雅，規模宏大，體系完整，是一處典型的清代古建築群和風景秀麗的遊覽勝地。在方圓 100 公里、面積 800 平方公里的陵區內，有華北地區最大的人工古松林。從建陵開始，清王朝就在永寧山下、易水河畔、陵寢內外，栽植了數以萬計的松樹，現在這裡有古松 1.5 萬株，青松幼柏 20 餘萬株，陵區內松柏蔥鬱，山清水秀，一片片紅牆黃瓦，掩映在蒼松翠柏之中，若隱若現，儼然一幅絢麗的山水畫。陵區內千餘間宮殿建築和百餘座古建築、古雕刻，氣勢磅礴。每座陵寢嚴格遵循清代皇室建陵制度，皇帝陵、皇后陵、王爺陵均採用黃色琉璃瓦蓋頂，嬪妃、公主、阿哥園寢均為綠色琉璃瓦蓋頂，這些不同的建築形制，展現出不同的景觀和風格。

　　我們注意到，永樂和雍正兩朝，有許多相似之處。二人生前皆負篡逆之名，死後又都另擇吉壤，這無疑為朝野閒散人員留下廣闊的想像空間。前者雄才大略，為仁宣之治奠定了堅實的基礎，後者「朝乾夕惕」，成為康乾盛世的中堅。這兩位獅心鐵腕的傳奇皇帝，成為後世說不盡的話題倒也在情理之中。

　　有一種意見認為，雍正帝在儲位鬥爭中的勝利有其必然性，這就是：第一，他的才能和務實精神會取得一些人的支持，他的屬人戴鐸曾向大學士李光地稱道其主子：「才德兼全，且恩威並施，大有作為。」事實上，在

爭奪皇儲的鬥爭中，雍正帝提出整頓積習的振作有為的政治方針，與八皇子胤禩的仁義方針相對立，以爭取人心。第二，他善於耍兩面派手法，從而欺騙了對手和康熙帝，使政敵不以他為意，沒有集中力量對付他，從而輕巧地取得成功。第三，他有一個集團，在關鍵時刻用上了力，如透過隆科多穩定京中局勢，透過年羹堯控制胤禵和穩定西北地方。

從今人的眼光看，康熙是否屬意於雍正，似乎並不重要，重要的是歷史最終選擇了這位金剛不可奪其志的硬漢。「俯仰無愧天地，褒貶自有春秋」，這樣的氣魄和眼光，絕非一般帝王所能具有。許多人言及西陵和雍正，往往深陷於雍正上位合法與否的迷魂陣難以自拔，一番抽絲剝繭的考證分析之後，得出的結論仍然模棱兩可，這樣的千古之謎，且讓未來的歷史學家去揭開謎底吧。

由二月河小說改編的電視劇《雍正王朝》，以主題歌的形式對雍正皇帝進行了具有現代意義的評述：「數英雄／論成敗／古今誰能說明白／千秋功罪任評說／海雨天風獨往來／一心要江山圖治垂青史／也難說身後罵名滾滾來／有道是人間萬苦人最苦／終不悔九死落塵埃／輕生死／重興衰／百年一夢多慷慨／九州方圓在民心／斬斷情絲不縈懷／誰不想國家昌盛民安樂／也難料恨水東逝歸大海／有道是得民心者得天下／看江山由誰來主宰。」筆者多次觀光清西陵，耳邊總是無端地響起劉歡演唱的這首盪氣迴腸的歌曲，與其他形形色色的觀感與遐想相比，筆者對這首歌的印象是如此強烈，以致見到任何與雍正相關的資訊，它都會是無聲的背景樂。

如前所述，雍正舍東陵而另辟西陵，和朱棣遠離孝陵建長陵一樣，引起了時人和後世的多種猜疑。有一種意見認為，因一向隱忍而默默無聞的胤禛繼承大統，眾阿哥壓根就不認同。在時人眼裡，四阿哥少有過人之處。論嫡庶尊卑，他不如廢太子胤礽；論長幼之序，他不如大阿哥胤禔；論才性學識，他不如三阿哥胤祉；論人脈名望，他不如八阿哥胤禩；論富

國理財，他不如九阿哥胤禟；論帶兵打仗，他不如十三阿哥胤祥；論人才秉性，他不如十四阿哥胤禵。但他能夠韜光養晦，長期隱忍，在最關鍵時刻，精准出擊，一劍封喉。錯失良機的阿哥們大約也只能靠蜚短流長來發洩自己的悔恨與不滿了。

在雍正親手編纂的《大義覺迷錄》中，非議雍正的流言蜚語已經達到了喪心病狂的程度：謀父、逼母、弒兄、屠弟、貪財、好殺、酗酒、淫色、誅忠、任佞，這「十大罪狀」是如此觸目驚心，真可謂曠古未見。但雍正帝為了顯示自己的光明磊落，竟然將其輯錄成冊，作為「反面材料」大量發行，並要求朝廷上下、地方官吏人手一冊。不料聰明反被聰明誤，精明一世的雍正皇帝，卻偏偏在自己的一些大事上屢屢犯迷糊。《大義覺迷錄》，年號定「雍『正』」，吉壤另選址⋯⋯所有這些別出心裁的事情，其結果都適得其反。

單就建造西陵而言，必須指出的是，有關清代的官方史書認為是「風水」使然。有專家說，西陵泰陵環境堪稱帝陵風水的典範。西陵風水「龍、穴、砂、水，無美不收，形勢理氣，諸吉皆備」。如此上上吉壤，人間難得一見。雍正甘冒不孝之名，執意在此建陵實屬明智之舉。事實證明，200 多年來，西陵很少發生旱澇災害，且冬無嚴寒，夏無酷暑，土地肥沃，民風淳樸，真可謂理想的世外桃源。

眾所周知，風水之說，歷史悠久。古人建房造宅，十分講究風水。早在詩經時期，風水觀念就已形成，到了東漢魏晉時期，不僅陽宅風水盛行，用於營造墳墓的陰宅風水也風靡於世。唐宋時期風水法分化為江西之法和宗廟之法兩大流派，元明之際，江西之法最為流行。明十三陵吉壤就是由江西流派風水大師廖均卿勘測選擇呈朱棣欽定的。由於風水術基於迷信的禍福凶吉之說，同時受到中國傳統的儒道釋諸家哲學和美學的影響，迎合了人們趨吉避凶以及追求建築環境造型美感的哲理性的心理，因此，

在古代無論是帝王宮室、官衙寺廟，還是民居道橋，其建造過程無不與風水之書結下不解之緣。明十三陵作為帝王的陵寢建築，尤其是這樣。根據文獻記載，天壽山諸陵的建造都經過了審慎的吉壤蔔選和陵制與山水相稱的規劃過程。[317]

　　明代帝陵的奢華遠甚於秦漢，其淒婉悲壯不亞於宋唐。從規模設計看，明孝陵主體從大金門經神道直到寶城，其布局呈北斗星狀，考古學家們認為，這是古人的象徵手法，體現的是元明時代人死之後魂歸北斗的思想。至於陵寢採取天帝所居北斗並四靈相繞的神祕布局，這說明朱元璋是以天帝自居，想以此彰顯其開國君主的霸氣。明孝陵的建築設計極具特色，首創了在封土及寶城前建築方城和明樓的布局格式，使後寢部分顯得氣勢雄偉，淩駕於其他區域之上，同時，孝陵把大金門、碑樓、享殿、陵宮門等大型建築的門頂設計為拱券形，明樓拱券之頂隧道高大深長，頗為壯觀。[318] 無論從哪個角度看，明孝陵都是明初政治思想、社會文化審美意識、建築技術和國家財力的體現，具有鮮明的時代風格，影響極為深遠。

　　明亡清興，原因眾多。清人善借天時地利，以小博大，順勢而為。不僅政體大抵因襲明朝，京城也幾乎照單全收，宮闕更是一如其舊，就連帝陵也刻意追慕明代。明陵分屬南京北京，清陵偏有東陵西陵，即便這些純似巧合的現象背後，若細究起來，也都可以看出清人對明人的顧慕與瞻望。

[317]　參見胡漢生編著《北京的世界文化遺產十三陵》，北京美術攝影出版社 2004 年版，第 17 頁。
[318]　參見胡楊《歷代帝陵全檔案》，中國工人出版社 2014 年版，第 193 頁。

# 參考文獻

1. ［德］馬克思、恩格斯：《馬克思恩格斯選集》（1-4），人民出版社1977年版。

2. ［德］馬克思：《1844年經濟學哲學手稿》，人民文學出版社1985年版。

3. ［古希臘］柏拉圖：《文藝對話集》，朱光潛譯，人民文學出版社1979年版。

4. ［古希臘、古羅馬］亞里斯多德、賀拉斯：《詩學·詩藝》，人民文學出版社1979年版。

5. ［古希臘］希羅多德：《歷史》，王以鑄譯，商務印書館1959年版。

6. ［古羅馬］奧古斯丁：《上帝之城》，王曉朝譯，人民出版社2006年版。

7. ［德］康得：《判斷力批判》，宗白華、韋卓民譯，商務印書館1985年版。

8. ［德］謝林：《藝術哲學》（上、下），魏慶征譯，中國社會出版社1996年版。

9. ［德］黑格爾：《美學》，朱光潛譯，人民文學出版社1958年版。

10. ［德］萊辛：《拉奧孔》，朱光潛譯，人民文學出版社1978年版。

11. ［德］愛克曼輯錄：《歌德談話錄》，朱光潛譯，人民文學出版社1978年版。

12. ［法］盧梭：《論科學與藝術》，商務印書館1963年版。

13. ［美］赫伯特·瑪律庫塞：《現代文明與人的困境》，李小兵等譯，上海三聯書店1989年版。

14. ［美］赫伯特·瑪律庫塞：《單向度的人》，張峰、呂世平譯，重慶出版社1988年版。

# 參考文獻

15. ［俄］車爾尼雪夫斯基：《美學論文選》，繆靈珠譯，人民文學出版社 1957 年版。

16. ［美］大衛·格里芬：《後現代科學：科學魅力的再現》，中央編譯出版社 1995 年版。

17. ［美］丹尼爾·貝爾：《資本主義文化矛盾》，三聯書店 1989 年版。

18. ［美］丹尼爾·貝爾：《後工業社會的來臨》，商務印書館 1984 年版。

19. ［美］邁克爾·德圖佐斯：《未來會如何：資訊新世界展望》，上海譯文出版社 1999 年版。

20. ［美］威廉·J. 米切爾：《比特之城：空間．場所．資訊公路》，三聯書店 1999 年版。

21. ［法］馬克·第亞尼編著：《非物質社會：後工業世界的設計、文化與技術》，四川人民出版社 1998 年版。

22. ［荷］佛克馬·伯頓斯編：《走向後現代主義》，北京大學出版社 1991 年版。

23. ［英］詹姆斯·W. 麥卡裡斯特：《美與科學革命》，吉林人民出版社 2000 年版。

24. ［英］安吉拉·默克羅比：《後現代主義與大眾文化》，中央編譯出版社 2001 年版。

25. ［德］阿多諾：《美學理論》，四川人民出版社 1998 年版。

26. ［法］讓·拉特利爾：《科學和技術對文化的挑戰》，商務印書館 1997 年版。

27. ［美］亞瑟·阿薩·伯傑：《通俗文化、媒介和日常生活中的敘事》，南京大學出版社 2000 年版。

28. ［美］戴安娜·克蘭：《文化生產：媒體與都市藝術》，譯林出版社 2001 年版。

29. ［美］弗‧傑姆遜：《後現代主義與文化理論》，陝西師範大學出版社1986年版。

30. ［美］詹明信（弗‧傑姆遜）：《晚期資本主義的文化邏輯》，三聯書店1997年版。

31. ［法］讓‧鮑德里亞：《消費社會》，南京大學出版社2000年版。

32. ［英］邁克‧費瑟斯通：《消費文化與後現代主義》，譯林出版社2000年版。

33. ［法］讓－弗‧利奧塔：《後現代狀況：關於知識的報告》，湖南美術出版社1996年版。

34. ［法］R.舍普等：《技術帝國》，三聯書店1999年版。

35. ［美］斯蒂芬‧貝斯特、道格拉斯‧科爾納：《後現代轉向》，南京大學出版社2002年版。

36. ［英］特里‧伊格爾頓：《後現代主義的幻想》，商務印書館2000年版。

37. ［美］赫伯特‧瑪律庫塞：《審美之維》，廣西師範大學出版社2001年版。

38. ［美］房龍：《人類的藝術》，陝西師範大學出版社2008年版。

39. ［瑞典］奧斯伍爾德‧喜仁龍：《北京的城牆與城門》，許永全譯，北京燕山出版社1985年版。

40. ［英］F.吉伯德等：《市鎮設計》，程里堯譯，中國建築工業出版社1983年版。

41. ［美］維托爾德‧雷布琴斯基：《嬗變的大都市：關於城市的一些觀念》，商務印書館2016年版。

42. ［意］翁貝托‧艾柯：《美的歷史》，彭淮棟譯，中央編譯出版社2011年版。

43. ［英］貢布里希：《藝術的故事》，范景中譯，廣西美術出版社2008年版。

# 參考文獻

44. ［美］愛德華·格萊澤：《城市的勝利》，劉潤泉譯，上海社會科學院出版社 2012 年版。

45. ［英］修·昂納等：《世界藝術史》，吳介禎等譯，北京美術攝影出版社 2013 年版。

46. ［英］馬克·歐文主編：《有生之年非看不可的 1001 座建築》，中央編譯出版社 2014 年版。

47. ［以］丹·巴哈特、沙龍·撒巴爾：《耶路撒冷 3000 年：石與靈》，山東畫報出版社 2003 年版。

48. ［英］西蒙·蒙蒂菲奧裡：《耶路撒冷三千年》，張倩紅、馬丹靜譯，民主與建設出版社 2015 年版。

49. ［英］傑佛瑞·派克：《城邦：從古希臘到當代》，石衡譚譯，山東畫報出版社 2007 年版。

50. 英國 DK 公司編著：《偉大的旅程》，翟娜娜譯，北京美術攝影出版社 2013 年版。

51. ［英］約翰·B. 沃德－珀金斯：《羅馬建築》，吳蔥等譯，中國建築工業出版社 1999 年版。

52. ［英］格蘭特：《羅馬史》；夏遇南、石彥陶譯，國際文化出版公司 1990 年版。

53. ［法］讓－諾埃爾·羅伯特：《古羅馬人的娛樂》，王長明、田禾、李變香譯，廣西師範大學出版社 2005 年版。

54. ［美］大衛·唐尼：《巴黎，巴黎》，三聯書店 2016 年版。

55. ［法］沙爾·波德賴爾：《巴黎的憂鬱》，三聯書店 2004 年版。

56. ［英］赫·喬·威爾斯：《世界史綱》，人民出版社 1982 年版。

57. ［法］謝和耐：《蒙元入侵前夜的中國日常生活》，劉東譯，江蘇人民出版社 1995 年版。

58. ［英］湯因比、［日］池田大作：《展望 21 世紀：湯因比與池田大作對話錄》，苟春生、朱繼征等譯，國際文化出版公司 1985 年版。

59. ［法］路易吉‧布雷桑編著：《西方人眼裡的杭州》，姚建根譯，學林出版社 2010 年版。

60. 《史記》，中華書局 1982 年版。

61. 《漢書》，中華書局 1962 年版。

62. 朱光潛：《朱光潛全集》，安徽教育出版社 1987 年版。

63. 宗白華：《藝境》，商務印書館 2015 年版。

64. 李澤厚：《美的歷程》，文物出版社 1981 年版。

65. 周憲：《美學是什麼》，北京大學出版社 2015 年版。

66. 劉暢：《北京紫禁城》，清華大學出版社 2009 年版。

67. 閻崇年等：《中國歷史名都》，浙江人民出版社 1986 年版。

68. 周小兵：《城市美學漫談》，天津大學出版社 2012 年版。

69. 馬定武：《城市美學》，中國建築工業出版社 2005 年版。

70. 沈福煦：《城市論》，中國建築工業出版社 2009 年版。

71. 冒亞龍：《高層建築的美學價值與藝術表現》，東南大學出版社 2008 年版。

72. 段漢明編：《城市美學與景觀設計概論》，高等教育出版社 2008 年版。

73. 白秀蘭等：《追尋古羅馬：巨人輩出的文藝復興》，長春出版社 1995 年版。

74. 李於昆編著：《外國美術欣賞》，湖南美術出版社 2001 年版。

75. 裘蒂：《帶一隻酒杯去巴黎》，團結出版社 2005 年版。

76. 李婧主編：《輝煌的歷史遺產》，武漢大學出版社 2013 年版。

77. 韓欣主編：《中國名城》，東方出版社 2006 年版。

78. 馬正林：《豐鎬－長安－西安》，陝西人民出版社 1978 年版。

79. 吳鉤：《重新發現宋朝》，九州出版社 2014 年版。

# 參考文獻

80. 高樹田主編：《夢華宋都：開封》，河南科學技術出版社 2011 年版。

81. 吳琳：《詞中城市：品讀宋詞中的人文景觀》，中央編譯出版社 2012 年版。

82. 周寶珠：《〈清明上河圖〉與清明上河學》，河南大學出版社 1997 年版。

83. 王瑩譯注：《東京夢華錄譯注》，上海三聯書店 2014 年版。

84. 孟元老等：《東京夢華錄　都城紀勝　西湖老人繁勝錄　夢粱錄　武林舊事》，中國商業出版社 1982 年版。

85. 馬曉京、田野編著：《東南形勝第一州：杭州》，中國地質大學出版社 1997 年版。

86. 倪士毅等：《隋唐名郡杭州》，浙江人民出版社 1990 年版。

87. 唐欣主編：《我願意活在宋朝：宋詞的三十七種讀法》，光明日報出版社 2006 年版。

88. 宋羽：《南京城事》，中國社會出版社 2012 年版。

89. 流連編著：《江南佳麗地：南京》，中國地質大學出版社 1997 年版。

90. 蔣贊初：《南京史話》，江蘇人民出版社 1980 年版。

91. 朱偰：《金陵古蹟圖考》，商務印書館 1934 年版。

92. 許苗苗：《北京都市新空間與景觀生產》，中國社會科學出版社 2016 年版。

93. 梁思成等：《名家眼中的北京城》，文化藝術出版社 2007 年版。

94. 梁思成：《中國建築史》，百花文藝出版社 1998 年版。

95. 羅哲文：《中國古代建築》，上海古籍出版社 2001 年版。

96. 趙鑫珊：《建築：不可抗拒的藝術》，百花文藝出版社 2002 年版。

97. 周汝昌：《北斗京華：北京生活五十年漫記》，遼寧教育出版社 2001 年版。

98. 朱世光主編：《中國八大古都》，人民出版社 2007 年版。

99. 胡楊：《歷代帝陵全檔案》，中國工人出版社 2014 年版。

100. 鄭實：《在巴黎的天空下》，中信出版社 2013 年版。

101. 汪民安、陳永國、馬海良主編：《城市文化讀本》，北京大學出版社 2008 年版。

102. 包亞明主編：《後大都市與文化研究》，上海教育出版社 2005 年版。

103. 孫遜主編：《都市文化研究》（第 1 輯），上海三聯書店 2005 年版。

104. 姜進主編：《都市文化中的現代中國》，華東師範大學出版社 2007 年版。

105. 趙園：《北京：城與人》，上海人民出版社 1991 年版。

106. 陳立旭：《都市文化與都市精神：中外城市文化比較》，東南大學出版社 2002 年版。

107. 羅崗：《想像城市的方式》，江蘇人民出版社 2006 年版。

108. 舒可文：《城裡：關於城市夢想的敘述》，中國人民大學出版社 2006 年版。

109. 李孝悌：《戀戀紅塵：中國的城市、欲望與生活》，上海人民出版社 2007 年版。

110. 姜進等主編：《近代中國城市與大眾文化》，新星出版社 2008 年版。

111. 陳平原：《北京記憶與記憶北京》，三聯書店 2008 年版。

112. 孫紹誼：《想像的城市：文學、電影和視覺上海（1927-1937）》，復旦大學出版社 2009 年版。

113. 路春豔：《中國電影中的城市想像與文化表達》，北京師範大學出版社 2010 年版。

114. 李孝悌：《中國的城市生活》，（臺灣）聯經出版事業股份有限公司 2005 年版。

115. 張欽楠：《閱讀城市》，三聯書店 2005 年版。

116. 易中天：《讀城記》，上海文藝出版社 2006 年版。

# 參考文獻

# 後記

前些年筆者去歐洲旅遊，在佛羅倫斯的大街上遇到了點小麻煩：丟了地圖迷了路，手機還偏偏沒有電。一時間，既不知從何而來，也不知將欲何往，甚至連身在何地也甚感茫然，更要命的是連路都沒法問。

對這種類似「外星人」的迷失感，既惶恐又新鮮。街巷縱橫不知所向，車水馬龍四顧茫然。怎麼辦？除了跟著感覺走似乎也別無選擇。有一首歌是這麼唱的：「跟著感覺走，緊抓住夢的手……心情就像風兒一樣自由，突然發現一個完全不同的我。」現在已不記得當時是否有心情唱歌，但不著急是肯定的，反正歐洲快要成為中國遊客的地盤了。果然，沒走多遠，就看到了一面導遊的三角小黃旗，上面寫著 3 個中國字：「美之旅」。

為什麼要在後記裡提起這件「國外丟人」的往事呢？因為這種奇特的「迷路效應」往往讓人意外地體悟到一種驚人的感覺。事實上這本小書正是這種不期而至的奇妙感受誘惑的結果。「跟著感覺走……突然發現一個完全不同的我。」這句歌詞可以說是本書寫作之酸甜苦辣的最恰切的概括。我想說的是，在我所有的旅行經歷中，那次迷路的記憶，最為深刻，最有詩意，最富有哲學意味。我希望把自己讀書和旅行中感受到的這一類難忘的體驗和記憶，如實地記錄下來，並與有同好者分享這份美好體驗和溫馨記憶。

書稿殺青以後，不無得意地整理目錄，筆者突然意識到「遇到了一點小麻煩」。這些「任性的文字」與當初的預期相差甚遠，它完全是另外一本書的模樣：這與其說是本美學書，還不如說是一本遊記。好好一本書完全寫走了樣，但預支給本書的體力和心氣兒早已消耗殆盡。「丟了地圖迷了路，手機還偏偏沒有電」，頓時產生了迷失在佛羅倫斯大街的幻覺。

好在這種「迷失」經歷已不是第一次了，因此，很淡定。當年筆者為

# 後記

自己的《比特之境》寫後記時，也遭遇過這種類似於「走錯門兒」的尷尬。
那一次，筆者借用《天路歷程》中的詩句為自己的「離題」解嘲：「起筆之
初，絕未料到自己竟會寫出這樣一本小書；不錯，我所寫的已是迥然不同
另外一部！」[319] 現在我敢說，這並不是「一不留神走岔了道」，而是自由
書寫的一種必然結果。必須承認，這些姑且稱之為「城市美學」的文字，
並不想拉大旗作虎皮，事實上當代美學這張「虎皮」早已不如文化研究
的「大旗」光鮮亮麗了。儘管如此，相對於書名而言，筆者仍唯恐有失恭
敬。但對於讀者來說，筆者對所涉及城市的文史鉤沉和審美評介，卻絕不
失坦率與真誠。

　　小提琴協奏曲《梁山伯與祝英台》的作者陳剛先生是位文豪級的音樂
家。他在《三隻耳朵聽音樂》一書中說：「行文如作曲……我寫文章純屬
『無序操作』和『無規則遊戲』——偶有所感，就信筆亂塗。先是將最想
寫的、不吐不快的萌動和觸機記下，然後順勢而下，鋪陳展開，一遍一遍
地寫，一遍一遍地改。」[320] 陳剛的這番話或許可以解釋筆者「搭錯車」的
原因。「無序操作」的「無規則遊戲」必然產生意想不到的結果：下筆千言，
離題萬里。但筆者並不因此感到沮喪和羞愧。因為這一次的寫作，就如同
一次沒有目的地的假日漫遊，如同一次說走就走的旅行！筆者原本就沒有
一個預設的目標，乘興而來，盡興而歸，「何必見戴」？此外，筆者一向認
為，作文就如同做菜，只要是真材實料，有滋有味，可口可心，又何必計
較菜名呢？

　　退一步說，即便這本小書是幾篇遊記，那又怎麼樣呢？「旅行的美
學」或「美學的旅行」難道不是「美上加美」的賞心樂事嗎？畢竟旅行是一
件令人愉快的事情。我們為這次「世界歷史文化名城的審美文化之旅」製
作了一面小旗幟，在這面小旗幟上貼上「城市美學」的標籤，這麼做，並

---

[319]　［英］約翰·班揚：《天路歷程》，陝西師範大學出版社 2008 年版，第 12 頁。譯文略有刪改。
[320]　陳鋼：《三隻耳朵聽音樂》，百花文藝出版社 2007 年版，第 2 頁。

不是想借此「裝出有文化深度的樣子」博取眼球，恰恰相反，這面美學小旗是為謹防筆者自己迷失街頭而專門定制的。雖然有可能會讓比珍稀動物更為珍稀的純美學研習者不快，但這種擔心也純屬多餘，因為當下純粹的美學家大多「高度近視」且「很少上街」。如果有讀者像我一樣，一有機會就滿世界閒逛，見到神廟、帝陵、博物館或名人故居就走不動道，無聊的時候還喜歡讀點奇聞野史、狂人走筆之類的閒書，那麼，翻翻這本小書一定會多多少少得到些意想不到的樂趣。

筆者曾在高校教授中西文化比較近 20 年，為開闊視界，增長見識，曾利用各種機會，走過不少文化名城，並不止一次地考察過雅典、羅馬和巴黎這樣一些國際化都市。近 30 年來，筆者至少讀過上千本談論美學與文化的書籍，參與過 20 多部高校教材和相關書籍的編寫工作，且主持和參與過十幾項關涉文藝學與美學的課題，經筆者編輯整理過的相關著述不下千萬字。讀過的書不能說不多，寫過的文章也不算太少。而今已年過花甲，仍醉心於皓首窮經的書齋生活。所謂「讀萬卷書，行萬里路」，或已不足外道了。但是，把閱讀和寫作看成無拘無束的「街頭漫步」，對於筆者來說仍然是一種令人心曠神怡的美好體驗。

最後，必須交代的是，已故的圖書策劃人葛志強先生在代表出版社約寫這本《城市美學》時曾特別強調說，不要寫成學術專著，更不要寫成教科書的樣子，要盡可能地讓普普通通的讀者喜聞樂見，「有趣而有益」，這就是我們的目的，最好是寫成類似於「城市審美文化讀本」的通俗版。策劃者的基本要求是，既要面向市場又要保持品格，應該說這個要求多少有點理想化色彩。

本書選擇的雅典代表「二希文化」精神和兩種審美態度；羅馬與巴黎則隱含著中世紀的千年安魂曲和文藝復興的 300 年讚美詩。此後的歷史一再重複著類似的旋律：西歐之於羅馬神似羅馬之於希臘，美國之於歐洲亦

# 後記

如同歐洲之於羅馬。正如尼采所言：「一切皆迴圈。」西方城市美學的歷史也印證了尼采的這一論斷。西方三城之選，效「草蛇灰線」之法。其城市美學的嬗變軌跡，可依此類推而知其大略。中國名城與美學的關係，就其審美歷史而言，西安關注先秦兩漢，洛陽偏向魏晉隋唐，開封、杭州兼及遼宋金元，南京、北京重點討論六朝和明清。「學然後不知足」，寫然後知淺薄！畢竟寫作是門遺憾的藝術，誰都難免掛一漏萬。管窺蠡測終難盡，興味自隨人淺深。

8 年來，筆者日日夜夜快快樂樂地穿行於中外文化名城和古今相關文獻之間，8 年如情似夢的「尋美時光」，就這樣眼睜睜地看著它悄悄溜走了，但筆者一直在一種如醉如癡的精神狀態之下，「一遍一遍地寫，一遍一遍地改」，念茲在茲，樂此不疲。但願這種「像風兒一樣自由」的心情，能夠輕輕鬆鬆地傳遞給我們快快樂樂的讀者。

# 城市美學：

## 羅馬、巴黎、衛城、洛陽、北京……無論仙山瓊閣或街巷阡陌，一探中西歷史文化名城的崇高與優美

作　　者：陳定家

編　　輯：林緻筠

發 行 人：黃振庭

出 版 者：崧燁文化事業有限公司

發 行 者：崧燁文化事業有限公司

E-mail：sonbookservice@gmail.com

粉 絲 頁：https://www.facebook.com/
　　　　　 sonbookss/

網　　址：https://sonbook.net/

地　　址：台北市中正區重慶南路一段六十一號八
　　　　　 樓 815 室

Rm. 815, 8F., No.61, Sec. 1, Chongqing S. Rd.,
Zhongzheng Dist., Taipei City 100, Taiwan

電　　話：(02)2370-3310

傳　　真：(02)2388-1990

印　　刷：京峯數位服務有限公司

律師顧問：廣華律師事務所 張珮琦律師

定　　價：480 元

發行日期：2024 年 01 月第一版

◎本書以 POD 印製

Design Assets from Freepik.com

### 國家圖書館出版品預行編目資料

城市美學：羅馬、巴黎、衛城、洛
陽、北京……無論仙山瓊閣或街巷
阡陌，一探中西歷史文化名城的崇
高與優美 / 陳定家 著. -- 第一版.
-- 臺北市：崧燁文化事業有限公司，
2024.01
面；　公分
POD 版
ISBN 978-626-357-917-0( 平裝 )
1.CST: 文 化 都 市 2.CST: 美 學
3.CST: 文化史
545.1　　112022184

電子書購買

臉書

爽讀 APP